信息时代·普通高等教育系列教材

U0939042

电子商务概论

第3版

主　编　李跃贞　黄建莲
参　编　王幼莉　白宏斌
　　　　孙临珺　李碧霄

机 械 工 业 出 版 社

本书体系完整、结构合理、内容丰富，系统地介绍电子商务的基本理论、基本技术、运作体系和基本应用，构建了电子商务的基本知识框架。本书主要内容包括电子商务概述、电子商务的基本模式、Web网络和社会化电子商务、电子商务基础技术、电子商务安全技术、我国电子商务法律、电子支付与互联网金融、电子商务的网络营销、电子商务物流、移动电子商务、电子商务的行业应用等内容。

本书体例新颖，每章以章前的“学习目标”和“引例”，以及章末的“本章小结”等突出要点。同时，每章都设有思考与练习，便于学生学习。为配合实践教学的需要和学生实践能力的培养，部分章节设有实践任务，以任务为导向，连接理论与应用。

本书可作为高等院校电子商务、市场营销、工商管理、物流管理、信息管理与信息系统、国际贸易等专业电子商务课程的教材，也可作为企事业单位电子商务的培训教材，以及从事电子商务相关工作的企业管理人员和业务人员的参考书。

图书在版编目（CIP）数据

电子商务概论/李跃贞，黄建莲主编. —3版. —北京：机械工业出版社，2019.1

信息时代 普通高等教育系列教材

ISBN 978-7-111-60970-4

Ⅰ. ①电… Ⅱ. ①李… ②黄… Ⅲ. ①电子商务-高等学校-教材 Ⅳ. ①F713.36

中国版本图书馆CIP数据核字（2018）第217375号

机械工业出版社（北京市百万庄大街22号 邮政编码100037）

策划编辑：易 敏 责任编辑：易 敏 何 洋

责任校对：黄兴伟 封面设计：路恩中

责任印制：李 昂

河北鹏盛贤印刷有限公司印刷

2019年1月第3版第1次印刷

185mm×260mm · 15.5印张 · 381千字

标准书号：ISBN 978-7-111-60970-4

定价：39.00元

凡购本书，如有缺页、倒页、脱页，由本社发行部调换

电话服务

服务咨询热线：010-88379833

读者购书热线：010-88379649

网络服务

机 工 官 网：www.cmpbook.com

机 工 官 博：weibo.com/cmp1952

教育服务网：www.cmpedu.com

金 书 网：www.golden-book.com

封面无防伪标均为盗版

前　言

随着国家“互联网+”行动计划的实施和移动互联网、云计算、大数据、虚拟现实与增强现实、人工智能等技术的应用，电子商务迎来了新一轮重要发展机遇。新的电子商务商业模式层出不穷，呈现出一系列新内涵、新特征和新趋势。电子商务的迅速发展也对教育界和学术界提出了新的挑战。如何从学科的视角来观察电子商务世界的变迁，为参与现在和将来的电子商务活动打下基础，需要一套系统的知识体系来支撑。

电子商务学科的涵盖范围非常广，涉及经济、管理、计算机和信息技术等诸多领域的知识。本书在结构和内容上，系统地介绍电子商务的基本理论、基本技术、运作体系和基本应用，构建电子商务的基本知识框架。具体内容包括电子商务概述、电子商务的基本模式、Web 网络和社会化电子商务、电子商务基础技术、电子商务安全技术、我国电子商务法律、电子支付与互联网金融、电子商务的网络营销、电子商务物流、移动电子商务、电子商务的行业应用等内容。

本书可作为高等院校电子商务、市场营销、工商管理、物流管理、信息管理与信息系统、国际贸易等专业电子商务课程的教材，也可作为企事业单位电子商务的培训教材，以及从事电子商务相关工作的企业管理人员和业务人员的参考书。

本书特色如下：

(1) 内容新颖、体例清晰。书中融入了大量与课程相关的本学科最新的理论研究成果和实践成果，内容更加系统。各章均有内容丰富的“思考与练习”，部分章有“实践任务”，以任务为导向，连接理论与应用。

(2) 体系完整、结构合理。本书系统地介绍电子商务的基本理论、基本技术、运作体系和基本应用，既力求突出概论课的“导论”特点，又强调电子商务的商务本质，使读者能体会到电子商务学科的交叉性和综合性。

(3) 案例经典，紧扣主题。本书穿插了大量局部和综合案例，案例分析主题鲜明、说明准确。

(4) 体例规范，突出重点。每章以章前的“学习目标”“引例”和章末“本章小结”等突出要点，符合学习思维习惯。

(5) 强调电子商务整体学习理念的传递。电子商务涉及的知识面广，单纯的蜻蜓点水式的学习只能让学生掌握一些皮毛，不能帮助其树立电子商务的整体观念，不利于以后的学习和工作。本书通过实践任务的训练，让学生认识理论知识在某些方面的应用，并可以在理论与应用之间存疑，从而在提高学生对某个理论知识点的应用能力的同时，使他们为了解答自己的疑惑，不得不结合对其他方面理论知识的主动学习，进而形成较为系统的整体学习理念和应用方法。

本书由华北科技学院李跃贞、黄建莲任主编，负责设计全书的篇章框架结构，编写详细大纲，以及全书总纂、定稿。王幼莉、白宏斌、孙临珺、李碧霄参加编写，分别承担相关章节的编写工作。本书各章具体编写分工情况如下：第1章、第11章由李跃贞编写，第3章、第7章、第8章由黄建莲编写，第6章、第9章由王幼莉编写，第4章由白宏斌编写，第10章由孙临珺编写，第2章、第5章由李碧霄编写。

华北科技学院管理学院王丹教授、李文武教授在本书初稿完成后提出了宝贵意见，在此表示衷心感谢。本书在出版过程中，得到了机械工业出版社的鼎力支持，在此致以诚挚的谢意。

本书配有PPT和习题答案，使用本书做教材授课的教师可与出版社编辑联系（cmp9721@163. com），免费获取。

本书在编写过程中参考了国内外大量电子商务相关的文献资料和一些网站资料，在此向相关作者表示衷心的感谢。由于时间仓促，编者水平有限，书中难免有疏漏或不当之处，敬请广大读者和同仁批评指正。

编　者

目　录

第 1 章

电子商务概述

- 了解电子商务的发展进程
- 掌握电子商务的定义、功能、特点及分类
- 了解传统商务与电子商务的差别，以及电子商务发展中存在的问题
- 了解电子商务带来的影响

◆引例

便利店“七十二变”：怎样拥抱电商龙卷风

电商想成为消费者生活中心，而善于“变形”的便利店已占据了社区服务的入口。它们如何能互相拥抱？

提起便利店，很多人会想到7-Eleven，两个数字的本意是开闭店时间，但现在24小时营业已是惯例。多年来，便利店正是靠着“便利”两个字，凭借时间（24小时营业）、地点（靠近社区、写字楼）的优势，以及比大卖场迅捷得多的商品快速调整机制，变成市民生活空间的一部分。

小空间有大魅力，但好日子看起来不能永远持续。这两年关于“便利店关店潮”的报道频现报端，被席卷其中的不乏7-Eleven、全家、罗森等知名便利店品牌。即使不关店，利润越来越微薄也是不争的事实。快餐便当虽然既赚钱又赚吆喝，但家家都卖，也早已不是什么秘密武器。

上海某连锁企业的物流经理很不好意思地告诉记者，由于长期加班，他甚至没有时间去买手纸，所有纸巾都是从网上购买的。是的，还有24小时便利店，可是他加班的地点在上海市郊的仓库里，周围找个便利店就像找个咖啡馆一样难。

现在，从手机、服装，再到生鲜食品，甚至手纸，电商像一阵不期而遇的龙卷风，正在把一切可见的商品售卖行为吸入自己的漩涡中。眼下生鲜电商虽人气很旺，但仍困难重重，以食品为主要商品的便利店暂时感受不到电商的“杀气”。但是从长期看，随着移动互联网的发展，人们可以随时随地上网下单，然后离开页面。而电商的长尾效应决定了它在理论上可以陈列无穷多的商品。

林财添在香港牛奶集团经营的7-Eleven担任过总经理，他指出：“商品和服务的便利性，才是便利店的唯一价值。”一般便利店只能陈列2000~3000种商品，所以商品本身无法成为便利店的核心竞争力。因此，便利店把24小时经营作为常态，选址时尽量贴近消费者。但前者同时带来运营成本的高涨，后者因同行间的激烈竞争经常无法实现。

没有人会束手就擒。在我国台湾这一便利店非常发达的地区，“虚拟二楼”的概念正在被发扬光大。虽然商品陈列空间无法再增加，但五花八门的服务项目就像插件一样被置入便利店的狭长世界中，从缴费到代收包裹无所不包。有的便利店变身为咖啡馆；有的建立了自己的电子商城，包含10万种商品，门店则充当自提点与展示间，电商辛辛苦苦研究的线上线下融合问题，在便利店这里已水到渠成。

便利店就像一个魔方，在会玩的人手中，可以配合这个时代变幻出各种新模样。

（资料来源：教研室．便利店“七十二变”：怎样拥抱电商龙卷风，2013年8月，http：//www. jiaoyanshi. com/article-17193-1. html，略有删改。）

案例点评：

随着时间推移、技术发展和普及，电子商务平台成为越来越多消费者的购物首选。因为电子商务网站减少了时间和距离的障碍，消费者可以24小时随心购买，吃到任何想吃的食物，穿到各种品牌的服装。当电子商务平台变得越发重要的时候，实体店若要继续保持经营业绩，务必要走上电商之路。电子商务的发展已经完全融入了人们的生活之中。在这样一个互联网社会中，人们清晰地认识到电子商务的应用无所不在：既有供应链的管理，又有虚拟社会的建设；既有基本的商业服务，又有先进的技术革新；既能让你享受到原有生活的便捷，又可以给你一个全新的世界。电子商务无时无刻地围绕在人们身边，也将逐渐改变企业的经营策略和管理模式。

1.1 电子商务发展史

20世纪60年代以后，计算机和网络技术飞速发展，构建了电子商务赖以存在的环境，并预示了未来商务活动的一种发展方向，人们首次提出了“电子商务”这个概念。20世纪90年代，互联网技术的突飞猛进使商务活动电子化的想法逐步成熟，电子商务也日益蓬勃发展起来。

1.1.1 电子商务的产生

1. 信息技术的发展促成了电子商务的产生

信息技术的发展为电子商务的产生奠定了重要的基石，主要是计算机和网络技术。

20世纪90年代以后，计算机的处理速度越来越快，处理能力也越来越强，价格随之越来越低，应用也因此越加广泛。互联网逐渐成为全球通信与交易的媒介，全球上网用户呈大幅增长的趋势，网络以其快捷、安全、低成本的优势特征，为电子商务的产生与发展提供了不容小觑的作用。

2. 信用卡的普及应用为电子商务的网上支付提供了重要手段

信用卡以其方便、快捷、安全等优点成为人们消费支付的重要手段，并由此形成了完善的全球性信用卡计算机网络支付与结算系统，在电子商务发展初期解决了线上支付的瓶颈问题，为电子商务中的网上支付提供了重要手段。

3. 电子商务是社会经济发展的必然趋势

随着社会经济的发展，大多数商品出现了供应远远大于需求的现象，这时急需一种新的商务模式来提供企业的竞争能力，电子商务便承担了这一角色。

4. 政府的支持与推动为电子商务的发展提供了有力的支持

自1997年欧盟发布了欧洲电子商务协议，美国随后发布了“全球电子商务纲要”，电子商务受到世界各国政府的重视。许多国家的政府开始尝试“网上采购”，这为电子商务的成长提供了有力的支持。

1.1.2 电子商务发展的三个阶段

电子商务的发展根据其使用的网络不同可分为三个阶段：基于电子数据交换（EDI）的电子商务，基于计算机网络的电子商务，以及基于3G和4G的移动电子商务。

1. 基于EDI的电子商务

从技术的角度来看，人类利用电子通信的方式进行贸易活动已有很长的历史了。早在20世纪60年代，人们就开始利用电报报文发送商务文件。20世纪70年代，人们又普遍采用方便、快捷的传真机来替代电报。但是，由于传真文件是通过纸面打印来传递和管理信息的，不能将信息直接转入信息系统中，因此，人们开始采用电子数据交换（Electronic Data Interchange，EDI）作为企业间电子商务的应用技术，这就是电子商务的雏形。

EDI在20世纪70年代产生于美国，是将业务文件按一个公认的标准，从一台计算机传输到另一台计算机上的电子传输方法。由于EDI大大减少了纸张票据，因此，人们也形象地称之为“无纸贸易”或“无纸交易”。传统EDI对于每对商业伙伴，都需要一种专用的增值网络（Value Added Network，VAN），不仅实现起来很困难，而且费用很高。受这些因素的制约，EDI无法普及和进一步发展。20世纪90年代，互联网得到迅速发展，互联网和EDI开始结合起来，省去了架设专用网络的费用。

2. 基于计算机网络的电子商务

20世纪90年代中期后，互联网迅速走向普及化，逐步从大学、科研机构走向企业和百姓家庭，其功能也已从信息共享演变为大众化的信息传播。从1991年起，一直排斥在互联网之外的商业贸易活动正式进入这个王国，电子商务成为互联网应用的最大热点。

基于计算机网络的电子商务给企业带来了增加产值、降低成本、创造商机等方面的效应，与此同时，信息技术也得到全面发展，这又为电子商务的发展和应用创造了条件。在基于计算机网络的电子商务阶段，网上购物是最大的亮点，也是发展得最为充分的领域。C2C、B2B和B2C是这个阶段的主流模式。网上购物起源于1995年，它的先驱是不进行传统零售的互联网公司，如亚马逊（Amazon）。但2010年之后，像美国沃尔玛（Wal-Mart）这样的传统跨国零售商也建立了自己的网上商店。

2014年之后，电子商务出现了许多新的发展趋势，如与政府的管理和采购行为相结合的电子政务服务、与个人手机通信相结合的移动商务模式得到了很好的发展，跨境电子商务也成了电子商务发展的一个新突破口。

3. 基于3G和4G的电子商务

随着移动通信的发展，手机、平板电脑已成为被大众接受的互联网接入方式，手机上网已经成为另一种重要的上网方式。同使用计算机上网相比，手机上网几乎不受时间、空间、设备的限制，这为移动电子商务的进一步推广打下了良好的基础。

(1) 3G技术。“3G”（the 3th Generation Communication System，简称3rd-generation）或“三代”，是三代移动通信技术的简称，是指支持高速数据传输的蜂窝移动通信技术。3G服务能够同时传送声音（通话）及数据信息（电子邮件、即时通信等）。微博和微信等应用就已经将此技术加入进来。3G技术自2009年年初在我国应用以来，其发展速度令人惊讶。3G的应用已由最初的无线宽带上网拓展到视频通话、手机电视、无线搜索、手机音乐等领域。

(2) 4G技术。“4G”（4th-generation）即第四代通信系统。4G集3G与无线局域网（WLAN）于一体，并能够传输高质量视频图像，功能上要比3G更先进，频带利用率更高，速度更快。2014年年初我国进入4G时代。4G优于3G的特点主要有以下几方面：

1）兼容性更好：4G能兼容2G、3G、4G网络。

2）传输数速率快：4G手机最高下载速度超过80Mb/s，达到了主流计算机网络的速度。

与上一个发展阶段相比，这一阶段的电子商务似乎只是技术（3G和4G）、和工具（智能手机）的改变，但这些变化却带动了电子商务内在逻辑的改变，各种各样在计算机网络时代无法想象的商业模式涌现出来。(后续章节会详细讨论。)

1.2 电子商务的概念

电子商务是利用计算机技术和网络技术进行的商务活动，电子商务不等同于商务电子化。各国政府、学者、企业界人士根据自己所处的地位和参与电子商务的角度和程度的不同，给出了许多不同的定义。

1.2.1 电子商务的定义

电子商务即使在各国或不同的领域有不同的定义，但其关键依然是依靠电子设备和网络技术进行的商业模式。随着电子商务的高速发展，它已不仅仅包括其购物的主要内涵，还应包括物流配送等附带服务。电子商务体系包括电子货币交换、供应链管理、电子交易市场、网络营销、在线事务处理、电子数据交换（EDI）、存货管理和自动数据收集系统。在此过程中，利用到的信息技术包括互联网、外联网、电子邮件、数据库、电子目录和移动电话。

首先将电子商务划分为广义和狭义的电子商务。广义的电子商务定义为，使用各种电子工具从事商务活动；狭义电子商务定义为，主要利用互联网从事商务或活动。无论是广义的还是狭义的电子商务的概念，电子商务都涵盖了两个方面：一是离不开互联网这个平台，没有了网络，就称不上电子商务；二是通过互联网完成的是一种商务活动。

电子商务源于IBM公司1996年提出的英文Electronic Commerce（E-Commerce，简写为EC）和1997年提出的Electronic Business（E-Business）。E-Commerce集中于电子交易，强调企业与外部的交易与合作，而E-Business则把涵盖范围扩大了很多。顾名思义，其内容包含商务的两个方面：一是电子方式；二是商贸活动。电子商务是指利用简单、快捷、低成本的电子通信方式，买卖双方不谋面地进行各种贸易活动。

狭义上讲，电子商务（Electronic Commerce，EC）是指通过使用互联网等电子工具（包括电报、电话、广播、电视、传真、计算机、计算机网络、移动通信等）在全球范围内进行的商务贸易活动。它是以计算机网络为基础所进行的各种商务活动，包括商品和服务的提供者、广告商、消费者、中介商等有关各方行为的总和。人们一般理解的电子商务是指狭义的电子商务。

广义上讲，电子商务一词源自 Electronic Business，就是通过电子手段进行的商业事务活动。它是指通过使用互联网等电子工具，使企业内部、供应商、客户和合作伙伴之间，利用电子业务共享信息，实现企业间业务流程的电子化，配合企业内部的电子化生产管理系统，提高企业的生产、库存、流通和资金等各个环节的效率。

联合国国际贸易程序简化工作组对电子商务的定义是：采用电子形式开展商务活动，包括在供应商、客户、政府及其他参与方之间通过任何电子工具，如 EDI、Web 技术、电子邮件等共享非结构化商务信息，并管理和完成在商务活动、管理活动和消费活动中的各种交易。

本书将其概要地描述为：电子商务是以商务活动为主体，以计算机网络为基础，以电子化方式为手段，在法律许可范围内所进行的商务活动交易过程。

1.2.2 电子商务的概念模型

1. 概念模型概述

电子商务的概念模型是指对现实世界中电子商务活动的抽象描述。它由电子商务实体、电子市场、交易事务和信息流、资金流、商流、物流等基本要素构成，如图 1-1 所示。

电子商务实体是指能够从事电子商务活动的客观对象，它可以是企业、银行、商店、政府机构或个人。

交易事务是指电子商务实体之间所从事的具体的商务活动的内容，如询价、报价、转账支付、广告宣传和商品运输等。

电子市场是指电子商务实体从事商品和服务交易的场所，它是由各种商务活动参与者，利用各种接入设备，通过网络连接成的一个统一的经济整体。

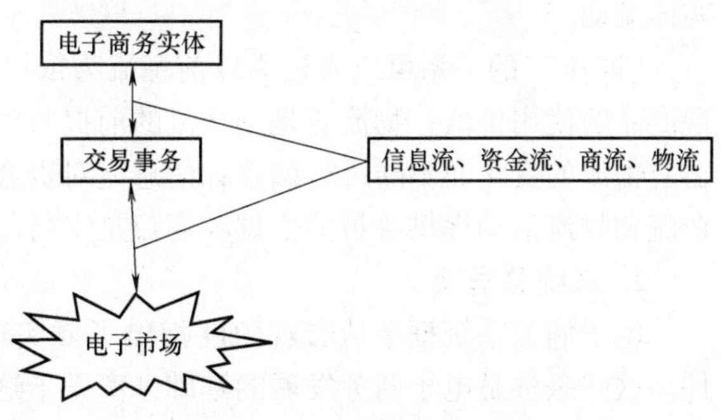

图 1-1 电子商务的概念模型

任何一笔商务活动都离不开四种基本的“流”，即信息流、资金流、商流和物流。电子商务作为电子化手段的商务活动，也同样如此。电子商务的任何一笔交易都包含信息流、资金流、商流和物流四个基本要素（如图 1-2 所示）。

① 信息流既包括商品信息及促销行销、技术支持和售后服务等数据，也包括询价、报价、付款和转账过程中的信息交换，还包括交易方的支付能力、支付信誉和中介信誉等信息。

② 资金流主要是指资金的转移过程，包括付款、转账、结算、兑换等过程，它始于消费者、终于商家，中间可能经过银行、支付平台等金融部门。

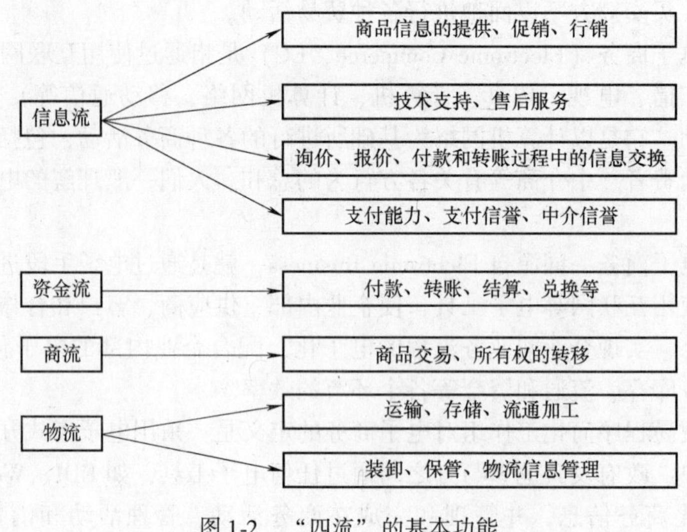

图 1-2 “四流”的基本功能

③ 商流是指商品在购销之间进行交易和商品所有权转移的运动过程，具体指商品交易的一系列活动。

④ 物流主要是指物质实体（商品和服务）的流动过程，即运输、存储、流通加工、装卸、保管、物流信息管理等各种活动。

在电子商务环境下，信息流、资金流和商流的处理都可以通过计算机和网络通信设备实现。“物流”则是电子商务“四流”中最为特殊的一种，少数商品和服务可以直接通过网络传输的方式进行配送，如各种电子出版物、信息咨询服务、软件等，但大部分商品还是需要实体流动。

“四流”的关系可以表述为以信息流为依据，通过资金流实现商品的价值，通过物流实现商品的使用价值；物流应是资金流的前提与条件，资金流应是物流依托的价值担保，并为适应物流的变化而不断进行调整；信息流对资金流和物流运动起着指导和控制作用，并为资金流和物流活动提供决策的依据；商流是交易的核心，也是交易的最终目的。

2. 系统总框架

电子商务系统框架从宏观角度指出了要实现电子商务体系的各应用层面和众多支持条件。这些条件是电子商务发展的基础，离开了这些条件，电子商务就是空中楼阁。该框架整体上可为四个层次和两个支柱。自底向上，从最基础的技术层到电子商务的应用层依次为网络、信息传输、基础业务服务和电子商务应用；两个支柱是安全、技术标准和公共政策、法规。四个层次依次代表电子商务顺利实施的各级应用层次，而两边的支柱则是电子商务顺利应用的坚实基础，如图 1-3 所示。

（1）网络。网络是电子商务的硬件基础设施，是信息传输硬件，包括远程通信网（Telecom）、有线电视网（Cable TV）、无线通信网（Wireless）和因特网（Internet）。远程通信网包括电话、电报；无线通信网包括移动通信和卫星网；因特网是计算机网络。目前，这些网络在不断连接、融合。

这些不同的网络都提供了电子商务信息传输线路，但是，当前大部分的电子商务应用还是基于 Internet 的。

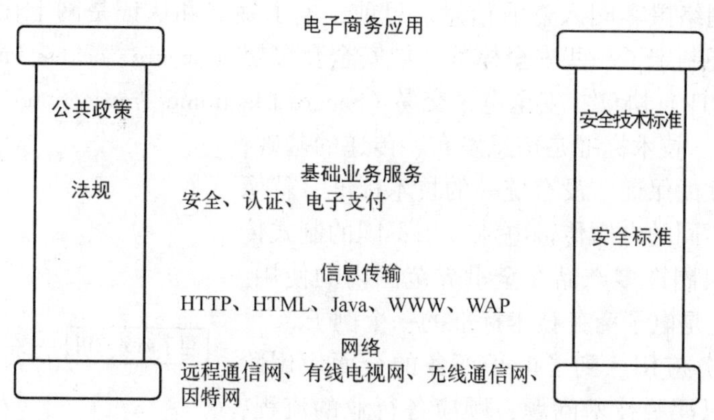

图1-3 电子商务的系统框架

经营计算机网络服务的是Internet接入服务供应商（IAP）和内容服务供应商（ICP），他们统称为网络服务供应商（ISP）。IAP只向用户提供拨号入网服务，它的规模一般较小，向用户提供的服务有限，大多没有自己的骨干网络和信息源，用户仅将其作为一个上网的接入点。ICP能为用户提供全方位的服务，包括专线、拨号上网以及各类信息服务和培训等，拥有自己的特色信息源，它是ISP今后发展的主要方向，也是发展电子商务的重要力量。

（2）信息传输。网络层提供了信息传输的线路，线路上传输的最复杂的信息就是多媒体信息，它是文本、声音、图像的综合。最常用的信息传输应用是WWW，它利用HTML或JAVA等语言将多媒体内容发布在Web服务器上，然后通过一些传输协议将发布的信息传送给接收者。而WAP则是将Internet上的信息和业务引入智能手机等移动终端的标准。

（3）基础业务服务。这一层提供标准的电子商务基础服务以方便交易，如电子支付工具的开发、保证商业信息安全传送的方法、认证买卖双方合法性的方法等。

（4）公共政策、法规和安全、技术标准。

1）公共政策。公共政策包括围绕电子商务的税收制度、信息定价（围绕谁花钱来进行信息高速公路建设）、信息访问的收费、信息传输成本、隐私问题等，需要政府制定的政策。其中，税收制度的制定是一个至关重要的问题。例如，对于咨询信息、电子书籍、软件等无形商品是否征税，如何征税；对于汽车、服装等有形商品如何通过海关，如何征税；税收制度是否应与国际惯例接轨，如何接轨等。这些问题如果不妥善解决，会阻碍电子商务的发展。

2）法规。法规维系着商务活动的正常运作，违规活动必须受到法律制裁。网上商务活动有其独特性，买卖双方很可能存在地域差别，他们之间的纠纷如何解决？如果没有一个成熟、统一的法律系统进行仲裁，纠纷就不可能解决。那么，这个法律系统究竟应该如何制定？应遵循什么样的原则？其效力如何保证？如何保证授权商品交易的顺利进行？如何有效遏止侵权商品或仿冒产品的销售？如何有力打击侵权行为？这些都是制定电子商务法规时应该考虑的问题。法规制定的成功与否直接关系到电子商务活动能否顺利开展。

3）安全标准。安全问题是电子商务的中心问题。如何保障电子商务活动的安全一直是电子商务能否正常开展的核心问题。作为一个安全的电子商务系统，首先必须具有一个安全、可靠的通信网络，以保证交易信息安全、迅速地传递；其次，必须保证数据库服务器的绝对安全，防止网络黑客闯入盗取信息。目前，电子签名和认证是网上比较成熟的安全手段。同时，人们还制定了一些安全标准，如安全套接层（Secure Sockets Layer）协议、安全HTTP（Secure-HTTP）协议、安全电子交易（Secure Electronic Transaction）协议等。

4）技术标准。技术标准是信息发布、传递的基础，是网络信息一致性的保证。没有统一的技术标准，就像不同的国家使用不同的电压传输电流，用不同的制式传输视频信号，会限制许多产品在全世界范围内的使用。EDI 标准的建立就是电子商务技术标准的一个例子。

（5）电子商务应用。到了电子商务的全面应用阶段，参与者就可以摆脱技术问题，顺应各行业的流程，直接进行简单的技术操作，便可实现全面的电子商务应用，如图 1-4 所示。此时电子商务的全面应用可以实现商务的电子化操作，业务流程也实现了重组。

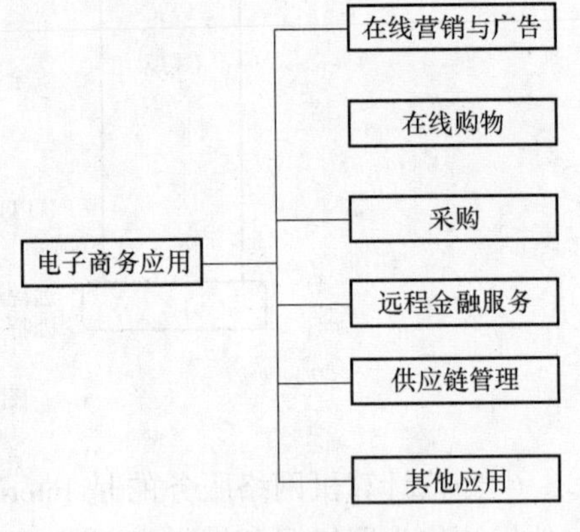

图 1-4 电子商务应用

1.2.3 电子商务的主要功能

电子商务可提供网上交易和管理等全过程的服务，因此，它具有广告宣传、咨询洽谈、网上订购、网上支付、服务传递、意见征询、交易管理等各项功能。

1. 广告宣传

企业可以在互联网上发布各类商业信息。客户可借助网上的检索工具迅速地找到所需商品信息。商家也可利用网上主页（Home Page）和电子邮件（E-mail）在全球范围内做广告宣传。与以往的各类广告相比，网上的广告成本最为低廉，而给客户提供的信息量却最为丰富。

2. 咨询洽谈

电子商务参与方可借助非实时的电子邮件（E-mail）和实时的即时通信工具来了解市场和商品信息、洽谈交易事务；如有进一步的需求，还可用网上的白板会议（Whiteboard Conference）来交流即时的图形信息。网上的咨询洽谈能超越人们面对面洽谈的限制，提供多种方便的异地交谈形式。

3. 网上订购

商家通常都是在产品介绍的页面上提供十分友好的订购提示信息和订购交互格式框，客户可在此订购。当客户填完订购单后，通常系统会回复确认信息单来保证订购信息的收悉。订购信息也可采用加密的方式使客户和商家的商业信息不会泄露。

4. 网上支付

电子商务要成为一个完整的过程，网上支付是重要环节。客户和商家之间可使用信用卡卡号进行支付，也可借助线上第三方支付平台完成支付。网上支付将需要更为可靠的信息传输安全性控制以防止欺骗、窃听、冒用等非法行为。

5. 服务传递

对于已付款的客户，应将其订购的货物尽快地传递到他们手中。而有些货物在本地，有些货物在异地，商家或物流企业可以在网络上进行物流的调配。而最适合在网上直接传递的货物是信息产品，如软件、电子读物、信息服务等，它能直接从电子仓库中发送到用户端。

6. 意见征询

电子商务能十分方便地采用网页上的“选择”“填空”等格式文件来收集用户对销售服务的反馈意见。这样能使企业的市场运营形成一个封闭的回路。客户的反馈意见不仅能提高售后服务的水平，更能使企业获得改进产品、发现市场的商业机会。

7. 交易管理

整个交易的管理涉及人、财、物多个方面，企业和企业、企业和客户及企业内部等各方面的协调和管理。因此，交易管理是涉及商务活动全过程的管理。

电子商务的发展将会提供一个良好的交易管理的网络环境及多种多样的应用服务系统，这样同时也能保障电子商务获得更广泛的应用。

1.2.4　电子商务的分类

对电子商务进行分类，可以使我们更深入地认识电子商务的本质。一般按照电子商务交易过程的数字化程度、交易主体性质特征及交易使用的网络类型三个标准进行分类。

1. 根据交易过程的数字化程度分类

一个交易过程的客体大体有三个方面，即销售对象、销售过程和物流配送代理。按照这三个要素的数字化程度，即从实物到数字的转变，可以把电子商务分为完全电子商务和不完全电子商务。

传统商务的所有维度都是实体的，完全电子商务的所有维度都是数字化的，除此之外就是数字维度和实体维度的混合。如果至少有一个维度是数字化的，我们就认为是电子商务，但属于不完全电子商务。例如，从亚马逊网站（www. amazon. cn）购买一本纸质书，属于不完全电子商务，因为商品配送要靠物流公司来完成。然而，从中国互动出版网（www. china-pub. com）购买一本电子书，在下订单并在线支付后，就可以从网站直接下载到自己的计算机中阅读，其中商品、付款和传输都是数字化的，属于完全电子商务。

2. 根据交易主体的性质特征分类

交易主体按性质可以分为企业（Business）、政府组织（Government）、个体消费者（Consumer）等，基于不同的组合，可以将电子商务分为B2B、B2C、C2B、C2C、B2G、C2G等主要类型。

（1）企业间电子商务（Business to Business，B2B）。它是指所有参与者都是企业或其他组织的电子商务，如生产制造商通过计算机网络采购向批发商或零售商销售产品等。企业间开展交易的计算机网络可以是买卖某一方所有或多方共同所有，也可以是第三方所有。

国内提供第三方B2B交易的平台代表有阿里巴巴、慧聪网、中国化工网、环球资源、敦煌网等。

（2）企业与消费者间电子商务（Business to Consumer，B2C）。它是指企业面向个体消费者提供产品或服务的电子商务。例如，当当网向消费者直接销售书籍、日用品等。这种模式也称为电子零售（E-Tailing）。国内B2C电子商务企业代表有亚马逊、当当网、京东商城等。国外著名的网站有亚马逊（Amazon. com）等。

（3）消费者与企业间电子商务（Consumer to Business，C2B）。它是指个体消费者向企业提供产品或服务的电子商务，或者个体消费者通过计算机网络寻求卖主，让供应方对产品或服务进行报价。例如，美国的www. priceline. com就是提供这种服务的网站。

(4) 消费者间电子商务(Consumer to Consumer, C2C)。它是指消费者直接与其他消费者进行交易的电子商务。例如，个人在淘宝网(www.taobao.com)集市上出售产品或服务。国内提供C2C交易的平台有淘宝网、拍拍网、易趣网等。国外著名的C2C平台有eBay等。

(5) 企业与政府间电子商务(Business to Government, B2G)。它是指企业面向政府提供产品或服务的电子商务。例如，政府部门通过计算机网络采购办公设备或服务等。

(6) 消费者与政府电子商务(Consumer to Government, C2G)。它是指个体消费者向政府部门提供产品或服务的电子商务。

3. 根据交易使用的网络类型分类

按照开展电子商务的主体所使用的网络类型，可以将其分为基于EDI网络的电子商务、基于互联网的电子商务、基于内部网的电子商务和移动商务四种。其中，移动商务(Mobile Commerce, M-Commerce)是指在无线环境中完成的电子商务交易和活动。

1.3 传统商务与电子商务

1.3.1 商务的相关概念

1. 商务

随着我国市场经济体制的不断完善，企业直接面对市场谋求更大的生存和发展空间，政府采购采用市场化运作方式，个人消费日趋多样化，市场运作日益法制化、规范化，企业、政府、家庭与个人同市场的联系越加紧密，商务活动已渗透到社会经济生活的各个领域。对商务的解释大致可归纳如下：

(1) 商务是涉及买卖商品的事务。一切买卖商品和为买卖商品服务的相关活动都是商务活动，一切旨在达成商品交易的相关行为都是商务行为。

(2) 商务即市场营销。一切买卖商品的活动都属于市场活动，都要以销售活动为中心开展市场营销活动。

(3) 商务是涉及各种经济资源，包括物质产品、劳务、土地、资本、信息等有偿转让的相关活动，这种资源通过交换方式实现所有权的转移过程就是商务活动过程。

(4) 商务泛指营利性的活动。人们从事经济活动，以营利为目的的，就是商务活动。它包括商品生产与买卖活动、其他营利性服务活动等。

(5) 商务是涉及企业、政府部门(包括事业单位)、家庭和个人的市场交换活动。这些商务主体在市场中的所有往来活动及各种交换活动，有信息的，如贸易信函、合同文书等；物质的，如商品、资金、房地产等；有服务的，如法律、生活服务、运输、金融与保险等，都属于商务。

我们认为，作为现代商务概念的表述，应明确现代商务主体的多元性，即包括一切以营利为目的的市场经济主体；明确现代商务的实质是商品交换，即通过买卖方式实现商品所有权转移的交易行为；明确现代商务的对象或客体是所有经济资源，包括各种有形和无形商品和资产。由此，可以将商务的一般概念描述为：商务是指以盈利为目的的市场经济主体，通过商品或服务交换获取经济资源的各种经济行为的总称。

在使用“商务”这一术语时，常会与其他相关经济概念混淆，理清商务与这些概念的联系和区别，有利于正确理解电子商务。

2. 商业

商业作为一个专门从事商品流通的行业，其基本概念主要是：

（1）商业是进行商品交换的经济组织的总称，其市场行为的职能是专门在商品生产者与消费者或使用者之间起交换的中介作用，是向生产性企业和消费者提供以商品为主要服务内容的行业。

（2）商业是社会生活中一个相对独立的经济门类，它是从各种生产门类（工业、农业、矿产业等）中分离出来，专门从事商品交换活动的经济组织。

可见，商业是一个特定的概念范畴，它不是指一切商品交换行为和活动，而是特指专门从事商品交换活动的组织或个人行为。从上述意义理解商业，商务概念中无论是行为主体还是行为对象的外延，都要比商业宽得多，它泛指与一切贸易形式和与贸易行为相关的全部事务。也就是说，商业的市场活动仅仅是商务活动的一个方面，有其自己的活动规律。

3. 贸易

贸易通常是指企业间的商品买卖，有时是指各种商品买卖行为。贸易分有形商品贸易和无形商品贸易、国内贸易和国际贸易、商业企业贸易和生产企业贸易等。由此，贸易通常是指各种买卖行为过程，而商务不仅包括商品买卖活动的直接事务，还包括与贸易相关的各种服务活动，如市场调研、商业机会选择、交易磋商、合同签订与履行、开拓市场、制定和实施竞争战略、防范经营风险等的相关活动。

4. 市场营销

市场营销意指商品的供给主体实现市场销售的各种活动，包括需求市场分析，以扩大销售为目的的产品、价格、分销渠道策略与促销手段的选择，售后服务，满足消费需求程度评价等。市场营销与商务有许多共同点，如二者都是面向市场的活动，都要从企业整体出发思考问题，都面临市场风险，都要重视消费需要的满足等。二者主要区别在于，市场营销表现为商品卖方单方面的经营策略，而商务活动体现为商务主体在市场中的买卖两种角色，决策时既要考虑货源市场环境，还要研究销售市场环境。商务比市场营销更能综合反映企业经营特征的概念。

5. 经营

经营的本意是筹划和组织某项事务。企业的经营活动包括以下几种含义：

（1）经营就是企业以营利为目的，自主地利用所拥有的各种资源组织商品的生产和供给。经营活动是营利性经济组织的基本特征。

（2）经营是从企业的整体利益出发，统筹计划和安排企业活动，以便能为市场提供高品质的产品和服务。

（3）经营是企业内部生产活动与外部关系协调的各种活动的统称。

总之，经营包含了商务，商务活动是企业经营活动的重要的组成部分，商务是经营的核心内容。

6. 商务活动

商务活动是商品从生产领域向消费领域运动过程中经济活动的总和。商业企业在订货、销售和储存等经营活动中与生产厂商、消费者发生的贸易、交易与服务行为以及其间的信息传递过程均属商务活动的范畴。

（1）商务活动主体。商务活动的主体是指以独立形态参与商务活动过程的经济实体或个人，包括专门从事交易活动的商业企业，以及处于生产和消费领域两端的生产厂商和消费者。在特定情况下，政府也可以以生产者或消费者的身份出现。

（2）商务活动的内容与范围。为实现商品（或服务）从生产领域向流通领域的转移及价值的实现而进行的经济活动构成商务活动的内容。商务活动的内容非常丰富，其范围包括了营利性组织和个人除生产活动外的全部对外经济活动。商务活动的内容包括以下几个方面：

1）商情调研与市场机会分析。商情调研与市场机会分析是现代商务活动的起点。一个营利性组织要实现其营利性目标，首先必须对其目标市场、服务对象和经营环境有一个全面的了解。为此，必须做好调研工作，通过商情调查、分析和预测去发现可能的商业机会，为企业的商务决策做好充分的准备。

2）供给分析与企业机会分析。一个营利性组织要使市场机会转化为营利机会，不仅要从市场中找到满足消费需要的商业机会点，而且要认真分析供给状况和自身条件，把商业机会点与供给及自身条件有机结合起来。供给状况包括生产资料的供给状况，即是否具有生产某种产品或组织某种服务的经济资源，获得这些资源需要花费多大的代价；产品或服务的供给状况，即社会现在的产品或服务的供给能力及供给竞争的强度。自身条件包括生产能力、技术能力、开发和经营能力，也可以说就是企业自身的供给能力。如果商业机会与企业的自身条件和供给状况相适应，就能够迅速将商业机会转化为营利机会。

3）商务磋商与签订商务合同。现代商务活动是有组织的活动，除了直接面对最终消费者的零售活动，大多数商务活动都是以合同为纽带的。要保证交易的顺利进行和合同的有效履行，商务主体之间首先要进行交易磋商，就交易的标的、价格、品质、数量等交易条件进行谈判，达成双方一致的进行交易的意思表示并通过契约的形式固定下来，使之成为约束双方交易行为的依据，即通过签订合同来明确商务主体之间的权利和义务，并以此规范双方的商务行为。

4）商品购销与履行商务合同。购销运存活动的过程直接体现为履行商务合同的过程。当商务合同签订以后，商务活动的中心任务就是按合同要求组织好购销运存活动，保证合同的有效履行。

5）对外关系与塑造企业形象。商务活动总是面对市场、面向外部的活动，企业与外部的各种经济联系主要是通过商务活动实现的。由于商务活动面临的外部环境总是不断变化的，因此，商务活动必须经常保持与外部环境的适应性，理顺企业与外部的关系，包括与供应商、经销商、顾客、股东、竞争者、银行及其他金融机构、传播媒体、政府部门、社区及社会团体等的关系。商务活动在理顺对外关系中的重要职能是妥善处理商务冲突，讲求诚信交易，扩大对外宣传，塑造良好形象等。

6）制定实施竞争战略与保持企业长期发展。有效的商务活动必须从企业的整体利益出发，注重长期发展，从战略高度规划商务活动。为此，现代商务活动要把制定和实施竞争战略作为重点，从企业的长期发展来确定商务竞争的目标、手段和方式，并始终围绕着企业的发展目标来展开商务活动，把长远利益与眼前利益有机统一起来。

7）稳定市场份额与开拓新市场领域。企业要实现一定的盈利目标，必须保持与自身生产技术和经营能力相适应的市场份额，即企业产品或服务价值能够有效转移至消费者和用户，市场份额相对稳定。产品或服务能否最终出售是实现企业利润的关键，只有拥有稳定的市场份额，才能获得稳定的利润来源。同时，还必须不断开拓新的市场领域，包括扩大原有产品或服务的市场范围，提高市场占有率；开发相关或连带产品或服务的市场领域；开发新产品、拓展新的产品或服务市场领域等，这是企业拓宽利润来源、保持旺盛生命力的重要商务活动。

8）资本营运与商务风险控制。商务活动归根结底是产权交易活动，商务的实质在于实现商品（包括各种经济资源）所有权的有偿转让。因此，企业商务活动的集中体现就是通过科学地营运资本达成有效的产权交易。无论是资本营运还是商品交易都面临着一定的风险，由交易产生的风险就是商务风险，如何有效控制商务风险是企业商务活动的重要内容。

9）商务人员的管理。商务人员管理涉及商务人员的选择、培训和考核等内容。在知识经济形势下，企业的竞争核心就是人才的竞争，因此，如何提高商务人员的管理水平及商务从业人员素质是商务活动的重要内容之一。

1.3.2 传统商务及其局限性

1. 传统商务活动

传统商务起源于史前，当我们的祖先开始对日常活动进行分工后就开始了。货币的出现取代了易货交易，交易活动变得更容易了。然而，交易的基本原理并没有变化：社会的某一成员创造有价值的物品，这种物品是其他成员所需要的。所以，商务活动就是至少有两方参与的有价物品或服务的协商交换过程，它包括买卖各方为完成交易所进行的各种活动。

（1）买方。可以从买方或卖方的角度来考察交易活动。买方的第一项工作是确定需要。这种需要可能只是一个简单的需求，也可能是非常复杂的需求。一旦买方确定了他们的特定需要，就要寻找能够满足这些需要的产品或服务。在传统商务中，买方寻找产品或服务的方法很多，可以参考产品目录、请教朋友、阅读广告或查找工商企业名录。黄页是买方在寻找产品或服务时常用的工商企业名录。买方也可以向推销员咨询产品的特点和优势。对于那些不断重复出现的需要，企业常常有一套高度结构化的程序来寻找产品或服务。之后，就要与提供这种产品或服务的卖方沟通。在传统商务中，买方可以通过很多途径与卖方进行接触，包括电话、邮件和贸易展览会。一旦买方选择了一个卖方，双方就开始了谈判。谈判内容包括交易的很多内容，如交货日期、运输方法、价格、质量保证和付款条件，另外还常常包括产品交付或服务提供时可以进行检验的各个细节问题。这是一个十分复杂的步骤。例如，超市中农产品的订货、交货和检验工作就非常复杂。当买方认为收到的货物满足双方议定的条件时，他就应该支付货款。买卖完成后，买方可能还要就质量担保、产品更新和日常维护等问题和卖方接触。

（2）卖方。对于上述买方完成的每一项业务，卖方都有一项相应的业务与之对应。卖方通常进行市场调查来确定潜在顾客的需要。即使是那些多年一直销售同一产品或服务的企业，也常常寻找新的途径来改进和扩展它们所提供的产品或服务。企业在确定顾客的需要时，经常使用的方法包括问卷调查、推销员与顾客交谈、主题小组讨论或聘请企业外部的咨询人员等。一旦卖方确定了顾客的需要，它们就要开发能够满足顾客需要的产品或服务。产品的开发包括新产品的设计、测试和生产等过程。

卖方的下一步工作是让潜在顾客知道这种新的产品或服务已经存在。卖方要开展多种广告和促销活动，同顾客及潜在顾客沟通关于新的产品或服务的信息。

一旦顾客对卖方的促销活动有了回应，双方就开始对交易的条件进行谈判。在很多情况下，谈判是非常简单的。例如，很多零售交易的活动不过是顾客进入商店、选择商品，然后付清货款。有时，交易需要艰苦而漫长的谈判，以便对商品的运输、检验、测试和付款达成协议。

双方解决了运输问题后，卖方就要向买方交付货物或提供服务，同时还要向买方提供销售发票。在有些业务中，卖方每月还向每个顾客提供一份发票总账，这份总账包括该顾客本月收到的发票和付款情况。在有些情况下，卖方要求买方在交货前或交货时付款。大部分企业是靠商业信用做生意，所以买方先记下销售记录，然后等待顾客付款。大多数企业都有先进的顾客付款接收和处理系统，并利用这个系统来跟踪每一个应收货款账户，并保证所收到的每笔货款都对应于正确的顾客和发票。

销售活动结束后，卖方常常要为产品或服务提供持续的售后服务。在很多情况下，卖方要根据合同或法令对售出的产品或服务提供质量担保，以确保这些产品或服务能正常地发挥效用。卖方提供的售后服务、日常维护和质量担保可以使买方满意并再次购买企业的产品。

(3) 业务活动与业务流程。根据上面的描述，不管是从买方还是从卖方的角度来看，每个商务过程都包含了大量不同的业务活动。

例如，买方在安排所购商品的运输时，常常需要运输公司来提供运输服务，而运输公司往往并不是销售产品的公司。在交易中，这项服务的购买也属于买方安排运输活动的一部分。另一个例子是，当卖方进行广告和促销活动时，卖方企业可能会购买广告代理商、广告设计者和市场调查公司的服务，它们也可能购买展览和广告中所用的物品。也有些企业用内部员工来完成这些活动。对于这些企业来说，商务活动还包括内部员工的协调和管理。商务活动的每个过程都可能有多项活动，这些活动反过来又可被称为商务活动的过程。

理解了商务活动的嵌套或聚类的特征，就可以将在一个过程中运用良好的技术推广到其他过程中去。企业在进行商务活动时开展的各种业务活动通常被称为业务流程。资金转账、发出订单、寄送发票和运输商品等都是业务流程的例子。

2. 传统商务的局限性

在传统模式下，商务活动往往采取面对面直接交易或纸面交易的方式来进行。传统的商务运作方式，无论是柜台售货、开架自选，还是订货会、洽谈会等，以及在保险、金融、海关、财政和税收等服务业、行政管理中，都是以直接或间接的物理交换或物理接触来完成业务交易的。例如，人们在商场选择一件商品，试穿一件衣服，试坐一把按摩椅，然后付现金购买；按照样品订购货物，签订合同，按合同规定交货、付款结算；填写一张保险单，购买国库券等。无论是面对面直接交易，还是通过信函、传真等纸面方式交易，都是一种物理方式，这是传统商务的运作特点。

由于传统商务活动大部分依靠面对面及书面文档传递为主，因而传统商务具有信息不完善、耗费时间长、花费高、库存和产品积压、生产周期长、客户服务上限等局限性。

1.3.3　电子商务与传统商务的比较

电子商务与传统商务的整体对比见表1-1。

表1-1　电子商务与传统商务的整体对比

	电子商务	传统商务
交易对象	世界各地	部分地区
交易时间	实施一周7天×24h服务	在规定的营业时间内
营销推动	交易双方一对一沟通，双向	销售商单方努力
顾客购物方便程度	按自己的方式，无拘无束购物	受限于时间、地点及店主态度
顾客需求把握	快速捕捉顾客需求，及时应对	商家需很长时间掌握顾客需求
销售地点	虚拟空间（提供商品列表和图片）	需要销售空间（店铺、货架和仓库）
销售方式	完全自由购买	通过各种关系买卖，方式多样
流通渠道	简化流通环节，降低流通成本	流通环节复杂，流通成本高

1. 二者的运作过程不同（见表1-2）

传统商务交易过程中的实务操作由交易前的准备、交易协商、合同签订与执行、支付等环节组成。其中，交易前的准备就是交易双方都了解有关产品或服务的供需信息后，就开始进入具体的交易协商过程；交易协商实际上是交易双方进行口头协商或书面单据的传递过程。书面单据包括询价单、订购合同、发货单、运输单、发票、验收单等；在传统商务活动中，交易协商过程经常是通过口头协议来完成的，但在协商后，交易双方必须要以书面形式签订具有法律效应的商贸合同；最后是支付过程，传统商务活动的支付一般有支票和现金两种方式，支票方式多用于企业间的交易。

电子商务的运作过程虽然也有交易前的准备、交易协商、合同签订与执行以及资金支付等环节，但是交易具体使用的运作方法是完全不同的。在电子商务模式中，交易前的准备中，交易的供需信息一般都是通过网络来获取的，这样双方信息的沟通具有快速和高效率的特点；电子商务中，双方的协商过程是将书面单据变成电子单据并且实现在网络上的传递；电子商务环境下的网络协议和电了商务应用系统的功能保证了交易双方所有交易协商文件的正确性和可靠性，并且在第三方授权的情况下具有法律效应，可以作为在执行过程产生纠纷的仲裁依据；电子商务中，交易的资金支付一般采取网上支付的方式。

表1-2　电子商务与传统商务的运作过程对比

	电子商务	传统商务
交易前的准备	商品信息的发布、查询和匹配过程以网络为主	商品信息的发布、查询和匹配过程以纸面为主
贸易的磋商过程	贸易双方通过电子信息传递贸易单证	贸易双方进行口头磋商或纸面贸易单证的传递过程
合同的签订与执行	通过CA签订电子合同	通过纸面签订合同
资金的支付	网上支付	支票和现金两种方式

2. 传统商务中制造商是商务中心，而在电子商务环境下销售商则是商务的主体

在传统商务下，制造商负责组织市场的调研、新产品的开发和研制，最后负责组织产品的销售。所以，可以说一切活动都是离不开制造商的。但是，在电子商务环境下，则是由销售商负责产品网站建立与管理、网页内容设计与更新、网上销售的所有业务及售后服务的设计、组织与管理等，制造商不再起主导作用。

3. 电子商务和传统商务的商品流转机制不同

传统商务下的商品流转是一种“间接”的流转机制。制造企业所生产出来的商品大部分都经过了一系列的中间商，才能到达最终用户手中。这种流转机制无形中给商品流通增加了许多无谓环节，也增加了相应的流通、运输、存储费用，加上各个中间商都要获取自己的利润，这样就造成了商品的出厂价与零售价有很大的价差。对此，一些制造企业就采取了直销方法（把商品直接送到商场上柜销售）。这种流转方式使商品的价格下降，深受消费者的欢迎。但是，这种方式并不能给生产企业带来更大的利润，因为直销方式要求制造厂商派许多销售人员经常奔波在各个市场之间。

电子商务的出现使得每一种商品都能够建立最直接的流转渠道，制造企业可以把商品直接送达用户那里，还能从用户那里得到最有价值的需求信息，实现无阻碍的信息交流。

4. 电子商务和传统商务所涉及的地域范围和商品范围是不同的

传统商务所涉及的地域范围和商品范围是有限的。而随着互联网的推广与普及，特别是各类专业网站的出现，电子商务所涉及的地理范围和时间则是无限的，是超越时空的。

通过以上阐述不难看出，传统商务与电子商务之间既有共同点，也有不同之处。两者之间的关系主要表现在以下几个方面：

① 电子商务的物流系统可以建立在传统商务的物流系统的基础上，这样更能充分发挥物流资源的利用率。

② 电子商务下的客户群可能就是传统商务下的客户群，从某种意义上说，电子商务是传统商务的发展。

③ 电子商务的许多活动可以沿袭传统商务中的活动方式进行操作，并对它们加以改进、延伸，使之能够适应新的商务条件。

④ 传统商务的已有销售渠道、信息网络等也可为电子商务所用。

1.4 电子商务带来的影响

互联网的普及和推广极大地改变了人们的生活，同时也促进了电子商务的飞速发展。电子商务的应用已经渗透到社会经济的各个领域，涵盖了银行业、保险业、证券业、电信业，交通业、外贸、海关、流通业、信息服务业、制造业、农业、医药业、新闻业、教育业、政府机构等各个方面。随着电子商务魅力的日渐显露，网络经济、信息经济、“眼球”经济、虚拟企业、虚拟银行、网络营销、网络广告等一大批新词语正在为人们所熟悉和认同，这些词语同时也从另一个侧面反映了电子商务正在对社会和经济产生影响。

1.4.1 电子商务对消费者的影响

电子商务对消费者生活方式的影响可以说是多方面的，主要表现在以下方面：

1. 信息获取方式和购物方式的改变

在电子商务方式下，人们可以从一种全新的媒体——互联网获取所需的信息。互联网可以比任何一种方式都更快、更直观、更有效地把信息或思想传播开来。

电子商务的推广已经使网络购物成为现实。网上购物的最大特征是消费者的主导性，购物意愿更加积极，同时，消费者还能以一种轻松、自由的自我服务方式来完成交易。消费者主权可以在网络购物中充分体现出来。

2. 教育方式和娱乐方式的改变

互联网电子商务带来了人们接受教育方式的改变。随着互联网的广泛应用和电子商务的推广，网络学校应运而生。网上教育是一种成本低、效果好、覆盖面广、便于普及高质量教育的新型教育方式。

互联网的出现使人们可以足不出户在网络上观看电视、电影，听歌曲、音乐，可以在网络上找到志趣相投的朋友，还可以在网络上做现实生活中无法做的事情，如可以喂养喜欢的"宠物"、"种花植树"等。这些都是网络给人们提供的新的休闲方式。可以预见，互联网娱乐休闲对人们会有越来越大的吸引力。

1.4.2　电子商务对传统企业的影响

在电子商务来临后，传统企业的生产和经营方式发生了巨大变革，主要体现在以下三个方面：

(1) 电子商务对企业采购的影响。①电子商务模式能通过互联网，快捷地在众多供应商中找到适合的合作伙伴，及时了解供应商的产品信息，如价格、交货期、库存等，并可以获得较低的价格。②通过电子商务，企业可以加强与主要供应商之间的协作关系，并形成一体化的信息传递和信息处理体系，从而降低采购费用，采购人员也可以把更多的精力和时间集中在价格谈判和改善与供货商的关系上。

(2) 电子商务对企业销售的影响。①电子商务可以降低企业的交易成本。②突破时间与空间的限制。传统经营模式通过各种媒体做广告，是一种销售方处于主导地位的强势营销，而电子商务环境下的网络营销是一种主动权在于客户的软营销。③减少对实物基础设施的依赖。传统企业的创建一般需要实物基础设施的支撑，如仓库、店铺、办公楼、商品展示厅等，而网络的虚拟性可以减少企业对这些实物基础设施的依赖。④全方位展示产品，促使顾客理性购买。

(3) 电子商务对企业客户服务的影响。①电子商务使企业与客户之间产生一种互动的关系，极大地改善客户服务质量。②密切用户关系，加深用户了解，改善售后服务。③促使企业引入更先进的客户服务系统，从而提升客户服务。

1.4.3　电子商务对社会经济的影响

电子商务作为一种新型交易方式，将生产企业、流通企业、消费者和政府带入了一个网络经济增长迅猛的新世界。在电子商务的环境中，人们不再受地域、时间的限制，而是以一种简单、快速的方式来完成更复杂的业务活动，将手动和电子信息处理集成为一个不可分割的整体，优化了资源的配置，提高业务系统运行的严密性和效率。电子商务的发展对社会、经济和生活的影响是多方面的。

1. 改变商务活动的方式

电子商务大大地改变了商品的营销方式。在电子商务产生之前，商品的营销和销售是一种大众营销和销售力量驱动的过程。营销人员把消费者看成是广告宣传活动的被动目标。电子商务带来了许多新的营销可能性。互联网和网络带来了广播电视或杂志所不能带来的万千客户所需要的丰富的营销信息、文本、视频和音频。商家可以通过定位个人的姓名、兴趣和过去的购买情况等信息来向特定的个人推销信息。此外，消费者可以从访问的网站上收集更多的商品信息。随着信息密度的增大，消费者过去购买行为的大量信息可以被在线商家存储和使用，其结果是为消费者提供高度的个性化和定制化服务。

如前所述，电子商务被定义为在互联网上经营的业务，为其他企业和个人提供服务，它不仅包括买卖，而且还为客户服务，提供商业伙伴之间的合作。企业通过电子商务平台为客户提供技术解决方案，增加价值。电子商务也通过互联网为客户、员工和其他利益相关者提供服务。今天，许多大公司都在重新思考它们在互联网上的业务以及新的文化和能力。Web2.0已经成为“电子商务2.0”概念的推动者。电子商务2.0就是以互动和合作的方式做生意，这已经培育了新的企业、技术产品和社会结构。因此，电子商务2.0是创造价值的关键因素，并聚焦于企业外部。许多国际组织和大型跨国公司都为其外部客户提供了现成的电子商务平台，它们希望为其外部客户提供增强的服务，并希望确定一个电子商务的初步范围和长期战略。

2. 改变人们的消费方式

在传统零售业务的情况下，消费者的购买行为在很大程度上取决于销售现场环境。消费者进入现场，一般都要看看自己购买的这种产品。消费者往往将注意力集中在产品的外部质量，产品的内在质量和性能不容易判断，这时候可以影响消费者的购物主要是销售人员的态度。优秀的销售人员会极力推荐产品给客户，并详细解答消费者提出的一些问题，从而刺激消费者的购买欲望；态度不好的销售人员则经常假装没看到顾客，心不在焉，问一句答一句，甚至是爱答不理，致使本来可以卖出去的商品卖不出去。在这种环境下的消费者，身体和精神受到双重压抑。然而，在互联网上情况就大不一样，购物网站多如牛毛，网站上的商品也是琳琅满目，消费者可以随心在任一网站购物，浏览、比较和选择的空间很大，且毫无压力，不必在意销售人员态度，也不会受到任何人为干扰，可以更好地选择自己心仪的商品。

由于存在信息不对称，传统的经营模式生产经营者通过传统的大众媒体，如广播、电视、报纸、杂志和其他消费者进行信息传播，在一定区域内强制性地发布广告信息。消费者不能直接了解生产经营者的实际情况，只能被动地接受广告中传递的信息。网络是不同的，它传播时空范围极广，全天候且非强制性地传播。消费者可以随时随地点击进入企业网站或产品页面，查看信息，既方便又快捷；还可以通过链接或者搜索引擎，直接或间接到同类商品信息及相关评论，做到全面了解产品信息。

3. 改变企业的生产方式

由于电子商务是一种快捷、方便的购物手段，消费者的个性化、特殊化需要可以完全通过网络展示在生产商面前，为了争取顾客和市场，针对消费者需求来进行产品设计和研发，许多生产企业纷纷发展和普及电子商务。同时，在企业之间，依靠先进的通信技术和信息管理手段，“虚拟公司”逐渐成为国际贸易的经营主体。单个公司通过现代信息技术的连接，构成了全球公司群体网络，商品和服务在这个网络市场平台上得到了更好的流通。国际贸易中企业的经营管理方式发生了重大变化，商家通过电子商务平台提供的交互式贸易网络运行机制，优化了世界范围内的资源和生产要素的配置。

4. 导致传统行业的革命

电子商务通过人与电子通信方式的结合，极大地提高商务活动的效率，减少不必要的中间环节。传统的制造业借此进入小批量、多品种的时代，“零库存”成为可能，传统的零售业和批发业开创了“无店铺”“网上营销”的新模式；各种线上服务为传统服务业提供了全新的服务方式。电子商务对传统商业形态、交易流程及企业组织带来了冲击，也制造了许多机会。因此，经营者有必要重新检视并界定其商品、服务、组织及流程的含义，进而拟订电子商务的经营模式及策略，以创造竞争优势。例如，新的商品包括数字化多媒体产品（如电子书、交互式教学软件等）、个性化或定制式产品（如个人化新闻）、零件式（如单购杂志中的某一篇文章）或组装式（如不同杂志中某一类文章集合）产品等。对于传统企业来说，电子商务的出现，一个很大的作用就是可以节省时间、节省成本、提高企业的产出效率。在传统模式下，企业深受资金链过长、地域限制等条件的制约，不能最大限度地扩大市场占有率，而电子商务恰恰能够帮助它们实现低成本的“货通天下”。因此，电子商务不仅是传统企业的一种需求变更，还是整个行业和最终用户的共同需求。

5. 带来一个全新的金融业

在电子商务产生之前，许多公司不得不通过零售商店经营，购买直接通过现金、支票、信用卡或借记卡来完成。1995 年 10 月，全球第一家网上银行“安全第一网络银行”（Security First Network Bank）在美国诞生，标志着电子商务在电子交易环节上的突破。网络银行、银行卡支付网络、银行电子支付系统以及网上洽接服务、电子支票、电子现金等服务，将传统的金融业带入一个全新的领域。电子商务对整个交易业和金融业带来强烈的冲击，但也给金融业提供了一个难得的机会，扩大了金融业的业务范围。新兴金融业的业务范围如下：

① 安全的电子交易服务。

② 企业和个人网上银行。

③ 网上证券交易和管理。

④ 电子货币管理。

⑤ 网上保险业务。

⑥ 网上金融信息服务。

⑦ 财务评估和认证服务。

⑧ 加密、防火墙和金融安全服务等。

6. 转变政府的行为

政府承担着大量的社会、经济、文化的管理和服务功能，尤其作为“看得见的手”，在调节市场经济运行、防止市场失灵带来的不足方面有着很大的作用。在电子商务时代，当企业应用电子商务进行生产经营，银行金融电子化，以及消费者实现网上消费的同时，将同样对政府管理行为提出新的要求。电子政府或称网上政府，将随着电子商务发展而成为一个重要的社会角色。

拓展阅读：梅特卡夫规律

梅特卡夫定律（Metcalfe's Law）是一种网络技术发展规律，是由出生于纽约布鲁克林发的计算机网络先驱罗伯特·梅特卡夫（Robert Metcalfe，1946）提出的。其内容是：网络的价值等于网络节点数的平方，网络的价值与联网的用户数的平方成正比。

20 世纪 90 年代以来，互联网络不仅呈现出这种超乎寻常的指数增长趋势，而且爆炸性地向经济和社会各个领域进行广泛的渗透和扩张。计算机网络节点的数目越多，它对经济和社会的影响就越大；网络上联网的计算机越多，每台计算机的价值就越大。新技术只有在有许多人使用它时才会变得有价值。使用网络的人越多，这些产品才变得越有价值，因而越能吸引更多的人来使用，最终提高整个网络的总价值。一部电话没有任何价值，几部电话的价值也非常有限，成千上万部电话组成的通信网络才把通信技术的价值极大化了。当一项技术已建立了必要的用户规模时，它的价值将会呈爆炸性增长。一项技术多久才能拥有必要的用户规模，这取决于用户使用该技术的代价，代价越低，达到必要用户规模的速度也越快。有趣的是，一旦形成必要用户规模，新技术开发者在理论上可以提高对用户的价格，因为这项技术的应用价值比以前增加了。信息的消费过程很可能同时就是信息的生产过程，它所包含的知识或感受在消费者那里催生出更多的知识或感受，消费它的人越多，它所包含的资源总量就越大。互联网的威力不仅在于它能使信息的消费者数量增加到最大限度（全人类），更在于它是一种传播与反馈同时进行的交互性媒介（这是它与报纸、广播和电视最不一样的地方）。所以，梅特卡夫断定，随着上网人数的增长，网上资源将呈几何级数增长。

梅特卡夫定律背后的理论，亦即所谓网络的外部性效果（Network Externality）：使用者越多，对原来的使用者而言，其效果不仅不会如一般经济财产那样人越多分享越少，反而会越多。大体而言，摩尔定律加上产业合流现象形成到处信息化，梅特卡夫定律再把到处信息化的企业以网络外部性的乘数效果加以连接，最终造就一个规模可与实体世界相媲美、充满了无数商机及成长潜力惊人的全球化电子商务市场。

本章小结

本章简要介绍了国内外电子商务的发展进程和发展的三个主要阶段，通过对电子商务概念的阐述，讨论了电子商务的概念模型、主要功能、特点和分类，进而分析了传统商务与电子商务的区别。通过探寻影响电子商务成功的因素和发展过程中所存在的问题，本章还研究了电子商务对消费者、传统企业以及社会经济的影响。

相关术语

EDI（Electronic Data Interchange，电子数据交换）

VAN（Value Added Network，增值网络）

3G（the 3th Generation Communication System）

4G（the 4th Generation Communication System）

电子商务（Electronic Commerce 或者 E-Business，EC/EB）

B2B（Business to Business，企业间电子商务）

B2C（Business to Consumer，企业与消费者电子商务）

C2B（Consumer to Business，消费者与企业电子商务）

C2C（Consumer to Consumer，消费者间电子商务）

B2G（Business to Government，企业与政府间电子商务）

C2G（Consumer to Government，消费者与政府电子商务）

移动商务（Mobile Commerce，M-Commerce）

梅特卡夫定律（Metcalfe's Law）

思考与练习

一、单项选择题

1. 电子商务的核心是(　　)。

A. 计算机技术　　B. 数据库技术　　C. 网络　　D. 商务

2. 电子数据交换的简称是(　　)。

A. EB　　B. EDI　　C. NET　　D. EC

3. 生产类企业上网采购是一种典型的(　　)电子商务活动。

A. B2C　　B. B2B　　C. C2C　　D. B2G

4. 广义上的电子商务的标准英文是(　　)。

A. E-Business　　B. E-Commerce　　C. E-Mail　　D. E-Internet

5. 著名的亚马逊书店（Amazon. com）网站的类型是(　　)。

A. B2C　　B. B2B　　C. C2C　　D. O2O

6. "联网的用户越多，网络的价值越大，联网的需求也就越大。"这句话属于哪个定律？(　　)

A. 亚马逊法则　　B. 牛顿定律　　C. 梅特卡夫定律　　D. 乔布斯法则

二、多项选择题

1. (　　)是电子商务概念模型的组成要素。

A. 交易主体　　B. 交易事务　　C. 电子市场　　D. 交易手段

2. 电子商务任何一笔交易都包含的基本"四流"是指(　　)，其中"商品信息的提供、促销行销"属于(　　)。

A. 信息流　　B. 物质流　　C. 物流　　D. 资金流

E. 商流　　F. 现金流

3. 按商业活动运作方式分类，电子商务可以分为(　　)。

A. 直接电子商务　　B. B2B电子商务　　C. C2C电子商务　　D. 间接电子商务

E. B2C电子商务　　F. 本地电子商务　　G. 全球电子商务　　H. 完全电子商务

三、问答题

1. 电子商务是否等同于商务的电子化？为什么？
2. 结合案例论述，谈谈与传统商务相比，电子商务的优势有哪些。
3. 电子商务有哪些分类方法？电子商务的功能主要有哪些？
4. 试述电子商务产生和发展的主要条件以及发展历程中的重要事件。
5. 依照你的体会，谈谈电子商务对社会经济的主要影响有哪些。

第 2 章

电子商务的基本模式

- 了解商业模式与传统商业模式
- 掌握电子商务商业模式的类型
- 理解 B2B、B2C、C2C、O2O 商业模式的基本业务流程、盈利模式、特点、优势、影响以及发展趋势
- 了解新兴及其他电子商务商业模式

◆引例

微商背靠主流社交平台将获得快速发展

微商起源于微博，兴起于微信。微商起源于微博时代的达人代购和推荐晒单，这些意见领袖凭借自己的影响力，借助社交网络的传播实现营销消息的爆炸式传播。移动互联网出现后，微信带动微商进入了发展的新阶段。微信这一超级 App 坐拥 6 亿名活跃用户，好友之间属于强关系社交，众多商家希望分享微信的数据流量，变现红利。

微商分为微信和微博两个阵营。其中，微博阵营的推广方式主要为大 V 与达人推荐；微信则包括公众平台微商（主要通过微信订阅号、服务号传递营销信息）、个体微商（代购为主，以朋友圈为主要推广渠道）、社群微商（以兴趣为纽带，微信群为主要推广渠道）和平台微商（大平台对个人微商进行统一管理，提供支持，渠道仍然为朋友圈和转发微信群，如口袋购物、点点客）。

微商平台解决行业痛点，迅速跻身行业主流。2013 年年初，一些美妆品牌依托朋友圈，以明星代言和多层分销的模式大量推广，成为微信微商的雏形。而伴随朋友圈广告的大量出现，微信开始打压暴力刷屏，微商多层分销的模式使底层个体微商的货物积压严重，产品供应链、消费者保障等环节问题频发且始终得不到解决，个人微商的发展陷入困境。平台微商为个体商户开店开发了一整套解决方案，包括货源供应、信用体系建设以及消费者保障等，改进了行业的痛点。以口袋购物为例，它解决了微商开店过程中遇到的各种问题。如“一分钟开店”，解决货物供应链的难题（代销发货不需要进货，消费者在微店下单后货物直接从品牌商仓库发出），帮助店主营销提供数据支持，未来还有可能提供金融支持等一系列。平台微商受到了广大个体微商的欢迎，已经迅速成为主流。

（资料来源：中商情报网．国内社交电商两大商业模式解析，2015 年 12 月，http://www.askci.com/news/chanye/2015/12/08/163556ls3v_2.shtml，略有删改。）

案例点评：

在当下的社会中缤纷冗杂，正确合理地选择一个有效的商业模式，是电子商务运营的重中之重。

2.1 商业模式及其要素

2.1.1 商业模式的定义

商业模式（Business Model）也称业务模式、商务模式，是指做生意的方法，是一个企业赖以生存的模式，一种能够为企业带来收益的模式。商业模式确定了企业在价值链中的位置，并指导其如何赚钱。

商业模式的核心是价值，价值包括三个方面：面向客户的价值（价值体现）、面向投资者的价值（盈利模式）、面向伙伴的价值。商业模式需要回答的问题包括谁是潜在客户，客户价值是什么，企业如何通过此业务获取利润，企业如何以恰当的成本为客户提供价值。因此，商业模式就是企业通过创造价值而获取收益所采取的一系列活动，它表明了企业在价值链中所处的位置。任何商业模式都有清楚的盈利模式和价值体现。

商业模式是为了在市场中获得利润而规划好的一系列商业活动，商业模式是商业计划的核心内容，而商业计划是指描述企业商业模式的文件。而网络经济环境下的电子商务商业模式是指以利用和发挥互联网和 WWW 优势的商业模式。

2.1.2 商业模式的设计要素

要实现其收益，所构造的电子商务商业模式必须包含以下八个要素：价值体现、盈利模式、市场机会、竞争环境、竞争优势、营销战略、组织战略以及管理团队。表 2-1 详细描述了八个要素及其关键问题。

表 2-1 商业模式的要素分析

商业模式要素	关 键 问 题
价值体现	消费者为什么买你的东西
盈利模式	如何赚钱
市场机会	目标市场、市场容量
竞争环境	目标市场的竞争性企业
竞争优势	进入目标市场的特点、优势
营销战略	对产品或服务的销售计划
组织发展	相应的组织结构
管理团队	企业领导者的经历和背景

价值体现是确定一个企业的产品或服务如何满足客户的需求。确定或者分析一种产品或服务的价值体现，需要回答以下方面的问题：首先是客户为什么选择与你的企业打交道，而

不是同类型的其他企业；其次是你能提供哪些区别于其他企业的或者其他企业不能够提供的产品或服务。

盈利模式是描述企业如何获得收入、产生利润，以及如何获得高额的投资回报。

市场机会是企业所预期的市场以及企业在该市场中有可能获得的潜在财务收入机会。市场机会通常划分为更小的市场利基，即利润基本点的分市场。实际的市场机会是由企业希望参与竞争的每一个市场利基的收入潜力来决定的。

企业与其他竞争者在同一个市场空间中经营，销售同类产品。企业的竞争环境表现在以下方面：竞争对手的规模大小、活跃程度，每个竞争对手的市场份额、盈利情况、定价情况等。

竞争优势是当企业比其他竞争对手生产出更好的产品，或者是向市场推出更为低价的产品时，它获得的竞争能力。许多企业能获得竞争优势，是因为它们总是能以某种与众不同的方式获得其竞争对手无法获得的生产要素，可能是供应商、物流商方面的优越条件，也可能是人力资源方面的优势，或者是产品的专利保护、价格方面的优势等。

营销战略是由如何进入一个新市场、吸引新客户的具体举措构成的营销计划。营销战略渗透在企业为将产品或服务推销给潜在消费者而所做的每一件事情中。

组织发展是描述企业如何组织所要完成的工作，从而实现企业目标。一般来说，企业可以划分成多个职能部门，其业务范围相对明确，同时又相互协作，从而实现良好的组织发展规划。

管理团队是企业中负责各类商业模式运作的员工。管理团队的主要职责是为企业迅速获得外界投资者信任，准确捕捉市场信息，构建企业发展战略等。

2.2 传统商业模式及其局限

2.2.1 价值创造

一种商业模式最为基本和关键的两点就是价值创造与盈利模式。传统商业模式经历了长久的不断演进，在价值创造和盈利模式上既有非常宝贵的经验可以借鉴，同时在网络经济时代也不同程度地出现了一些局限。

价值的创造起源于对顾客和顾客需求的理解。通常有五个基础领域可以为顾客带来价值的增值，分别是购买、使用、销售、协作创造和集成。

（1）购买。“购买”包括一系列的产品或者关系。顾客首先要明确自己的需求，评估供应商以及下订单，然后要支付相关费用并转移已购产品或服务。顾客在购买过程中，不仅要花费时间和金钱，还要承担一定的风险。

（2）使用。在购买产品或服务后，顾客接着对其进行使用。使用过程中需要花费时间和金钱，如进行专业培训、购买相关软件等。使用过程中也存在风险，这种风险是对时间和资金的投入，而且并不能够产生预期的效用。

（3）销售。顾客购买产品主要出于两个目的，即自用或出售。要了解的问题是什么样的产品可能被循环利用或者一次性消耗，怎么样储存、再出售以及如何实现商品的转移等。

（4）协作创造。顾客经常通过协作来创造或者提高产品或服务水平。

（5）集成。顾客把来自供应商或其他顾客的信息、产品、服务综合起来以满足各种各样的需要。

这五个关键性的价值创造因素存在于每一个传统企业中，只是表现的形式不同。在传统的商业模式中，如果这五个因素其中一个或者几个与众不同，那么该企业就将创造独特的商业模式。

2.2.2　盈利模式

在传统的盈利模式中，盈利者除了生产厂商之外，还有销售渠道中的批发商和零售商。它们在商业模式中主要起到以下五个方面的作用：

（1）为了创造购物便利，零售商或者销售代理商尽可能地接近顾客。

（2）为了创造多样化的购物条件，要在销售商那里把各种各样的产品或服务集中起来。

（3）在销售地储备商品可以降低购销时间差。

（4）在当地建立销售和服务点可以更好地为顾客提供服务和营销信息。

（5）满足制造商不能十分有效满足的顾客对小批量产品的需求。

基于上述实际情况，批发商和零售商这种渠道模式可以为商品创造增值价值，并且可以利用规模效应和范围效应创造出惊人的商业效率。例如，批发商和零售商利用范围经济效应，通过集中多样化产品或服务，不仅为上游的供应商实现收益，还将利润延伸到下游的购买者，同时，它们还可以通过库存和销售的规模化实现为销售渠道创造价值。

随着时代的发展，传统销售渠道战略在目前的盈利模式中出现了新的问题，在以下两个方面表现得尤其突出：

首先，越来越多的产品或服务呈现个性化的趋势。产品的个性化趋势意味着传统的销售渠道在更大程度上不再是帮助顾客，而是起到了相反的作用。一种个性化的产品有两种销售途径：一种是大规模定制化生产，即把产品标准化之后拆分成零部件组成单元，对这些组成部分进行顾客个性化设计，然后再组合成新的产品销售；另一种是降低生产成本和提高生产效率，这需要供应商和顾客有更多的直接交流，而传统渠道的批发商、零售商模式则阻碍了这种交流。

其次，信息的传递和产品的运输方式在逐步改进，物流和信息流成为商流的重要组成部分，在做好物流、信息流以及商流的整合之后，流通环节的成本大大降低。因此，信息沟通和产品运输成本的廉价化趋势，使生产者和购买者的直接交流变得更加经济，以往的管理商流的中间环节的价值也正在向管理信息流的中间环节转移。在新的销售渠道中，信息服务者的价值日益增大。

2.3　电子商务商业模式的类型

电子商务商业模式分类对电子商务企业选择一个或多个商业模式来开展经营具有重要意义。企业通过确定其价值链中的地位找到自己获取收益的方法是电子商务商业模式分类的基础。电子商务发展至今，已经出现了许多商业模式，而每个电子商务企业在实际运作中一般都是选择多种业务模式进行集成。

2.3.1 按商业活动运作方式分类

电子商务按商业活动运作方式可分为完全电子商务和不完全电子商务两类。

(1) 完全电子商务。完全电子商务是指可以完全通过电子商务方式实现和完成整个交易过程的交易。

(2) 不完全电子商务。不完全电子商务是指无法完全依靠电子商务方式实现和完成整个交易过程的交易。这种电子商务活动受限于一些实际的经济环境，它需要依靠一些其他要素或与其他商业活动相结合。我国相当一部分地区存在这种电子商务活动。

2.3.2 按电子商务应用主体分类

电子商务按应用主体大致可分为以下五类。

1. B2B（Business to Business）**电子商务**

B2B是企业对企业（也称为商家对商家）的电子商务，即企业与企业之间通过互联网进行产品、服务及信息的交换等一系列商务活动，有时写作B to B，但为了简便通常用其谐音B2B（2即two）。B2B通俗的定义是指进行电子商务交易的供需双方都是商家（企业、公司），使用互联网技术或各种商务网络平台，完成商务交易的过程。这些过程包括发布供求信息，订货及确认订货，支付过程及票据的签发、传送和接收，确定配送方案并监控配送过程等。B2B的典型例子有中国供应商、阿里巴巴、中国制造网、敦煌网、慧聪网等。B2B按服务对象可分为外贸B2B及内贸B2B；按行业性质可分为综合B2B和垂直B2B。后续章节将详细讲解各种模式。

2. B2C（Business to Consumer）**电子商务**

B2C是企业对消费者（也称商家对个人客户）的电子商务。企业对消费者的电子商务基本等同于电子零售商业，即企业通过互联网为消费者提供一个新型的购物环境——网上商店，消费者通过网络购物并支付。由于这种模式节省了消费者和企业的时间和空间，因此大大提高了交易效率。目前，互联网上已遍布各种类型的商业中心，提供各种商品和服务，主要有书籍、计算机、鲜花、汽车等。B2C模式是我国最早产生的电子商务模式，典型的例子有当当网、京东商城等。

3. C2C（Consumer to Consumer）**电子商务**

C2C是消费者对消费者的电子商务。C2C电子商务就是通过为买卖双方提供一个在线交易平台，使卖方可以主动提供商品上网拍卖，而买方可以自行选择商品进行竞价，从而完成交易的过程。近年来，C2C电子商务也迅速发展起来，这种消费者对消费者的商务形式在过去的传统媒体中几乎不可能实现，但现在发展很快，如淘宝网、拍拍网、闲鱼等。

4. G2B（Government to Business）**电子商务**

G2B是政府对企业的电子商务。G2B电子商务可以覆盖企业与政府组织间的许多事务。例如，政府将采购的细节在互联网上公布，通过网络竞价方式进行招标，企业也要通过电子方式进行投标。政府可以通过这种方式树立形象，通过示范作用促进电子商务的发展。除此之外，政府还可以通过电子商务实施对企业的行政事务管理，如政府用电子商务方式发放进出口许可证、开展统计工作，企业可以通过网络办理交税和退税等。目前，我国很多地方政府已经推行网上采购。又如，我国的金关工程就是商业机构对行政机构的电子商务，如发放进出口许可证、办理出口退税、电子报关等，建立以外贸为龙头的电子商务框架，并促进各类电子商务活动的开展。

5. G2C（Government to Consumer）**电子商务**

G2C是政府对个人的电子商务活动。随着企业对消费者、企业对行政机构的电子商务的发展，政府将会对社会个人实施更为全面的电子服务方式，如社会福利金的支付、信息公开、个人税收的征收等。

2.3.3　典型的电子商务商业模式

1. 电子市场

电子市场是指利用网络特别是互联网环境，开展商品、服务、信息的买卖活动，包括实物产品，如玩具、图书、鲜花、计算机硬件，也包括数字产品，如在线音乐、软件、铃声下载、旅游线路、电子图书等。电子市场还可以分为买方电子市场、卖方电子市场和第三方市场。

（1）买方电子市场。买方电子市场是指依据企业或个人的需求，采用逆拍卖、谈判或其他任何电子采购方式构建的基于Web的市场，主要有买方电子集市、团购和“由你定价”等形式。

1）买方电子集市是指企业为从合格的供应商处采购满足企业需要的产品所建立的基于Web的市场，可用的市场机制包括议价、招标、逆拍卖等。买方电子集市可以是由某一家企业拥有，也可以是多家企业联合拥有。

2）团购是指采购量较小的中小企业或个人通过互联网渠道，将同一区域内具有相同购买意向的零散的、小批量的购买收集起来（一般由第三方中间商完成），形成一个比较大的量，以谈判或招标方式来争取优惠条件。

3）“由你定价”是指买主将自己的需求及愿意支付的价格发布在第三方网站上，卖方根据需求及价格提供合格的产品或服务。

（2）卖方电子市场。卖方电子市场是指企业通过电子目录、电子拍卖、谈判等市场机制向众多企业或个人消费者出售产品或服务而建立的一个基于Web的市场。卖方电子市场可以是独立网上店铺的形式，店铺可以属于生产企业、零售商甚至个人，也可以是由众多商店的集成购物场所，交易类型可以是B2C或C2C。

例如，天猫商城就是一家B2C电子卖场，它有产品分类目录和商品搜索引擎。当消费者对某件商品感兴趣时，他们就会被引导到销售这些商品的独立店铺去购物，各店铺之间独立经营，不分享服务。

（3）第三方市场。买方电子市场或卖方电子市场都是以满足一方需求为目标的单向市场，第三方市场（电子交易所或公共电子集市）是为买卖双方提供交易而建立的一个基于Web的双向市场。它一般由第三方市场创建者所有，是一种中介模式的市场。它可以是属于某一行业的垂直市场，也可以是横跨多个行业的水平市场。其主要功能有以下三个：

1）匹配功能。建立市场机制和提供相应服务，为买卖双方寻找到合适的交易伙伴。

2）促进交易。为买方提供商品、服务、配送等信息，提供逆拍卖、请求报价、请求投标等服务；为卖方发布电子目录等信息，提供拍卖销售、客户发现等服务；为双方提供托运、保险、第三方履约托管、支付结算等服务。

3）维护交易政策和基础设施，保证交易服从相关法律。

例如，阿里巴巴可以看作一家公共电子集市。它有一个商品分类目录和一个搜索引擎，客户进入感兴趣的产品页面后就可以选择自己想要的产品，然后开始订货或议价。

在线股票交易市场是一个比较复杂的电子交易所，同一只股票有多个卖方询价，同时也有多个买方报价，然后按照一定的匹配机制完成交易。目前，几乎所有的证券公司都推出了网上交易系统，如国元证券、国泰君安、中信建投等。

2. 信息门户网站

信息门户网站是用户利用浏览器浏览所需信息的入口。根据信息提供者的角色不同，可以将其分为专有门户和公共门户，专有门户又分为个人门户和企业门户。企业门户是消费者访问企业信息的官方入口，因其提供信息的特点不同，又可分为综合门户（水平门户）和垂直门户。

（1）企业门户。企业门户就是一个连接企业内部和外部的网站，它提供一个单一的访问企业各种信息资源的入口，企业的员工、客户、合作伙伴和供应商等都可以通过这个门户获得个性化的信息和服务。它融合了商业智能、内容管理、数据仓库/集市、数据管理等一系列用于管理、分析、发布信息的软件程序。企业门户的功能主要有以下六个方面：

1）通过企业门户，企业能够动态地发布存储在企业内部和外部的各种信息。

2）可以完成网上交易。

3）可以支持网上的虚拟社区，网站的用户可以讨论和交换信息。

4）支持员工之间、团队之间、企业与伙伴之间的协同。

5）完善供应链管理、客户关系管理、物流管理。

6）集成分散在企业内外部的信息系统。

（2）公共门户。公共门户是以网络媒体为主要特征，提供分类信息的综合性网站。其目的是通过吸引大量的重复性用户建立在线用户群，使访问者产生购买网站广告所推销的产品的可能性。

1）综合门户。综合门户（水平门户）是提供各类综合性信息服务的公共门户，其特点是内容广泛全面，覆盖许多行业。综合门户为了吸引访问者、提高网页浏览量，会不断为用户推出系列免费内容和服务，如电子信箱、网络硬盘、博客、个人主页等，也经常集成其他业务模式，如电子市场、拍卖等，还提供各类增值服务，如短信平台、铃声下载、电子贺卡等。人们习惯上将B2C类型的门户称为综合门户，而将B2B类型的门户称为水平门户。例如，我国著名的新浪、网易和搜狐就属于综合门户，此外还有一些地区性的综合门户网站，如浙江都市网。而阿里巴巴、慧聪网就属于B2B水平门户。还有一类综合门户专门提供目录服务，如网址之家（hao123. com）是专门提供网站地址服务的综合门户。

2）垂直门户。垂直门户是针对某一行业或专门领域提供综合信息服务的公共门户，其特点是专业性强，针对特定的消费人群。目前，从制造业到服务业，从工业到农业，从娱乐休闲到度假旅游，几乎每个行业都有多家垂直门户网站。

3. 个人信息服务

个人信息服务是一种以个人用户为主体的服务模式。特别是在Web 2.0技术支持下，各种以展现个人意志为主旨的新型业务模式得到迅速发展。

（1）电子信箱。电子信箱是电子商务企业推出的最早的个人信息服务，常与其他业务模式集成使用。用户可以申请注册成为企业的电子信箱用户。随着各企业推出的信箱空间越来越大，人们也常将电子信箱当作网络硬盘使用。例如，网易邮箱、新浪邮箱等都是公共电子信箱服务商。

（2）即时通信。即时通信借助互联网平台为用户提供在线交流服务，包括文字交流、音视频交流等模式，可以一对一，也可以群聊。有的即时通信工具还提供一些远程协助功能。著名的即时通信工具有腾讯的QQ等。

（3）博客与微博。博客是一个由服务商提供的可定制的个人网站，用户可以在其博客上发布自己的想法，与他人交流以及从事其他活动。随着时代的发展、生活节奏的加快，微博的使用逐渐超越了博客。国内有新浪微博，国外类似的平台也不少。

（4）"播客"。YouTube. com是一家为用户自创视频提供发布空间的网站，它创造了互联网的一个奇迹。这种以发表个人制作的音视频为内容的网站——"播客"——已经成为广受欢迎的业务模式。中国提供类似业务的网站有优酷土豆、中国播客网等。

（5）网络电视。网络电视是以宽带网络为载体，通过电视服务器将传统的卫星电视节目经重新编码成流媒体的形式后传输给用户收看的一种视讯服务。网络电视常以P2P技术为支持。目前有许多基于P2P技术的网络电视软件，如PPLive（pplive. com）等。

（6）在线下载。自从互联网诞生以来，上传（Upload）和下载（Download）就是信息共享的基本手段，但随着P2P技术的发展，信息共享已从原来的B/S模式发展到现在的P2P模式，基于P2P技术的下载服务已成为个人信息服务的一个重要业务模式。著名的P2P下载软件有迅雷等。

（7）在线游戏。在线游戏是指在互联网上实现单方、双方、多方的游戏服务和一些互动型的娱乐服务。这类服务突破了传统单机游戏和互动节目的局限性，对年轻人有很强的吸引力，有比较稳固的用户群。经营在线游戏的公司有盛大、网易、联众等。

（8）金融服务。有的机构致力于为电子商务交易提供支付等金融服务，如银联（Chinapay. com）、paypal等。

（9）社区服务商。社区服务商是可以让有着特定兴趣爱好和共同经历的人在一起交换意见的网站，如豆瓣网。

2.4 B2B电子商务模式

B2B（Business to Business）电子商务模式，也称企业对企业电子商务或商家对商家电子商务，是指企业与企业之间通过互联网或私有网络等现代信息技术手段，进行产品、服务及信息的交换活动。它是按参与交易对象分类中的一种。我国B2B行业的发展十分迅猛，以中小企业为主要使用群体。

B2B电子商务模式是当前电子商务交易模式中所占份额最大、最具操作性、最容易成功的模式，是当前电子商务的重点，现在已进入新的发展阶段。以信息服务、广告服务、企业推广的时代已逐渐退去，以在线交易、数据服务、金融服务、物流服务等为主的B2B电子商务正在发展。B2B电子商务模式引起了企业供应链的变革，实现了在整个产业乃至全球的供应链网络上的增值。

2.4.1 B2B电子商务的业务模式和开展基础

1. B2B电子商务的业务模式

B2B电子商务类型多种多样，如集中销售、集中采购、竞价拍卖、招标、网上交易市场等。

(1) 根据B2B交易平台的构建主体划分，B2B电子商务模式可以分为基于企业自有网站的B2B电子商务模式和基于第三方中介网站的B2B电子商务模式。

1) 基于企业自有网站的B2B电子商务模式。企业为了提高效率，减少库存，降低采购、销售、售后服务等方面的成本，与用户或供应商之间的交易需要通过互联网来完成。事实上，大型企业B2B网站的交易额在B2B中占有主要地位。利用B2B网站交易的企业主要是用户、供应商、合作伙伴及其他与企业经营活动有关的部门或机构。

2) 基于第三方中介网站的B2B电子商务模式。第三方B2B网站既不是拥有产品的企业，也不是经营商品的商家，它并不参与双方的交易，而只是提供一个平台，将销售商和采购商汇集在一起撮合形成交易，为双方提供交易服务。

对于第三方中介网站的B2B电子商务模式，按照交易产品类别和商品内容分，又可分为综合型B2B电子商务和垂直型B2B电子商务两种。

综合型B2B电子商务平台涵盖了不同的行业和领域，为不同行业的买卖双方搭建起一个信息和交易的平台，使买卖双方可以在这些平台上分享信息、发布广告、竞拍投标、进行交易等。国内典型的综合型B2B电子商务平台如阿里巴巴、环球资源网、慧聪网等。综合型B2B电子商务平台的行业范围广，很多行业都可以在同一个网站上进行贸易活动。

垂直型B2B电子商务平台具有很强的专业性，通常定位在一个特定的专业领域内，如IT、化工、钢铁或农业等。垂直型B2B电子商务平台将特定产业的上下游厂商聚集在一起，让各阶层的厂商都能很容易地找到原料或商品的供应商或买主。国内典型的垂直型B2B电子商务平台如中国建材第一网、中国化工网、中国钟表网、中国粮食网等。垂直型B2B电子商务平台是具有行业针对性的交易平台，平台具有很强的聚集性、定向性。

(2) 根据B2B交易的贸易类型划分，B2B电子商务模式可以分为内贸型B2B电子商务和外贸型电子商务。

1) 内贸型B2B电子商务。内贸型B28电子商务是指为国内企业之间的交易提供服务为主的电子商务市场，交易的主体和行业范围属于同一个国家。

2) 外贸型B2B电子商务。外贸型B2B电子商务是指提供国内与国外供应者与采购者交易服务为主的电子商务市场。相对内贸型B2B电子商务市场，外贸型B2B电子商务市场需要突破语言文化、法律法规、关税汇率等各方面的障碍，涉及的B2B电子商务活动流程更复杂，要求的专业性更强。

2. B2B电子商务的开展基础

① 产品信息管理规范化，包括供应商、批号、价格、供货时间、保质期、保鲜期等信息。

② 企业自己有完备的信息系统，如客户关系管理系统、供应链管理系统、产品研发管理系统等。

③ 企业自己已经有正规化的业务流程和规范化的岗位责任和对应的绩效考评机制。

④ 企业有自己完善的成本控制和管理手段。

⑤ 企业能够把控采购、销售、库存、供应整个供应链环节和配套资金。

企业开展电子商务有两个途径：一个途径是自建电子商务平台，即自己出钱、出技术和花时间构建一个电子商务平台，这对一个企业的基础要求比较高；另一个途径就是加盟电子商务平台，享受电子商务服务。现在的电子商务平台很多，如中国制造 & 中国创造电子商务平台就是在已有的电子商务基础之上进行了创新，采用双网发布的模式，即在中国制造和中国创造者两个平台上发布产品信息，平台上设置了诚信展厅，提供全方位的互联网服务，平台另外还会为企业免费制作精美的电子杂志等网络宣传产品。企业入驻了平台之后，平台会帮助企业做好网络推广。做电子商务要有自己的特色，它们从客户的角度出发，真正为企业提供低成本、高效益的电子商务，力求获得客户的认同，并且由此而逐渐发展壮大。

2.4.2　B2B 电子商务的特点

1. 交易对象相对固定

B2B 的交易对象一般比较固定，不像普通消费者发生的交易行为比较随意。

2. 交易金额较大

企业之间的电子商务相对于有消费者参与的交易来说交易的次数少，但每次的交易金额比较大。

3. 交易操作规范

B2B 电子商务活动涉及的对象一般比较复杂，因此对合同格式要求比较规范和严谨，注重法律有效性。

4. 交易过程复杂

企业之间的电子商务活动，一般涉及多个部门和不同层次的人员，因此信息交互和沟通比较多，而且对交易过程的控制比较严格。

5. 交易内容广泛

企业之间电子商务活动的交易内容可以是任何一种产品，交易品覆盖种类广泛，既可以是原材料，也可以是半成品或者成品。

2.4.3　B2B 电子商务的盈利模式和发展趋势

1. B2B 电子商务的盈利模式

B2B 电子商务是目前盈利状况最好的一种电子商务模式。目前，B2B 电子商务的盈利模式主要有以下几种：

(1) 会员费。企业通过第三方中介电子商务平台参与电子商务交易，必须注册为 B2B 网站的会员，每年要交纳一定的会员费，才能享受网站提供的各种服务。会员费已成为中国 B2B 网站最主要的收入来源之一。例如，阿里巴巴网站收取中国供应商和诚信通两种会员费，中国供应商会员费每年 40000 ~ 80000 元（按服务项目收费），诚信通的会员费每年 2300 元。中国化工网每个会员第 1 年的费用为 12000 元，以后每年综合服务费用为 6000 元。

（2）广告费。网络广告是门户网站的主要盈利来源，同时也是 B2B 电子商务网站的主要收入来源。阿里巴巴网站的广告根据其在首页位置及广告类型来收费。中国化工网有弹出广告、漂浮广告、横幅（Banner）广告、文字广告等多种表现形式可供用户选择。

（3）竞价排名。企业为了促进产品的销售，都希望自己在 B2B 第三方网站信息搜索中的排名靠前，而网站在确保信息准确的基础上，根据会员交费的不同对排名顺序做相应的调整。阿里巴巴的竞价排名是诚信通会员专享的搜索排名服务，当买家在阿里巴巴搜索供应信息时，竞价企业的信息将排在搜索结果的前三位，被买家第一时间找到。中国化工网对全球近 20 万个化工及化工相关网站进行搜索，收录的网页总数达 5000 万个，同时采用搜索竞价排名方式，确定企业排名顺序。

（4）增值服务。B2B 网站通常除了为企业提供贸易供求信息外，还会提供一些独特的增值服务，包括企业认证、独立域名、提供行业数据分析报告、搜索引擎优化等。例如，现货认证就是针对电子这一行业提供的一项特殊的增值服务，因为通常电子采购商比较重视库存这一块。可以根据行业的特殊性去深挖客户的需求，然后提供具有针对性的增值服务。

（5）线下服务。线下服务主要包括展会、期刊、研讨会等。通过展会，供应商和采购商可以面对面地交流，一般的中小企业比较青睐这种方式。期刊主要是刊登关于行业资讯等信息，期刊中也可以植入广告。

（6）商务合作。商务合作包括广告联盟、政府、行业协会合作、传统媒体合作等。其中，广告联盟通常是网络广告联盟，亚马逊通过这种方式已经取得了不错的成效，但在中国，联盟营销还处于萌芽阶段，大部分网站对于联盟营销还比较陌生。国内做得比较成熟的几家广告联盟有百度联盟等。

（7）按询盘付费。区别于传统的会员包年付费模式，按询盘付费模式是指从事国际贸易的企业不是按照时间来付费，而是按照海外推广带来的实际效果，也就是海外买家实际的有效询盘来付费。其中询盘是否有效，主动权在客户手中，由客户自行判断，决定是否付费。尽管 B2B 市场发展势头良好，但 B2B 市场还是存在不成熟的一面，这种不成熟表现在 B2B 交易的许多先天性交易优势，如在线价格协商和在线协作等作用还没有充分发挥出来。因此，传统的按年收费模式受到以 ECVV 为代表的按询盘付费平台的冲击越来越明显。“按询盘付费”有四大特点：①零首付、零风险；②主动权、消费权；③免费推、针对广；④及时付、便利大。广大企业不用冒着“投入几万元、十几万元，一年都收不回成本”的风险，零投入就可享受免费全球推广，成功获得有效询盘、辨认询盘的真实性和有效性后，只需在线支付单条询盘价格，就可以获得与海外买家直接谈判订单的机会，主动权完全掌握在供应商手里。

2. B2B 电子商务模式的发展趋势

从 B2B 行业发展来看，B2B 电子商务模式的发展呈现出以下趋势：

（1）从信息服务转向平台交易服务。目前，国内的 B2B 电子商务网站主要提供信息服务，通过发布行业资讯、交易双方在平台上发布供需信息进行产品配对，以帮助企业寻找商机。但是，通过 B2B 获取交易信息的企业仍然主要通过线下沟通谈判完成整个交易过程。B2B 电子商务所能实现的在线价格协商等在线交易环节并没有充分发挥。所以，对于 B2B 电子商务平台来说，将网站从信息平台转向服务平台，能够为 B2B 电子商务带来更深入的发展。要实现在线交易的功能，B2B 网站需要实现交易担保服务，同时，由于进行 B2B 交易的主要是企业，交易金额较大，对交易安全性要求很高，这需要B2B网站加强对自身诚信机制的建立和完善。这种诚信机制不仅要求所披露的企业信息真实，还要保证交易信息的真实，并有健全的信用评估体系，以保证线上交易的安全性。

（2）细分型B2B电子商务平台崭露头角。目前主流的B2B电子商务网站，如阿里巴巴、慧聪网、环球资源网等都属于综合型B2B电子商务平台。综合型B2B电子商务平台对平台的投资、资讯量要求很高，并且主流的B2B电子商务平台已经积累了较多企业用户，比较难以超越。在全国近万家B2B网站的竞争之下，细分型B2B平台由于平台投资小、运营相对简单，成为一些B2B电子商务网站在激烈竞争下所探寻的出路。相对于综合型B2B平台的规模和实力，细分型B2B平台更能让B2B领域的创业者以及小型B2B电子商务网站找到归属感。制约细分型B2B平台发展的因素在于其行业深度，只有体现出这个行业独特的服务内容和盈利模式，才能发挥其竞争优势。

（3）电子商务平台与搜索引擎平台相融合。B2B电子商务平台吸引了众多企业尤其是中小企业的眼球，而如何让更多的企业能够加入B2B电子商务平台，帮助中小企业用最小投入获得最高回报，成为所有B2B平台运营商面临的问题。除了电子商务平台，目前企业通过互联网进行市场营销的一种方式是通过搜索网站的竞价排名等营销策略，另一种就是在网站投放广告，扩大宣传知名度。而随着B2B电子商务的发展，以往被鼓励使用的这三大领域已经呈现出逐渐融合的趋势。从B2B电子商务的发展趋势来看，实现电子商务平台与搜索网站、社交网站融合已经是必然趋势。

（4）线下服务与线上服务相融合。慧聪网、环球资源网之所以能够稳居国内B2B电子商务市场份额占有率排名前三甲，除了靠相关的电子商务技术，更多地依托于其线下服务。例如，慧聪网旗下的慧聪商情广告、中国资讯大全、研究院行业分析报告等传统纸媒为其转向B2B电子商务平台运营发挥了巨大的作用。通过这些行业出版物获取交易信息的企业，大部分都成为目前慧聪网买卖通的付费会员。与慧聪网一样，环球资源网最初也从事B2B的出版物经营，其迅速发展也依赖于背后的纸媒力量。此外，除了发挥传统营销渠道的优势以外。B2B运营商越来越注重线下服务的开拓，如通过展会、线下洽谈、大型采购峰会等方式，让各行业的供应商可与海量买家正面洽谈，实现线上与线下互动。线下服务的拓展能够增加企业对网站的认可度，从而增加用户黏度。

此外，B2B模式下的企业间交易除了获取交易信息，开展交易洽谈外，还有很多后续环节，如货运物流以及进出口过程中的外汇结算、税务、海关等，都需要在线下完成。但是，目前B2B平台运营商对这些附加值较高的服务很少涉及，主要原因还在于目前B2B网站仍主要是提供信息并配对商机，还有提供深度服务以应对交易前后的风险因素。但是，从B2B的长远发展来看，加强线下服务能力和吸纳线下服务资源将成为B2B平台运营商在今后发展中的重要工作。

在增值服务拓展方面，已经有B2B运营商开始试水网络融资。网络融资是企业通过在提供中介服务的网络上填写贷款需求和企业信息等资料，借助第三方平台向银行申请贷款的新型贷款方式。在B2B平台运营过程中，一些平台运营商发现，对于中小企业而言，除了渴望交易机会外，融资难是其面临的主要问题。网络融资可以突破地域限制，并且能够满足中小企业短时间内的大量资金需求，这是传统融资方式无法解决的。同时，申请人通过第三方平台获取融资，避免了金融机构监管和繁复手续，对于B2B平台运营商来讲，也能增加用户黏度、拓展增值服务，是一项双赢的策略。基于网络融资的优势所在，其已经成为B2B行业领域新的增长点。

据中国电子商务研究中心《2014年度中国电子商务市场数据监测报告》显示，2013年B2B电子商务服务商营收（包括线下服务收入）份额中，阿里巴巴排名首位，市场份额为38.9%，较2012年有所下降。其他电子商务服务商市场份额为上海钢联18.5%、环球资源网4.8%、慧聪网3.78%、焦点科技2%、环球市场1.4%、网盛生意宝0.6%、其他30.02%。B2B模式以信息服务、广告服务、企业推广为代表的时代已逐渐退去，以在线交易、数据服务、金融服务、物流服务等为主的B2B电子商务新时代已经到来。未来随着世界经济的复苏、中国进出口政策的导向，跨境电商B2B将受到市场关注。

2.5 B2C电子商务模式

2.5.1 B2C电子商务的基本业务形式

B2C电子商务模式是企业通过网络针对个体消费者实现价值创造的商业模式，是目前电子商务发展最为成熟的商业模式之一。

B2C电子商务的基本业务形式主要有商家自己进行网络商品直销和通过网上电子交易市场交易两种。

2.5.1.1 网络商品直销

1. 网络商品直销的过程

网络商品直销是指消费者和生产者或商家，直接利用网络形式所进行的买卖活动。这种交易的最大特点是供需双方直接见面、环节少、速度快、费用低。

网络商品直销过程可以分为以下六个步骤：

① 消费者进入互联网，查看在线商店或企业的主页。

② 消费者通过购物对话框填写姓名、地址、商品品种、商品规格、商品数量等信息。

③ 消费者选择支付方式，如信用卡、借记卡、电子货币或电子支票等。

④ 在线商店或企业的客户服务器检查支付方服务器，确认汇款额是否被认可。

⑤ 在线商店或企业的客户服务器确认消费者付款后，通知销售部门送货上门。

2. 网络商品直销的优势

网络商品直销的优势体现在以下两个方面：

① 能够有效地减少交易环节，大幅度地降低交易成本，从而降低消费者购买商品的最终价格。

② 能够有效地减少售后服务的技术支持费用。许多在商品使用中经常出现的问题，消费者都可以通过查阅厂家的主页找到答案，或者通过电子邮件（E-mail）与厂家技术人员直接交流。这样，厂家可以大大减少派驻到各地的技术服务人员的数量及技术服务人员出差的次数，从而降低企业的经营成本。

③ 商家与消费者直接面对面，容易获取市场信息，也有利于培养客户忠诚。

3. 网络商品直销的不足

网络商品直销的不足之处主要体现在以下三个方面：

① 商家一般只销售自己的产品，从而限制了消费者的选择面。

② 引流（吸引消费者来商家的主页）是一件比较困难的事情。

③ 商家直销需要建设一套完整的流程，相应的硬件、软件及维护成本都较高。

2.5.1.2 通过网上电子交易市场交易

在这种交易过程中，网上电子交易市场以互联网为基础，利用先进的通信技术和计算机软件技术，将商品供应商、消费者和银行紧密地联系起来，为消费者提供市场信息、商品交易、仓储配送、货款结算等全方位的服务。

这也有两种具体形式：一种是平台采购商家的产品后再转卖，这时平台的作用类似于传统的中间商；另一种是商家自己在平台上开店销售，商品所有权不发生转移。

目前较大的B2C平台有淘宝天猫、京东商城等。商家与平台的合作方式多种多样，从松散到紧密，不同的行业也有不同的合作特点。

与直销相比，通过平台进行B2C电子商务的显著特点是平台融合了众多商家，因此可以形成更好的规模效应，实现平台、商家和消费者的“三赢”。然而，相应地，这也在考验着平台的技术和管理能力。如果技术或管理出现问题，不是影响某一家商家的问题，其中某一家商家出现的丑闻也会影响到整个平台。

另外，越来越强大的平台也会导致商家对平台的过分依赖，从而产生很多问题。

2.5.2 B2C电子商务的盈利模式

B2C电子商务的经营模式决定了B2C电子商务企业的盈利模式。不同类型的B2C电子商务企业，其盈利模式是不同的。一般来说，主要通过以下几个方面获得盈利：

1. 商家

商家的盈利模式比较简单，主要是通过销售产品获取收入。

2. 平台

（1）收取交易佣金，可以按交易金额一定比例提成，或按订单数提成。

（2）一次性开店费或上架费。

（3）广告费。

（4）提供其他增值服务获取的收入，如物流管理或信贷等。

（5）自营产品形式下获取的产品销售收入。

2.5.3 B2C电子商务的成功关键

B2C电子商务的成功运营有如下一些必要因素：

1. 服务因素

（1）客服服务质量。

1）客服服务示范标准化。

2）客服服务是否具有技巧性。

3）投诉响应是否及时有效。

（2）企业的服务流程

1）能否保证用户最快找到自己的商品。

2）支付方式是否多样化。

3）物流是否最快、最安全。

2. 买家因素

（1）买家的需求能否被满足。

1）能否在第一时间找到自己需要的商品。

2）价格能否被接受。

3）买到商品以后对售后服务是否满意。

4）网上购买到的商品与实物是否一致。

（2）买家购买数据跟踪。

1）支付取消率跟踪：了解取消原因。

2）未支付取消率跟踪：了解短期可增长空间。

3）一次购买用户数据：了解市场拓展成效和长期增长空间。

4）二次购买用户数据：了解用户对服务是否满意，对产品和服务有什么更好的建议。

3. 市场因素

（1）竞争对手因素。

1）竞争对手市场分析。

2）竞争对手的优势和劣势（供货、价格、用户体验度、用户黏性）。

（2）媒体和广告因素。

1）是否保持主题站点的广告投放。

2）是否同其他网站展开合作。

（3）活动因素。

1）在节日（例如情人节、国庆节等）或者需求高峰期是否开展刺激。

2）是否设置VIP系统，保持用户忠诚度。

3）是否提升产品价值，提高产品性价比。

4. 团队因素

1）组织结构是否合理。

2）规范制度是否合适。

3）执行力是否强大。

2.6　C2C电子商务模式

C2C电子商务模式起步较早，再加上淘宝网“免费五年”的坚持，以及拍拍网、易趣的积极参与，已经让这种交易模式逐渐走向成熟。但是，目前C2C市场中两极分化的现象日益严重，信誉度高的商家凭借其价格和服务逐渐形成垄断地位。淘宝平台中数家皇冠级化妆品商户占据了绝大部分化妆品市场就是一个很好的例子。因此，C2C市场中商家的竞争势必日益激烈。如今淘宝网的C2C越来越像B2C了，不过，他们又开发了“闲鱼”这样更像C2C的平台。

作为个体消费者最容易介入的一种电子商务模式，C2C已经越来越多地融入并影响着人们的生活。

从理论上来说，C2C电子商务模式最能体现互联网的精神和优势。数量巨大、地域不同、时间不一的买方和卖方通过一个平台找到合适的对家进行交易，在传统领域要实现这样的大工程几乎是不可想象的。同传统的二手市场相比，它不再受时间和空间的限制，节约了大量的市场沟通成本，其价值是显而易见的。从实际操作方面来看，C2C 具有以下两方面的可操作性：

（1）C2C 能够为用户带来真正的实惠。C2C 电子商务不同于传统的消费交易方式。过去，卖方往往具有决定商品价格的绝对权力，而消费者的议价空间非常有限。拍卖类 C2C 网站的出现使得消费者也有了决定产品价格的权力，并且可以通过消费者相互之间的竞价，让价格更有弹性。因此，通过这种网上竞拍方式，消费者在掌握了议价的主动权后，能获得更多的实惠。

（2）C2C 能够吸引用户。打折永远是吸引消费者的一个制胜良方。拍卖网站上经常有商品打折，对于注重实惠的消费者来说，这种网站无疑能引起他们的关注。对于有明确目标的消费者（用户），他们会受利益的驱动而频繁光顾 C2C 网站；而对于那些没有明确目标的消费者（用户），他们会为了享受购物过程中的乐趣而流连于 C2C 网站。如今，C2C 网站上已经存在不少这样的用户：他们并没有什么明确的消费目标，花费大量时间在 C2C 网站上“游荡”只是为了看看有什么新奇的商品，有什么商品特别便宜。对于他们而言，这是一种特别的休闲方式。因此，从吸引注意力的能力角度来说，C2C 的确是一种能吸引眼球的商务模式。

2.6.1　C2C 电子商务的业务模式

目前的 C2C 主要是店铺平台运作模式。店铺平台运作模式是电子商务企业提供平台，方便个人在上面开设店铺，以会员制的方式收费，也可通过广告或提供其他服务收取费用。

通过平台运作的 C2C，其交易过程同通过网上市场的 B2C 交易过程相仿。在交易过程中，平台的盈利来源主要有：

（1）交易提成。因为 C2C 平台只是一个交易平台，它为交易双方提供机会，相当于现实中的交易所、大卖场，从交易收取提成是其市场的本性。

（2）广告收入。C2C 网站在网络中的地位就像大型超市在生活中的地位，它是网民经常光顾的地方，拥有超高的人气、高点击率和数量庞大的会员。由此为网站带来的广告收入也是网站利润的一大来源。

（3）增值服务费用。C2C 网站不只是为交易双方提供一个平台，更多的是为双方提供交易服务，尽量满足客户的各种需求，以达成双方的交易。网站可以推出搜索服务来提高效率，卖家可以通过购买关键字来提高自己的商品在搜索结果中的排名，从而实现更多的交易。

2.6.2　C2C 电子商务的特点

C2C 电子商务有以下特点：

① 用户数量大、分散，往往身兼多种角色，可以是买方，也可以是卖方。

② 买卖双方在第三方交易平台上交易，由第三方交易平台负责技术支持以及提供相关服务。

③ 没有自己的物流体系，依赖第三方物流体系。

④ 单笔交易额小，低价值商品加上物流费可能会造成价格偏高。

⑤ 个人网店平均寿命短，不到一年的占绝大多数。

⑥ 在 C2C 交易中如果发生纠纷，很难解决。

2.6.3　C2C 电子商务的发展趋势

C2C 电子商务发展将呈现以下六大趋势：

趋势 1：C2C 电子商务市场尚处于发展初期，用户主要集中在大城市，普及率比较低，属于小众应用。在这背后所隐藏的是一个巨大的增量市场，存在非常大的上升空间。

趋势 2：寡头博弈，C2C 平台参与者有限，进入门槛高。现阶段 C2C 平台的免费策略需要大量的资金投入来维持，市场进入者除了有大量的资金外，还需要有超高的人气和强大的技术实力。C2C 平台的参与者有限，彼此之间会相互影响，一举一动都需要全面考虑。各平台皆在苦练内功，稳定中求发展。

趋势 3：充分利用自身资源，开展差异化竞争。C2C 平台间的竞争是人气、信息流、物流、资金流的竞争，结合已有自身资源是 C2C 平台取得领先优势的关键。

趋势 4：C2C 平台新的盈利模式即将出现，广告模式有望成为盈利重点。C2C 平台的盈利问题一直摆在参与者面前，包括淘宝网推出的“招财进宝”，但是寻找到适合国内市场的盈利模式是非常艰难的。C2C 平台收费是必然的，但是“付费”必须基于“价值”，如何推出卖家和买家需要的、可以接受的、极具价值的服务是盈利的前提和关键。而为 C2C 用户推广业务的广告模式有望成为盈利重点。

趋势 5：C2C 电子商务平台趋向于为用户提供更加完整的解决方案。从平台自身来看，C2C 平台将为用户提供更加完整的购物解决方案，目的是最大限度地降低交易成本，包括降低弥补有限理性的成本和避免机会主义得逞的成本。即时通信、社区资源、搜索以及物流等都是降低交易成本的关键环节。

趋势 6：随着传统制造商、品牌商、服务商、渠道商、零售商等多种角色的涉足，外资零售巨头们纷纷瞄准网上零售市场，C2C 平台的卖家们渐成规模，由“大 C”向“小 B”转变，形成一个不可小觑的网商群体。

2.7　O2O 电子商务模式

O2O（Online to Offline）模式，即线上到线下。O2O 是一种线上购买和线下体验消费的商务形式。O2O 模式的关键就在于平台通过在线的方式吸引消费者，真正消费的服务或产品必须由消费者去线下体验。线下服务就可以通过线上来揽客，消费者可以在线上来筛选服务、在线成交以及在线结算，从而使消费者很快达到规模。对于商家来说，O2O 模式的魅力在于，它是支付模式和客流引导的结合，推广效果可查，每笔交易可跟踪。如果需要把线上和线下做到无缝结合，移动互联网就是最好的载体。O2O 模式有两种方向：一种是把消费者从线上带到线下消费；另一种是把线下的群体带到线上消费。

2.7.1　O2O 模式的要素分析

O2O 电子商务伴随着互联网的发展和各种交互工具的普及，已经逐渐成为电子商务的一个发展趋势。O2O 模式中主要有以下三个要素在起作用：

1. 线上企业的能力

线上企业一般是指互联网企业。互联网企业一般采取的是轻资产、强产品、靠流量的商业模式。它为用户提供内容服务，但由于网上资源多为免费使用，用户付费意识不够强，很难形成良好的现金流。所以，除了本身的运营之外，线上企业有十分强烈的用户服务变现需求，而这个需求绝大多数还是要通过交易来实现的，如虚拟产品，但虚拟产品的销售前提是有足够数量的用户，并且至少有 5% 的用户愿意付费，才可以支撑这个线上企业。但很多企业没有能力获得那么大数量的用户，所以就需要涉及实物交易，把自己变成渠道，如 C2C 电子商务。而如果涉及本地化服务的交易，那么就进入了 O2O 电子商务领域，如团购。

线上企业普遍缺乏强大的线下企业运营能力和管理能力。例如，美团是团购中的佼佼者，其技术和财务管理能力都很强，但在对线下企业管理时仍有困难。由于线上企业难以理解线下企业的需求和规则，其进军线下的壁垒是天然存在的。但是，与线下企业相比，线上企业仍有无法比拟的优势，那就是线上企业可以对用户的购买行为进行全程跟踪，并且留下完整的用户信息（浏览信息、交易信息、个人通信信息、购物偏好等），有利于开展精准营销。

2. 线下企业的需求

线下企业的需求非常简单，就是用户。但是，这个需求又非常复杂，不同行业、不同企业需求的用户差别很大。对用户群体进行定位和细分，对线下企业来说是必需的。但是，由于线下企业在用户购物的整个过程中，既不知道谁购买了什么产品，也不知道购买产品的用户的消费轨迹和联系方式等，就无法了解这些用户的购物偏好，无法对这些用户进行二次营销。

随着市场竞争激烈程度的不断增加，线下企业自己的用户群体已经成为其赖以生存的基础。如果不知道购买产品的用户是谁，就难以跟踪用户的变化。这种信息不对称的状况，制约了线下企业的发展。

将线下企业与线上企业结合起来，打通线下实体店和线上虚拟店，让互联网成为线下交易的平台，这就成了 O2O 的任务。解决线上企业与线下企业的适配问题，是 O2O 电子商务的真正价值所在。

3. 平台

关于 O2O 电子商务，很多人都只关注线上企业和线下企业，却很少有人讨论平台问题。而线下企业要在不损害已有利益的情况下向线上市场扩展，线上企业要实现线下产品落地，增强服务和用户体验，就需要平台。平台的主要功能是衔接线上企业和线下企业，使双方可以互相交流，创造更大的利益，例如，电子凭证是 O2O 电子商务中的一个非常有效的平台。电子凭证，简单地说，就是商务活动中原始凭证的电子化，基于手机的电子凭证有数字码、二维码等形式，企业在促销或者积分活动中发放的电子优惠券就是一种电子凭证。电子凭证平台能够提供完整的二维码凭证在接入、展现、生成、传递、认证、存储、分析、处理等环节的服务和管理，形成O2O电子商务的服务闭环，可以广泛应用于金融、保险、影院、餐饮等行业。这一平台经过多年的发展，已经解决了线下企业与线上企业的适配问题。基于电子凭证平台，对于任何一种形式的产品，线下企业都可以设定各种各样的交易规则，如定时、定点、定量等，然后通过线上企业发布出去。

2.7.2 O2O电子商务的优势与特点

1. 与传统实体企业是合作而非竞争关系

O2O模式的运作原理就是整合线下的实体企业，使线上与线下形成利益共同体，通过线上的优势扩大实体店销售，拓展市场空间，从而使线上与实体店分享增值收益。其优越性在于既可以充分利用互联网跨地域、无边界、海量信息、海量用户的优势，同时也可以充分挖掘线下资源，从而促成线上用户与线下商品与服务的交易。

2. 体验营销，迎合大众消费心理

O2O模式打通了线上线下的信息和体验环节，采用体验营销方式，一方面，让线下消费者避免了因信息不对称而遭受的“价格蒙蔽”和“质量缺失”；另一方面，实现了线上消费者的“售前体验”。

3. 在线支付，形成闭环的消费链条

在线支付建立了一个闭环的消费链条，真实地完成了一笔交易，是消费数据唯一可靠的考核标准。O2O模式采用在线预付的方式，可以对商家的营销效果进行直观的统计和追踪评估，规避了传统营销模式推广效果的不可预测性，同时实现了线上订单和线下消费的结合，使所有消费行为均可以准确统计，进而吸引更多的商家进来，为消费者提供更多优质的产品和服务。

2.7.3 我国O2O电子商务的发展现状与存在问题

2.7.3.1 我国O2O电子商务的发展现状

我国最早的O2O电子商务模式是携程网的运营模式，其主要作用是将信息流聚集在一个平台上，传递给消费者，并没有涉及服务流的传递。随着团购网站的出现，如百度糯米、美团网等的出现，实现了资金流和信息流的线上传递、商业流和服务流的线下传递，这在一定程度上提高了消费者与商家的黏度，实现了O2O模式的创新。但是，团购只是O2O的一种极小范围的应用。据有关数据表明，只有8.5%的消费是线上完成的，而将近90%的消费是通过线下消费完成的，这就说明O2O电子商务模式的发展在我国市场上还是非常有潜力的。同时，无论是日常出行，还是日常吃穿，目前的O2O电子商务模式已经深入到人们生活的方方面面，越来越多的客户端被开发出来，如饿了么、美团外卖等。与此同时，O2O的企业也在不断开发新的领域，抢占潜在市场，越来越多的投资资金进入了O2O信息平台的投资，O2O将进入新一轮的发展。

2.7.3.2 我国O2O电子商务发展过程中存在的问题

1. 经营模式过于单一

O2O电子商务经营模式过于单一，大部分O2O经营者提供的都是表面的、低层次的服务，并没有针对不同的地方、不同的消费者提供不同的服务，缺乏灵活性，这就在一定程度上丧失了黏性高的使用者。很多相同领域的经营模式是极为相似的，并没有根据自身特点创新模式，提高自身的相对优势，这就造成了规模大的 O2O 经营者越做越大、使用的客户越来越多，而规模小的经营者只能以更大的利益吸引使用者，并不能依靠真实能力做大做强，这在一定程度上造成了利益一旦减少，就有很多使用者流失，这样并不能给这个行业带来新生机；与此同时，商务模式过于单一，也在一定程度上造成了恶性竞争，很多网站之间可能为了争夺客户资源而采取一些违法违规的行为。众所周知，一个行业能否得到进一步的发展，关键在于这个行业能否打破常规，实现创新。除此之外，当下的很多传统服务企业并没有适应这一潮流，很多企业的经营模式并不能跟上 O2O 模式的步伐，造成线上线下很难衔接，也就在一定程度上阻碍了模式的创新。

2. 诚信问题严重

O2O 商务模式发展非常迅猛，但很多体制并不健全，对于有些比较小的 O2O 商户网站，其注册门槛比较低。这些商户网站为了吸引更多的消费者，会提供一些优惠措施，但是这些优惠可能并不是真实的。例如，微信平台的一些集赞活动，先让消费者扫描二维码，关注公众号，提供一些“集赞免费送”的活动。但是，消费者集完赞后并没有得到这个优惠，或者需要通过某种途径才能实现这个优惠，这就在消费者的心里留下了“集赞不可信”的印象，以致后期商家的微信平台集赞活动无法推广。

3. O2O 企业内部体制不健全

随着 O2O 电子商务模式的推进，几乎全国上下的企业都在不同程度上引入了这一模式，与此同时，很多商户平台也不断建立。但是，正是由于这种一拥而上的情况，很多企业在没有做好准备的情况下就直接接受了这种模式，这就造成了传统服务企业的运营与这种新模式没有达到很好的融合，很多员工的招聘都是很草率的，企业的很多体制都跟不上，员工入职和离职的频率都非常高。这在一定程度上影响了企业的向心力与凝聚力，进而影响到整个企业的服务水平与运营状况。

4. 服务链过长，责任不明确

“线上支付，线下体验”这种商务模式中，电子商务相当于产品销售与展示的平台。整个消费过程需要该平台与其合作方即商家共同完成。与之前的电子商务模式相比，O2O 的商务模式在一定程度上延伸了电子商务的服务范围。也就是说，对消费者的消费体验与结果，该平台也是需要负一定责任的。但是，关于如何明确分配平台与商家的责任，目前并没有一个很好的解决方案。有的消费者在线下消费中出现相关问题，并不能明确知道该如何解决：找商家解决，商家会以自己并没有收钱来推卸相关责任，而平台又会以钱最终还是归商家为借口不作为。同时，在网站平台上并没有这一方面的服务，而消费者也并不会因为几十元或几百元而闹到法庭。其实，这种责任不明确是非常致命的。作为消费者，都希望每份消费都是有保障的，就像去实体店直接消费一样，在知道消费或服务结果的情况下付款。但是，在 O2O 模式下，除了一些有体验店的商家之外，消费者是在不了解真实情况下来消费的，再加上责任不明确，就造成了很多消费者宁愿在实体店进行直接消费，这对 O2O 企业与商家都是相当不利的。

5. 定位不清晰，缺乏良好的商业环境

目前，O2O 电子商务模式的定位都是非常不清晰的，任何行业都可以采用这种模式进行运用与扩张，任何只要符合一些基本条件的网站平台即可上线，没有一个规范商业体制来约束，也没有一个整体的、规范的商业来保证商业秩序。“无规矩不成方圆”，但制定规矩的前提应该是找出其规范的对象。而对于O2O电子商务，并没有一个清晰的定位，这就说明并不能给其制定一些相关的规范。换句话说，即使想进行一些该模式的商业规章或条文的制定，也无从下手。但是，如果没有一个良好的商业环境，O2O企业的竞争会非常激烈，秩序会被扰乱，甚至有的竞争行为会触犯相关法律。这样一些小的O2O平台是非常难以存活的，更别提给该市场注入新鲜血液了。除此之外，没有良好的市场制度，消费者的很多利益也很难保障，同时平台之间的产权问题也相当严重，这在一定程度上影响了市场秩序，进而影响O2O商业模式的进一步发展。

2.7.4 我国O2O电子商务的发展趋势

1. 从单纯的信息中介转向交易化平台

O2O电子商务早期只希望做一个单纯的网络信息平台。但是，网络信息平台回笼资金的周期过长，前期投入过大，并且起初信息平台的商业模式比较不清晰，这就促使网络信息平台并不能单纯依靠信息中介来获取利润。要想获取企业的资金流与利润，最主要的办法是达成交易，无论是二手交易、中介交易还是直接交易，都能满足利润的达成与实现。所以，交易化平台将是O2O电子商务发展的一种必然趋势，也是O2O企业资金回笼的一种有效方式。同时，随着大众点评、携程网等这些电子商务企业不断地向交易化平台发展，也能看出交易化平台是未来发展的重要趋势。

2. 无界化、社交化，跨界融合

目前，随着O2O电子商务模式的发展，很多低模式化与高渗透的行业在这个大环境下的优势已经不那么明显了，其盈利空间不断缩小。未来的发展趋势逐步转向了基底层消费，如人们生活中的衣食住行。同时，随着互联网金融及物流渠道的发展，O2O电子商务模式无法突破时间、空间限制的现象将会减少。为了提高商家与消费者的黏性，越来越多的商户网站将会向本土化、社交化发展，将会根据地方居民的衣食住行等特色不断改进平台建设与维护；同时也会根据民风习俗等推出相关的活动，提高服务质量，增进商家与消费者的关系。除了改进自身服务质量与方案，商家还应该采取相关措施来解决其跨界消费难的问题。在空间上，连锁的店家能否对不同区域的订单信息给予实现消费；在时间上，能否打破节假日不可用与到期日的限制。这种跨地域、跨空间的融合将是O2O电子商务进一步发展的关键。

3. 更加关注中小商户的利益

从未来的发展来看，O2O电子商务将会更加关注中小商户的利益。目前很多中小商户的发展并不乐观，它们不仅要以低价吸引更多的消费者，还要及时把钱交到商户平台，这样就给中小商户的发展造成了很大压力。但是，根据O2O的商业模式及服务对象，中小商户是O2O电子商务发展的主要客户来源，为了提高平台的商家数量，其还是会进一步关注中小商户的利益，放宽中小商户的入驻条件，这样才能促进O2O电子商务的长期发展。

4. O2O商业模式的线下线上将更加融合

目前，很多企业已经意识到电商不只是一种销售商品的工具，它不仅能够给企业带来消费者，更能帮助企业实现资金的流入。如果与电商配合得不够好，就会造成与消费者的脱节。有一部分企业的高层并没有融入互联网商务思维，并没有将自身的产品宣传与渠道设计同互联网相结合，这就造成部分企业的盈利并不乐观。同时，在O2O这种特殊的商务模式下，越来越多的商家将自己的线下服务行为与线上的宣传有力地结合起来，满足消费者对该产品或服务的预期，实现更多、更长期的盈利。所以，未来的O2O模式将会达到线上线下完全融合的局面。

2.8 电子政务

2.8.1 电子商务与电子政务

电子商务在全球范围内蓬勃开展，大大小小的企业围绕电子商务又开始了新一轮竞争。这场竞争必然也体现在国与国之间、政府与政府之间的政策和战略方面。不管政府介入的程度和政府的角色定位怎样不同，电子商务的发展都不能没有政府的参与。离开了政府对电子商务发展的宏观把握，电子商务的发展必然会陷入某种程度的无序状态。

电子政务的内容非常广泛。从服务对象来看，电子政务主要包括以下几个方面：政府之间（Government to Government，G2G）的电子政务；政府对企业（Government to Business，G2B）的电子政务；政府对公民（Government to Citizen，G2C）的电子政务。

2.8.1.1 G2G电子政务

G2G是上下级政府、不同地方政府、不同政府部门之间的电子政务。G2G主要包括以下内容：

1. 电子法规政策系统

针对所有政府部门和工作人员制定相关的法律、法规、规章、行政命令和政策规范，做到有法可依、有法必依。

2. 电子公文系统

在保证信息安全的前提下，上下级政府、不同政府部门之间安全地传送有关的政府公文，如报告、请示、批复、公告、通知、通报等，使政务信息快捷地在政府间和政府内流转，提高政府的公文处理速度。

3. 电子司法档案系统

政府司法机关之间共享司法信息，如公安机关的刑事犯罪记录、审判机关的审判案例、检察机关的检察案例等，从而提高司法工作效率和司法人员的综合能力。

4. 电子财政管理系统

该系统向各级国家权力机关、审计部门和相关机构提供历年的政府财政预算及其执行情况，包括从明细到汇总的财政收入、开支、拨付款数据以及相关的文字说明和图表，以便有关领导和部门及时掌握和监控财政状况。

5. 电子办公系统

通过电子网络，政府机关工作人员完成许多事务性的工作，节约时间和费用，提高工作效率。例如，工作人员通过网络申请出差、请假、文件复制、使用办公设施和设备、下载政府机关经常使用的各种表格、报销出差费用等。

6. 电子培训系统

该系统为政府工作人员提供各种综合性和专业性的网络教育课程，以适应信息时代对政府的要求，加强对员工在信息技术方面的专业培训。员工可以通过网络随时随地注册参加培训、接受培训、参加考试等。

7. 业绩评价系统

按照设定的任务目标、工作标准和完成情况，对政府各部门的业绩进行科学的测量和评估。

2.8.1.2 G2B 电子政务

G2B 电子政务主要包括以下内容：

1. 电子采购与招标

通过网络公布政府采购与招标信息，为企业特别是中小企业参与政府采购提供必要的帮助，向它们提供与政府采购有关的政策和程序，使政府采购成为阳光项目，减少徇私舞弊和暗箱操作的现象，降低企业的交易成本，节约政府的采购支出。

2. 电子税务

企业通过政府税务网络系统，在家里或企业的办公室中就能完成税务登记、税务申报、税款划拨、查询税收公报、了解税收政策等业务，既方便了企业，又减少了政府的开支。

电子税务的网上申报方式改变了税务机关的运作模式，影响了人们的思维，同时也推动了社会信息化的发展。纳税人只要通过电话拨号或使用互联网与税务部门的计算机进行连接，通过安全身份验证后，就可使用计算机填写申报表并使用电子信息方式进行提交。税务部门根据纳税人提交的电子申报表进行逻辑审核，审核结果正确的给予办理申报处理，使用电子信息交换与有关银行进行连接，可以直接扣缴税款，同时也可以在网上查询纳税人的缴税情况，为纳税人提供了方便。

3. 电子证照办理

企业通过互联网申请办理各种证件和执照，缩短办证周期，减轻企业负担。这些事务如企业营业执照的申请、受理、审核、发放、年检、登记项目变更、核销，统计证、土地和房产证、建筑许可证、环境评估报告等证件、执照审批事项的办理等。

4. 信息咨询服务

政府将拥有的各种数据库信息对企业开放，方便企业利用。如提供与招商引资相关的资讯，为投资者全面提供政策法规、办事程序和重大事项等投资环境情况的信息。

5. 中小企业电子服务

政府利用宏观管理优势和集合优势，为提高中小企业的国际竞争力和知名度提供各种帮助，包括为中小企业提供统一的政府网站入口，帮助中小企业向电子商务供应商争取有利的、能够负担得起的电子商务应用解决方案等。

2.8.1.3 G2C 电子政务

G2C 电子政务是指政府通过电子网络系统为公民提供各种服务的电子商务模式。G2C 电子政务主要包括以下几个方面：

1. 教育培训服务

建立全国性的教育平台，并资助学校和图书馆接入互联网和政府教育平台。政府出资购买教育资源，然后提供给学校和学生。例如可以重点加强对信息技术的教育和培训，以应对信息时代的挑战。

2. 就业服务

政府通过电话、互联网或其他媒体向公民提供工作机会和就业培训，促进就业。例如，开设网上人才市场或劳动市场，提供与就业相关的工作职位缺口数据库和求职数据库信息，在就业管理和劳动部门所在地或其他公共场所建立网站入口，为没有计算机的公民提供接入互联网寻找工作职位的机会，为求职者提供网上就业培训、就业形势分析服务，指导就业方向。

3. 电子医疗服务

政府网站提供医疗保险政策信息、医药信息、执业医生信息，为公民提供全面的医疗服务。公民可通过网络查询自己的医疗保险个人账户余额和当地公共医疗账户的情况；查询国家新审批的药品的成分、功效、试验数据、使用方法及其他详细数据，提高自我保健的能力；查询当地医院的级别和执业医生的资格情况，选择合适的医生和医院。

4. 社会保险网络服务

政府建立覆盖地区甚至国家的社会保险网络，使公民通过网络及时、全面地了解自己的养老、失业、工伤、医疗等社会保险账户的明细，有利于加强社会保障体系的建立和普及；通过网络公布最低收入家庭补助，提高透明度；还可以通过网络直接办理有关的社会保险理赔手续。

5. 公民信息服务

公民可以方便、容易、低费用地接入政府法律、法规、规章数据库。通过网络提供候选人的背景资料，促进公民对候选人的了解；通过在线评论和意见反馈，了解公民对政府工作的意见，改进政府工作。

6. 交通管理服务

政府建立电子交通网站，提供对交通工具和驾驶人的管理与服务。

7. 公民电子税务

公民个人通过电子报税系统申报个人所得税、财产税等个人税务。

8. 电子证件服务

居民通过网络办理结婚证、离婚证、出生证、死亡证明等有关证件。

2.8.2　我国电子政务的发展现状与趋势

我国的政府信息化是从办公自动化起步的。早在 20 世纪 80 年代初，中央和地方党政机关就实施了办公自动化工程。1993 年年底，中央政府在全国范围内启动了著名的“三金工程”（金桥工程、金关工程和金卡工程），其重点是建设信息化的基础设施，为重点行业和部门传输数据和信息。随着“金”字系列工程的顺利推进和政府上网工程的全面展开，我国各级政府电子政务从上到下逐步实施，遵循着“机关内部的办公自动化——管理服务的电子化（如金关工程、金桥工程）——全面的政府上网”这样一条主线。1999 年 1 月 22 日，48 个国家部门（单位）联合倡议并发起了《中国政府上网工程倡议书》。2001 年 7 月 30 日，国内第一家专门的电子政务研究机构“上海交通大学—好易康达电子政务研究所”在上海交通大学正式成立。2001 年 12 月，国家信息化工作领导小组成立，时任国务院总理朱镕基担任领导小组组长。

我国的政务信息化建设由小到大不断发展，初步形成了办公业务网、办公业务资源网、公共信息网和办公业务信息资源库的科学架构；网上报税、网上采购、网上审批、网上报关等正在实施，虚拟的电子政务体系在我国已初具规模。我国的“信息高速公路”建设虽然起步较晚，信息技术、网络技术在企业、社会组织以及公民个人家庭中的运用相对滞后，但目前的发展势头迅猛。加快电子政务发展的步伐，加强有关电子政务的研究，对我国利用信息技术改造传统的政府管理具有重要的意义。

2.9 新兴的电子商务模式

2.9.1 移动商务

有关移动商务的定义，学术界尚有争议，但普遍接受的是把基于移动网络应用的服务称为移动商务。与以传统台式计算机为基础的电子商务相比，移动商务有以下优势：

（1）不受时空限制。移动商务是电子商务从有线通信到无线通信、从固定地点到随时随地的商务形式的延伸。它的最大优势就是移动用户可以随时随地获取所需的服务、应用、信息和娱乐。用户可以在自己方便的时候，使用智能电话或其他无线终端查找、选择及购买商品和服务。

（2）提供更好的个性化服务。移动商务能更好地实现移动用户的个性化服务，移动环境能提供更多移动用户的动态信息，为个性化服务的提供创造更好的条件。移动用户能更加灵活地根据自己的需求和喜好来定制服务与信息的提供，如用户可以结合自己所处的地区，调整商品的递送时间，实现个性化服务。设备的选择以及提供服务与信息的方式完全由用户自己控制。

（3）网上支付更加方便、快捷。在移动商务中，用户可以通过移动终端访问网站，从事商务活动。服务付费也可以通过多种方式进行，可以直接转入银行、用户个人电话账单或者实时在专用个人预付账户上借记，以满足不同需求。

本书将在第10章详细介绍移动商务。

2.9.2 其他新兴电子商务模式

除了以上较为经典的电子商务模式以外，近些年又提出了更多的其他模式，如B2F（Business To Family，企业与家庭之间的电子商务）、C2T（C2B，Consumer to Business，又称C2T，Consumer to Team，消费者对企业的集合竞价模式/团购模式）、B2B2C、B2M（Businessto Marketing，即面向市场营销的电子商务企业），M2C（Manufacturers to Consumer，生产厂家对消费者），BMC（Business Medium Customer，企业+中介平台+终端客户）、B2T（Business To Team，企业对团队）ABC（Agents，Business，Consumer，即代理商、商家和消费者）、BAB（Business-Agent-Business）、P2C（Service Provider to Consumer，生活服务平台）、P2P（Peer to Peer，贸易伙伴对贸易伙伴）、B2S（Business to Share，分享式商务或体验式商务）等模式。

这些模式不是对电子商务的系统化分类，而往往是实践应用中的一些亮点，感兴趣的读者可以查阅资料进行了解。

本章小结

本章首先对商业模式的含义、设计要素及其类型进行简要介绍，探索了传统商业模式当中的缺陷，对B2B、B2C、C2C、O2O四种电子商务商业模式的业务模式、交易过程、收益流程、发展趋势、优势、影响因素等方面进行了详细分析。除此之外，本章还简要介绍了当前新兴的电子商务模式。

相关术语

商业模式（Business Model）
B2B（Business to Business，企业对企业的电子商务）
B2C（Business to Consumer，企业对消费者的电子商务）
C2B（Consumer to Business，消费者对企业的电子商务）
C2C（Consumer to Consumer，消费者对消费者的电子商务）
B2G（Business to Government，企业与政府间电子商务）
C2G（Consumer to Government，消费者与政府电子商务）
G2B（Government to Business，政府对企业的电子商务）
G2C（Government to Consumer/Citizen，政府对个人的电子商务）
G2G（Government to Government，政府之间的电子政务）
O2O（Online to Offline，线上到线下的电子商务）
B2F（Business To Family，企业与家庭之间的电子商务）
C2T（Consumer to Team，消费者对企业的集合竞价模式/团购模式）

思考与练习

1. B2B电子商务模式有哪些类型？
2. 简述B2C电子商务模式的交易模式以及这类模式成功的关键，举例说明。
3. 总结C2C电子商务的盈利模式。
4. O2O线上线下一体化模式有哪些？分析每一种模式，并论述电子商务模式在今后的发展中应重点关注哪些问题。
5. 结合电子商务行业的发展动态，分析新兴的电子商务模式及其特点。
6. 通过互联网资源，分析G2B电子政务代表中国政府采购网的运营情况。

实践任务

任务：区分电子商务的各种模式

【任务目标】

1. 深入了解现实生活中的电子商务模式并分析其异同点。
2. 分析不同电子商务模式的营销特色。

【任务要求】

分别登录天猫、京东商城、凡客诚品、唯品会、苏宁易购、钻石小鸟网站，分析这些网站经营模式的异同点和每个网站的营销特色。

第3章

Web网络和社会化电子商务

- 了解Web网络的发展
- 掌握社会化媒体的内涵、社会化媒体的最新格局及影响力
- 了解中国社会化媒体的发展历程及其对企业的影响
- 掌握社会化电子商务的定义、特征、分类及盈利模式

◆引例

1号店社会化购物的探索之路

1号店对社交化购物的尝试几乎从2008年上线时就开始了。上线后不久，该网站就和我国著名的社交网站天涯战略合作，在天涯社区植入了1号店网上超市。为了融入天涯社区，让其用户更容易接受，将其命名为“天涯1号店”。它们在天涯社区多次举办符合社区网民兴趣的活动，每次都有十几万人参与、数千个发帖。顾客的推荐引来了众多其他顾客的购买，同时迅速扩大了1号店的知名度。

后来，1号店又搭建了一个购物工会的平台，在该平台上，每一个用户都可以主动发起一个购物工会或加入已有的工会。若一个工会在一个月的总购物额达到一个设定的临界点，下个月该工会内的每个顾客都能享受更高等级的积分。在短短几个月的时间内，数千个购物工会由用户自主建起来，不少购物工会会长呼朋唤友来加入，有几十万名用户参与，且每个工会内用户的购买行为有很大的相似性。

2012年，1号店的创新中心推出了“中国好商品”平台（见图3-1），邀请所有的商家和个人将他们的新产品或创新产品的概念通过短视频的形式提交申报，并将视频展示在“中国好商品”平台上，让顾客来决定什么是大众喜欢的商品。他们邀请所有的网友帮助海选出最受欢迎的前十名。选出的商品在1号店里得到了价值超过百万元的促销资源和品牌宣传资源。这种与商家和顾客互动的形式深受大众的喜爱，转发和评论达到了500多万条。

新浪微博短短几年成为我国用户最活跃的社交网站之一。2012年，1号店和新浪微博结成战略合作伙伴，并开始开发基于新浪微博平台的应用，推出了“微客服”和“微团购”。微客服（见图3-2）允许用户将新浪微博的账号和1号店的账号绑定互通，

图 3-1　1 号店的“中国好商品”平台

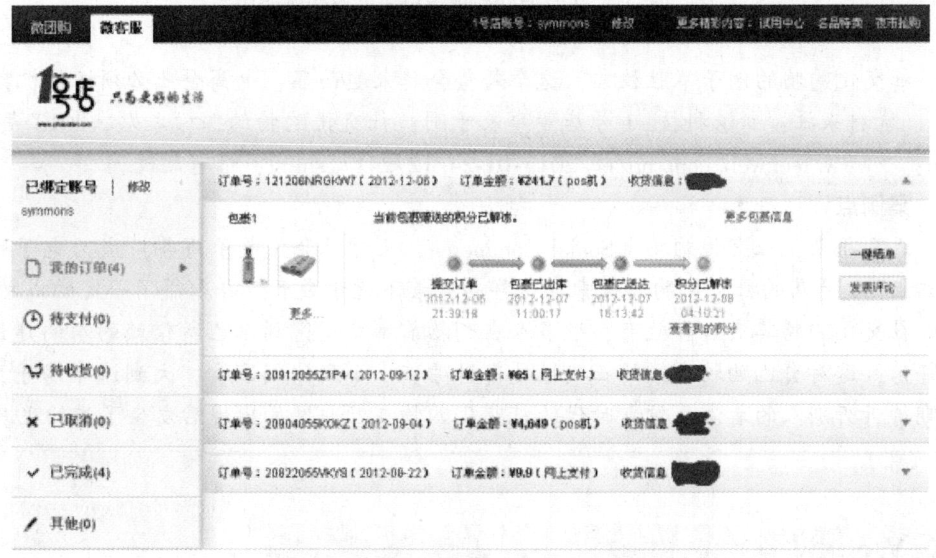

图 3-2　1 号店在新浪微博里的微客服应用

即时将该用户在 1 号店所下订单的最新状态信息推送到新浪微博客户端（包括 PC 端、移动客户端等），让用户以日常刷微博的方式掌握其订单进展。用户也可以非常方便地在其微博里晒单，并且自动提醒和推荐给“粉丝”或让朋友们提建议给反馈。微团购（见图 3-3）则将团购频道搬到了新浪微博平台，借助意见领袖的传播力和微博社区的“病毒式”扩散的特征来扩大 1 号店的品牌知名度和影响力。

图 3-3 1 号店在新浪微博里的微团购应用

社交化购物的例子不胜枚举，这个趋势会越来越凸显，电商企业必须抓住机会。

（资料来源：新浪科技.1 号店董事长于刚：社交化购物的探索之路，2013 年 1 月，http://www.techweb.com.cn/ec/2013-01-24/1272417.shtml，略有删改。）

案例点评：

近几年来，社交化购物（Social Commerce，又称社会化电子商务）成为电子商务新的热点。1 号店的社交化购物探索在这样的背景下逐步展开，并取得了一定的成功。

社交化购物其实自古就有，很多人在购物前都希望得到自己所信赖的人的建议推荐和评价，这对自己购物决策的正确性是一种旁证。小到休闲零食，大到汽车房子，人们都期待听听别人的看法。信息时代的社交化购物在互联网的出现后发生了质的飞跃。

3.1 Web 网络

英国人蒂姆·伯纳斯·李（Tim Berners-Lee）是万维网（World Wide Web，WWW，简称 Web）的发明者，他在 1989 年指出万维网可以实现大规模的信息传递。自 20 世纪 90 年代万维网问世以来，就吸引了人们的眼球，引起了社会各界的广泛关注。Web 可以说是互联网的代名词，也是互联网的核心部分，因为人们正是通过 Web 网站来进行社会互联的。到目前为止，万维网已经经历了从 Web 1.0 到 3.0 的发展，从最初的商业用途（把企业信息搬上网络）、综合信息搜索、到博客平台的自我展示、互动发展。整个发展历程可谓欣欣向荣，一步一个台阶。

3.1.1　Web 1.0

Web 1.0是万维网发展的第一代模式。伯里昂（Brian，2007）指出："根据伯纳斯·李的观点，Web 1.0是只读模式的网络。" Web 1.0一开始是为大型企业、商业公司服务的，将企业的信息搬运到网上，向人们宣传企业，同时，人们可以通过网络浏览信息。Web 1.0是静态的、单项的网络，用途相当有限，只是简单的信息检索。

3.1.2　Web 2.0

Web 2.0是相对于Web 1.0提出的一个新概念，是2003—2004年的热门词语。它最初是由《Make》杂志、Make Faire大会及O'Reilly Media公司的创办人戴尔·多尔蒂（Dale Dougherty）在一次会议上提出的。

从技术层面看，IBM的社交网络分析师达里奥·吉尔（Dario Gil）认为，Web 2.0是一个架构在知识上的环境，人与人之间交互而产生出的内容，经由服务导向架构中的程序，在这个环境中被发布、管理和使用。

从用户层面定义，维基百科指出，其是一个利用Web的平台，由用户生成内容（User Generated Content，UGC）的互联网产品模式，通过网络应用促进网络上人与人之间的信息交换和协同合作，其模式更加以用户为中心。Web 2.0应用包括博客（Blog）、维基（Wiki）、社会网络网站（SNS）、微博、视频分享等。

虽然可以从各个角度对Web 2.0进行定义，但是Web 2.0的关键要素有以下三个：

（1）用户生成内容（UGC）。

（2）人与人之间的信息交换和协同合作。

（3）支持电子化的人际社会网络。

进一步讲，可以从以下几个方面来区别Web 1.0和Web 2.0：

（1）Web 1.0的主要特点在于用户通过浏览器获取信息；Web 2.0则更注重用户的交互作用，用户既是网站内容的消费者（浏览者），也是网站内容的制造者。

（2）Web 1.0的网络是机器和信息的世界；Web 2.0的网络则是人和人际关系的世界。

（3）Web 2.0的世界改变了信息组织形式，颠覆了很多人的思维方式，大大提升了人与人在网络世界中的交互能力。

（4）在Web 2.0的世界中，信息的查询方式是以人际为传输渠道，每点信息都附加了人的意义。人越真实，信息就越有价值。

3.1.3　Web 3.0

现在已经能明确看到Web 2.0向Web 3.0过渡的转折点，这个转折点也就是移动网络的流行。移动时代是建立在以Web 1.0为基础创建的网站以及Web 2.0社交层之上的。移动时代为智能手机和平板电脑提供了充满活力的新计算方法，用户界面不再只是针对网络和浏览器，还有这些平台上所有可用的应用程序。

就技术层面上来讲，Web 3.0和Web 2.0及Web 1.0的本质并没有很大的差别，使用的语言、基本工具都是差不多的。但是，因为带宽、用户量的不同，决定了可以实现的功能以及表现方式产生了巨大的飞跃，用户体验得到了极大的改善。对于 Web 3.0，可以总结出以下几个特点：

（1）信息源个体化，从权威信息源向个体信息源转变。

（2）传播渠道多样化。在没有互联网之前，信息的传播渠道以报纸、电视广播为主；互联网出现后成为第五媒体；在 Web 3.0 时代，手机将从通信工具变为信息传播主渠道，很有可能成为第六媒体。

（3）定制信息成为主流。信息的个体化和传播渠道的多样化必定会产生信息泛滥。人的精力是有限的，因此，如何方便用户定制自己喜欢的信息，成为 Web 3.0 时代需要重点解决的问题之一。

（4）信息可信度及监管难度将成为一个急需解决的问题。Web 1.0 是主流媒体的时代，信息的可信度尚备受质疑，到了 Web 3.0 时代，信息的泛滥和个体化更加导致真假信息难辨，权威媒体将受到前所未有的挑战。

（5）信息源的个体化和传播渠道的多样化，决定了未来的信息将从“大块头”瘦身为“小个子”。以新浪微博、Twitter 等为代表的微型博客，已经具备了 Web 3.0 的特征，其短小精悍的语句特点，使得以前从来不用博客发表长篇大论或者在论坛永远潜水的人有了发言的冲动和能力。

（6）信息泛滥。很久以前人们就说 21 世纪将是信息爆炸的世纪，而 Web 3.0 将真正迎来信息爆炸。

Web 1.0、Web 2.0 和 Web 3.0 的比较如表 3-1 所示。

表 3-1　Web 1.0、Web 2.0 和 Web 3.0 的比较

比较项目	Web 1.0	Web 2.0	Web 3.0
用户参与性	可读式 read-only（只读）网页，被动参与	可读写式（Read-write），互动参与，但局限于屏幕前	可读写 + 便携式，互动，实时参与
传播主体	公司、媒体等 ICP（网络内容服务商）导向，是传统广播方式的互联网体现	社区互动形式，在社区范围内实现互动交流、信息传播	更广泛范围内的信息互动传播，同时因信息泛滥而产生信息定制趋势
表现方式	静态网页、动态网页	博客、SNS 社区	微博、RSS（简易信息聚合）
信息流方向	单向传播，信息从公司或媒体向个体单向传播，可以理解为 B2C	共同分享，信息流混乱，可以理解为 B2C、C2C 相混合阶段	以订阅方式的传播。与 Web 1.0 相比，信息源从 B 转向了 C，人人都可以成为信息员
盈利方式	因眼球效应而产生的盈利模式，模式清晰	产品销售、广告等	各种各样的盈利来源
综合代表产品	新浪、搜狐	新浪博客、开心网、人人网	Twitter、新浪微博
搜索产品代表	以雅虎为主的目录式搜索	以谷歌（Google）为主的爬虫式搜索	实时搜索，手机搜索（有人认为语义及图片搜索将在此阶段出现，笔者认为尚未成熟）
电子商务产品代表	电子黄页	阿里巴巴、淘宝	微商、共享单车等
发展环境	有线互联网初级阶段、带宽较窄	有线互联网中级阶段，带宽较宽	无线互联发展初级阶段

从Web 1.0到Web 2.0、Web 3.0，是网络从精英化、扁平化到全民化和立体化的变迁，更是网络的关涉面从人类生活的局部到全景式人类生活场景的拓展。Web 3.0时代，网络无处不在，人类无时不在网络中，网络与人类生活不可分离；网络不再是人类生活的外在方面，它将与人类生活融为一体，真正成为人类的生活空间。

3.2 社会化媒体

3.2.1 社会化媒体的内涵

诸如Facebook、Twitter、豆瓣网、新浪微博等兼具“社交”和“媒体”双重功能的应用也被称为社会化媒体。这些社会化媒体应用已经成为颇受人们欢迎的交流和生活方式。同时，越来越多的企业已推出具有聊天、分享、评论、互动等功能的企业社交软件（Enterprise Social Software，ESS）或企业2.0（Enterprise 2.0）。

“社会化媒体”一词最先出现在《什么是社会化媒体》的电子书中。作者梅菲尔德（Mayfield）指出，社会化媒体是一种给予用户极大参与空间的新型在线媒体，赋予了每个人创造并传播内容的能力。基茨曼（Kietzmann）等人将社会化媒体定义为利用移动通信技术和互联网技术创造的允许用户分享、共同创作、讨论和修改用户生成内容（UGC）的高交互平台。

社会化媒体日新月异，了解社会化媒体的分类有助于把握社会化媒体的全貌，对社会化媒体也会有更深入的认识。然而，从以Facebook为代表的社交网站到知乎等问答类网站，甚至如GROUPON等社会化商务服务，都可看作是社会化媒体的一部分。

国外学者卡普兰（Kaplan）和亨莱因（Haenlein）基于社会化媒体的属性，将社会化媒体归纳为六大类：

（1）合作项目类（Collaborative Projects），如维基百科（Wikipedia）、百度百科等。

（2）博客（Blog），如新浪博客等。

（3）内容社区类（Content Communities），如视频分享类网站YouTube等。

（4）社交网站类（Social Networking Sites），如Facebook、Linkedin等。

（5）虚拟游戏世界（Virtual Game Worlds），如魔兽世界等大型多人在线角色扮演游戏。

（6）虚拟社交世界（Virtual Social Worlds），如第二人生等三维虚拟世界。

在国内，自2008年以来，Kantar Media CIC（中国领先的社会化及数字商业信息提供商）已经持续多年发布业界权威的中国社交媒体格局图，其发布的2016年中国社会化媒体格局图如图3-4所示。从2016年中国社会化媒体格局图看，目前国内社会化媒体可分为功能性细分平台和移动兴趣社区两个大类。功能性细分平台中包含博客类、百科类、问答类、游戏类、商务社交类、交友类、通信类、社交网络类、新闻类、照片社交类、视频类、音频类、电子商务类、点评类、分类信息类；移动兴趣社区中包含美妆类、时尚类、汽车类、育儿类、健康类、运动类、旅行类等。在2016年的社会化媒体格局图中，展现出五大变化和发展：

（1）以BATS为核心的中国数字社会化媒体格局。百度（Baidu）、阿里巴巴（Alibaba）、腾讯（Tencent）和新浪（Sina）（统称为BATS）旗下拥有8个社交及电商品牌，每一个都

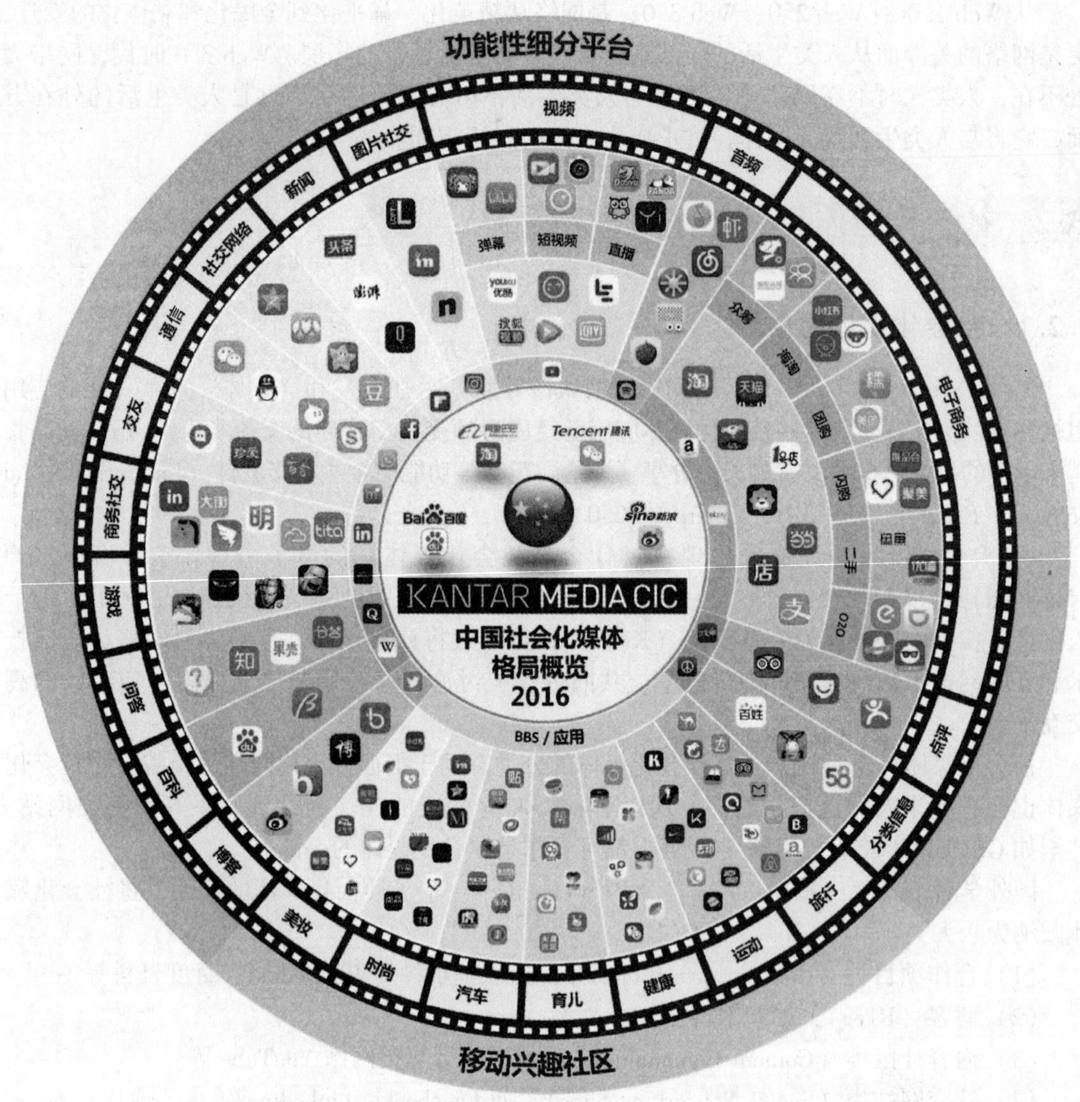

图 3-4 Kantar Media CIC 发布的 2016 年中国社会化媒体格局图

拥有数亿名活跃用户，这些平台无疑是我国数字社会化媒格局的核心力量。在我国，BATS 的壮大使得互联网具有快速传播（Viral）、大信息量（Informative）及高实用性（Practical）的特点。其中，“I” 和 “P” 两点尤其重要且特征显著。由于较缺乏可信信息，目前许多充斥在社交网络上的信息、新闻及网民评论等相关内容通常较难在其他途径被发现。相比全球市场，在这样的情况下，社交媒体在我国显得越来越重要。我国社交媒体的实用性在平台融合支付系统里体现得淋漓尽致，阿里巴巴旗下的 “支付宝” 和腾讯的 “财付通” 就是最好的例子。目前微信拥有 10 亿用户，它不单是一个社交媒体平台，还兼具了电子商务、P2P 转账、账单支付及共同基金投资等功能，将社交与支付功能无缝衔接，形成了一个完整的社交媒体生态系统。

（2）复杂的中国零售市场中急速扩展的电商平台。随着中国消费者数量的增加，消费者对各种商品的购买需求也与日俱增。但时至今日，仍有部分商品没有在线下实体店及电子商务平台（如淘宝、天猫、京东或1号店等）上进行售卖。这就促使目前越来越多针对细分化消费人群的电商平台逐渐开始涌现：包括团购网站，如百度糯米及美团；闪购网站，如“魅力惠”；专门售卖二手商品的平台，如闲鱼；众筹网站，如京东金融；O2O网站，如提供订票服务的格瓦拉生活网；以及专门为消费者代购及海淘的跨境销售平台，如小红书。这些电商平台无疑给中国零售市场带来了新的商业机遇。

在社交平台融合在线支付的趋势下，社交媒体和电商之间的界限变得越来越模糊，传统的电商网站也开始融入社交功能板块，如淘宝的“微淘”、天猫的“范儿”、1号店的“一品堂”。同时，社交平台也开始融合电商特征，小红书就是一个成功的典范。

（3）视频持续多样化发展。目前，由于网民可通过传统的视频网站（如优酷、爱奇艺等）观看合法版本的本地及国外的视频内容（如国内外电视剧集），所以它们仍然是视频平台中的中坚力量。此外，还在此基础上划分了三种视频分类：弹幕、短视频及直播视频。

弹幕技术是将网友的实时评论以文字的形式呈现在屏幕上，最初流行在以动画或游戏等内容为主的年轻化平台，Acfun和Bilibili就是这些平台中的佼佼者。近期，越来越多的大众类视频网站开始引入弹幕技术。另外，在短视频类别中，如美拍和秒拍，它们成了品牌获取网民自发产生评论的第一手来源的主要阵地。在直播视频类别中，类似国外Periscope的直播视频应用，如熊猫直播和战旗直播，不仅赢得了消费者的吸引力，也引起了政府监管机构的注意。视频直播平台开始逐渐被品牌用进策略营销活动中，比如美宝莲就曾通过与Angelababy的合作在手机直播平台推广新款口红，在短短两小时内销量突破10000支。

（4）问答平台的复兴及深层参与。你有没有曾想问问王思聪到底有多少钱？如果你没有，至少你可以在“分答”和“知乎”等问答平台上尝试一下。分答鼓励网民积极提问，网民平均花费数百到数千元不等。王思聪曾在分答上通过回答私人八卦问题集齐了45000美元。而知乎是一个汇聚各行业专家的知识分享社区。意见领袖（KOL）可以在此通过私人直播的方式与网民分享知识与见解，对各领域感兴趣的网友也可以直接与各行业领袖进行沟通。品牌可以思考如何借助这些问答平台，并结合意见领袖及名人等，制定更有效的推广战略。

（5）意见领袖格局引入“网红”新概念。在2016年，“网红”概念越来越多地被品牌运用于各自的行业领域，其风格自成一派，现已加入了意见领袖（KOL）格局之中，并成为中坚力量。现在意见领袖已被划分为三类：名人、专家及“网红”。

专家由于拥有强大的学术背景及专业知识，能在某个专业领域（特别是在美妆或时尚行业）具有一定权威性，并拥有大批忠实“粉丝”。而“网红”则专注于线上口碑与线下商业机会的转化，致力于打造以自身品牌形象为基础的电商，以推广销售产品。同时，“网红”也非常愿意在社交平台上分享自己的私生活，与活跃在线上线下的明星名人相比，他们的形象更为真实，也更贴近百姓生活。随着KOL格局变得越来越复杂，品牌需要找到更合适的方式去优化意见领袖对媒体的影响。

2016年11月10日，Kantar Media CIC在上海发布了“60秒看中国社会化媒体表现”信息图，如图3-5所示。该信息图展现了大数据时代下，社会化媒体的主要平台平均每分钟所产生的巨大数据流量。可见，企业形象及口碑在社会化媒体中的监测管理，对于促进市场营销、公关传播、创新策略都极其重要。

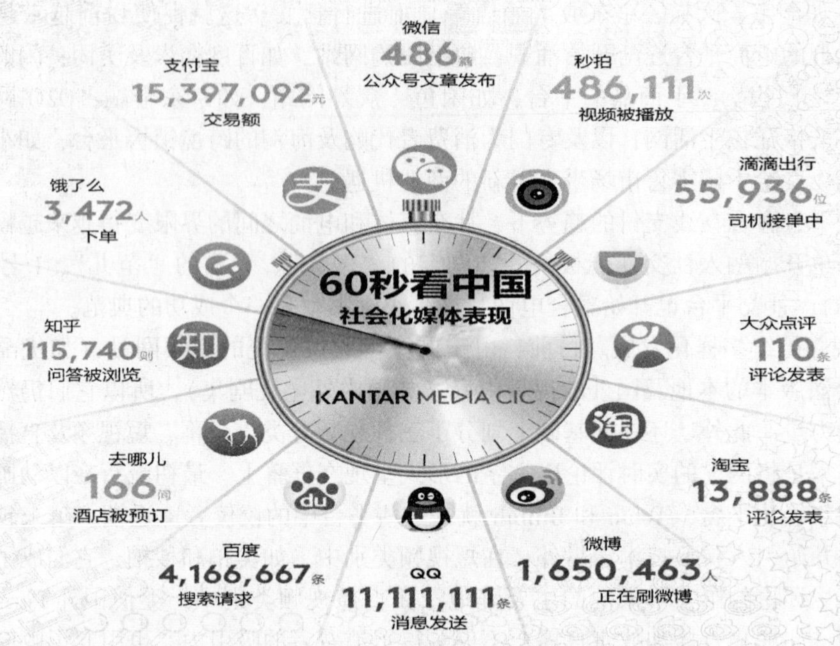

图 3-5 60 秒看中国社会化媒体表现（Kantar Media CIC）

3.2.2 社会化媒体的特征和基本功能

1. 社会化媒体的特征

网络是社会化媒体发展的平台，允许用户生成内容的创造和交换，给予了用户极大的参与空间。因此，社会化媒体最主要的特征无疑是赋予了每个人创造和传播内容的能力。社会化媒体通过将图片、视频、文本和传统内容等进行混搭（Mashup）处理并进行互动，建立联系并产生有意义的信息传播。因此，也有学者认为，社会化媒体的特征是其定义的模糊性、快速的创新性和各种技术的融合。除此之外，社会化媒体基于关系的信息传播，使其兼具社交性和媒体性。传统沟通媒体常常是由组织中某一点传输信息，沟通网络有一种中心性，而社会化沟通媒体能够突破这种限制，进行人人互动，从而降低了沟通网络的中心性，具有去中心化作用。

梅菲尔德总结的社会化媒体特征包括参与性（Participation）、开放性（Openness）、交流性/会话性（Conversation）、社区性（Community）和连通性（Connectedness），这也是对社会化媒体技术特征比较完整的总结。具体如下：

（1）参与性。社会化媒体能够激发任何感兴趣的用户主动贡献和反馈，它模糊了媒体和受众之间的界限。用户成为信息制造者，同时也通过社会化媒体接收信息。

（2）开放性。大部分的社会化媒体服务都可以免费参与，它们鼓励人们评论、反馈和分享信息。参与和利用社会化媒体的内容几乎没有任何障碍——受保护的内容除外。

（3）交流性。传统媒体是一种“广播”的形式，将内容传输或散发到用户那里，是一种单向的流动。而社会化媒体的优势在于信息的传播是双向的，是一种交流。用户可以向外发布信息，同时还可以通过社会化网络收集信息。广播式搜索传播往往增加了意外收获的机会。

（4）社区性。在社会化媒体中，基于相同兴趣用户可以很快形成一个社区（自组织），用户以共同感兴趣的内容为话题，展开互动交流。

（5）连通性。大部分的社会化媒体都具有强大的连通性或者说集成性。通过链接，社会化媒体可以将多种媒体、资源等集成到一起。除了集成文本、视频、音频和图片之外，用户还可以选择添加应用，社会化媒体强大的连通性也为用户带来了更有效的服务。

2. 社会化媒体的基本功能

社会化媒体时代，人、社区和组织之间通过相互联系、相互依存的网络进行在线交流、传达信息、整合资料、增进联系的方式。社会化媒体的基本功能主要表现在以下六个方面：

（1）社会化媒体形成越来越模糊的组织边界。以共同的爱好形成社区组织，在如今的社交网络中也开始广泛出现。这种组织可以包容不同的年龄、性别、收入、地理位置甚至价值观和信仰的人，组织成员往往以简单的爱好为纽带，通过分享这种双向沟通机制联系起来。一个成功的例子是以美国苹果公司的iPod产品为中心的iPod俱乐部，这个在互联网上自发成立的组织人数达到了数十万人，分布在世界各地，他们为苹果这家商业公司带来了巨大的口碑价值。

（2）社会化媒体能进行低成本的沟通。沟通的低成本与高效率，降低了一个社群建立的成本。在那些虚拟空间中建立自己的一个社群或社区只是点击几下鼠标那么简单。一个人可以在网上建立几个不同主题的群组，并加入另外的几个群组。而在现实之中，个体要建立或加入几个社群或是组织，是很难做到的。

（3）社会化媒体可以进行极度细分，并且以小规模的核心人群影响大规模的非核心人群。在很多互联网公司中，都有一项用户点评的功能，如携程网、淘宝网，每个预订酒店或购物的人，几乎都会看一看前面的用户对某个酒店或商家的评价。尽管真正产生内容的人也许只占总消费者的1%不到，但是他们的评价和意见会大大影响其后用户产生的商业行为。这也就是那些在互联网上的意见领袖所具有的核心价值。

（4）社会化媒体由于更低的社交成本和更大的社交圈子，降低了个人影响力的门槛。这显然让“人人都是推销员”成为可能。因为在互联网创造的社区中，每个人都可以成为中心，他们可以通过各种技术工具在虚拟空间中展示自己，并以此影响着身边的群体。而在传统零售业，消费者个体之间的相互影响力是极弱的。他们在结账之后就如流沙一般四处散开，来来往往的陌生人很难就某款商品进行交流和心得分享，尽管他们或许在同一时间聚集在同一个大百货公司里。

（5）社会化媒体让人力资源更合理也更有效地发挥作用。例如，周鸿祎开发的360安全卫士，就是想依靠社区的力量，让社区中的个体充当木马病毒的侦查员，以群体的智慧来与病毒作战。

“我们是在做发动群众的工作，群防群治。”周鸿祎认为，要让个体组成大规模的协作型组织，就必须将自己做成一个社区，在这个社区中，让所有的成员都减小相互之间的沟通成本。最为重要的是，让他们能够形成共同的理念和价值观，这样他们才有可能不计报酬地为某项事业奉献出自己的智慧和能力。

（6）社会化媒体开启了现代社会调查的研究方法，提高了研究效率。传统的研究方法无非是问卷调查、电话访谈等，不仅耗时耗力，而且所得的资料也受制于空间和时间的局限。对网上社区进行研究可以避免这些烦琐的过程，使调查研究变得轻松自如。通过研究，可以确定社交圈的性质、影响友谊的因素、信息在网络中传递的方式及人们彼此结交的方式等。

3.2.3 企业认识和应用社会化媒体的历程

与中国社会化媒体发展历程相对应的是企业对社会化媒体应用的不断深化和多样化。

企业认识和应用社会化媒体的历程可以大致分成五个阶段：蛰伏期（1994—2003 年），培育期（2004—2006 年）、成长期（2007—2008 年）、爆发期（2009—2010 年）及变革期（2011 年至今），如图 3-6 所示。

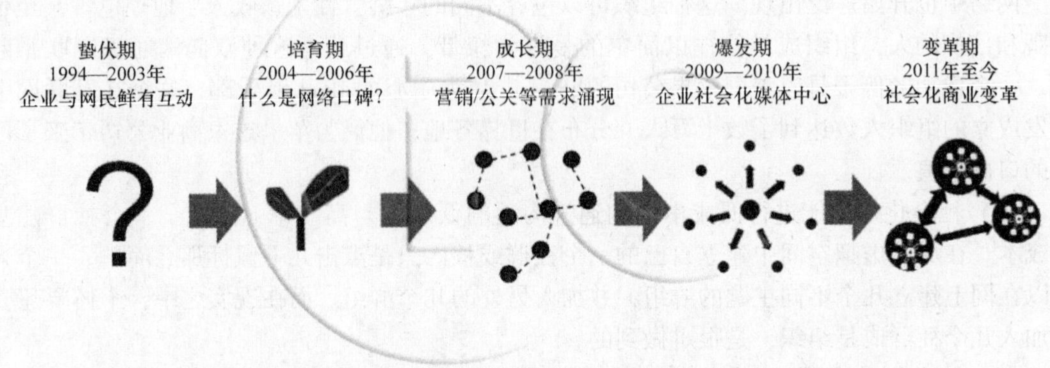

图 3-6 企业对社会化媒体认识和应用发展历程

（资料来源：受 Jeremiah Owyang 启发，CIC 研究整理。）

1. 蛰伏期（1994—2003 年）

1994—2003 年是长达 10 年的蛰伏期。之所以称为蛰伏期，是因为这一阶段，企业基本没有参与社会化媒体。其间最早的一批论坛（如西祠胡同、天涯社区等）在校园内外慢慢地聚拢了大量的人气，后来成为中国最有影响力的论坛之一。而 QQ 让网民之间的沟通更加即时，大众点评网则为消费者经验分享提供了专业的平台。不过，这一时期无论是论坛、IM（即时通信工具，如 QQ）还是点评网站，都更多是“草根”网民的互动平台，鲜见企业的身影。

2. 培育期（2004—2006 年）

2004 年开始了 Web 2.0 网络运用的时代。Web 2.0 的特征是网民参与创造内容并与他人互相分享。能从论坛、博客中发现越来越多的消费者对品牌、产品、服务的投诉或赞许，也能看到他们贡献的创意。同期，视频、SNS、问答百科的雏形已经出现，但尚不活跃。

同时，在这段时期，一系列网络危机的爆发让某些企业逐渐意识到网络口碑的重要性，一些企业推出博客营销策略，直接借力企业官博建立与消费者及媒体的对等沟通渠道，以便能够在危机时快速反应。另外，某些企业推出开放式营销策略（Open Source Marketing），发动网民共同参与，并充分集中网民的智慧和创造力帮助品牌创意，使品牌内涵深入人心。

3. 成长期（2007—2008 年）

（1）中国社会化媒体格局基本形成。这段时期，中国的网络交流分享平台开始趋向多样化，社会化媒体的格局基本形成。论坛依然是网民发表观点、分享热情的核心社区。此外，博客使广大普通网民的个性得以表达，视频分享让每个人过了一把导演、发行人和评论家的瘾，社交网站的实名注册加深了网友之间的交流和互动。

（2）独特的中国互联网文化和网络语言。在这些多样化的网络平台上，丰富多彩而独特的中国互联网文化开始精彩纷呈地涌现。网民通过图片或视频“秀”自己或“晒”产品，用“恶搞”的形式表达个性或个人看法，借助特殊的文字符号彰显个性，并用动画创意的形式传达生动的表情。例如“囧（jiong）”字，因其酷似人的面部表情而被赋予了“难过、挫败、尴尬”等新意义。众多网民在各种社会化媒体平台上大量使用“囧”字，如图 3-7 所示。

图 3-7 人们用“囧”设计视频作品、品牌和产品

（资料来源：CIC 2008 年白皮书“网络即社区”主题三：多彩纷呈的网络语言）

4. 爆发期（2009—2010 年）

该阶段以 SNS、微博、团购、LBS（基于位置的服务）为代表。人们把现实中人际关系拓展到互联网上，并在互联网上拓展人际关系，使社交成为互联网发展的主流。微博使人们接触得更频繁和使用互联网的门槛降低，给予人们随心所欲、不拘于格式畅所欲言的自由和轻松，团购则是将社交电子商务化，迎合了网民对服务性商品的需求；LBS（基于位置的服务）在手机等移动终端普及的环境下进一步拓展了社会性网络服务。这个阶段的社会化媒体以“用户开展社交分享信息”为中心特征，社会化媒体呈现爆发式普及。

2010 年是中国团购元年，占据市场份额较大的团购网站，如淘宝聚划算、美团网、拉手网均在 2010 年 2 ~ 3 月上线。

此后，基于地理位置的服务（Location Based Service，LBS）类网站互联网和移动终端成为新宠，出现了多家主流 LBS，包括街旁、玩转四方、贝多、嘀咕等。一批网民开始在餐厅、影院、公司等各种地点积极“签到”，并四处寻找虚拟徽章收藏，通过徽章领取咖啡、T 恤甚至音乐会门票等。2010 年 10 月 11 日，网易推出 LBS 产品网易八方，成为第一个进军 LBS 的门户网站；之后，新浪微博也推出了名为“微领地”LBS 服务。

5. 变革期（2011 年至今）

该阶段各类社会化媒体开始跨界整合成为一种新的尝试。各种社会化媒体不断完善其功能，给用户带来更良好的社交体验。随着群组、站点的发展，现有的社交空间不断被压缩，从大众化走入小众，排他性开放平台成为我国互联网业界发展的共识，社会化媒体也掀起了开放的浪潮，吸纳更多的企业为用户提供网络应用。

社会化媒体的跨界融合主要通过完善功能和开放平台来实现。2012 年，新浪微博不断丰富其功能，通过借鉴其他社会化媒体的信息传播和应用特点，新推出了微群、聊天、微相册、微音乐、微电台、微盘、微博桌面等功能，使新浪微博开始发展成为基于微博基本功能的综合性社会化媒体。与此同时，网站也日益完善其功能、丰富其应用。开放平台早已成为互联网发展的共识，微博、即时通信、论坛等具有较高人气的社会化媒体不断开放其平台，吸引众多个人和企业发挥创新作用、分享创新应用。

3.3 社会化电子商务

3.3.1 社会化电子商务的定义

社会化电子商务，简称为社会化商务（Social Commerce），其相关概念最早是由雅虎（Yahoo!）公司提出的。2005 年 11 月 14 日，雅虎购物为了迎战即将到来的年底网上购物狂潮，推出了一项可以设置精选商品列表（Piek List）功能的新服务——Shoposphere。

该服务将口碑传播的元素融入交流社区中，用户可以将他们感兴趣的商品按主题归类放入自己的精选列表中，这些精选商品列表里的内容又被汇总到一个名为“Shoposphere”的页面里，该页面还可以展现用户对商品的评论、使用心得和购物体验等信息。用户可以将此页面与其他人进行分享，查看其他人的精选商品列表，查看其他消费者正在讨论的商品。另外，雅虎通过自己的服务资源将 RSS 与 Yahoo! 360°社区服务整合起来，方便用户把精选商品列表聚合到博客或其他网站上。雅虎还鼓励产品专家和商家参与到精选商品列表系统中来，并汇集了一些社会名人前来推选商品。雅虎认为，精选商品列表就是社会化电子商务的一种形式，而消费者社区是提供商品信息和建议的最好源头之一。

此后，Facebook、Twitter、微信等社会化媒体的兴起，更加推动了社会化电子商务的快速发展。在这几年的发展历程中，社会化电子商务的模式虽然成熟了不少，但是关于其概念，业界却没有广泛认可的统一定义，各个领域的研究专家也分别就此提出了他们的看法。

2005 年 12 月，时任美国风险投资公司 Venroek 副总裁的大卫 · 贝赛尔（David Beisel）在其博客中将社会化电子商务的概念提炼为“一种在电子商务网站上由用户产生内容的社论式广告形式”。有些用户喜欢和其他人在现实世界里购物，那么他们中的一些人也将会喜欢在社交网络里进行虚拟的共同购物。

爱德曼（Edelman）国际公关公司的高级副总裁史蒂夫 · 鲁贝尔（Steve Rubel）认为，社会化电子商务可以采用多种形式，但总的来说，它代表着一个用户在线共享信息并实现电子商务的平台。在这里，每个用户从可信赖的其他人那里获取建议，找到产品或服务，并最终完成购买。这种行为通过了集体的力量，缩减了调研和购买的周期。同时，他认为博客也可以通过社会化电子商务进行盈利，将会实现博客作者、营销方和电子商务网站共赢的局面。

营销研讨机构 Cliek Advisor. com 的保罗 · 马斯登（Paul Marsden）认为，社会化电子商务是电子商务的一种形式，是通过使用社会化媒体、网络媒体，来支持社交互动和用户贡献等活动，协助在线购买及销售产品或服务的方式。

虽然各个专家对社会化电子商务定义侧重的各有不同，但是他们都持有一个共同的观点，就是“社会化电子商务是电子商务的一种新的模式”。简单地说，就是将 SNS 与电子商务进行组合（见图 3-8），让这种基于用户自主分享的商品内容，来引导用户产生购买或者消费行为，让电子商务领域变得更具有人情味。从某种意义上来讲，团购与 O2O 模式也可以算作社会化电子商务的表现形式之一。

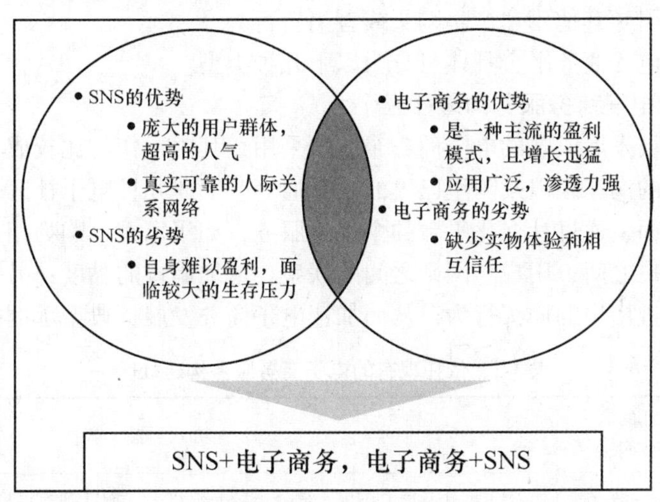

图 3-8 社会化电子商务

关于社会化电子商务，目前较为认可的一种定义是：社会化电子商务是电子商务的一种新的衍生模式。它是借助社交网站、SNS、微博、社交媒介、网络媒介等传播途径，通过社交互动、口碑影响力、用户提供内容等手段对商品进行展示、分享和互动，达到有效推广商品的目的，是电子商务的一个有效推广渠道。

3.3.2 社会化电子商务的特征

1. 会员消费的被动需求模式

会员消费的被动需求模式是指会员并不是主动去产生消费需求，而是在其他会员购物分享的影响下，被动产生消费需求。会员的需求与其他会员的主动分享具有很强的相关性。通过口碑相传和其他会员的商品分享，会员受到商品信息的兴趣激发而产生消费需求。这里，口碑起了很重要的引导作用。

2. 用户引导消费模式，会员容易受消费行为影响

在社会化电子商务的模式中，会员对某一商品的购买欲望往往会因为其他会员的分享、点评及图片展示而被激发。这是一种典型的用户引导行为。这种消费行为不是由商家来引导的，而是由具有社会属性的用户之间的口碑分享而触发的。显然，这比商家直接引导和宣传更有影响力。从社会心理学的角度讲，人往往有模仿与自己处于同样境遇的人的行为的趋向性。在会员的眼中，其他会员的好评往往会促使其去模仿，进而产生消费欲望。

3. 社会化电子商务扮演导购角色，导购员是用户本身

社会化电子商务是基于用户分享商品信息、点评商品、展示商品和分享商品的使用体验来与其他会员进行互动的，以此建立具有社会属性的社交关系。社会化购物分享系统提供这样一个分享平台，每一个会员自己创造内容，对于其他会员来说会起到导购作用，这种作用的影响力要远远大于商家自身对产品的宣传。

3.3.3 社会化电子商务的分类

社会化电子商务，简单说来就是通过社会化的方式，利用用户之间自主进行的商品内容的传播与分享，来引导其他用户产生购买或者消费行为。

我国的社会化电子商务平台具体可分为以下几种类型：

1. 依托现有的电子商务服务构建社区

这种模式主要被发展成熟的电子商务企业所采用，其中运作的比较成功的有凡客诚品的凡客达人、淘宝网的淘江湖以及阿里巴巴的人脉通等。上述几种电子社区平台都是基于自身的电子商务，一方面，通过社会化平台的个性化服务，如买家秀、购物相关话题的分享和交流，加强用户与用户之间、用户与网站之间的联系，增加用户的黏度；另一方面，通过稳定的电子社区关系促进用户的购买行为，从而加速电子商务发展。典型示例如表3-2所示。

表3-2 依托现有的电子商务服务构建社区

社会化电子商务网站	所依托的电子商务网站	功能
淘江湖	淘宝网	淘宝网在其原有的电子商务平台上构建了“淘江湖”这样一个真实的好友交互平台，方便用户轻松地与其好友保持沟通和联系，及时了解好友的最新状况与动态信息，获得更可靠的购物经验与建议，与好友一起享受电子商务、享受生活
凡客达人	凡客诚品	凡客达人是一个社区化分成营销平台。达人们在各自的空间展示穿衣搭配，发表观点、看法，如果买家通过达人的店铺或者空间购买了凡客的产品，那么达人就可以凭此获得凡客10%的销售分成。凡客以此鼓励用户就购物相关的话题进行分享和交流，从而促进用户的购物行为

2. 第三方社会化电子商务平台

这种平台本身并不提供产品或服务，而是构建于现有电商企业的产品或服务之上。平台通过自身的个性化服务吸引并汇集稳定的用户群，拥有一套自己的关系圈，关系圈的建立是独立于电商企业之外的。在我国，比较有代表性的网站有美丽说、蘑菇街、堆糖等。这类电商平台为众多的网购用户提供了一个交流彼此购物心得乐趣、分享相关购物资讯、结识更多具有相同购物爱好朋友的场所。典型示例如表3-3所示。

表3-3 第三方社会化电子商务平台

社会化电子商务网站	功能
美丽说	是一个女性互动购物社区网站，用户可以在社区内寻找达人，找店铺，找团购，分享网购链接，分享自己喜欢的购物相关资讯等
蘑菇街	是一个女性分享导购社区网站，用户在这里自由地交流时尚、购物的话题，相互分享，相互帮助，发现折扣，享受优惠
堆糖	是一个用户分享物品的社区，主题是收集发现喜爱的事物，以图片的方式来展示和浏览。堆糖提供超快捷的图文收集工具，一键收集分享兴趣，还有各种兴趣主题小组，可以轻易地找到日常生活中难以遇到的、跟自己兴趣相同的朋友

3. 基于社区的社会化电子商务

现在互联网上已形成了非常多具有相当影响力的社交平台，如FaceBook、Twitter、新浪微博等。如果能够将这些具有庞大用户群体的社交平台与电子商务进行整合，实施精准营销，不论对于平台本身，还是对于个人与企业用户，都是极具吸引力的。典型示例如表3-4所示。

表3-4 基于社区的社会化电子商务

社会化电子商务网站	所依托的电子商务网站	功能
Live Scribe	Facebook平台	Facebook"粉丝"可以与产品提供方进行互动，"粉丝"们可以分享他们感兴趣的产品，或是发送Twitter消息，把信息传播给更多的消费者

3.3.4 社会化电子商务的盈利模式

1. 现有盈利模式

社会化电子商务的本质就是通过用户之间的交流分享促进用户的购买行为。如今，社会化电子商务这一商业模式已经获得了广泛认同，如何深刻挖掘商业价值，其核心内容就是进行盈利模式的设计。目前，我国社会化电子商务的主要盈利模式如下：

（1）广告。不论是在Web 1.0还是Web 2.0时代，广告收入都是电子商务网站重要的收入来源，而社会化电子商务平台因聚集了众多具有相同偏好与需求的目标顾客而更加受到企业的青睐。因此，越来越多的企业将广告投放的重心转向网络社区。社会化电子商务平台80%的收入来源于广告。比较常见的广告形式有：传统的文字图示广告，如按钮广告、旗帜广告、对联广告等；动感的插入式广告以及富媒体广告；将产品、品牌信息巧妙地融入游戏或组件的植入式广告，如开心网就将众多的汽车品牌及其产品图片植入"争车位"游戏中。

（2）佣金提成。采用该种盈利模式的多为第三方社会化电子商务平台，这类电商平台并不直接提供出售商品，而是从交易中赚取佣金。这种盈利模式的优势非常明显：不必自建物流体系，也不用操心供应链管理。例如，美丽说的网站有大量用户将自己喜好的商品图片与信息进行发布和分享，其好友则可通过信息图片直接链接到B2C或C2C电商网站的商品购买页面中。每成功一笔交易，B2C或C2C电商网站会按照协议比率返还数额不等的佣金给美丽说网站。蘑菇街的运行方式也大同小异。不过，这种盈利模式过于依赖B2C或C2C电商网站。比如，美丽说每个月为淘宝网带去7亿元的交易额，蘑菇街90%的商品也引导到淘宝网成交，如果与淘宝网的合作出现问题，其经营将陷入困境。

（3）增值服务。增值服务的一种形式是收取会员会费，用户通过交费成为会员，从而获取有偿服务及普通用户所不能享受到的特殊服务。如百合网、智联招聘等，都是凭借会员收费模式获得网站长期稳定的收入。另一种形式则是通过提供增值虚拟服务，鼓励用户进行虚拟物品消费。例如，在腾讯的"QQ农场"游戏中，就是通过装备道具的购买刺激用户的虚拟消费。为了更好地刺激虚拟物品的消费，众多电商企业都发行虚拟货币，如腾讯的Q币、人人网的人人豆等。

（4）第三方插件应用分成。以往很多社会化电商网站都是自主开发组件与游戏，但是网络小游戏的生命周期非常短暂，难以保持持久的用户吸引力。基于这种考虑，现在的社会化电商网站往往选择将自己的网站建设成为开放式的平台，吸引第三方公司搭建 App 供用户自由选择，从中获取分成。

2. 盈利模式的创新

社会化电子商务以强势席卷全球，但是一个严峻的事实摆在人们面前：绝大多数的社会化电子商务网站陷入亏损之中，并且上述盈利模式大多过于依赖网站自身流量。为了保证社会化电子商务网站的持久稳定发展，必须进行盈利模式的创新。具体创新思路可以从以下几个方面着手：

（1）进行多元化广告形式设计。每个社会化电子商务网站所针对的目标客户群体不尽相同，而且每个网站都形成了由具有相同兴趣爱好的用户所组成的群组。鉴于此，社会化电子商务网站可以帮助企业对用户的偏好、潜在需求等进行数据挖掘及分析，针对某个特定的目标受众群投放网络广告，从而使得广告的精准度与针对性进一步提高。例如，体育用品生产厂商可以通过豆瓣网向体育爱好群组进行广告投放，甚至可以实现“一对一”的投放。

传统的网络广告往往出现在用户感兴趣的内容周围，其实很难获得用户的关注。可以转变广告设计思路，由用户被动接受广告向用户主动参与广告转变。活动广告就是一种典型的用户参与广告，也是参与度和互动性最好的广告形式之一。需要注意的是，必须保证活动的品牌与形式契合目标受众的兴趣，并找到新颖独特的创意点，才能最大限度地获得用户的关注，激发用户的参与性。

（2）拓宽增值服务的种类。社会化电子商务网站可以拓宽增值服务的种类，比如依据自身庞大的用户群体，向企业、组织、团体或个人提供收费问卷调查服务，按照参与调查的用户人数进行收费，甚至还可以帮助企业进行专业的调查分析，进一步增加收入的来源。

另外，还可以引入竞价排名与关键词竞价服务。这一服务的运行机制与谷歌、百度类似，即通过出价的高低决定及相关商品页面、微博或博客在用户搜索结果当中的排名，出价越高，排名越靠前。

（3）引入 SoLoMo 模式。2011 年 2 月，KPCB 风险投资公司合伙人、北美创业投资教父约翰·杜尔（John Doerr）提出了 SoLoMo 模式，SoLoMo 是 Social Local Mobile 的缩写，就是将社交、本地化与移动互联网相结合。简言之，SoLoMo 模式就是通过互联网向有共同需求的用户群体提供本土化的服务，有效地将线上线下进行整合。在我国，人人网已经开始了 SoLoMo 模式的探索。人人网曾经为“康师傅每日 C”发起“鲜享新味”报到赢赠饮活动。人人网的手机用户通过“人人报到”和一款 LBS 产品在全国 16 个城市的 39 个试饮点报到，收到活动信息并参与饮品换领。在短短 12 天内，成功实现超过 10000 次报到，线下换领赠饮的比例也达 90% 以上。

无论社会化电子商务怎么发展，盈利都是企业的根本目标。只有找到适合自身发展的盈利模式，不断进行盈利模式的创新，才能在激烈的市场竞争当中占据优势。

本章小结

Web 作为最重要的互联网应用，其本身也在不断的发展变化之中。Web 1.0 的主要特点在于用户通过浏览器获取信息；Web 2.0 则更注重用户的交互作用，用户既是网站内容的消费者（浏览者），也是网站内容的制造者。Web 1.0 到 Web 2.0 的转变，具体来说，从模式上是单纯地由“读”向“写”“共同建设”发展。对 Web 3.0 目前还没有明确的定义，个人认为将是移动化和精细化分析的结合，服务更智能化，实现用户体验优化。

社会化媒体是允许用户创造、交流内容并进行互动的在线平台及技术。最常见的社会化媒体形式包括博客、微博、论坛、社区和社交网络等。

社会化电子商务是电子商务的一种特殊形式，在社会化媒体的环境下，利用人的社会属性，通过互联网进行沟通交流，分享、传播和推荐产品或服务，以实现更好的基于互联网的消费。

按照平台产生的形式来分，社会化电子商务平台可以分成依托现有的电子商务服务构建社区、第三方社会化电子商务平台和基于社区的社会化电子商务。目前，我国社会化电子商务的主要盈利模式有广告、佣金提成、增值服务和第三方插件应用分成。但上述盈利模式大多过于依赖网站自身流量。为了保证社会化电子商务网站的持久稳定发展，可以从进行多元化广告形式设计、拓宽增值服务的种类、引入 SoLoMo 模式等方面进行盈利模式的创新。

相关术语

Web（World Wide Web，WWW，万维网）
用户生成内容（User Generated Content，UGC）
企业社交软件（Enterprise Social Software，ESS）
社会化媒体（Social Media）
社会性网络服务（Social Networking Services，SNS）
开放式营销（Open Source Marketing）
基于地理位置的服务（Location Based Service，LBS）
社会化商务（Social Commerce）
SoLoMo（Social Local Mobile，社交、本地化与移动互联网相结合）

思考与练习

一、填空题

1. Web 1.0 的主要特点在于用户通过浏览器获取信息，Web 2.0 则更注重用户的交互作用，用户既是网站内容的（　　　　），也是网站内容的（　　　　）。

2. 基茨曼（Kietzmann）等人将社会化媒体定义为利用移动通信技术和互联网技术创造的允许（　　　　）、（　　　　　　）、讨论和修改（　　　　）的高交互平台。

3. SNS 网站依据（　　　　　　）而建立，让人们把现实世界中人际关系拓展到互联网上，并在互联网上拓展人际关系，使社交成为互联网发展的主流。

4. 社会化电子商务是电子商务一种新的衍生模式。它是借助社交网站、SNS、微博、社交媒介、网络媒介的传播途径，通过（　　　　）、口碑影响力、（　　　　）等手段对商品进行展示、分享和互动，达到有效推广商品的目的，是电子商务一个有效的推广渠道。

5. 依托现有的电子商务服务构建社区的社会化电子商务的典型代表：（ ）、（ ）。

6. 我国社会化电子商务平台的类型主要有（ ）、（ ）、（ ）。

二、问答题

1. Web 1.0、Web 2.0 和 Web 3.0 网络的特点及代表性平台都有哪些？

2. 什么是社会化媒体？我国具有代表性的社会化媒体有哪些？

3. 什么是社会化电子商务？社会化电子商务的展现形式有哪些？

4. 登录某一社会化电子商务网站，找出它可能的盈利方式。

5. 什么是 LBS？请结合具体事例，讨论 LBS 电子商务的特点和应用模式。

6. 什么是 SoLoMo？该模式有哪些具体应用？

实践任务

任务一：调查从 Web 1.0 到 Web 3.0，中国互联网媒体的变化

【任务目标】

1. 了解 Web 1.0、Web 2.0、Web 3.0 平台的技术演变。

2. 了解 Web 技术变化对互联网平台及应用的影响。

【任务要求】

详细了解 Web 1.0、Web 2.0、Web 3.0 的技术特点，找出其各自的代表性网站，并深入分析其应用特点。

任务二：调查研究企业是如何利用社会化媒体的

【任务目标】

1. 了解社会化媒体的本质、特征和主要平台。

2. 掌握社会化媒体平台对企业运营的影响。

【任务要求】

选择一家世界500强企业，研究这家企业是如何利用社会化媒体来辅助企业运营的，应用效果如何。深入了解社会化媒体对企业的运营的重要意义。

任务三：调查某个具体平台的社会化电子商务应用情况

【任务目标】

1. 深入掌握社会化电子商务的本质和特征。

2. 了解社会化电子商务的类型、应用模式和盈利机制。

【任务要求】

选择一个具有代表性的社会化电子商务应用平台，注册成为会员，进行实操，详细分析其商业模式和盈利机制，增加对社会化电子商务的感性认识。

第4章

电子商务基础技术

- 了解计算机网络技术基础
- 掌握网站开发的过程，了解前端开发技术和后端开发技术的区别
- 了解常见的几种移动网站开发技术
- 掌握数据库和数据交换的概念
- 了解电子商务的未来发展方向

◆引例

海量交易背后的技术支持

2016年天猫“双11”全球狂欢节总交易额超1207亿元，移动交易额占比81.87%，覆盖235个国家和地区。2016年“双11”全天，物流方面再次刷新全球纪录，菜鸟网络共产生6.57亿笔物流订单；支付方面，支付宝实现支付总数10.5亿笔，同比增长48%。支付峰值达到12万笔/s，是2015年的1.4倍，也刷新了2015年创下的峰值纪录。其中，花呗支付占比20%，保险总保单量6亿笔，总保障金额达到224亿元。这一系列的数字，考验的是阿里巴巴背后强大的IT（信息技术）支持能力。

案例点评：

从成本的角度考虑，采购非常多的IT资源为了一年只有一次的“双11”活动肯定是不经济的。阿里巴巴采用的是“公有云+混合云”的组合模式，快速把资源调度过来，迅速投入应对用户的海量访问。等峰值过后，再快速把资源释放，这便是云计算的显著优势与本质：对于用户来说随时可得，尽可能突破距离、地域、规则的限制，来争取人们最珍贵的东西——时间。云计算技术就是在不断优化资源调度，不断让用户的时间节省下来。云平台的本质是调度系统连接网络，让云技术可以流转起来。

4.1 计算机网络技术基础

电子商务日益渗透人们的工作、生活，得益于近年来软硬件技术的迅猛发展，其中，网络技术是电子商务技术中最底层、最基础的技术。

4.1.1 计算机网络概述

计算机网络就是将地理位置不同、具有独立功能的多个计算机系统，用通信线路和通信设备连接起来，在网络软件支持下，实现数据通信和资源共享的系统。

计算机网络自20世纪60年代出现至今，已经历远程终端联机、多主机互联网络、标准化网络等多个发展阶段。而2010年被称为中国移动互联网的元年，短短几年的互联网发展，为人们极大地拓展了电子商务的应用场景。这些应用的发展，都是依赖一些基本的互联网技术。

从结构上看，计算机网络主要由网络硬件和网络软件两部分组成。网络硬件是指在计算机网络中所采用的物理设备，主要包括网络服务器、网络工作站、网络互联设备、传输介质等。网络软件是指负责实现数据在网络硬件之间通过传输介质进行传输的软件系统。通常，网络软件主要包括网络管理软件和网络应用软件。网络管理软件是用来对网络资源进行管理和对网络进行维护的软件；网络应用软件是为网络终端用户提供服务的、解决终端用户在网络上实际问题的软件，如浏览器、下载软件等。

为了使网络中各计算机之间能正确地传送信息，还必须事先约定好一些规则，这些规则明确规定了所交换数据的格式以及相关的同步问题。为进行网络数据交换而建立的规则、标准或约定就称为网络协议，如目前互联网应用最广泛的TCP/IP协议。网络协议主要由语法、语义和同步关系三个要素组成。语法规定通信双方“如何做”的问题，即确定用户数据与控制信息的结构与格式；语义规定双方通信的内容“是什么”的问题，即确定协议元素的类型；同步关系是对事件出现顺序的详细说明。

网络协议对计算机网络是不可缺少的，一个功能完备的计算机网络需要制定一套复杂的协议集。为了降低协议设计和实现的复杂程度，通常将网络协议按照层次设计方法进行设计，即将协议按功能划分为若干层次，较高层次建立在较低层次的基础上，又为更高层次提供必要的服务功能。分层的好处就在于，高层次只要调用低层次提供的功能，而无须了解低层次的技术细节，只要保证接口不变，低层次功能具体实现办法的变更不会影响较高层次功能的执行。

通常将网络功能分层结构与各层协议的集合统称为计算机网络体系结构。网络体系结构对计算机网络应该实现的功能进行了精确的定义，至于功能使用什么样的硬件和软件实现，则是具体的实现问题。

国际标准化组织（ISO）在20世纪80年代提出了开放系统互联参考模型，简称OSI参考模型。该模型从理论上来讲比较完整，是国际公认的标准，但是由于它实现起来过于复杂，运行效率很低，而且制定周期太长，导致事实上世界上几乎没有哪个厂家能生产出完全符合OSI标准的商用产品。20世纪90年代初期，Internet已在世界范围得到了迅速普及和广泛的支持与应用，而Internet所采用的体系结构是TCP/IP参考模型，这使得TCP/IP成为事实上的工业标准。

4.1.2 Internet概述

Internet即通常所说的互联网或因特网，它由遍布全球各地的成千上万个网络连接而成，是目前世界上最大的国际性计算机网络。Internet 是20 世纪最卓越的科学技术成果之一，它已经深入到政治、经济、科学、技术、文化以及普通的社会生活中，如今的信息社会已经离不开 Internet。

1. Internet 的产生

Internet 是由美国20 世纪60 年代的阿帕网（ARPANET）发展和演化而成的。1969 年，美国国防部高级研究计划署（Advanced Research Projects Agency，ARPA）组建了 ARPANET。ARPANET 的设计与实现基于这样一种主导思想：网络要能够经受住故障的考验而维持正常工作，当网络的一部分因受攻击而失去工作能力时，网络的其他部分仍能维持正常通信。在 ARPANET 的发展过程中，人们发现 ARPANET 协议很难运行于多个网络之上，于是又研究和开发了新的网络协议，即 TCP/IP 协议，并于 1983 年正式在 ARPANET 上启用。同年，ARPANET 分成了两个独立的网络：一个仍叫 ARPANET（用于进一步的研究工作）；另一个叫 MILNET（用于军事通信）。

ARPANET 和 TCP/IP 技术的成功，使美国国家科学基金会（NSF）认识到网络将成为科学研究的重要手段。1986 年，NSF 建立了一个名为 NSFNET 的高速信息网络，并连入了 ARPANET。NSFNET 同样采用 TCP/IP 协议，并且面向全社会开放。与此同时，其他国家和地区也建立了类似的网络，这些网络通过通信线路同 NSFNET 或 ARPANET 相连，人们将这些相互连接在一起的网络称为 Internet。

Internet 最初的宗旨是用于支持教育和科研活动，而不是用于商业性的营利活动。20 世纪 90 年代初，NSF 放松了有关 Internet 使用的限制，开始允许使用 Internet 进行部分商务活动。商业机构的进入带来了 Internet 的飞跃发展。随着 Internet 规模的迅速扩大，美国政府决定将 Internet 的主干网转交给私人公司来经营，并开始对接入 Internet 的单位收费。

目前，Internet 已经覆盖了全球大部分国家和地区，而且不断有新成员加入其中。除了网络规模在扩大外，Internet 中的各种应用也进一步得到开拓，Internet 已经实现了网上购物、远程教育、远程医疗、视频会议等新的应用，深入到社会生活的各个领域。

2. Internet 在中国的发展

Internet 在我国的发展相对要晚一些。1987 年 9 月 20 日，通过北京与德国卡尔斯鲁厄大学之间的网络连接，我国发出了第一封电子邮件“Across the Great Wall we can reach every corner in the world（越过长城，走向世界）”，揭开了中国人使用 Internet 的序幕。

1989 年，由世界银行贷款，国家计划委员会（现国家发展和改革委员会）、国家教育委员会（现教育部）、中国科学院等配套投资和支持的高技术信息基础设施项目——中国国家计算与网络设施（NCFC）开始建设。该项目由中国科学院、清华大学、北京大学共同承担。当时立项的主要目标就是在北京大学、清华大学和中科院三个单位间建设高速互联网络，并建立一个超级计算中心。

1990 年 10 月，中国正式在互联网络信息中心的前身 DDN-NIC 注册登记了我国的顶级域名——cn，并且从此开通了使用 cn 的国际电子邮件服务。由于当时中国尚未正式连入 Internet，所以委托德国卡尔斯鲁厄大学运行 cn 域名服务器。

1994 年 4 月，NCFC 工程通过美国 Sprint 公司连入 Internet 的 64kb/s 国际专线开通，实现了与 Internet 的全功能连接。从此，我国被国际上正式承认为有 Internet 的国家。之后，中国公用计算机互联网（CHINANET）、中国教育和科研计算机网（CERNET）、中国科技网

（CSTNET）和中国金桥信息网（CHINAGBN）等多个互联网项目在全国范围相继启动。在短短几年间，这些主干网投入使用，形成了国家主干网的基础，Internet 在中国开始飞速发展。

中国互联网络信息中心（CNNIC）发布的第 40 次《中国互联网络发展状况统计报告》显示，截至 2017 年 6 月，我国网民规模达到 7.51 亿人，占全球网民总数的 1/5。同时，我国互联网普及率为 54.3%，超过全球平均水平 4.6 个百分点。我国手机网民规模达 7.24 亿人，较 2016 年年底增加 2830 万人。网民中使用手机上网的比例由 2016 年年底的 95.1% 提升至 96.3%，手机上网比例持续提升。在互联网基础资源方面，截至 2017 年 6 月，我国网站总数为 506 万个，半年增长 4.8%；“.cn”下的网站数为 270 万个。

4.1.3 IP 地址与域名

1. Internet 上的 IP 地址

为了使连入 Internet 的众多计算机在通信时能够相互识别，Internet 上的每一台计算机都分配有一个在全世界范围内唯一的地址，即 IP 地址。目前主流的 IPv4 协议采用的 IP 地址长度为 4 个字节，即 32bit。为了便于用户阅读和理解，通常采用点分十进制表示法表示，即将每个字节的二进制数值转换成对应的十进制数值（其取值范围为 0～255），数值中间用点号分隔开来。例如，二进制 IP 地址“11001010　01110001　00011101　01110111”用点分十进制表示为 202.113.29.119。

IP 地址采用分层结构，即由网络号和主机号两部分组成。其中，网络号也称网络地址，用来标识连入 Internet 的网络；主机号也称主机地址，用来区分该网络上的不同主机。按照网络规模的大小，IP 地址分为 A、B、C、D、E 五类，其中 A、B、C 三类是基本类型。IP 地址的分类如表 4-1 所示。

表 4-1　IP 地址的分类

地址类型	地址范围	说　明
A 类	1.0.0.0～127.255.255.255	第一段是网络号，其余三段是主机号
B 类	128.0.0.0～191.255.255.255	前两段是网络号，其余两段是主机号
C 类	192.0.0.0～223.255.255.255	前三段是网络号，最后一段是主机号
D 类	224.0.0.0～239.255.255.255	组播地址
E 类	240.0.0.0～247.255.255.255	研究用地址

可见，从 IP 地址的第一位数字就可确定该地址属于哪一类地址。例如，“202.113.29.119”这个 IP 地址属于 C 类地址，其网络号为“202.113.29”，主机号为“119”。

A 类 IP 地址通常为大型网络而提供，全世界总共只有 126 个 A 类网络，每个 A 类网络最多可容纳 $2^{24}-2=16777214$ 台主机；B 类 IP 地址适用于中等规模的网络，全世界大约有 16000 个 B 类网络，每个 B 类网络最多可以连接 $2^{16}-2=65534$ 台主机，C 类地址通常用于校园网或企业局域网等小型网络，每个 C 类网络最多可以有 $2^{8}-2=254$ 台主机。

Internet 的 IP 地址分配是分级进行的。ICANN（the Internet Corporation for Assigned Names and Numbers）即互联网名字与编号分配机构，负责全球 Internet 上 IP 地址资源的协

调、管理与分配。中国互联网络信息中心（China Internet Network Information Center，CNNIC）以中国的国家互联网注册机构的身份于1997年成为APNIC的联盟会员，成立了以CNNIC为召集单位的IP地址分配联盟，称为CNNIC分配联盟。按照APNIC的有关规定，CNNIC分配联盟成员可以通过CNNIC获得IP地址；CNNIC必须将CNNIC分配联盟成员的名单及IP地址分配情况报告给APNIC。

现在使用的IPv4是20世纪70年代末期设计的，是IP协议的第四个版本。随着Internet用户以指数形式增长，IPv4已基本耗尽，因此，因特网工程任务组（Internet Engineering Task Force，IETF）制定了下一代因特网地址标准草案——IPv6。

2. IPv6

IPv6是IETF设计的用于替代现行版本IP协议（IPv4）的下一代IP协议。IPv6的使用不仅能解决网络地址资源数量的问题，而且也能解决多种接入设备连入互联网的障碍。

IPv6的地址长度为128bit，是IPv4地址长度的4倍。于是，IPv4的点分十进制表示法不再适用，采用十六进制表示。IPv6有冒分十六进制表示法、0位压缩表示法和内嵌IPv4地址表示法三种表示方法。其中，冒分十六进制表示法的格式为×：×：×：×：×：×：×：×，其中每个×表示地址中的16bit，以十六进制表示。例如：ABCD：EF01：2345：6789：ABCD：EF01：2345：6789。

IPv6将IPv4的地址长度从32bit扩展到128bit，使得IP地址在可以预见的时期内不再成为限制网络规模的一个因素，同时在安全性、服务质量及移动性等方面有了较大改进。IPv6解决的不仅仅是IP地址空间的问题，更重要的是推动业务创新，使Internet能承担更多的任务，为以IP为基础的网络融合奠定了坚实的基础。我国在推动IPv6进程方面，采取了一系列积极举措：2004年12月，我国cn域名服务器的IPv6地址已经在全球域名根服务器中进行了注册；由中国工程院牵头、八部委联合实施"中国下一代互联网示范工程"（CNGI）；中国互联网络信息中心CNNIC牵头，积极地探索和制定相关的地址分配政策。根据第40次《中国互联网络发展状况统计报告》发布数据，截至2017年12月31日，我国IPv6地址分配总数已达到23430块（32），居全球第二。

3. Internet的域名机制

（1）域名的组成。IP地址是数字型的，表达方式比较抽象、不容易记忆，为此，Internet的研究人员又引入了一种字符型标识方法，即为每一台接入Internet的主机起一个字符型的名字，称为域名，用它作为主机的标识。域名和IP地址之间存在着一对一或一对多的对应关系，即一台主机可以有多个域名（一般用于不同的目的），但只能有一个IP地址。对于大多数而言，只要有了域名，无须知道IP地址就可以访问一个站点。

目前使用的域名是一种层次型命名结构，每一层叫作一个域，每个域用圆点隔开，表现形式为：

主机名.n级域名.…. 二级域名. 一级域名（通常2≤n≤5）

一级域名也称为顶级域名。它有两种表现形式：一种是由两个字母组成的，表示国家或地区名称代码（见表4-2）；另一种是通用的国际域名（见表4-3），表明机构的类型。一般来说，大型的或有国际业务的公司或机构不使用国家或地区代码，而使用表示机构性质的国际域名。

表 4-2 部分国家和地区的顶级域名

顶级域名	国家（地区）	顶级域名	国家（地区）	顶级域名	国家（地区）
uk	英国	it	意大利	au	澳大利亚
fr	法国	ru	俄罗斯	kr	韩国
de	德国	cn	中国	hk	中国香港
ca	加拿大	jp	日本	tw	中国台湾

表 4-3 以机构性质划分的类别域名

顶级域名	机构性质	顶级域名	机构性质
com	商业机构	arts	从事文化娱乐的企业
edu	教育机构	firm	企业和公司
gov	政府机构	info	从事信息服务业的企业
int	国际机构	nom	从事个人活动的个体
mil	军事机构	rec	从事休闲娱乐业的企业
net	网络机构	store	商业企业
org	非营利性组织	web	从事 Web 相关业务的企业

（2）中国互联网域名体系。1997 年 4 月，我国正式发布了中国互联网络域名体系；2008 年，信息产业部（现工业和信息化部）发布了《中华人民共和国信息产业部关于中国互联网络域名体系的公告》，对原有的域名体系进行了修改和规范。

1）我国互联网络域名体系中各级域名可以由字母（A ~ Z，a ~ z，大小写等价）、数字（0 ~ 9）、连接符（ - ）或汉字组成，各级域名之间用实点（.）连接，中文域名的各级域名之间用实点或中文句号（。）连接。

2）顶级域名“cn”之下，设置“类别域名”和“行政区域名”两类域名。

设置的“类别域名”分别为：ac——适用于科研机构；com——适用于工、商、金融等企业；edu——适用于中国的教育机构；gov——适用于中国的政府机构；mil——适用于中国的军事机构；net——适用于提供互联网络服务的机构；org——适用于非营利性组织。

设置“行政区域名”，适用于我国各省、自治区、直辖市，分别为：bj——北京市；sh——上海市；tj——天津市；cq——重庆市；he——河北省；sx——山西省；nm——内蒙古自治区；ln——辽宁省；jl——吉林省；hl——黑龙江省；js——江苏省；zj——浙江省；ah——安徽省；fj——福建省；jx——江西省；sd——山东省；ha——河南省；hb——湖北省；hn——湖南省；gd——广东省；gx——广西壮族自治区；hi——海南省；sc——四川省；gz——贵州省；yn——云南省；xz——西藏自治区；sn——陕西省；gs——甘肃省；qh——青海省；nx——宁夏回族自治区；xj——新疆维吾尔自治区。

3）在顶级域名 cn 下可以直接申请注册二级域名。例如，CNNIC. cn 就是中国互联网络信息中心的二级域名。

目前，国内 cn 域名注册统一由 CNNIC 进行管理，具体注册工作由通过 CNNIC 授权的域名注册服务机构（也称为域名注册商）提供。

4.2 电子商务软硬件平台建设

在计算机网络的基础上开展电子商务活动，需要一套电子商务系统。电子商务系统一般包括硬件平台和软件平台。

4.2.1 电子商务硬件平台

电子商务系统需要的硬件主要包括网络设备及服务器。

1. 网络设备

网络设备主要用于电子商务系统局域网的建设、电子商务系统与 Internet 的连接。网络访问速度的快慢，很大程度上与网络设备有关。网络设备中的关键设备有三种：路由器、交换机和安全设备。

(1) 路由器。路由器是一种连接多个网络或网段的网络设备，它能对不同网络或网段进行路由选择，并对不同网络之间的数据信息进行交换。它还具有在网络传递数据时选择最佳路径的能力。目前的路由器市场中，有 Cisco、华为、腾达等众多品牌。

由于局域网和广域网种类繁多，所以没有通用的路由器，需要根据实际情况进行选择或配置。对于局域网端，路由器会提供以太网、ATM 网、FDDI 和令牌环网接口（最常见的是局域网接口，如 10Base-T、100Base-T 或千兆以上以太网接口），需要根据实际情况进行选择或配置。对于广域网，由于接入线路种类繁多（如 DDN 方式、ISDN 方式、ADSL 方式、Cable Modem 方式、以太网光纤方式），路由器的广域网端口也是各种各样的，可以满足接入不同数字电路的需求。目前大多数路由器都是模块化的，因此在选择路由器时，除品牌、型号外，还要根据路由器两边端口的不同选择不同的模块，以适应不同的网络端口和通信速率。

目前，路由器已经广泛应用于各行各业，各种不同档次的产品已经成为实现各种骨干网内部连接、骨干网间连接和骨干网与互联网连接业务的主力军。

(2) 交换机。交换机是计算机网络中的重要设备，多台不同的计算机可以通过交换机组成网络。交换机不但可以在计算机数据通信时使数据的传输做到同步、放大和整形，而且可以过滤掉短帧、碎片，对通信数据进行有效的处理，从而保证数据传输的完整性和正确性。交换机在工作的时候，只有发出请求的端口和目的端口之间相互响应而不影响其他端口，因此能够隔离冲突域和有效地抑制广播风暴的产生。另外，交换机的每个端口都有一条独占的带宽，交换机的两个端口在工作时并不影响其他端口的工作。同时，交换机不仅可以工作在半双工模式下，而且可以工作在全双工模式下。

(3) 安全设备。电子商务系统中存有大量的重要信息，如客户资料、产品信息等，因此，系统的安全问题除了考虑计算机病毒之外，更主要的是防止非法用户的入侵，而目前的预防措施主要是防火墙（Firewall）技术。防火墙是指一个由软件、硬件或软硬件结合组成的系统，是企业内部网络和外部网络之间的一道屏障，可限制外界未经授权的用户访问内部网络，管理内部用户访问外部网络的权限。

2. 服务器

从广义上讲，服务器是指网络中能对其他机器提供某些服务的计算机系统。从狭义上来讲，服务器专指某些高性能计算机，能够通过网络对外提供服务。服务器作为网络节点，存储、处理网络上80%的数据、信息，因此也被称为网络的灵魂。早期的服务器主要用来管理数据文件或提供网络打印机，现在服务器则用来完成其他各种服务，如网络管理、各种各样的信息服务处理、基础安全性的访问等。

服务器是电子商务应用系统运行的主要环境，它的好坏决定着系统的响应时间、动态变化及未来的负荷能力。按照网络应用规模划分，网络服务器可以分为基础级服务器、工作组级服务器、部门级服务器和企业级服务器。

（1）基础级服务器。基础级服务器的配置与高档PC差不多，通常只有一个CPU，可以满足办公室型的中小型网络用户的文件共享、数据处理、简单数据库应用等需求。

（2）工作组级服务器。工作组级服务器较基础级服务器来说性能有所提高，功能有所增强，通常支持1~2个CPU，配置热插拔大容量硬盘和热插拔电源，具有一定的可扩展性，但容错和冗余性能仍不完善，可以满足中小型网络用户的数据处理、文件共享、Internet接入及简单数据库应用的需求。

（3）部门级服务器。部门级服务器一般都支持双CPU以上的对称处理器结构，除了具有工作组服务器全部服务器特点外，还集成了大量的监测及管理电路，具有全面的服务器管理能力，可监测如温度、电压、风扇、机箱等状态参数，结合标准服务器管理软件，使管理人员能够及时了解服务器的工作状况。同时，大多数部门级服务器具有优良的系统扩展性，适合作为中小型网络的应用服务器、小型数据库服务器、Web服务器。

（4）企业级服务器。企业级服务器通常采用4个以上CPU的对称处理器结构，支持双PCI通道与高内存带宽，配置大容量热插拔硬盘和热插拔电源，具有超强的数据处理能力、容错能力与扩展性能。企业级服务器主要适用于需要处理大量数据、高处理速度和对可靠性要求极高的大型企业和重要行业（如金融、证券、交通、邮电、通信等行业）。

4.2.2 电子商务软件平台

电子商务不仅需要有硬件基础，还需要软件支持。电子商务软件平台主要包括网络操作系统、Web服务器软件、数据库管理系统等。

1. 网络操作系统

操作系统是计算机系统的重要组成部分。单机操作系统只能为本地用户使用本机资源提供服务，不能满足开放的网络环境要求。而对于联网的计算机来说，它们的资源既是本机资源，同时也应该是网络资源，要为远地网络用户使用资源提供服务，这就需要网络操作系统来提供相关的功能。网络操作系统是网络中最重要的系统软件。它可以屏蔽本地资源与网络资源的差异性，为用户提供各种基本网络服务功能，完成网络共享系统资源的管理，并提供网络系统的安全性服务。

目前，主流的网络操作系统主要有微软（Microsoft）公司的Windows系列、UNIX、Linux等几种。

（1）Windows操作系统。Windows是由微软公司开发的基于图形界面的多任务操作系统，又称为视窗操作系统。Windows正如它的名字一样，在计算机与用户之间打开了一个窗口，用户可以通过这个窗口直接使用、控制和管理计算机，从而使操作计算机的方法和软件的开发方法发生了巨大的变化。Windows系统不仅在单机操作系统中占有绝对优势，在网络操作系统中也很有竞争力。Windows 系列可以说是发展最快的网络操作系统，它的主要优点在于界面图形化、操作方便、网络支持和硬件支持良好、能很好地兼容 Windows 丰富的应用软件，也有利于软件厂商开发新的应用。

Windows 网络操作系统在中小型局域网配置中是最常见的，但由于它对服务器的硬件要求较高，且稳定性能不是很高，所以一般只用在中低档服务器中。高端服务器通常采用 UNIX、Linux 等非 Windows 操作系统。

（2）UNIX 操作系统。UNIX 是较早广泛使用的计算机操作系统之一，它的第 1 版于 1969 年在美国贝尔实验室产生，1975 年对外公布，1976 年以后在贝尔实验室外被广泛使用。UNIX 的源代码绝大部分用 C 语言写成，非常便于移植到其他计算机上，再加上初期 UNIX 组织对 UNIX 源代码宽松的管理政策，促进了 UNIX 的发展和普及，很早以前就应用到几乎所有 16 位及以上的计算机上，包括微机、工作站、服务器、小型机、多处理机和大型机等。

UNIX 是多用户、多任务的通用操作系统。它具有技术成熟、开放性好、可靠性高、网络和数据库功能强、伸缩性突出等特色。这种网络操作系统的生产厂家很多，不同厂家生产的 UNIX 有一些细微区别，这就产生了不同的 UNIX 版本，主要有 SUN 公司的 Solaris，SCO 的 OpenServer 与 UNIX Ware，惠普公司的 HP-UX，IBM 公司的 AIX 等。UNIX 的稳定性和安全性非常好，但对于一般用户来说不容易掌握，尤其是对于没有网络安装和维护经验的用户，在短时间内掌握 UNIX 是非常困难的。随着网络操作系统的多元化，目前 UNIX 的重点是大型的高端网络应用领域，如建立 Internet 网站，组建广域网或大型局域网等。在一般的中小型局域网中没有必要使用 UNIX。

（3）Linux 操作系统。Linux 最早是由芬兰赫尔辛基大学的学生林纳斯·托瓦兹（Linux Torvalds）开发的具有 UNIX 操作系统特征的新一代网络操作系统。自发布以来，Linux 操作系统以令人惊异的速度在服务器和桌面系统中获得了成功。Linux 之所以受到广大计算机爱好者的喜爱，主要原因有两个：一个原因是 Linux 在 PC 上实现了全部的 UNIX 特性，具有多任务、多用户的能力，而且在很多方面相当稳定高效，任何使用 UNIX 操作系统或想要学习 UNIX 操作系统的人都可以从 Linux 中获益；另一个原因是 Linux 属于自由软件，用户不用支付任何费用就可以获得它和它的源代码，并且可以根据自己的需要对它进行必要的修改，可以无偿使用，并且无约束地继续传播。用户不但可以从 Internet 上下载 Linux 及其源代码，而且还可以下载许多 Linux 上的应用程序，从而根据需要修改和扩充操作系统或应用程序的功能。这是商品化的 UNIX、Windows 或 OS/2 等操作系统无法做到的。

在 Linux 发展初期，由于开发人员的数量有限，他们主要集中于开发操作系统最底层的硬件控制处理部分，即仅提供如何调整和控制硬件高效、稳定地工作。这一部分处理核心任务的程序，人们习惯称为 Linux 内核。由于 Linux 内核在实际操作中很难上手，所以为了方便用户使用，一些组织或公司将 Linux 系统的内核与一些使用程序软件以及说明文档捆绑到一起，并提供一些系统安装界面和系统配置、设定与管理工具，这种软件就叫作发行版本。目前常见的 Linux 发行版本有 RedHat、SUSE、Fedora、Red Flag 等。利用这些发行版本，Linux 的安装、软件管理变得简单，图形化的界面降低了入门者的门槛，大多数普通用户都可以通过完整的发行版本使用 Linux。

2. Web 服务器软件

Web 服务器软件是指驻留于 Internet 上的某种类型的计算机程序。在 Internet 或 Intranet 上的计算机通过 TCP/IP 协议连接，其中某些机器运行了 Web 服务器软件以后，成为 Web 服务器。当 Web 浏览器连到 Web 服务器上并请求文件时，服务器软件将处理该请求并将响应发送到该浏览器上。Web 服务器软件使用 HTTP 协议进行信息交流。

市场上有很多 Web 服务器软件，下面介绍几种比较流行的 Web 服务器软件：

（1）Apache HTTP Server。Apache HTTP Server（简称 Apache）是 Apache 软件基金会的一个开放源码的 Web 服务器软件。Apache 源于美国国家超级计算机应用中心（National Center for Supercomputing Applications，NCSA）开发的 Web 服务器。当 NCSA WWW 服务器项目停顿后，那些使用 NCSA WWW 服务器的人们开始交换他们为该服务器编写的补丁程序，并很快认识到成立管理这些补丁程序的组织的必要性。就这样，Apache Group 应运而生了。后来，这个团体在 NCSA 的基础上创建了 Apache。

由于 Apache 是自由软件，所以不断有人为它开发新的功能和特性，修改原来的缺陷。Apache 起初只是应用在 UINX 的 Web 服务器上，随着开发者对其所做的修改越来越完善，时至今日，Apache 能够应用在几乎所有的计算机开发平台上，如 UNIX、Linux、Netware、Windows 等。Apache 功能强大、性能稳定、速度快、完全免费，大多数的高科技实验室、大学以及众多的公司都采用 Apache。目前，在所有 Web 服务器软件中，Apache 的市场占有率排名第一。

（2）Microsoft IIS。IIS 是 Internet Information Server 的简称。借助 Windows 操作系统在 PC 界的绝对优势，由微软推出的 IIS 成为当今使用最为广泛的 Web 服务器软件之一，很多著名的网站都是建立在 IIS 平台上的。IIS 与 Windows 操作系统紧密集成在一起，在 Windows 平台下具有很高的执行效率。此外，它安装简单、操作方便、负载能力较强，在 Intranet、Internet 或 Extranet 上提供了可靠、可伸缩和易管理的集成化 Web 服务器功能。

IIS 提供了一个图形界面的管理工具，称为 Internet 服务管理器，可用于监视配置和控制 Internet 服务。各种规模的组织机构都可以使用 IIS 在 Internet 或 Intranet 上托管和管理 Web 页面及 FTP 站点，或者使用网络新闻传输协议 NNTP 和简单邮件传输协议 SMTP 传送新闻或邮件。

（3）Sun Java System Web Server。Sun Java System Web Server（原名 Sun ONE Web Server）是一款高性能、具有极强的可伸缩性和可靠性的 Web 服务器软件，可以在所有主要操作系统上运行。它在 Soalris 系统下表现尤为出色，因此主要出现在那些运行 Solaris 操作系统的关键任务级 Web 服务器上。Sun Java System Web Server 具有丰富的企业级特性，能满足关键任务所需的安全性与稳定性，并提供了一个优秀的 Web 开发平台，是提供大型企业级与运营商级动态 Web 服务的较好选择。

3. 数据库管理系统

电子商务以计算机及网络技术取代传统方式来进行生产经营活动，它的应用需要大量的数据管理，离不开数据库技术的支持。数据库管理系统（DataBase Management System，DBMS）是一种操作和管理数据库的软件系统。用户对数据库进行的各种操作都是在 DBMS 的统一管理和控制下进行的。

目前，常见的数据库管理系统主要有 SQL Server、MySQL、Oracle、Sybase、DB2 等，这

些产品各有特点，可以满足用户不同条件下的需求。

4.3　网站开发技术

4.3.1　网站的搭建

通常情况下，建立一个网站可以分为10步：申请域名（域名备案）；申请空间；定位网站；分析网站功能和需求（网站策划）；网站风格设计；网站代码制作；测试网站；上传网站；完善资料；网站维护。

1. 域名

域名（Domain Name）是由一串用点分隔的名字组成的Internet上某一台计算机或计算机组的名称，用于在数据传输时标识计算机的电子方位（有时也指地理位置，地理上的域名指代有行政自主权的一个地方区域）。域名是一个IP地址上的“面具”。一个域名的目的是便于记忆和沟通的一组服务器的地址（网站、电子邮件、FTP等）。域名作为力所能及难忘的互联网参与者的名称，世界上第一个注册的域名是在1985年1月注册的。目前存在免费与商用两种域名申请策略，简介如下：

（1）免费域名申请。以花生壳http：//hsk. oray. com/为例，申请流程如下：

1）注册该网站，成为会员。

2）进入网站首页，单击【域名建站】→【域名注册】→【壳域名】，选择一个免费的域名后缀，如51vip. biz；自定义域名名称，如huake。然后，查询自定义域名是否被注册，如果没有，那么就可以完成huake. 51vip. biz的申请了。

（2）商用域名申请。以万网（阿里云）http：//wanwang. aliyun. com/为例，申请流程如下：

1）在淘宝网注册账号，成为会员。

2）进入网站首页，在首页头部文本框中输入，如ceshi；再选择你想要的域名后缀，如. com。然后，单击【查域名】，查看域名是否被占用，如果没有占用，就可以购买该域名了。

3）选择域名要使用的年限，单击【加入清单】→【去结算】，进入结算页面。

2. 空间

申请空间可以通过申请虚拟空间和进行服务器托管来实现。虚拟空间由供应商提供服务器和程序运行环境，自己只要维护代码即可。它的优点是方便，但也有不安全、可控性差的缺点，一般被安全性要求不高、功能相对简单、访问量不大的个人网站或企业小网站采用。现在有很多网站提供虚拟空间服务（有的甚至免费），如http：//www. 163ns. com/和http：//www. zhujiwu. com/。有的空间需要收费，收费标准也不尽相同，要看网站的实际情况。收费标准一般按流量和提供的服务计算。

服务器托管是指自己购买服务器或租用服务器，自己搭建环境该服务器，并委托服务商进行管理。这种形式的优点是安全、可控性强。一般稍大一些的网站都采用服务器托管。

4.3.2 网站前端开发技术

互联网进入Web 2.0时代以后，随着PC桌面上的Web应用大量涌现，网站的前端开发从此发展起来。网页的形式也不再仅仅限于文字和图片，而是增加了各种交互方式和媒体因素，并把网站界面更加友好地呈现给用户，这些都是基于前端开发技术。下面将介绍几种网站前端开发的关键技术。

1. HTML

HTML（Hyper Text Mark-up Language）即超文本标记语言，是目前网络上应用最为广泛的语言，也是构成网页文档的主要语言。设计HTML语言的目的是把存放在一台计算机中的文本或图形与另一台计算机中的文本或图形方便地联系在一起，形成有机的整体，让人们不用考虑具体信息是在当前计算机上还是在网络的其他计算机上。只需使用鼠标在某一文档中点击一个图标，Internet就会马上转到与此图标相关的内容上去，而这些信息可能存放在网络的另一台计算机中。

HTML文档的制作并不复杂，且功能强大，支持将文字、图形、动画、声音等不同数据格式的文件连接起来，这也是WWW盛行的原因之一。

2. CSS

HTML标签原本被设计为用于定义文档内容。通过使用 <h1> <p> <table> 这样的标签，HTML的初衷是表达“这是标题”“这是段落”“这是表格”之类的信息。文档布局则由浏览器来完成，而不使用任何的格式化标签。然而，由于新的HTML标签和属性（如字体标签和颜色属性）不断地被添加到HTML规范中，创建文档内容清晰地独立于文档表现层的网页变得越来越困难。

为了解决这个问题，万维网联盟（W3C）推出了CSS（Cascading Style Sheets），即层叠样式表，用于有效地对页面的布局、字体、颜色、背景和其他效果实现更加精确的控制。只要对相应的代码做一些简单的修改，就可以改变同一页面的不同部分，或者页数不同的网页的外观和格式。

CSS具有以下特点：

（1）几乎在所有的浏览器上都可以使用。

（2）使页面的字体变得更漂亮，更容易编排，使页面赏心悦目。

（3）可以轻松地控制页面的布局。

（4）可以将许多网页的风格和格式同时更新，而不用再一页一页地更新。可以将站点上所有的网页风格都使用一个CSS文件进行控制，只要修改这个CSS文件中相应的行，那么整个站点的所有页面都会随之发生变动。

3. JavaScript与jQuery

（1）JavaScript。JavaScript是Internet上最流行的脚本语言，并且可在所有主要的浏览器中运行，如Internet Explorer、Mozilla、Firefox、Netscape和Opera。

JavaScript是被设计用来向HTML页面添加交互行为的一种脚本语言（脚本语言是一种轻量级的编程语言）。它通常被直接嵌入HTML页面，是一种解释性语言，也就是说，代码执行不进行预编译。JavaScript短小精悍，又是在客户机上执行的，大大提高了网页的浏览速度和交互能力，使网页包含更多活跃的元素和更加精彩的内容。

很多人看到 Java 和 JavaScript 都有“Java”四个字母，就以为它们是同一样东西，其实它们是完完全全不同的两种东西。Java 在客户端的运行的应用程序叫作 Java Applet，是嵌在网页中，而又有自己独立的运行窗口的小程序。Java Applet 是预先编译好的，一个 Applet 文件（.class）用 Notepad 打开阅读，根本不能理解。Java Applet 的功能很强大，可以访问 HTTP、FTP 等协议，甚至可以在计算机上传播病毒。相比之下，JavaScript 的能力就比较小了。JavaScript 是一种“脚本（Script）”，它直接把代码写到 HTML 文档中，浏览器读取它们的时候才进行编译、执行，所以能查看 HTML 源文件就能查看 JavaScript 源代码。

（2）jQuery。随着浏览器种类的推陈出新，JavaScript 的兼容性受到了挑战。由于对前台设计效果的要求越来越高，于是 JavaScript 语言本身的设计能力变得捉襟见肘。2006 年，美国人约翰·莱西格（John Resig）创建了 JavaScript 的另一个框架，就是 jQuery。与 JavaScript 相比，jQuery 更简洁，浏览器的兼容性更强，语法更灵活，对 XPath 的支持更强大，一个 $ 符就可以遍历文档中的各级元素。

jQuery 功能强大，在客户端开发中，它主要帮助用户方便、快速地完成以下任务：

1）选择页面元素。如果不使用 jQuery，直接使用 JavaScript 遍历 DOM（Document Object Model，文档对象模型）树，以及查找 HTML 文档结构中的某个元素，必须编写很多行代码。jQuery 则提供了可靠而富有效率的选择器，只需要一个简单的选择器字符串，即可准确获取需要检查或操纵的文档元素。

2）动态更改页面样式。使用 JavaScript 控制 CSS 受限于不同浏览器的兼容性处理，而 jQuery 可以弥补这一不足。它提供了跨浏览器的标准解决方案，而且即使在页面已经呈现之后，jQuery 仍然能够改变文档中某个部分的类或者个别样式属性。

3）动态更改页面内容。jQuery 能改变文档的内容，使用少量的代码，即可改变网页内容，对 HTML 文档的整个结构都能重写或者扩展，使用起来远比 JavaScript 直接控制便捷。

4）控制响应事件。jQuery 提供了丰富的页面事件，这些事件使用简单、易用、易记，不需要考虑浏览器兼容性问题。但是，如果使用 JavaScript 直接控制用户行为，需要考虑的问题就很多，既要考虑 HTML 文档结构与事件处理函数的合成，还要考虑浏览器的不一致性。

5）提供基本网页特效。jQuery 内置了一批淡入、擦除、移动之类的效果，以及制作新效果的工具包，用户只需要简单地调用动画函数，就可以快速设计出高级动画效果。如果直接使用 JavaScript 实现，需要考虑 CSS 动态控制，还要顾虑浏览器解析差异，模拟的动画效果或许很生硬，或许很粗糙等。

6）快速实现通信。jQuery 对 Ajax 技术的支持很缜密，它通过消除这一过程中浏览器特定的复杂性，使用户得以专注于服务器端的功能设计。

7）扩展 JavaScript 内核。jQuery 提供了对 JavaScript 核心功能的扩展，如迭代和数组操作等，增加了对客户端、数据存储及 JavaScript 扩展的支持。

4.3.3 网站后端开发技术

网站后端开发技术也称网站后台技术或者动态网站技术。例如，网站要提供用户的注册、登录、验证或者购物结算等，这些都要用代码逻辑来实现。又如，需要一个后台来往网页中添加一些消息、新闻、通知等。这些技能不需要网站浏览者掌握，而需要网站开发者或拥有者来管理，需要网站后台技术来实现的。常见的网站后端开发语言有 ASP、.NET、

JSP、PHP 等。同时，网站后台技术还包括数据库相关技术，如 MySQL、SQL Server 等。数据库是用来存储后台数据的。下面首先简单介绍几种后端开发语言，然后将在 4.5 节介绍有关数据存储方面的知识。

1. PHP

PHP（Hypertext Preprocessor）即超文本预处理语言。PHP 是一种 HTML 内嵌式语言，与微软的 ASP 颇有几分相似，都是一种在服务器端执行的嵌入 HTML 文档的脚本语言，语言的风格又类似 C 语言，被很多网站广泛运用。尤其值得称道的是，PHP 是一个开源软件，可免费下载使用。

PHP 将程序嵌入 HTML 文档中去执行，执行效率比完全生成 HTML 标记的 CGI 要高许多；与同样是嵌入 HTML 文档的脚本语言 JavaScript 相比，PHP 在服务器端执行，充分利用了服务器的性能；PHP 执行引擎还会将用户经常访问的 PHP 程序驻留在内存中，其他用户再次访问这个程序时不需要重新编译程序，只要直接执行内存中的代码就可以了，这也是 PHP 高效率的体现之一。PHP 具有非常强大的功能，所有 CGI 或者 JavaScript 的功能，PHP 都能实现，而且支持几乎所有主流的数据库以及操作系统。

而在 Internet 上，它也支持了相当多的通信协议，包括了与电子邮件相关的 IMAP（Internet Mail Access Protocol，Internet 邮件访问协议）、POP3（Post Office Protocol-Version 3，邮局协议版本 3）；目录协议 LDAP 及其他网络的相关函数。除此之外，用 PHP 写出来的 Web 后端 CGI 程序，可以很轻易地移植到不同的操作系统上。例如，先以 Linux 架的网站，在系统负荷过高时，可以快速地将整个系统移到 SUN 工作站上，不用重新编译 CGI 程序。面对快速发展的 Internet，这是长期规划的最好选择。

2. Java

Java 语言是美国 SUN 公司于 1995 年推出的面向对象的程序设计语言，随着 Internet 的迅猛发展而发展，Java 逐渐成为重要的 Internet 编程语言。Java 具有简单性、面向对象、分布式、健壮性、安全性、平台独立与可移植性、多线程、动态性等特点。Java 可以编写桌面应用程序、Web 应用程序、分布式系统和嵌入式系统应用程序等。

Java 技术的核心是 Java 虚拟机。Java 虚拟机属于 Java 体系结构的一部分，该体系结构支持了 Java 技术的三个特性：平台无关性、安全性和网络移动性。

3. .NET

.NET 是微软推出的新一代基于互联网平台的软件开发构想，是微软面向 XML Web Services 的平台。XML Web Services 允许应用程序通过 Internet 进行通信和共享数据，而不管所采用的是哪种操作系统、设备或编程语言。人们将能够控制何种信息、在何时、以何种方式传递给自己。

.NET 是一项革命性的技术框架，它的核心技术包括分布式计算、XML、组件技术、即时编译技术等。分布式计算是网络的本质：组件技术是软件技术多年来的发展成果，它使程序设计员从大量的 API（Application Programming Interface，应用程序编程接口）中解放出来，以采用面向对象和面向组件的技术来解决软件问题；即时编译技术使应用程序在运行时，还能够根据主机的硬件和软件环境进行代码优化，并简化代码发放的过程。

.NET 框架能够包含多个程序设计语言，如 C++、Java、C#等，同时该框架对 SQL Server 数据库也有很好的支持。因此，相对于其他任何平台而言，该平台能够从多个层次对软件开发人员进行全方面的平台支持。经过了十多年的发展，目前.NET框架是当前计算机软件技术的主流框架之一，通过应用.NET框架可以使程序开发者节省大量的时间，在短时间内设计出庞大的软件系统。通过.NET框架可以设计的应用程序主要包括窗体应用程序和Web应用程序，其框架架构如图4-1所示。

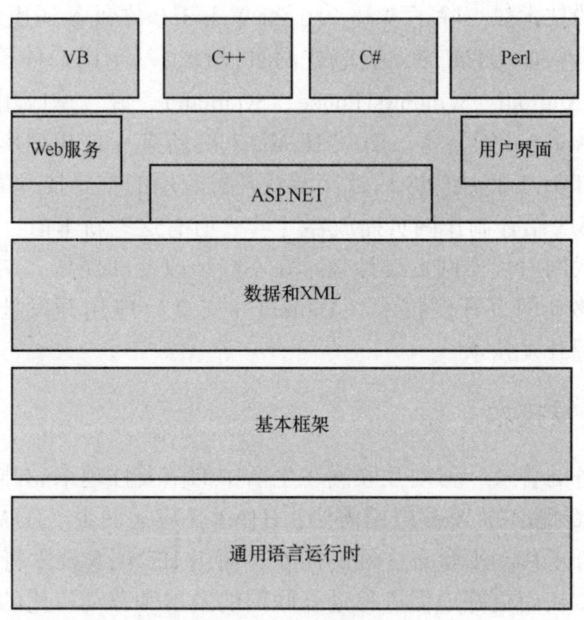

图4-1 .NET框架架构

因为开发人员使用多种工具和技术，而每一种工具和技术都支持不同的功能和类型，这就形成了确保语言互用性较为困难的历史根源。但.NET Framework通过微软中间语言（MSIL）、公共类型系统（CTS）和公共语言规范（CLS）等技术提供了跨语言机制，使开发者采用何种语言成了个人喜好问题。开发者可以使用其他任何支持.NET语言开发的组件，当然这些组件必须符合CLS。

对各语言的厂商来说，开发支持.NET的语言版本来获得.NET Farmework的强大功能及方便地使用其他语言编写的组件，对推广他们的语言、占有市场有很大的益处。而其中的关键就是开发出支持.NET的编译器。目前微软推出的VB.NET、C#、VC++.NET和JScriPt.NET是.NET平台上最通用的语言，其他厂商也推出了20多种常用语言的.NET版本，如COBOL、Eiffel、Component Paseal、Fortran、Perl、Python、SmallScript、Standard ML等。Borland公司也于2002年8月6日推出Delphi 7 Studio来全面支持微软公司.NET平台应用的开发。

4.4 移动互联网开发技术

在我国互联网的发展过程中，PC互联网已日趋饱和，随着宽带无线接入技术和移动终端技术的飞速发展，人们迫切希望能够随时随地乃至在移动过程中都能方便地从互联网获取信息和服务，移动互联网应运而生并迅猛发展。

移动互联网能让用户在移动中通过移动设备随时、随地访问Internet，获取信息，开展商务、娱乐等各种网络活动。移动互联网因其高便携性、应用方便和隐私性等特点，越来越受网民的欢迎。现在，移动互联网的流量发展趋势跟10年前的互联网基本上如出一辙。在未来很长时间内，移动互联网还将继续保持强势的追赶态势。

无论是手机和还是平板电脑都不同于PC，这些设备屏幕较小、运行能力差，这是移动商务技术开发中需要考虑的主要差别。

移动互联网时代的技术热点除了Web 2.0和Web 3.0之外，还出现了一些有关网页设计技术的新的名词术语，如HTML 5、响应式网页设计、基于用户体验的移动互联网网页、四大移动平台（iOS、Android、Windows Phone、Symbian）、混合型应用（Hybrid App，如掌上百度和淘宝客户端Android版）等。有关HTML 5的新观点也相继出现，如"HTML 5将改变移动互联网""HTML 5将成为今后社交游戏开发应用的重要技术平台"，以及"新的设计技术HTML 5与CSS 3结合制作网页播放器"等。所有这些新术语、新观念、新技术的出现，都反映出移动互联网时代，网页设计技术在不断地改变和提高。

下面将着重介绍移动网页开发技术、Android（安卓）应用开发技术、iOS应用开发技术三大移动互联网应用开发技术。

4.4.1 移动网页开发技术

随着智能移动设备的普及，移动互联网在生活中的重要性越来越凸显，为了适应快速发展的Web技术以及不断提出的Web应用需要，HTML 5应运而生。HTML 5技术的多种新特性和跨平台特点正迎合了移动平台多样性的需要，使用HTML 5技术将使快速开发各种移动互联网应用成为可能，从而更好地促进移动互联网的发展和移动应用的推陈出新。

HTML5实际上是指一系列用于开发网络应用的最新技术的集合，它包括HTML、CSS 3、JavaScript及一系列全新的API。HTML 5技术希望能够减少浏览器对插件，如Adobe Flash、Microsoft Silverlight、Oracle JavaFX等的依赖，并提供更多的能有效增强网络应用的标准集。HTML 5手机应用的最大优势就是可以在网页上直接调试和修改。

在移动设备上开发HTML 5应用只有两种方法，要不就是全部使用HTML 5的语法，要不就是仅使用JavaScript引擎。纯HTML 5手机应用运行缓慢并且错漏百出，但优化后的效果会好转。JavaScript引擎的构建方法让制作手机网页游戏成为可能。

4.4.2 Android应用开发技术

Android是一款以Linux为基础的开放源代码的操作系统，主要使用于便携设备，是由谷歌与开放手机联盟（Open Handset Alliance）共同提供的软件平台，有望为全球手机市场带来革命性的变化。2011年第一季度，Android在全球的市场份额首次超过Symbian（塞班）系统，跃居全球第一。2014年第二季度，Android占据全球智能手机操作系统市场85%的份额。随着Android手机的普及，Android应用软件的需求势必越来越大，这将是一个潜力巨大的市场，吸引着广大的软件开发厂商和开发者投身其中。

Android平台本身被誉为"第一个完整、开放和免费的移动平台"。

（1）完整。在开发Android平台的时候，设计者进行了全面的考虑。他们从一个安全的操作系统开始，在上面建立一个健壮的软件框架，从而允许在上面开发丰富的应用。

（2）开放。Android平台通过开源许可协议来提供。开发人员开发应用时，可以获得前所未有的访问设备功能的权限。

（3）免费。Android 应用可以免费开发，在该平台上开发不需要许可费用。没有加入开发成员的费用，没有测试费用，也不需要签名或认证费用。Android 程序可以通过多种方法来分发和商业化。分发自己的应用是免费的，也有免费发布应用以供下载的应用商店。但是在 Google Play 商店上架则需要注册和一次性支付一笔 25 美元的费用。

4.4.3 iOS 应用开发技术

iOS 是由苹果公司开发的移动操作系统。苹果公司最早于 2007 年 1 月 9 日的 Macworld 大会上公布这个系统，最初是设计给 iPhone 使用的，后来陆续套用到 iPod touch、iPad 及 Apple TV 等产品上。iOS 与苹果的 Mac OS X 操作系统一样，属于类 UNIX 的商业操作系统。原本这个系统名为 iPhone OS，因为 iPad、iPhone、iPod touch 都使用 iPhone OS，所以 2010 苹果全球开发者大会（Apple Worldwide Developers Conference，WWDC）上宣布改名为 iOS。与 Android 及 Windows Phone 不同，iOS 不支持非苹果硬件的设备。

App Store 是苹果公司为 iOS 设备创建和维护的数字化 App 发布平台，允许用户从 iTunes Store 浏览和下载一些由 iOS SDK 开发的 App。根据应用发布的不同情况，用户可以付费或者免费下载。应用程序可直接下载并安装到 iOS 设备，也可通过 iTunes 下载到 PC 中再安装。所有在 App Store 中出售的应用在成功发布之前，必须通过苹果公司的审核，以确保符合 SDK 中的条款。在未“越狱”的状态中，iOS 设备只能从 App Store 中获取应用程序。

iPhone 的 iOS 的开发需要用到控件。开发者在 iOS 平台会遇到界面和交互如何展现的问题，控件解决了这个问题。这使得 iPhone 的用户界面相对于老式手机更加友好灵活，并便于用户使用。

4.5 数据存储与交换技术

随着电子商务的发展，网上交易已成为主流，除了海量的商品数据，每天还在产生巨量的交易数据，这对数据处理提出了要求。数据库技术就是研究如何存储、使用和管理数据的一门技术，是计算机技术中发展最快、应用最广的技术之一。作为计算机软件的一个重要分支，数据库技术一直是信息技术界备受关注的一个重点。随着电子商务平台规模的扩大，现在供货商可以选择的交易平台有很多，不同的交易平台都是为了解决供货商及企业之间信息交换的问题，对于供货商及企业来说，要实现数据共享，这就出现了数据库的交互难题，因此迫切需要开发一种专门针对数据库的信息交互的系统。基于 XML 的数据交换是近几年兴起的新技术，它不仅克服了应用系统只能进行基于点对点数据交换的缺点，而且适合网络传输，非常适用于信息化条件下的数据交换和存储。基于数据库和 XML 的数据交换不仅简化了接口设计，而且具有更强的适用性，接口设计和数据传输、存储更加方便。

4.6 电子商务新技术趋势

4.6.1 大数据技术

当代英国大数据专家维克托·迈尔-舍恩伯格（Victor Mayer-Schönberger）和肯尼斯·库

克耶（Kenneth Cukier）编写的《大数据时代》一书中指出："大数据是由数量巨大、结构复杂、类型众多构成的复合性数据集合，具有数据海量、数据多样、输入和处理速度快和总价值高的特性，是'取之不尽，用之不竭'的新型环保能源。"

大数据及其相关技术的出现得益于现代信息社会，"但归根结底其发展的核心动力源于人类测量、记录和分析世界的渴望"。概括来说，大数据技术是建立在计算机网络背景下，以数据挖掘为基础，对海量数据进行处理、分析、分享的技术。"互联网公司因具有获取大量数据的先天条件，同时具有利用数据创造价值的利益驱动力，所以自然地成为大数据技术的率先实践者及领先使用者。"

大数据的核心作用是预测，是运用海量数据来预测事情发生的可能性，这种预测是建立在海量数据和相关关系基础之上的。传统社会科学的统计分析是在较少量化数据的基础上展开的，人们热衷于探寻事物之间的因果关系，但因果关系本质上是或然关系，并非逻辑上的必然关系，因此，传统的量化分析对因果关系的探求具有先天的不准确性。然而，在大数据时代，海量的数据使人们可以轻松了解事物之间的相关关系，通过相关关系来找出可能相关的事物，从而预测事件。并且与因果关系相比，分析相关关系的研究耗资更少，更加省时。因此，建立在相关关系分析基础上的预测功能是大数据的核心作用，而预测的最终目的在于把控自然界及人类行为的规律。

大数据的特点通常被业界归结为四个"V"：Volume（数据量大）、Variety（数据类型多样）、Velocity（速度快）和 Value（单位数据价值低）。大数据的第一个特点便是数据量大。身处信息爆炸的时代，数据每天都在飞速增长，过去人们常用 KB、MB 来描述数据量，现在已经升级为 GB、TB 甚至 PB。预计 2020 年，中国生产的数据总量将会超过 8.5ZB。大数据的第二个特点是数据类型多样。按照不同的分类标准，可以将大数据分为不同类别：按照数据结构的不同，可以分为结构化数据和非结构化数据两大类；按照是否可再生，分为可再生数据和不可再生数据；按照是否为隐私，可分为隐私数据和非隐私数据等；大数据的第三个特点是速度快，主要是指数据的生成和处理速度快，这对处理数据的硬件性能要求很高。大数据的第四个特点是单位数据价值低，主要是指单个数据或小数据集的价值不高，数据的价值与数据量成正比。

除了上述四个特点之外，大数据还具有 Reuse（重复利用性）的特点。重复利用性是指"大数据可以多次被使用，同样的数据可以为不同的目的而重复使用，并且数据的价值不会随着被使用的次数而减少"。可以说，大数据的价值主要是通过数据的重复利用来实现的。

大数据时代的到来撼动了世界的方方面面，从商业、科技、医疗卫生到政府、教育及社会的其他各个领域。大数据技术和应用一方面给社会、经济和科技的发展带来了重要机遇，另一方面也对数据获取、存储、传输、计算以及应用提出了全新挑战。开展大数据技术与应用研究，是时代发展的必然要求，具有无可估量的社会经济价值和巨大的科学意义。

4.6.2 云计算技术

随着信息和通信技术的快速发展，计算模式从最初把任务集中交付给大型处理机模式，发展到后来的基于网络的分布式任务处理模式，再到按需处理的云计算模式。最初的单个处理机模式处理能力有限，需要等待，效率低下。后来，随着网络技术的不断发展，按照高负载配置的服务器集群，在遇到低负载的时候，会产生资源的浪费和闲置，导致用户的运行维护成本高。而云计算把网络上的服务资源虚拟化，整个服务资源的调度、管理、维护等工作由专门人员负责，用户不必关心“云”内部的实现。因此，云计算实质上是给用户提供像传统的电力、水、煤气一样的按需计算服务，它是一种新的有效的计算使用范式（如图4-2所示）。

云计算由网格计算发展而来，云端由大量集群使用虚拟机的方式，通过高速网络互连，组成大型的虚拟资源池（Virtualized Resource Pool）。终端用户采用即付即用的方式通过Internet向云端购买服务。这些虚拟资源可自主管理和配置，用数据冗余的方式保证虚拟资源的高可用性，并具有分布式存储和计算、高扩展性、高可用性、用户友好性等特征。

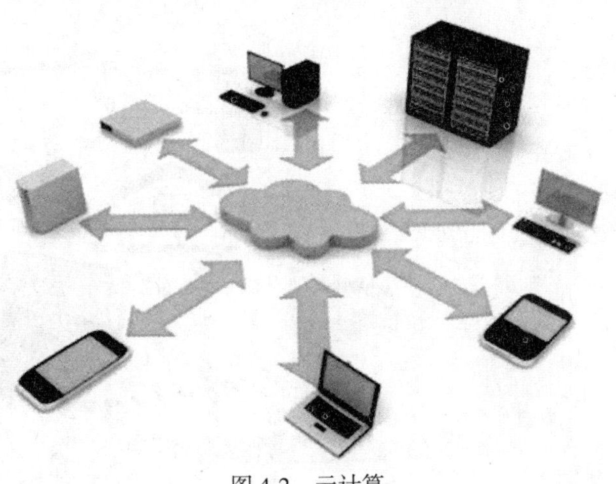

图4-2 云计算

云计算既描述了一种新兴的共享基础设施的方法，又描述了建立在这种基础设施之上的应用和扩展服务。云计算与传统信息技术有巨大的差异，其特点体现如下：

（1）虚拟化（Virtualization）。云计算的计算、存储和网络资源均是虚拟化的，不是固定的有形实体。

（2）面向服务（Service-oriented）。云计算提供一个庞大的资源池，资源以服务的形式通过网络来访问，软件、基础设施和平台均被视为服务。

（3）弹性（Elastic）。云环境应用请求的资源是动态伸缩和变化的，这取决于用户的QoS（Quality of Service，服务质量）需求。

（4）动态和分布式（Dynamic and Distributed）。尽管云资源是虚拟化的，但云可以提供高性能和可靠的云服务，资源本身的灵活性使其可以根据消费者的需求随时进行动态的调整。

（5）共享（规模经济）（Shared Economy of Scale）。云作为共享的基础设施，其资源根据应用需求在多用户间动态分配，这种共享模式也被称为“多租户”模式。一般情况下，用户对物理资源没有直接访问权，也不确定共享资源具体的地理位置。

（6）面向市场（Market-oriented）。云计算中，用户以即付即用的方式对服务付费，定价机制的变化取决于应用的QoS期望。

（7）自治（Autonomic）。为了提供高可靠性的服务，云计算使用多副本数据、节点同构互换等自治行为防止服务失效或性能下降。

云计算利用虚拟化技术将资源池化，采用何种资源提供策略对这些大规模动态的资源进行组织和管理，实现资源提供的高效灵活和按需分配，对云计算具有重要意义。目前，各大型IT厂商都根据各自的基础设施架构对云资源提供展开研究和设计。

4.6.3 物联网技术

物联网是新一代信息技术的重要组成部分，也是“信息化”时代的重要发展阶段。其英文名称是“Internet of Things（IoT）”。顾名思义，物联网就是物物相连的互联网，如图4-3所示。这有两层意思：其一，物联网的核心和基础仍然是互联网，是在互联网基础上延伸和扩展的网络；其二，其用户端延伸和扩展到了任何物品与物品之间，进行信息交换和通信，也就是物物相息。物联网通过智能感知、识别技术与普适计算等通信感知技术，广泛应用于网络融合中，也因此被称为继计算机、互联网之后世界信息产业发展的第三次浪潮。

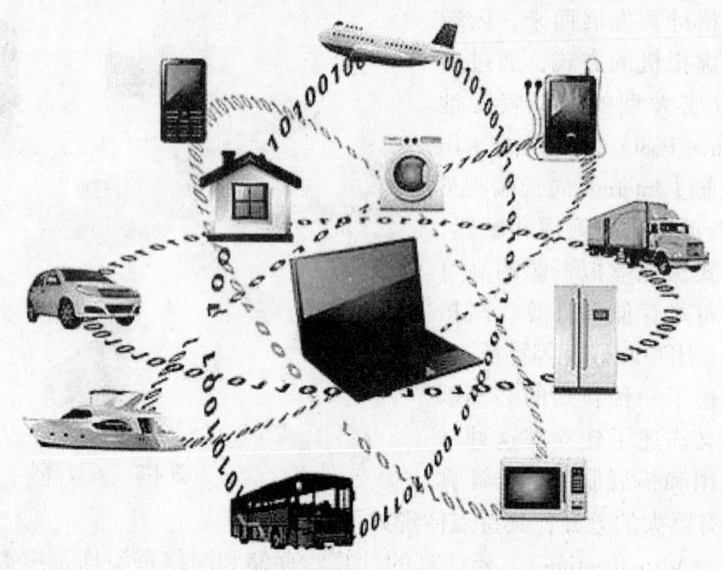

图4-3　物联网的应用

物联网技术是通过射频识别（RFID）、红外感应器、全球定位系统、激光扫描器等信息传感设备，按约定的协议，将物品与互联网相连接，进行信息交换和通信，以实现智能化识别、定位、追踪、监控和管理的一种网络技术。物联网应用中有三项关键技术：

（1）传感器技术。到目前为止，绝大部分计算机处理的都是数字信号。对于“物”的信息，就需要传感器把模拟信号转换成数字信号，计算机才能处理。

（2）RFID技术。RFID技术是融合了无线射频技术和嵌入式技术为一体的综合技术，RFID在自动识别、物品物流管理有着广阔的应用前景。

（3）嵌入式系统技术。这是综合计算机软硬件、传感器技术、集成电路技术、电子应用技术为一体的复杂技术。经过几十年的演变，以嵌入式系统为特征的智能终端产品随处可见：小到人们身边的MP3，大到航天航空的卫星系统。嵌入式系统正在改变着人们的生活，推动着工业生产以及国防工业的发展。如果把物联网用人体做一个简单比喻，传感器相当于人的眼睛、鼻子、皮肤等感官，网络就是神经系统用来传递信息，嵌入式系统则是人的大脑，在接收到信息后要进行分类处理。这个例子很形象地描述了传感器、嵌入式系统在物联网中的位置与作用。

目前，物联网可以归结为两种基本应用模式：

（1）对象的智能标签。通过NFC、二维码、RFID等技术标识特定的对象，用于区分对象个体，例如在生活中人们使用的各种智能卡，条码标签的基本用途就是获得对象的识别信息；此外，通过智能标签还可以获得对象物品所包含的扩展信息，例如智能卡上的金额余额、二维码中所包含的网址和名称等。

（2）对象的智能控制。物联网基于云计算平台和智能网络，可以依据传感器网络用获取的数据进行决策，改变对象的行为进行控制和反馈。例如，根据光线的强弱调整路灯的亮度，根据车辆的流量自动调整红绿灯间隔等。

4.6.4　虚拟现实技术

虚拟现实（Virtual Reality，VR）技术是一种综合计算机图形技术、多媒体技术、传感器技术、人机交互技术、网络技术、立体显示技术及仿真技术等多种科学技术综合发展起来的计算机领域的最新技术。它能制造出逼真的人工模拟环境，并能有效地模拟人在自然环境中的各种感知系统行为的高级的人机交互技术。虚拟环境通常是由计算机生成并控制的，使用户身临其境地感知虚拟环境中的物体，通过虚拟现实的三维设备与物体接触，从而真正地实现人机交互。可以说，人处在虚拟环境之中跟现实环境是没有差别的，如图4-4所示。目前，其所涉及的研究应用领域包括军事、医学、心理学、教育、科研、商业、影视、娱乐、制造业、工程训练等。虚拟现实已经被人们公认为是21世纪的重要发展学科以及影响人们生活的重要技术之一。

图4-4　虚拟现实技术

虚拟现实技术的体验感总结起来大概包括以下几点：

（1）沉浸感（Immersion）。计算机生成的虚拟世界给人一种身临其境的感觉。

（2）交互性（Interaction）。人能够以很自然的方式跟虚拟世界中的对象进行交互操作或者交流，着重强调使用手势、体势等身体动作（主要是通过头盔、数据手套、数据衣等来采集信号）和自然语言等自然方式的交流。

（3）构想（Imagination）。虚拟环境可使用户沉浸其中并且获取新的知识，提高感性和理性认识，从而使用户深化概念和萌发新意。因而可以说，虚拟现实可以启发人的创造性思维。

实现虚拟现实的关键技术主要包括：动态环境建模技术，包括实际环境三维数据获取方法、非接触式视觉建模技术等；实时、限时三维动画技术，即实时三维图形生成技术；立体显示和传感技术，包括头盔式三维立体显示器、数据手套、力觉和触觉传感器技术的研究；快速、高精度的三维跟踪技术；系统集成技术，包括数据转换技术、语音识别与合成技术等。

本章小结

电子商务的开展需要强大的网络技术的支持，计算机网络是实现电子商务技术的基石。Internet 是当今世界上规模最大、信息资源最丰富、覆盖全球的计算机网络，它将数万个计算机网络、数以亿计的终端互相连接在一起。Internet 的产生和发展对世界经济产生了巨大的影响，企业对 Internet 的依赖已经从无到有，利用 Internet 从事商务活动已经成为企业的共识。此外，企业内联网、企业之间外联网的构建也离不开 Internet 技术。因此，认识和了解计算机网络的概念、分类，掌握 Internet 的主要服务功能、Internet 的接入方法、Internet 中的地址等相关基础知识，对于电子商务人员来说，显得更加重要。

电子商务的实现离不开硬件和软件的支持，硬件包括各种服务器和大量的外部设备；软件主要包括网络操作系统、服务器软件、数据库管理系统等。

网站开发分为前端开发和后端开发，本章对开发所采用的主要技术进行了简单介绍。针对客户端开发技术，介绍了网页开发的基础 HTML 语言、用于网页格式控制的 CSS、增加页面交互性的脚本语言 JavaScrip 和 jQuery；针对服务器后端开发技术，简单介绍了 PHP、Java 和 .NET 三种主流开发技术及特点。

移动互联网开发技术随着智能机的发展，成为目前互联网发展的主流方向之一。本章概要地介绍了移动互联网的总体情况，并对当前移动互联网领域的移动网页开发技术、Android应用开发技术和 iOS 应用开发技术三类开发技术进行了简介。

电子商务数据的存储主要由数据库完成，本章对数据库的概念进行了简单的介绍。数据的交互往往不是在一个系统内完成的，企业级应用中可能会有针对不同操作系统、不同应用软件间的数据交互。XML 技术便是为了解决这类数据交换问题而产生的。在这一部分内容中，针对 XML 的概念与用途进行了简要介绍。

电子商务新技术趋势部分分别介绍了大数据技术、云计算技术、物联网技术和虚拟现实技术的发展现状、主要技术和应用领域以及发展前景。

相关术语

ISO（International Organization for Standardization，国际标准化组织）

OSI（Open System Interconnection，开放式系统互联）

TCP/IP（Transmission Control Protocol/Internet Protocol，传输控制协议/因特网互联协议，又名网络通信协议）

HTTP（HyperText Transfer Protocol，超文本传输协议）

DBMS（DataBase Management System，数据库管理系统）

HTML（HyperText Mark-up Language，超文本标记语言）

CSS（Cascading Style Sheets，层叠样式表）

Ajax（AsynchronousJavascript And XML，异步的 JavaScript 和 XML）

PHP（Hypertext Preprocessor，超文本预处理语言）

RFID（Radio Frequency Identification，射频识别技术）
NFC（Near Field Communication，近距离无线通信技术）
VR（Virtual Reality，虚拟现实）

思考与练习

一、选择题

1. Internet 上的每台正式计算机用户都有一个独有的(　　)。

A. E-mail　　B. 协议　　C. TCP/IP　　D. IP 地址

2. WWW 服务是 Internet 上最方便与最受欢迎的(　　)。

A. 数据计算方法　　B. 计费方式　　C. 信息服务类型　　D. 数据库类型

3. 以下 IP 地址表示方法，正确的是(　　)。

A. 210 202 198 2　　B. 202. 256. 160. 9　　C. 192. 168. 100　　D. 255. 255. 255. 0

4. 在主机域名中，顶级域名可以代表国家。代表“中国”的顶级域名是(　　)。

A. CHINA　　B. ZHONGGUO　　C. cn　　D. zg

5. 微软开发的 WWW 服务器软件是(　　)。

A. Apache HTTP Server　　B. Internet Information Server
C. Netscape Enterprise Server　　D. Internet Explorer

6. CSS 的功能不包括（　　）。

A. 使页面的字体变得更漂亮　　B. 轻松地控制页面的布局
C. 同时更新多网页风格格式　　D. 提高数据处理速度

7. 下列不是手机操作系统的是(　　)。

A. Android　　B. Window Mobile
C. Apple iPhone iOS　　D. Windows Vista

8. XML 的主要用途是（　　）

A. 提高页面的美观程度　　B. 提高页面的访问速度
C. 规范化数据存储　　D. 提高页面的维护效率

二、判断题

1. Internet 是当今世界上规模最大、信息资源最丰富、开放的、由数万个网络及上百万台计算机相互连接而成的计算机网络。(　　)

2. 在 TCP/IP 网络中，每一台主机必须有一个 IP 地址。(　　)

3. 目前流行的 WWW 服务器软件有 Apache HTTP Server、Internet Information Server 和 Sun Java System Web Server。这些 WWW 服务器软件都可以运行在多种操作系统及其相应的硬件平台上。(　　)

4. HTML 语言是构成网页文档的主要语言。(　　)

5. HTML 网页的开发需要由专门的软件支持。(　　)

6. CSS 用于读取数据库中的信息。(　　)

7. JavaScript 是 Java 语言在网页中的应用。(　　)

8. PHP 是在服务器端执行的嵌入 HTML 文档的脚本语言。(　　)

9. iOS设备只能从App Store中获取应用程序。( )

10. SQL是指结构化查询语言，是操作数据库的一种主要方式。( )

三、问答题

1. Internet提供的服务有哪些？

2. IP地址的结构是怎样的？IP地址可以分为哪几种？

3. 什么是域名？顶级域名有哪几种？

4. 什么是HTML标签？HTML标签的作用是什么？

5. CSS起到什么作用？

6. PHP语言的特点包括什么？

7. HTML5有什么特性？

8. 在移动网页开发中应用的三大技术是什么？

9. 什么是数据库？

10. XML的主要用途有什么？

11. XML为什么能够实现不同系统之间的数据传递？

12. 大数据的特点及关键技术有哪些？

13. 什么是云计算？

14. 什么是物联网和物联网技术？物联网技术的应用有哪些？

15. 虚拟现实技术的特点是什么？发展方向有哪些？

实践任务

任务一：掌握域名的申请及注册的方法

【任务目标】

1. 了解域名的申请流程。

2. 掌握域名的申请及注册的方法。

【任务要求】

1. 收费域名的购买及注册

(1) 选择新网（http://www.xinnet.com）、中国万网（http://www.net.cn）、新网互联（http://www.dns.com.cn）等域名代理机构中的某一个登录，查询其所提供的域名服务项目及业务流程。

(2) 选择上述某一域名代理机构，注册成为会员。

(3) 在域名注册查询页面输入想注册的域名，查询其是否已被注册。

(4) 如果想注册的域名还未被注册，则填写注册信息表，并提交申请。

(5) 选择支付方式并结算，若注册成功，则拥有该域名；若未注册成功，则所付预付款退回至指定账户。

2. 免费域名的申请及注册

(1) 打开永信网络（http://sgyxzxw.cn）、时尚域名（http://www.cn.vc）等免费域名注册网站。

(2) 利用网站提供的免费域名注册服务，设计一个域名，并查询该域名是否已经被注册。

(3) 若该域名还未被注册，则填写域名注册信息及注册资料，尝试注册该域名。

任务二：调查电子商务新技术在现实中的应用

【任务目标】

1. 了解大数据技术、物联网技术、云计算技术、虚拟现实技术。

2. 了解这些技术对电子商务平台的影响和具体应用。

【任务要求】

详细了解大数据技术、物联网技术、云计算技术和虚拟现实技术的技术特点，找出大数据技术、物联网技术、云计算技术和虚拟现实技术在电子商务平台的应用，并深入分析其应用特点。

第 5 章

电子商务安全技术

- 理解电子商务安全问题产生的原因和电子商务安全的基本需求
- 了解网络安全的基本技术及其应用
- 理解信息安全的基本技术
- 掌握加密、数字签名、数字证书技术在电子商务安全中的应用
- 了解电子商务系统安全的基本架构

◆引例

盘点 2016 年全球网络安全大事件

2016 年网络安全问题频出，网络安全已经成为我们国家、企业、个人密不可分的一部分，“没有网络安全，就没有国家安全”。

1. 最震惊——美国断网事件

美国遭史上最大规模 DDoS（Distributed Denial of Service，分布式拒绝服务）攻击，东海岸网站集体瘫痪。2016 年 10 月，恶意软件 Mirai 控制的僵尸网络对美国域名服务器管理服务供应商 Dyn 发起 DDoS 攻击，从而导致许多网站在美国东海岸地区宕机，如 GitHub、Twitter、PayPal 等，用户无法通过域名访问这些站点。事件发生后，360 互联网安全中心利用公司的恶意扫描源数据，率先发现并持续追踪溯源了这个由摄像头等智能设备组成的僵尸网络。

2. 最大规模——雅虎 5 亿条用户信息被窃

2016 年 9 月，雅虎突然宣称其至少 5 亿条用户信息被黑客盗取，其中包括用户姓名、电子邮箱、电话号码、出生日期和部分登录密码，并建议所有雅虎用户及时更改密码。此次雅虎信息泄露事件被称为史上最大规模互联网信息泄露事件，也让正在出售核心业务的雅虎再受重创。11 月，提交给 SEC（美国证券交易委员会）的文件显示，雅虎提醒投资者注意，Verizon 公司可能会因为大规模电子邮件被黑事件而放弃用 48 亿美元收购雅虎的交易。

3. 最诡异——SWIFT 黑客事件爆发，多家银行损失巨款

2016 年 2 月，孟加拉国中央银行在美国纽约联邦储备银行开设的账户 2 月初遭黑客

攻击，失窃8100万美元。据相关执法部门调查，赃款几经分批中转，最终流入菲律宾两家赌场和一名赌团中介的账户，随后很可能变成一堆筹码，就此消失无踪。而这并非个案。2015年1月，黑客攻击了厄瓜多尔南方银行，利用SWIFT系统转移了1200万美元；2015年年底，越南先锋商业股份银行也被曝出黑客攻击未遂案件。

4. 最权威——中国出台《网络安全法》

2016年11月7日，中国《网络安全法》获得通过，并于2017年6月1日起施行。这是中国第一部关于网络安全的基础性法律。《网络安全法》明确了网络空间主权的原则，网络产品和服务提供者的安全义务和网络运营者的安全义务，完善了个人信息保护规则，建立了关键信息基础设施安全保护制度，确立了关键信息基础设施重要数据跨境传输的规则。

（资料来源：中国电子商务研究中心网站，有删改。）

案例点评：随着电子商务的发展，电子商务的安全问题也变得越来越突出。由于Internet本身的开放性，电子商务网上交易面临着各种各样的风险，由此也提出了相应的电子商务的安全控制要求。如何建立一个安全、可靠、便捷的电子商务应用环境，对信息安全提供足够的保护，已经成为电子商务能否进一步深入发展的关键问题，同时也对各个国家的安全有一定的影响。

5.1　电子商务安全概述

电子商务是利用计算机通过网络实现的商务活动。因此，电子商务安全从整体上可分为两大部分：计算机网络安全和电子商务交易安全。

网络安全与电子商务交易安全是密不可分的，两者相辅相成、缺一不可。没有网络安全作为基础，电子商务交易安全就犹如空中楼阁，无从谈起；没有电子商务交易安全保障，即使网络本身安全，仍然无法达到电子商务所特有的安全要求。

电子商务安全问题带来的负面影响主要体现在以下方面：

（1）严重打击消费者对电子商务的信心。这对电子商务的发展是致命的。

（2）安全问题造成运营商巨大的经济损失。据不完全统计，世界上每年因电子商务安全问题造成的损失高达几千万美元。

（3）电子商务安全问题涉及的地域范围之广、民众关注程度之高也是以前没有的。甚至有专家使用了“网络恐怖主义”来概括目前的网络安全状况。

（4）电子商务的安全问题直接威胁个人及组织的资金安全、货物安全和信誉安全等。它还可能破坏市场秩序，恶化商务环境，进而威胁国家的经济安全、经济秩序稳定等，并将威胁到国家安全。

5.2　电子商务的安全问题

5.2.1　电子商务面临的安全问题

电子商务面临的安全问题很多，归纳起来主要有以下几个方面：

（1）信息安全问题。电子商务的交易数据和支付信息都是在网络上传输的，因此信息安全是电子商务安全的主要方面，有以下几方面的问题：

① 窃取信息。由于未采用加密措施，数据信息在网络上以明文形式传送，入侵者在数据包经过的网关或路由器上时可以截获传送的信息。通过多次窃取和分析，可以找到信息的规律和格式，进而得到传输信息的内容，造成网上传输的信息泄密。

② 篡改数据。当入侵者掌握了信息的格式和规律后，通过各种技术手段和方法，将网络上传送的信息数据在中途修改，然后再发向目的地。

③ 假冒。由于掌握了数据的格式并可以篡改通过的信息，攻击者可以冒充合法用户发送假冒的信息或者主动获取信息，而远端用户通常很难分辨。

④ 恶意破坏。由于攻击者可以接入网络，就可能对网络中的信息进行修改，掌握网络中的机要信息，甚至可以潜入网络内部，其后果是非常严重的。

⑤ 信息丢失和信息传递中的安全问题。由于网络服务质量的不可靠、线路质量、不同操作系统平台的数据转换以及安全措施失当等，都可能造成信息在传输过程中丢失。

（2）信用安全问题。这是指买卖双方完成交易的信用保证和对交易过程及交易结果的抵赖等。由于交易双方身份确认、信誉保证、完成交易的实力认定等一系列的问题，交易的失败或一方抵赖可能给对方造成很大损失。

（3）安全的管理问题。网络安全与管理、交易管理、交易安全和人员管理等交易的全过程都需要充分重视安全问题。

（4）安全的法律保障问题。由于电子商务的迅速发展和网络环境的特殊性，世界各国普遍存在立法滞后和执法困难的问题。

5.2.2 电子商务对安全的基本要求

电子商务安全的核心问题是通过网络传送的信息的安全。电子商务对信息安全的要求主要有以下几个方面：

（1）信息的有效性。电子商务以电子数据形式取代了纸张，保证这种电子数据形式的贸易信息的有效性是开展电子商务的前提。要对网络故障、操作错误、应用程序错误、硬件故障、系统软件错误及计算机病毒所产生的潜在威胁加以控制和预防，以保证贸易数据在确定的时刻、确定的地点是有效的。

（2）信息的机密性。在信息的传输过程中，信息的内容不应泄露给除发送者和接收者之外的任何人。传统的纸面贸易都是通过邮寄封装的信件或通过可靠的通信渠道发送商业文书来达到保守机密的目的。而电子商务是建立在一个开放的网络环境基础上的，维护商业机密是电子商务全面推广应用的重要保障。

（3）信息的完整性。在信息传输过程中，防止信息被篡改或部分信息丢失，一般通过数字摘要技术来保证。电子商务简化了贸易过程，减少了人为的干预，也带来了维护贸易各方商业信息完整、统一的问题。数据输入时的意外差错或欺诈行为，可能导致贸易各方信息的差异。而数据传输过程中的信息丢失、信息重复或信息传送的次序差异也会导致贸易各方信息的不统一。信息的完整性将影响到贸易各方的交易和经营策略，保护信息的完整性是电子商务应用的基础。

（4）对信息的验证。这是指能够对参与交易各方的身份进行验证，只允许合格的交易方参加交易。验证主要包括实体验证和数据源验证。如何确定要进行交易的贸易方正是进行交易所期望的贸易方，是保证电子商务顺利进行的关键。在传统的纸面贸易中，贸易双方通过在交易合同、契约或贸易单据等书面文件上的手写签名或印章来鉴别贸易伙伴，确定合同、契约、单据的可靠性并预防抵赖行为的发生。而在无纸化的电子商务方式下，网上交易的双方很可能素昧平生、相隔千里，通过手写签名和印章进行贸易方的鉴别是不可能的。要使交易成功，首先要能确认对方的身份。商家要考虑客户端是不是骗子，而客户也会担心网上的商店是不是一个黑店。电子商务要在交易信息的传输过程中为参与交易的个人、企业或国家提供可靠的标识。

(5) 信息的不可否认性。由于商情千变万化，交易一旦达成就不能否认，否则必然会损害另一方的利益。因此，电子交易通信过程的各个环节都必须是不可抵赖的。同时，应该根据机密性和完整性的要求，对电子交易中数据审查的结果进行记录。

(6) 信息的访问控制。这是指防止对进程、通信和数据资源的非法访问，并保证合法用户能随时随地访问其有权访问的资源。一般通过防火墙、口令等技术来实现。

5.3 计算机网络安全

由于Internet网络平台及其应用（电子邮件、文件传输系统等）的最初设计主要考虑解决异构计算机、异构操作系统与异构通信网络的互联、互通和互操作性，较少考虑信息的保密和安全问题，造成了Internet层出不穷的安全性问题和“黑客”（Hacker）的泛滥。一些心术不正者、恶作剧者滥用信息，利用Internet的开放性和共享性从事非法活动，对电子商务的安全构成了严重威胁。另外，网络操作系统由于过于庞大，也存在致命的安全漏洞。某些网络公司为了达到某种目的，在系统中设有“后门”，也是网络安全的隐患。

5.3.1 计算机网络安全问题产生的原因

1. 计算机网络的设计缺陷

计算机网络的开放性以及黑客的攻击是造成网络不安全的主要原因，而利用网络设计的缺陷是黑客突破网络防护进入网络的主要手段之一。

科学家在设计Internet之初缺乏对安全性的总体构想和设计，所用的TCP/IP协议是建立在可信的环境之下的，主要考虑的是网络互联。计算机网络的设计缺陷包括以下两方面的内容：

(1) 物理结构的设计缺陷。虽然计算机网络按通信信道类型可以分为广播式网络和点对点网络，但这两种网络都存在不安全问题。局域网采用广播式网络结构，所有主机发送的信息，在同一个网络中的其他主机都可以监听。广域网虽然采用点对点结构，但中继设备（如路由器）可以监听所有网络之间转发的信息。

(2) 网络协议的缺陷与“后门”。协议是网络通信的基础，TCP/IP协议是目前Internet使用的网络协议，该协议在实现上因力求实效，而没有或很少考虑安全因素。下面列出TCP/IP协议的一些安全缺陷：

① 容易被窃听和欺骗。在Internet上的大多数流量是没有加密的，如电子邮件口令、文件传输等很容易被监听和劫持。可以实现这些行为的工具很多，而且这些工具甚至可以在网

上免费下载。

② 脆弱的TCP/IP服务。很多基于TCP/IP的应用服务都在不同程度上存在着不安全因素，这很容易被一些对TCP/IP十分了解的人所利用。一些处于测试阶段的新服务可能有更多的安全缺陷。

③ 缺乏安全策略。许多站点在网络及防火墙配置上无意识地扩大了访问权限，而忽视了这些权限可能会被内部人员滥用。黑客可以从一些服务中获得有用的信息，而网络维护人员却不知道应该禁止这种服务。

④ 配置的复杂性。访问控制的配置一般十分复杂，所以很容易被错误配置，从而给黑客可乘之机。

此外，TCP/IP协议是完全公开的，了解它的人越多，被破坏的可能性也就越大。当然，人们不能把TCP/IP协议和其源代码保密，这样不利于TCP/IP网络的发展，但应该在其他方面采取一些措施。

2. 网络操作系统的安全问题

目前广泛使用的网络操作系统在安全机制方面存在着很多漏洞和隐患。计算机黑客能轻而易举地从“后门”进入系统，取得系统控制权，危及计算机处理或存储的重要数据。网络操作系统自身安全与否、其安全功能设计以及系统设计时的疏忽或考虑不周等，都直接关系到网络安全。操作系统的安全问题有：

（1）操作系统的体系结构造成其本身的不安全性。操作系统的I/O、系统服务程序等通常都可用打补丁的方式进行动态更新。厂商用这种方式升级，而攻击者也用这种方法进行攻击。为了实现通用性、可裁剪性，操作系统必须能够安装其他公司的软件包，而这些软件包往往是操作系统的一部分，需要与操作系统同样的访问特权。安装这些软件包的“抓钩”程序就是非法攻击者入侵操作系统的陷门。操作系统还存在一些隐蔽信道，使进程间通过不受强制访问控制保护的通信途径进行通信。

（2）操作系统的一些功能带来的不安全因素。例如，在网络上进行文件传输、允许在网络上加载程序等，都将带来安全隐患。

（3）操作系统支持在网络的节点上进行远程进程的创建与激活。被创建的进程可以继承创建进程的权限，为安装“间谍”软件提供了条件。

（4）操作系统运行时，一些系统进程一旦满足要求的条件即可运行。

（5）操作系统为系统开发人员安排的无口令入口（即“后门”）。

3. 网络系统中数据库的安全问题

在数据库系统中，由于数据大量集中存放，且为众多用户直接共享，安全性问题更为突出。对数据的保护主要考虑安全性、完整性和并发控制。数据的安全性是指防止数据库被故意破坏和非法存取。数据的完整性是指防止数据库中存在不符合语义的数据，防止由于错误信息的输入、输出而造成无效操作和错误结果。数据库是一个共享资源，在多个用户程序并行地访问数据库时，就可能产生多个用户程序通过网络并发地存取同一数据的情况，若不进行并发控制就会使取出和存入的数据不正确，破坏数据库的一致性。通常，保护数据库的安全策略主要是存取控制和作业授权。

数据库攻击分直接攻击和间接攻击两大类。直接攻击是指通过查询得到几个记录来直接搜索并确定敏感字段的值。最成功的技术是形成一种特定的查询，使它恰好与一个数据项相匹配。间接攻击是指依据一种或多种统计值推断出结果。统计攻击通过使用某些明显隐匿的统计量来推导出数据，如使用求和等统计数据来得到某些数据。

4. 传输的安全与质量问题

从安全的角度来说，没有绝对安全的通信线路。当线路的通信质量不好时，将直接影响通信效果，严重的时候甚至导致网络中断。为保证好的通信质量和网络效果，就必须要有合格的传输线路。

其实，传输的安全不仅取决于通信线路，所有参与形成通信链路的设备都会对传输安全造成影响。网络设备（如路由器、集线器、交换机、服务器以及网络软件等）的安全隐患不容忽视。一些交换机和路由器具有远程诊断和服务功能，既然可以远程进入系统服务、维修故障，也就可以远程进入系统了解情报、越权控制。更有甚者，国外一家著名网络公司以“跟踪服务”为由，在路由器中设下“机关”，可以将网络中用户的数据包同时送一份到其公司总部。

5. 网络安全管理问题

网络安全首先是管理问题，然后才是技术问题。现有的信息系统绝大多数缺少安全管理员，缺少信息系统安全管理的技术规范，缺少定期的安全测试和安全审计。网络由各种服务器、工作站、终端等集群而成，所以整个网络天然地继承了它们各自的安全隐患。安全管理的要求包括安全管理（即防止未授权者访问网络）和管理安全（即防止未授权者访问网络管理系统）。

6. 其他威胁网络安全的典型因素

其他威胁网络安全的典型因素有：

（1）黑客。黑客和黑客攻击是网络安全的最大问题。黑客技术的普及是一把双刃剑，既可使攻击（尤其是低级攻击）增加，也大大提升了人们的网络安全意识，并促进了网络安全技术的快速发展。

（2）计算机病毒。病毒可能损坏文件，使系统瘫痪，造成各种难以预料的后果。由于在网络环境下，病毒具有不可估量的威胁性和破坏力，因此，病毒的防范是网络安全性建设中重要的一环。新的病毒不仅删除文件，使数据丢失，甚至破坏系统硬件，可能造成巨大的损失。

（3）窃听。窃听者通过搭线、电磁泄漏、仿冒等形式窃取信息。

（4）部分对整体的安全威胁。任何单一部件、组件的失密都可能造成整个网络安全系统的失效。

（5）内部人员作案。内部人员对本单位局域网的熟悉加大了其作案和与外部人勾结的可能性。

5.3.2　计算机网络安全技术

在 Internet 上的电子商务应用，要求必须保证存储和传输信息的安全性，并对网络内部实行规范化管理。一个全方位的计算机网络安全体系结构包含网络的物理安全、访问控制安全、系统安全、用户安全、信息加密、安全传输和管理安全等。

网络安全体系应实现如下功能：①使用访问控制权限机制实现数据的访问控制。②对日志以及敏感数据和信息进行加密存储和传输。③当使用 WWW 服务器支持电子商务活动时，要注意数据的备份和恢复，并采用防火墙技术（有些专家建议直接采用物理分割 WWW 服务器和内部网络的连接）保护内部网络的安全。④良好的用户管理机制，向授权用户提供利用 Internet/Intranet 访问关键业务信息的权限，同时阻止未经授权的用户的访问。⑤提供全面实时的病毒防护和防恶意代码保护，主动截获潜伏于电子邮件以及远程或本地文件中的病毒。⑥防止恶意袭击，保护与 Internet 连接的系统不受恶意代码的破坏。⑦实时入侵探测，保证网络周边的安全性。

网络安全技术已经涉及计算机网络的各个层次，围绕电子商务交易安全的防护技术也将在未来几年成为重点，如身份认证、授权检查、数据安全、通信安全等将对电子商务安全产生决定性影响。

1. 防火墙技术

防火墙（Firewall）技术是一种隔离控制技术，可以在某个机构的网络和不安全的网络（如 Internet）之间设置屏障，以阻止对内部网络信息资源的非法访问，以及保密信息从企业的网络上被非法输出（见图 5-1）。从狭义上来讲，防火墙是指安装了防火墙软件的主机或路由器系统。防火墙安装在路由器上，可以保护一个子网；安装在一台主机上，可以保护这台主机不受侵犯。防火墙是一种被动防卫技术，由于它假设了网络的边界和服务，对网络内部的非法访问难以有效地控制。因此，防火墙最适合相对独立的、与外部网络连接途径有限、网络服务种类相对集中的单一网络。

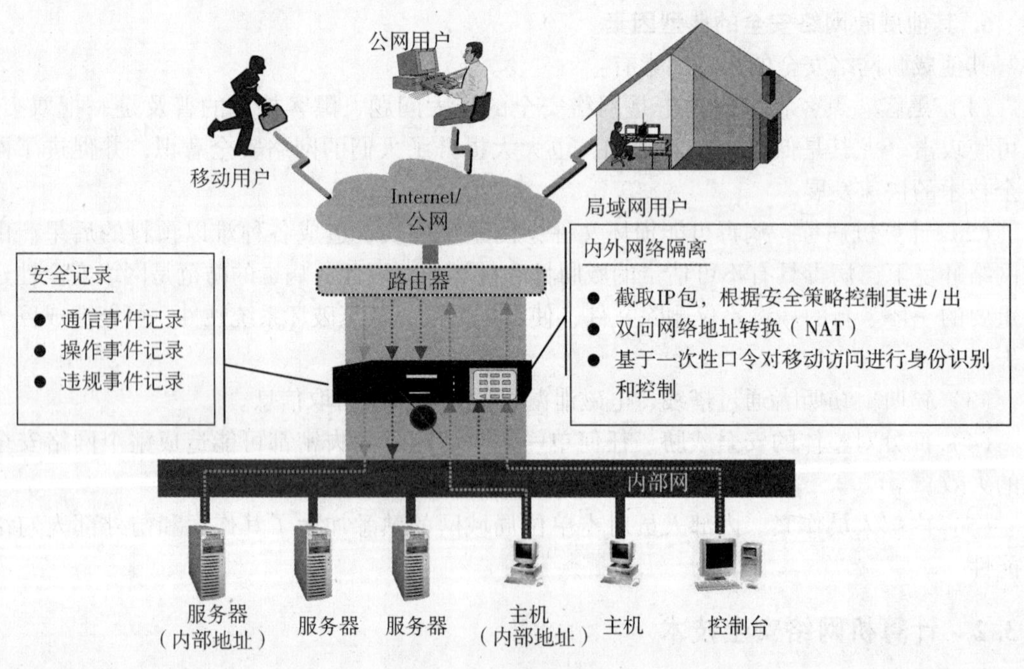

图 5-1 防火墙作用示意图

防火墙主要包括五个部分：安全操作系统、过滤器、网关、域名服务和 E-mail 处理。有的防火墙可能在网关两侧设置两个内、外过滤器，外过滤器保护网关不受攻击，网关提供中继服务，辅助过滤器控制业务流，而内过滤器在网关被攻破后提供对内部网络的保护。防火墙本身必须建立在安全操作系统所提供的安全环境中，才可以保护防火墙的代码和文件不受入侵者的攻击。

防火墙一般根据两种准则进行设置：

（1）一切未被允许的就是禁止的。基于该准则，防火墙应封锁所有信息流，然后对希望提供的服务逐项开放。这是一种非常实用的方法，可以形成一种十分安全的环境，因为只有经过仔细挑选的服务才被允许使用。其弊端是，安全性高于用户使用的方便性，用户所能使用的服务范围受限制。

（2）一切未被禁止的就是允许的。基于该准则，防火墙应转发所有信息流，然后逐项屏蔽可能有害的服务。这种方法构成了一种更为灵活的应用环境，可为用户提供更多的服务。其弊端是，在日益增多的网络服务面前，网管人员疲于奔命，特别是受保护的网络范围增大时，很难提供可靠的安全防护。

通常企业信息系统对于来自 Internet 的访问，采取有选择接收的方式。它可以允许或禁止一类具体的 IP 地址访问，也可以接收或拒绝 TCP/IP 上某一类具体的应用。如果在某一台主机上有需要禁止的信息或危险的用户，则可以通过设置使用防火墙过滤掉从该主机发出的包。如果一个企业只是使用 Internet 的电子邮件和 WWW 服务器向外部提供信息，那么就可以在防火墙上设置使得只有这两类应用的数据包可以通过。这对于路由器来说，就要不仅分析 IP 层的信息，而且还要进一步了解 TCP 传输层甚至应用层的信息以进行取舍。

按实现原理分，防火墙技术包括四大类：包过滤型防火墙（也称网络级防火墙）、应用级网关、电路级网关和规则检查防火墙。它们各有所长，具体使用哪一种或是否混合使用，要看具体需要。

配置防火墙有多种方法，要依据网络规模的大小和防火墙要实现的目标而定。但防火墙一般应实现以下基本功能：①只允许安全的和网络用户感兴趣的流量通过，过滤不安全的服务和非法用户。②必须尽量避免泄露内部网络的信息，控制对特殊站点的访问（包括网内到网外和网外到网内）。③可以跟踪防火墙的行为并在发现可疑行为的时候被提醒，防火墙可以作为网络安全的集中监视点。

防火墙也有局限性。它只能抵御经由防火墙的攻击，而不能防止内部应用软件所携带的数据和病毒或其他方式的袭击，也不能对内部计算机系统未授权的物理袭击提供安全保证。防火墙是不能防病毒的，尽管有不少的防火墙产品声称具有这个功能。防火墙技术的另外一个弱点在于数据在防火墙之间的更新是一个难题，如果延迟太久将无法支持实时服务请求。此外，防火墙采用过滤技术，过滤通常使网络的速度降低 50% 以上，如果为了改善网络性能而购置高速路由器，又会大大增加预算。

作为一种网络安全技术，防火墙具有简单实用的特点，并且透明度高，可以在不修改原有网络应用系统的情况下达到一定的安全要求。但是，如果防火墙系统被攻破，则被保护的网络将处于无保护状态。如果一个企业希望在 Internet 上开展商业活动，与众多的客户进行通信，单靠防火墙是不能满足其要求的。

2. 虚拟专用网

虚拟专用网（VPN）定义为通过一个公共网络（通常是 Internet）建立一个临时的安全连接，形成一条穿过混乱的公用网络的安全、稳定的隧道。虚拟专用网是对企业内部网（Intranet）的扩展，是组建企业外部网（Extranet）的关键技术。

虚拟专用网可以帮助远程用户、企业分支机构、商业伙伴及供应商同企业的内部网建立可信的安全连接，并保证数据的安全传输。通过将数据流转移到低成本的IP网络上，一个企业的虚拟专用网解决方案将大幅度地减少用户花费在城域网和远程网络连接上的费用。同时，这将简化网络的设计和管理，加速连接新的用户和网站。另外，虚拟专用网还可以保护现有的网络投资。随着用户的商业服务不断发展，企业的虚拟专用网解决方案可以使用户将精力集中到自己的生意上，而不是网络上。虚拟专用网可用于不断增长的移动用户的全球Internet接入，以实现安全连接；可用于实现企业网站之间安全通信的虚拟专用线路，用于经济有效地连接到商业伙伴和用户。

虚拟专用网至少应该能提供如下功能：①加密数据，以保证通过公网传输的信息即使被他人截获也不会泄露。②信息认证和身份认证，保证信息的完整性、合法性，并能鉴别用户的身份。③提供访问控制。

在虚拟专用网提供的功能中，认证和加密是最重要的。而访问控制相对比较复杂，因为它的配置与实施策略和所用的工具紧密相关。虚拟专用网的认证、加密和访问控制这三种功能必须相互配合，才能保证真正的安全性。

不同商业环境对虚拟专用网的要求和虚拟专用网所起的作用是不一样的。为了选择一个合适的安全产品，决策者应该首先明确商业需求。例如，公司是需要将少数几个可信的远地雇员连到公司总部，还是希望为每个分支机构、合作伙伴、供应商、顾客和远地雇员都建立一个安全连接通道等。

3. IP层安全标准IPsec

IPsec（IP Security，IP层安全标准）是IPv6的一个组成部分，在网络层上提供安全服务，弥补了IPv4在协议设计时缺乏安全性考虑的不足。IPsec在IPv6中是强制的，在IPv4中是可选的。

IPsec提供两种安全机制：

认证——使IP通信的数据接收方能够确认数据发送方的真实身份以及数据在传输过程中是否被篡改。

加密——对数据进行加密以保证数据的机密性。

IPsec由三个协议组成：

（1）认证头（AH）协议。IP认证头协议是为IP数据项提供强认证的一种安全机制，它能为IP数据项提供无连接完整性、数据起源认证和抗重放攻击性能。其中，数据完整性通过消息认证码产生的校验值来保证；数据起源认证通过在数据包中包含一个将要被认证的共享秘密或密钥来保证；抗重放攻击通过在认证头中使用一个序列号来实现。

（2）封装安全有效负载（ESP）。ESP将需要保护的用户数据进行加密后再封装到IP包中，主要支持IP数据项的机密性。另外，ESP也可以提供认证服务，但与AH协议相比，二者的认证范围不同。一般来说，ESP只认证ESP头之后的信息，比AH协议认证的范围窄。

（3）Internet密钥交换（IKE）。IPsec的密钥管理包括密钥的确定和分配。IPsec体系结构文档要求支持两种类型的密钥管理：

1）手工方式。系统管理员用系统自己的和其他通信系统的密钥手工配置每个系统。这种方法对于小型的、相对静态的环境是可行的。

2）自动方式。自动方式便于在大型的、配置不断变化的分布式系统中使用密钥。

（4）IPsec 操作有两种不同的模式。①隧道模式。这是部署在两个网关（如 Intranet）或者服务器和网关之间的一种操作。在这种模式下，流量需要通过客户和目的网络网关之间的隧道，而不是确切的网络主机。从技术上讲，IP 头部被修改了，一个新的头部被加到源 IP 头的前面来映射网关地址，而不是主机地址。②传输模式。这是部署在需要端—端加密（如两个用户之间）的一种操作。以这种操作进行通信的双方对资源的需求是巨大的。从技术上讲，一个新的 IP 头将被插入源 IP 头部后面。这将为端—端传输模式提供便利。

5.4 商务信息安全

当许多传统的商务方式应用在 Internet 上时，便会带来许多安全方面的问题，如传统的信用卡支付的安全保证方案以及数据保护方法、电子数据交换系统、对日常信息安全的管理等。

5.4.1 信息安全的问题及处理技术

（1）如何确定通信中贸易伙伴的真实性。常用的处理技术是身份认证，依赖某个可信赖的机构（认证中心，CA）发放证书，双方交换信息之前通过 CA 获取对方的证书，并以此识别对方。

（2）如何保证电子单证的秘密性，防范电子单证的内容被第三方读取。常用的处理技术是数据加密和解密。单证传输的安全性依赖于使用的加密算法和密钥的长度。

（3）如何保证被传输的业务单证不会丢失，或者发送方可以察觉所发单证的丢失。对于固定且具有频繁贸易往来的伙伴，可以采用单证传输的序列性检验（即为单证分配序列号，或者增加时间戳）；也可以采用双方约定的方法，即在规定的时间内，通过某种方式进行确认，包括采用特定的确认报文（如订单确认报文），或者电子邮件确认和电话确认等。

（4）如何确定电子单证的内容未被篡改。主要采用数字摘要技术来防止非法用户对单证的篡改。通过散列算法对被传输的单证进行处理，产生一个依赖于该单证的短小的散列值（通常在 100～200bit），即数字摘要，并将该散列值附加在单证之后传输给接收方，以便接收方采用相同的散列算法对接收的单证进行检验。散列算法对不同的单证产生相同的散列值的概率极小。

（5）如何确定电子单证的真实性（即单证来源于期望的发送方）。鉴别单证真实性的主要手段是数字签名技术。其基础是数据加密中的公开密钥加密技术，实用中常结合单证完整性一起考虑，利用发送方的密钥对散列值进行加密。

（6）如何解决或者仲裁收发双方对交换的单证所产生的争议，包括发送方或接收方可能的否认或抵赖。通常要求引入认证中心（CA）进行管理，由 CA 发放密钥，传输的单证及其签名的备份发至 CA 保存，作为仲裁依据。

5.4.2 数据加密与数字签名

1. 数据加密

在类似 TCP/IP 这样的未实现安全性的网络中，信息的发送方和接收方往往会顾虑发送的数据在网络中传输的安全性，因为网络协议本身并未提供对数据保密性的任何保护。企业的数据和应用程序不能禁止外界通过 Web 服务器和互联网的连接进行访问，这就有可能产生信息窃取、对商业应用程序的恶意破坏或者一般的访问侵害。

采用加密方法可以隐蔽和保护机要消息，使未授权者不能提取信息。需要被隐蔽的消息称为明文，加密可将明文变换成另一种隐蔽形式，称为密文。这种由明文到密文的变换称为加密。由合法接收者从密文恢复成明文的过程称为解密（或脱密）。非法接收者试图从密文分析出明文的过程称为破译。对明文进行加密时采用的一组规则称为加密算法。对密文解密时采用的一组规则称为解密算法。加密算法和解密算法是在一组仅有合法用户知道的秘密信息（称为密钥）的控制下进行的，加密和解密过程中使用的密钥分别称为加密密钥和解密密钥。

（1）加密方式及实现。基于加密算法的数据加密技术是所有网络上通信安全所依赖的基本技术。目前，网络数据加密主要有三种方式：链路加密方式、节点加密方式和端到端加密方式。在 Internet 中以端到端加密方式为主。

具体的数据加密实现方法主要有两种：软件加密和硬件加密。软件加密一般是用户在发送信息前，先调用信息安全模块对信息进行加密，然后发送，到达接收方后，由用户用相应的解密软件进行解密，还原成明文。采用软件加密方式已有标准的安全 API（信息安全应用程序模块）产品，实现方便，兼容性好。采用软件加密方式也有一些安全隐患：①密钥的管理很复杂。这也是安全 API 实现的一个难题。从目前的几个 API 产品来讲，密钥分配协议均有缺陷。②使用软件加密，因为是在用户的计算机内部进行，容易被攻击者采用程序跟踪、反编译等手段进行攻击。③软件加密速度相对较慢。

硬件加密可以采用标准的网络管理协议，如 SNMP、CMIP 等来进行管理，也可以采用统一的自定义网络管理协议进行管理，因此，密钥的管理比较方便。其速度快，而且可以对加密设备进行物理加固，使攻击者无法对其进行直接攻击。

按作用不同，数据加密技术主要分为数据传输加密、数据存储加密、数据完整性的鉴别以及密钥管理技术四种。

（2）对称密钥加密系统和非对称密钥加密系统。在网络应用中一般采取两种加密系统，即对称密钥和非对称（公开）密钥。采用何种加密算法则要结合具体应用环境和系统，而不能简单地根据其加密强度来做出判断。因为除了加密算法本身之外，密钥合理分配、加密效率、与现有系统的结合性以及投入产出分析都应在实际环境中具体考虑。

对称密钥加密系统的加密和解密密钥是相同的或等价的，双方使用同一把密钥对数据进行加密和解密，并且密钥不对外发布，也称为私钥密码体系。如果通信的双方能够确保密钥在交换阶段没有泄露，就可以实现数据的机密性和完整性，并可以通过随报文一起发送的电子摘要（或散列值）来实现对机密信息的验证。

其工作过程为：①发送方用私有密钥对信息加密；②发送方将加密后的信息通过网络传送给接收方；③接收方用发送方提供的密钥进行解密。

对称密钥技术比较典型的算法有：DES（Data Encryption Standard，数据加密标准）算法及其变形——Triple DES（三重 DES）、GDES（广义 DES），欧洲的 IDEA，日本的 FEAL N、RC 等。DES 标准由美国国家标准局提出，主要应用于银行业的电子资金转账（EFT）领域。DES 的密钥长度为 56bit。Triple DES 使用两个独立的 56bit 密钥对交换的信息进行三次加密，从而使其有效长度达到112bit。RC2和RC4方法是RSA数据安全公司的对称加密专利算法，它们采用可变密钥长度的算法。通过规定不同的密钥长度，RC2和RC4能够提高或降低安全的程度。

使用对称密钥加密技术有助于实现认证，因为只有参与通信的双方才有这把密钥。即使消息可以被更改，黑客也没有密钥来读取消息。这就保证了机密性，因为数据被加密，只有拥有密钥的双方才能读取消息。对称密钥算法的优点是计算开销小，加密速度快，是目前用于信息加密的主要算法。对称密钥技术存在以下问题：①密钥的分配。当一方产生了一把密钥，另一方怎样获取这把密钥？用电子邮件传递不安全，用普通的信件传递耗时太长，并且不是自动的。②密钥的管理。对于要通信的每一方，必须创建不同的密钥，最终的结果是要管理许多密钥，这是很困难的。

非对称密钥加密系统即公开密钥加密系统，采用两个在数学上相关的密钥——公开密钥和私有密钥对信息进行加解密。用户生成一对密钥后，将其中一个作为公开密钥公开，另一个则作为私有密钥由属主保存。这一对密钥称为密钥对，一个用来加密，另一个则用来解密。密钥对可以由通信方的本地系统产生，也可以由受信任的认证机构的服务器产生。非对称密钥加密有两种工作模式，即加密模式和验证模式。

加密模式的工作过程为：①发送方用接收方的公开密钥对信息加密；②发送方将加密后的信息通过网络传送给接收方；③接收方用自己的私有密钥对接收的密文解密。这种方式保证了只有真正的接收方才能解密从而获取数据。

验证模式的工作过程为：①发送方用自己的私有密钥对要发送的信息加密；②发送方将加密后的信息通过网络传送给接收方；③接收方用发送方的公开密钥对接收的密文解密。这种方式使接收方可以确认密文是来自真正的发送方。

最有名的公开密钥加密算法是RSA加密体系。公开密钥加密的缺点是：算法一般比较复杂，加解密速度慢，一般是对称密钥处理速度的千分之几。

网络中的加密普遍采用对称密钥和非对称密钥相结合的混合加密体制，即加解密时采用对称密钥，而加密密钥用非对称密钥采用加密模式加密后进行传送。这样既解决了密钥管理的困难，又解决了加解密速度的问题。具体工作过程为：①发送方生成一个私有密钥，并对要发送的信息用私有密钥加密；②发送方用接收方的公开密钥对自己的私有密钥进行加密；③发送方把加密后的信息和密钥传送给接收方；④接收方用自己的私有密钥将接收到的密钥解密，得到发送方的私有密钥；⑤接收方用发送方的私有密钥对接收到的加密信息解密，得到明文。

2. 数字签名

数字签名技术是实现交易安全的核心技术之一，它的实现基础就是加密技术。数字签名是传统文件手写签名的模拟，能够实现对以电子形式存放的消息的认证。

数字签名是伴随数字信息一起发送并与发送的信息有一定逻辑关联的数据项。借助数字签名可以确定消息的发送方，还可以确定消息自发出后未被修改过。

数字签名同传统的手写签名相比有许多不同。首先，在数字签名中，签名同消息是分开的，需要一种方法将签名与消息绑定在一起，而在传统的手写签名中，签名是被签名消息的一部分；其次，在签名验证的方法上，数字签名利用一种公开的方法对签名进行验证，任何人都可以对签名进行验证，而传统手写签名的验证是由经验丰富的消息接收方通过同以前的签名相比较而进行验证的；最后，在数字签名中，有效签名的复制同样是有效的签名，而在传统的手写签名中，签名的复制是无效的。因此，在数字签名方案的设计中要预防签名的再用。

数字签名必须保证以下几点：接收方能够核实发送方对消息的签名；发送方事后不能抵赖对消息的签名；接收方不能伪造对消息的签名。

散列函数用来在数字签名中生成信息摘要，对该摘要进行签名，使加密处理的数据量大大减少，从而提高签名的效率。散列函数的特征是函数必须是真正单向的，即不可能根据散列形成的摘要来重新计算出原始的信息。散列计算不可能对两条信息求出相同的摘要。

目前应用最多的是美国政府颁布的安全散列算法 SHA-1，由 FIPS PUB 180-1 规范制定，可以产生 160bit 的输出值，与 DSA 算法兼容。

其工作过程是：①发送方对要发送的消息运用散列函数形成数字摘要；②发送方用自己的私有密钥对数字摘要加密，形成数字签名；③发送方将数字签名附加在消息后用接收方的公开密钥加密，将密文通过网络传送给接收方；④接收方用自己的私有密钥解密，得到消息和对方的签名，然后用发送方的公开密钥对接收到的签名信息解密，得到数字摘要；⑤接收方运用同样的散列函数对接收到的消息形成数字摘要；⑥对两个数字摘要进行比较，若两者相同，则说明消息未被篡改过。

3. 密钥的管理

所有密钥都应有有效期的规定，因为攻击者可以使用数学分析方法进行密码分析，从而破解加密系统。攻击者截获大量的有效密文可以使破解速度加快。密钥使用时间越长，破解的危险越大。密钥有可能被泄露，攻击者可以对用某个特定密钥进行的加密处理进行密码分析。

缩短密钥使用期也有利于安全。特定密钥的使用周期称密钥周期，一般包含以下过程：①密钥建立，包括生成密钥和发布密钥。对称密钥的生成和发布一般通过密钥传输或密钥协议来实现。强调随机数生成器的作用。②密钥备份/恢复或密钥的第三方保管，可以应对如持有者不慎丢失密钥、员工离职、法律规定的需强制执行或某些类似的情况。③密钥替换/更新，即密钥使用期满或在特殊情况下需重新建立密钥的过程。④密钥吊销，即在特殊情况下，停止密钥的使用。⑤密钥期满/终止，包括密钥的销毁或归档，前者是指删除所有与某个密钥有关的信息，后者是指保留期满的密钥，以备将来验证，一般委托第三方归档。在密钥周期的任一阶段，都必须使用安全手段加以保护。

5.4.3 用户识别和安全认证

仅仅加密是不够的，全面的保护还要求认证和识别，它能确保参与加密对话的人确实是其本人。商家依靠许多机制来实现认证，如安全卡、身份鉴别等。安全卡能确保只有经过授权的用户才能通过个人计算机进行 Internet 上的交互式交易；身份鉴别提供一种方法，用它生成某种形式的口令或数字签名，交易的另一方据此来认证其交易伙伴。硬件/软件解决方案不仅正逐步成为数字身份认证的手段，同时也可以被可信第三方用来完成用户数字身份（ID）的相关确认。

1. 认证和识别的基本原理

认证是对用户“是谁”的证明，是某个雇员、某个组织的代理，或某个软件过程（如

股票交易系统或Web订货系统的软件过程)。用户通过以下方式获得认证:

(1) 申请人表示所知道的某些事物。最普通的就是口令。例如，要使服务器操作系统识别要登录的用户，那么用户必须把他的用户名和口令送到服务器。服务器将它与数据库里的用户名和口令进行比较，如果相符，就通过认证。这个口令由服务器和用户共享。

基于口令验证的系统面临如下威胁：①外部泄露：攻击者通过电子系统或网络以外的手段获取口令。②猜测：攻击者试验不同的口令，直到成功为止。③通信窃取：攻击者通过监听通信内容窃取口令。④重放：攻击者记录下加密的口令，伪装成合法的当事人重放。⑤危及主机安全：攻击者潜入含有口令数据库的计算机系统。

解决的办法是使用有效的验证协议，验证协议建立在环境通信协议之上：①变换后的口令：用户给出口令，并在客户端通过单向函数处理后成为变换后的口令形式，服务器也用同样的函数对其所存储的口令进行处理，验证用变换后的口令。②提问—答复：服务器向客户端发送一个随机提问值，用户答复必须包含该值。③时间戳：从客户端到服务器的验证请求中嵌入了正确的日期时间，供服务器检查。数字时间戳验证服务是网上的安全服务项目，由大家都信任的第三方机构提供。数字时间戳可以作为电子商务交易信息的时间认证，一旦发生争议，作为时间凭证提供验证依据。时间戳包括需要加时间戳的信息摘要、数字时间戳服务机构收到该信息的日期和时间，以及数字时间戳服务机构的数字签名。④一次性口令：对用户的登录口令执行n次某个单向函数，用户每登录一次，n减1，每次生成一个不同的在线口令，在用户退出系统时，服务器自动通知下次登录的口令。⑤数字签名：客户端通过签署某个协议信息，或在信息的某个字段中使用密钥，来证明拥有某个特定的私人密钥。⑥零知识技术：不需要给出于信息相关的任何内容就能验证该信息的方法，是以交互证明系统为基础的加密技术。

(2) 申请人出示一些所有物。网络通过用户拥有什么东西来识别的方法，一般是用智能卡或其他特殊形式的标志——令牌，令牌可以通过连接到计算机上的读出器读出来。基于个人令牌的验证的运作方式为：①储存式令牌：将某个秘密的数据值，如数字签名用的私有密钥储存在令牌中，在用户给出了正确的口令解开令牌锁后由验证协议来使用。②同步一次性口令生成器：令牌定期生成一个新的口令，令牌持有者使用该口令对支持该验证方式的主机进行验证。一次性口令可以使用正确的日期时间的单向函数和储存在令牌中的某个永久的秘密值来进行计算。③提问—答复：令牌运行在客户端，通过对目标主机送来的提问值和储存在令牌中的永久秘密值运用单向函数进行运算，生成答复信息。④数字签名令牌：令牌持有数字签名所需要的私有密钥和运用该私有密钥对给定的数据值计算数字签名的逻辑条件。

个人令牌的存在形式有人机界面令牌（手持设备）、智能卡、PCMCIA卡、USB令牌等。

(3) 申请人展示一些不可改变的特征，如指纹、声音、书写、面容、视网膜、手形等。

(4) 申请人展示在某些特定场所或网络地址上的证据，如特定的呼叫地址、计算机的IP地址等。

(5) 需要证明申请人身份的一方接受已经对申请人进行了验证的其他可信任方的验证结论。

更保密的认证可以是几种方法组合而成，如用ATM卡和PIN卡。

智能卡技术（如我国的第二代身份证）将成为用户接入和用户身份认证等安全要求的首选技术。用户将从持有认证执照的可信发行者手里取得智能卡安全设备，也可以从其他公共密钥密码安全方案发行者那里获得。这样，智能卡的读取器必将成为用户接入和认证安全解决方案的一个关键部分。

2. 认证的具体方法

为了解决安全问题，一些公司和机构正千方百计地解决用户身份认证问题，主要有以下几种认证办法：

（1）双重认证。Beth Isreal Hospital 公司和意大利一家位居领导地位的电信公司采用了“双重认证”办法来识别用户身份，也就是综合使用两种认证办法，包括令牌、智能卡和仿生装置，如视网膜或指纹扫描器。

（2）数字证书。这是一种检验用户身份的电子文件，也是企业现在可以使用的一种工具。这种证书可以授权购买，提供更强的访问控制，并具有很高的安全性和可靠性。

（3）智能卡。这种解决办法可以持续较长的时间，并且更加灵活，存储信息更多，并具有可供选择的管理方式。

（4）安全电子交易（SET）协议。这是迄今为止最完整、最权威的电子商务安全保障协议。

5.4.4 数字证书

数字证书是一个由使用数字证书的用户群所公认和信任的权威机构（即 CA）签署了其数字签名的信息集合。在电子商务应用中，不同的数字证书有着不同的用途，其中最重要的一种数字证书是公钥数字证书。在该类数字证书中，一个公钥值与一个特定的人、角色、设备或其他实体安全地联系在一起。数字证书是由称为认证机构的人或实体在确认了相应的私钥持有者的身份或其他属性后用数字方式签名的。如果说公开密钥技术和数字签名是电子商务安全的基础，那么数字证书则是将这些技术广泛地应用于大型、全球性电子商务的关键。

1. 数字证书的原理

当某一消息发送方希望使用基于公开密钥技术的加密方法来发送加密信息时，该消息的发送方必须拥有每一个接收方的公钥副本。同样，任一方想要验证另一方的数字签名时，验证方也需要拥有签名方的一个公钥副本。我们把这类加密信息的发送方和数字签名的验证方都叫作公钥用户。

当一个公钥值被传递给公钥用户时，其值是不需要保密的。但必须确保公钥用户所使用的正是另一通信方（即预期的信息接收方或被要求的数字签名发送方）的公钥。因为，如果入侵者用其他公钥值替代了有效的公钥值，那么加密信息内容就会被泄露给非预期的通信方，而同样，数字签名也会被伪造。换句话说，如果入侵者可以将有效的公钥替换成不可信的公钥，那么由公钥加密技术所提供的安全保密性就会受到影响。

数字证书为公钥的分发奠定了基础，它使系统用户的负担保持在一个可管理的水平上，而且还能方便地进行安全性控制。

对于用户来说，如果他已经安全地获得了某一认证机构的公钥，而且该用户是信任该认证机构的，那么该用户就可以获得此认证机构的任一用户的公钥。方法是先获得该认证机构用户的一个数字证书副本，然后抽出其中的认证机构公钥值，并用认证机构的公钥来检验数字证书上的数字签名。这样，借助数字证书，用户只要知道了一个通信方（即认证机构）的公钥，就可以获得其他很多通信方的公钥，因而可以获得很好的规模效应。

数字证书可以通过不需要提供安全性保护的文件服务器、目录服务系统及其他的通信协议来分发。这是因为公钥没有保密的需要，因此数字证书也不需要保密。

而且，数字证书具有自我保护功能，即数字证书所包含的认证机构的数字签名提供了鉴定和完整性保护。如果数字证书在传给公钥用户的过程中被入侵者篡改，数字证书中认证机构的数字签名将出现错误。

数字证书不是一劳永逸的。一个好的密码系统的生命期是有限的，以此来减少密码被破译或泄露的可能。正是基于这样的原因，数字证书也需要设有有效期限，包括起始和终止的日期及时间。

在数字证书期满后，数字证书主体和公钥之间的捆绑就不再有效，因而数字证书也不再受信任。用户不能使用一个已过期的数字证书，除非是为了重新确认数字证书有效期内所发生过的某一项活动，如检验某一旧文档上的数字签名。在数字证书期满后，如果数字证书的主体仍然拥有一个有效的公钥，则发放数字证书的认证机构可以给该用户发放一个新的数字证书。

此外，由于各种各样的原因，认证机构也可能会在数字证书到期之前撤销数字证书。例如，在已知或怀疑相应的私钥被泄露时，为保护公钥用户，就需要撤销数字证书。

使用得最为广泛的数字证书格式是 ITU 的 X. 509 标准数字证书格式。数字证书的内容包括证书的版本信息、证书序列号、证书使用的签名算法、证书的发行机构名称、证书的有效期、证书所有人的名称、证书所有人的公开密钥、证书发行者对证书的签名。

数字证书的类型有：

(1) 个人数字证书。第一级提供个人电子邮件的认证，仅与电子邮件地址有关；第二级提供个人姓名、个人身份等信息的认证。

(2) 服务器证书。拥有数字证书的服务器可以自动与客户进行加密通信。认证中心应对企业服务器的管理情况进行考核。对企业的技术条件进行考核。对其设备的安全性、可靠性进行调查。

(3) 开发者证书。它又称代码签名数字证书，借助这种数字证书，软件开发者可以对软件打上数字标识，在互联网上进行安全的传送。

认证机构是承担网上认证服务、能签发数字证书并能确认用户身份的受信任的第三方机构。其主要任务是受理数字证书的申请、签发和对数字证书进行管理。

2. 利用数字证书实现信息安全

数字证书的应用可以用图 5-2 来表示。简要描述如下：

(1) 加密过程。①发送方利用散列函数把要发送的信息散列成固定长度的数字摘要；②发送方用自己的私有密钥对数字摘要进行加密，形成数字签名；③把数字签名和自己的数字证书附加在原信息上，利用对称密钥加密，形成加密后的信息；④发送方用接收方数字证书中给出的公开密钥，再次加密形成数字信封。

(2) 解密过程。①接收方用自己的私有密钥对接收到的数字信封解密，得到发送方用于加密的对称密钥；②用该密钥对接收的加密信息解密，得到信息、数字签名和发送方的数字证书；③接收方用发送方数字证书中的公开密钥对数字签名解密，得到数字摘要；④接收方用同样的散列函数，把解密得到的信息散列成固定长度的数字摘要；⑤比较两个数字摘要，如一致则说明传递过程中信息未被篡改。

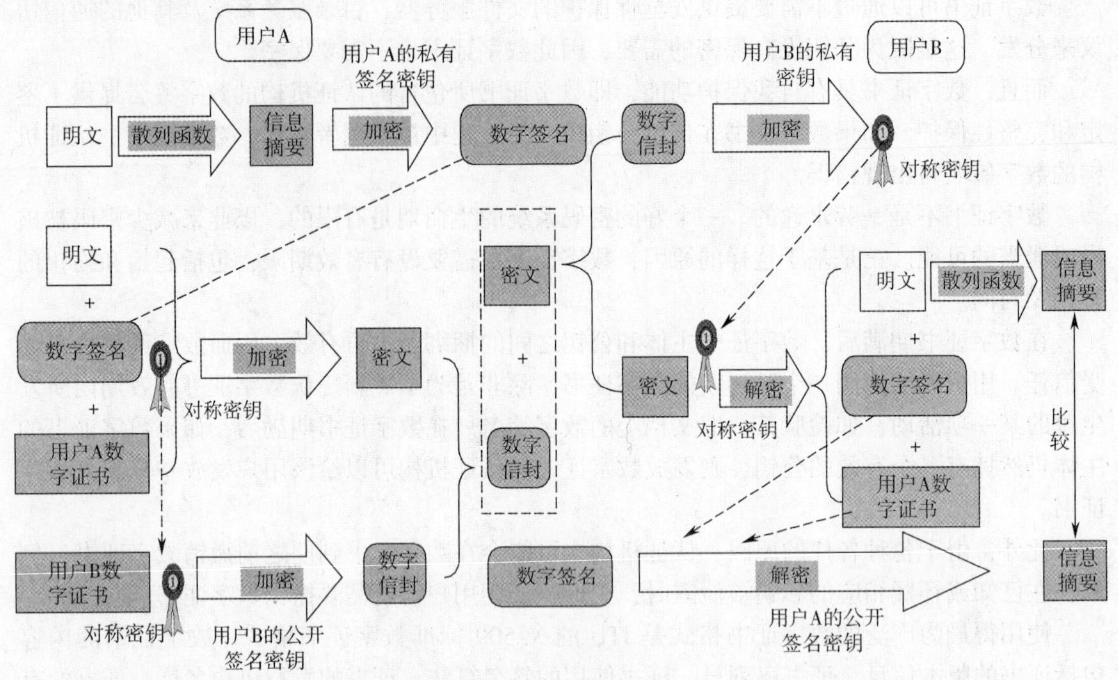

图5-2 数字证书的应用示意图

（3）验证过程。①接收方认为必要时，可以到证书发行者网站检索此证书，验证证书是否有效，并查询证书是否撤销、停用等；②如怀疑发证者的身份，还可以根据证书发行者获得的认证证书，到为其认证的认证机构进行认证，直到找到接收方信任的认证机构为止。

5.5 电子商务安全交易标准和技术

为了达到商务活动的要求，电子商务需要有规定顾客、商家和各金融机构之间的责权关系的政策，给出参与各方的数据存储和通信过程以及数据流动的支付协议。近年来，针对电子交易安全的要求，IT业界与金融行业一起，推出了不少有效的安全交易标准和技术，主要有：

（1）安全超文本传输协议（Secure Hypertext Transfer Protocol，S-HTTP）：依靠密钥对的加密，保障Web站点之间的交易信息传输的安全性。

（2）安全套接层协议（Secure Socket Layer，SSL）：由Netscape公司提出的安全交易协议，提供加密、认证服务和报文的完整性。SSL被用于Netscape Communicator和Microsoft IE浏览器，以完成需要的安全交易操作。

（3）安全交易技术协议（Secure Transaction Technology，STT）：由微软公司提出，将认证和解密在浏览器中分离开，用以提高安全控制能力。微软公司在Internet Explorer中采用这一技术。

（4）安全电子交易协议（Secure Electronic Transaction，SET）。1995年，信用卡国际组织、资讯业者及网络安全专业团体等开始组成策略联盟，共同研究开发电子商务的安全交易标准。1996年6月，由IBM、Master Card International、Visa International、Microsoft、Netscape、

GTE、VeriSign、SAIC、Terisa共同制定并发布了SET标准，涵盖了信用卡在电子商务交易中的交易协定、信息保密、资料完整及数字认证、数字签名等。这一标准被公认为全球网际网络的标准，其交易形态将成为未来电子商务的规范。

5.5.1 安全套接层协议（SSL）

SSL能使客户机与服务器之间的通信不被攻击者窃听，并且始终保持对服务器进行认证，还可选择对客户进行认证。SSL建立在TCP协议之上，其优势在于与应用层协议无关，应用层协议能透明地建立于SSL协议之上。SSL是目前在电子商务中应用最广泛的安全协议之一。SSL之所以能够被广泛应用，主要有两个方面的原因：①SSL的应用范围很广，凡是构建在TCP/IP协议上的客户机/服务器模式需要进行安全通信时，都可以使用SSL协议；②SSL被大部分Web浏览器和Web服务器所内置，比较容易应用。

1. SSL协议的功能

SSL协议工作在TCP/IP体系结构的应用层和传输层之间。其基本功能是：

（1）SSL服务器认证。支持SSL协议的客户机软件能使用公钥技术来检查服务器的数字证书，判断该证书是否是由在客户所信任的认证机构列表内的认证机构所发放的。例如，用户通过网络发送银行卡卡号时，可以通过SSL协议检查接收方服务器的身份。

（2）确认用户身份。使用同样的技术，支持SSL协议的服务器软件能检查客户所持有数字证书的合法性。例如，银行通过网络向消费者发送秘密财务信息时，可以通过SSL协议检查接收方的身份。

（3）保证数据传输的机密性和完整性。一个加密的SSL连接要求所有在客户机与服务器之间发送的信息由发送方软件加密和由接收方软件解密，这就实现了高度机密性保护。另外，所有通过SSL连接发送的数据都被一种检测篡改的机制所保护，这种机制自动地判断传输中的数据是否已经被更改，从而保证了数据的完整性。

2. SSL的体系结构

记录协议定义了要传输数据的格式，它位于TCP协议之上，从高层SSL子协议收到数据后，对它们进行封装、压缩、认证和加密。

SSL握手协议是位于SSL记录协议之上的最重要的子协议，被SSL记录协议所封装。该协议允许服务器与客户机在应用程序传输和接收数据之前互相认证、协商加密算法和密钥，SSL握手协议包括在初次建立SSL连接时使用SSL记录协议在支持SSL协议的服务器与支持SSL协议的客户机之间交换的一系列信息。通过这些信息交换可实现如下操作：①向客户机认证服务器；②允许客户机与服务器选择它们都支持的加密算法或密码；③可选择地向服务器认证客户；④使用公钥加密技术生成共享密码；⑤建立加密SSL连接。

3. 基于SSL的银行卡支付流程

基于SSL的银行卡支付流程包括如下步骤：

（1）持卡人登录商品发布站点，验证商户身份。

（2）持卡人决定购买，向商户发出购买请求。

（3）商户返回同意支付等信息。

（4）持卡人验证支付网关的身份，填写支付信息，将订购信息和支付信息通过SSL传给商户，但支付信息被支付网关的公开密钥加密过，对商户来说是不可读的。

（5）商户用支付网关的公开密钥加密支付信息等，传给支付网关，要求支付。

（6）支付网关解密商户传来的信息，通过传统的银行网络到发卡行验证持卡人的支付信息是否有效，并即时划账。

（7）支付网关用它的私有密钥加密结果，把结果返回商户。

（8）商户用支付网关的公开密钥解密后返回信息给持卡人，送货，交易结束。

5.5.2 安全电子交易协议（SET）

SET是一种应用于Internet环境下，以信用卡为基础的安全电子支付协议，它给出了一套电子交易的过程规范。SET可以实现电子商务交易中的加密、认证机制、密钥管理机制等，保证在开放网络上使用信用卡进行在线购物的安全。

SET协议采用了对称密钥和非对称密钥体制，把对称密钥的快速、低成本和非对称密钥的有效性结合在一起，以保护在开放网络上传输的个人信息，保证交易信息的隐蔽性。

SET协议使用数字证书对交易各方的合法性进行验证，使用数字签名技术确保数据完整性和不可否认。SET协议还使用双重签名技术对SET交易过程中消费者的支付信息和订单信息分别签名，使商户看不到支付信息，只能对用户的订单信息解密，而金融机构看不到交易内容，只能对支付和账户信息解密，从而充分保证了消费者账户和订购信息的安全。

SET的主要目的是解决信用卡电子付款的安全保障性问题，具体包括：

（1）保证信息的安全传输，只有收件人才能得到和解密信息。

（2）保证支付信息的完整性，在中途不被篡改。

（3）认证商家和客户，验证公共网络上进行交易活动的商家、持卡人及交易活动的合法性。

（4）广泛的互操作性，保证采用的通信协议、信息格式和标准具有公共适应性，从而可在公共网络上集成不同厂商的产品。

但目前SET的推广应用比较缓慢，主要原因是：①SET协议提供了多层次的安全保障，复杂程度显著增加，实施成本高；②银行的支付业务不光是信用卡支付业务，而SET支付方式只适用于信用卡支付，对其他支付方式是有所限制的；③SET协议只支持B2C类型的电子商务模式，即消费者持卡在网上购物与交易的模式，而不能支持B2B模式。

1. SET交易参与方

（1）持卡人（Cardholder）。持卡人是网上消费者或客户。持卡人要参与网上交易，首先要向发卡行提出申请。经发卡行认可后，持卡人从发卡行取得一套SET交易专用的持卡人软件（称为电子钱包软件），再由发卡行委托第三方中立机构——认证机构（SET CA）发给数字证书，持卡人才有上网交易的资格。

上网交易是由嵌入在浏览器中的电子钱包软件来实现的。持卡人的电子钱包具有发送、接收信息，存储自身的公钥签名密钥和交易参与方的公开密钥交换密钥，申请、接收和保存认证等功能。除了这些功能外，电子钱包还必须支持网上购物的其他功能，如增/删/改银行卡、检查证书状态、显示银行卡信息和交易历史记录等。

（2）商户（Merchant）。商户是SET支付系统中网上商店的经营者，在网上提供商品和服务。商户首先必须在收单银行开设账户，由收单银行负责交易中的清算工作。商户要取得网上交易的资格，首先要由收单银行对其进行审定和信用评估，并与收单银行达成协议，保证可以接收银行卡付款。商户的网上商店必须集成SET交易商家软件，商家软件必须能够处理持卡人的网上购物请求和与支付网关进行通信、存储自身的公钥签名密钥和交易参与方的公开密钥交换密钥、申请和接收认证、与后台数据库进行通信及保留交易记录。与持卡人一样，在开始交易之前，商户也必须向SET CA申请数字证书。

(3) 支付网关（Payment Gateway）。支付网关是由收单银行或指定的第三方操作的专用系统，用于处理支付授权和支付。考虑到安全问题，银行的计算机主机及银行专用网络不能与公开网络直接相连，在银行专用网络与Internet之间必须有一个专用系统来解决支付指令的转换等信息交换问题，这个专用系统就称为支付网关。

(4) 收单行（Acquirer）。收单行是一个金融机构，负责为商户建立账户、处理支付授权并进行支付。收单银行虽然不属于SET支付系统的直接组成部分，但却是完成交易的必要参与方。

(5) 发卡行（Issuer）。发卡行是一个金融机构，为持卡人建立一个账户并发行支付卡。发卡行保证对经过授权的交易进行付款。

(6) 认证机构（CA）。在基于SET的认证中，按照SET交易中的角色不同，认证机构负责向持卡人颁发持卡人证书、向商户颁发商家证书、向支付网关颁发支付网关证书。利用这些证书可以验证持卡人、商户和支付网关的身份。

2. SET购物流程

SET购物流程与传统的银行卡购物流程十分接近。其中，支付网关设在收单银行。SET购物流程一般包括如下几个步骤：

(1) 持卡人在商户的页面上选择商品并下订单。订单可以从商户服务器中以电子形式发放，也可以通过电子购物软件在持卡人自己的机器上创建。

(2) 持卡人选择付款方式。当选择SET方式进行付款时，SET开始起作用。

(3) 持卡人发送给商户一个完整的订单及要求付款的指令。在SET中，订单和付款指令由持卡人进行数字签名，同时利用双重签名技术保证商户看不到持卡人的账号信息。

(4) 商户收到订单后，向持卡人所在银行发出支付请求。支付信息通过支付网关到收单银行，再到发卡银行。支付请求获得发卡银行的支付授权后，返回授权指令给商户。

(5) 商户将订单确认信息通知持卡人，同时商户开始给顾客装运货物，或完成订购的服务。

(6) 持卡人终端软件记录交易日志，以备查询。

3. SET交易流程与传统银行卡交易流程的比较

SET交易是在传统的银行卡联网受理基础上建立起来的。SET交易的银行部分同传统的银行卡交易完全相同。只是将交易过程搬到了公开的网络——Internet上，并且加上了一层基于数字证书的安全加密及数字认证系统，以保证交易的安全。

持卡人必须确定商户是真的，才能向商户购买商品。在SET系统中，每一家商户都有一张由CA签名的数字证书，用来确认自己的身份。商户也通过验证持卡人的数字证书来证实持卡人的身份。

消息发送者用自己的私人密钥生成数字签名。由于每个SET交易参与者的签名私钥是用自己的交易软件在自己的计算机平台上生成的（或由可信任的CA生成），别人无法伪造，从而保证了交易信息的不可否认。

4. SET与SSL的比较

SET是一个多方的消息报文协议，定义了银行、商户、持卡人之间通信必需的报文规范，而SSL只是简单地在两方之间建立了一条安全连接；SSL是面向连接的，而SET允许各方之间的报文交换不是实时的；SET报文能够在银行内部网或者其他网络上传输，而SSL之上的卡支付系统只能与Web浏览器捆绑在一起。具体来说，其区别体现在以下方面：

（1）在认证方面，SET的安全需求较高，因此所有参与SET交易的成员都必须先申请数字证书来识别身份，而在SSL中，只有商户端的服务器需要认证，客户认证则是有选择性的。

（2）对消费者而言，SET保证了商户的合法性，保证用户的信用卡号不会被窃取，替消费者保守了更多的秘密，使其在线购物更加轻松。

（3）在安全性方面，一般公认SET的安全性较SSL高，主要原因是在整个交易过程中，包括持卡人到商家、商家到支付网关再到银行网络，都受到严密的保护。而SSL的安全范围只限于持卡人到商家的信息交流。

（4）SET对参与交易的各方定义了互操作接口，一个系统可以由不同厂商的产品构筑。

（5）在采用方面，由于SET的设置成本较SSL高很多，并且进入国内市场的时间尚短，因此目前还是SSL的普及率高。但是，由于网上交易的安全性需求不断提高，SET的市场占有率将会增加。

SET协议的缺陷在于：SET要求在银行网络、商户服务器、顾客的计算机上安装相应的软件。这给银行、商户和顾客增加了许多附加的费用，成为SET被广泛接受的阻碍。另外，SET还要求必须向各方发放证书，这也成为阻碍之一。

SET的优点在于：它可以用在系统的一部分或者全部。例如，一些商户正在考虑在与银行连接时使用SET，而与顾客连接时仍然使用SSL。这种方案既回避了在顾客的计算机上安装电子钱包软件的问题，同时又获得了SET提供的很多好处。目前，大多数的SET软件提供商在其产品中都提供了灵活构筑系统的手段。

5.5.3 CA认证系统

电子交易过程中必须确认用户、商家及所进行的交易本身是否合法可靠。一般要求建立独立、公正、可靠的CA以核实用户和商家的真实身份以及交易请求的合法性。认证中心将给用户、商家、银行等进行网络商务活动的个人或集团发电子证书。

CA的建立如多方并进，各建各的，以后会出现各CA之间的矛盾、客户的多重认证等问题。因此，应有一家公认的机构来建立权威性CA。

在用户身份认证方面，SET引入了证书（Certificates）和证书管理机构（Certificates Authorities，或称认证中心）机制。

1. 证书

证书就是一份文档，它记录了用户的公共密钥和其他身份信息。在SET中，最主要的证书是持卡人证书和商家证书。

（1）持卡人证书。持卡人证书实际上是支付卡的一种电子化表示。它是由金融机构以数字签名形式签发的，不能随意改变。持卡人证书并不包括账号和终止日期信息，取而代之的是用单向散列算法根据账号、截止日期生成的一个编码，如果知道账号、截止日期、密码值即可导出这个码值，反之则不行。

（2）商家证书。商家证书表示可以接受何种卡来进行商业结算。它是由金融机构签发的，不能被第三方改变。在SET环境中，一个商家至少应有一对证书。一个商家也可以有多对证书，表示它与多个银行有合作关系，可以接受多种付款方法。

除了持卡人证书和商家证书以外，还有支付网关证书、银行证书、发卡机构证书。

2. 证书管理机构

CA是受一个或多个用户信任，提供用户身份验证的第三方机构。证书一般包含拥有者的标识名称和公钥，并且由CA进行过数字签名。

CA的功能主要有：接收注册请求，处理、批准/拒绝请求，颁发证书。用户向CA提交自己的公共密钥和代表自己身份的信息（如身份证号码或E-mail地址），CA验证了用户的有效身份之后，向用户颁发一个经过CA私有密钥签名的证书。

3. 证书的树形验证结构

在两方通信时，一方通过出示由某个CA签发的证书来证明身份，另一方如果对签发证书的CA本身不信任，则可验证CA的身份，依次类推，一直到公认的权威CA处，就可确信证书的有效性。SET证书正是通过信任层次来逐级验证的。通过SET的认证机制，用户不再需要验证并信任每一个想要交换信息的用户的公共密钥，而只需要验证并信任颁发证书的CA的公共密钥就可以。

5.6　电子商务安全解决方案

电子商务系统必须有全面的安全性解决方案。安全性解决方案建构中的一个重要问题是它的复杂度和成本。电子商务安全解决方案应将信息技术安全性的规则作为其整个结构框架的一部分，而不是仅仅包括用于解决个别问题的孤立的产品。其主要包括如下内容：

（1）全面的安全性策略，它们的定义、处理、实现和集中式控制。

（2）安全的边界服务，通过使用防火墙或虚拟专用网（VPN）和可移植代码等安全性解决方案来连接计算机网络。

（3）实时入侵探测系统（IDS）和集中式IDS关联性以及病毒免疫。

（4）一个公钥基础设施（PKI），用于识别和处理身份认证。

（5）提供一系列应用程序接口的工具箱，用于在软件中实现特定的安全性。

电子商务安全性的实现，取决于不使用它的危险性和使用它得到的利益之间的权衡。企业在电子商务中实现安全性的决策包括一系列的决定和政策，而不仅仅是“是”与“否”的二元选择。在各种各样的安全机制中，使用哪一种，以及使用到什么程度，取决于企业的商业应用的性质及其所投入的商业价值。

本章小结

本章介绍了电子商务安全的基本知识，并介绍了电子商务安全实践常用的安全技术，如防火墙技术、虚拟专用网技术、数据加密与数字证书技术、用户识别和安全认证技术、安全交易协议、网络病毒防治、黑客攻击及预防技术等。电子商务的安全问题关系到电子商务的前途，是电子商务必须解决好的重大问题。随着人们对安全问题的重视和安全技术的快速发展，随着安全管理和相关法律的逐步完善，随着国际合作的发展，一个比传统交易和贸易方式更安全、更便捷、更经济的电子商务环境将会实现。

相关术语

黑客（Hacker）
防火墙（Firewall）
企业内部网（Intranet）
企业外部网（Extranet）
VPN（Virtual Private Network，虚拟专用网）
IPsec（IP Security，IP层安全标准）
AH（Authentication Header，认证头）协议
ESP（Encapsulating Security Payload，封装安全有效负载）
IKE（Internet Key Exchange，Internet密钥交换）
CA（Certificates Authorities，认证中心）
DES（Data Encryption Standard 数据加密标准）算法
S-HTTP（Secure Hypertext Transfer Protocol，安全超文本传输协议）
SSL（Secure Socket Layer，安全套接层协议）
STT（Secure Transaction Technology，安全交易技术协议）
SET（Secure Electronic Transaction，安全电子交易协议）
不可否认机制（Non-repudiation）
IDS（Intrusion Detection Systems，实时入侵探测系统）
PKI（Public Key Infrastructure，公钥基础设施）

思考与练习

一、填空题

1. 信息安全的五个方面的内容是指（　　）、（　　）、（　　）、（　　）、（　　）。
2. 公开密钥加密系统有两种基本模式，即（　　）和（　　）。
3. 数字证书包括（　　）证书、（　　）证书和（　　）证书三种类型。
4. SSL协议的功能为（　　）、（　　）和（　　）。
5. 公私密钥对的生成有两种方式：（　　）和（　　）。
6. 数字证书管理机构包括（　　）和（　　）。
7. 电子商务面临的信息安全问题有（　　）、（　　）、（　　）、（　　）。
8. 加密系统有两种基本形式，即（　　）和（　　）。
9. SET交易的参与方有（　　）、（　　）、（　　）、（　　）、（　　）、（　　）。
10. 从原理上讲，防火墙分三类：（　　）防火墙、（　　）防火墙和（　　）防火墙。

二、单项选择题

1. 数字证书使用的标准是（　　）。

A. X. 509　　B. X. 500　　C. X. 802　　D. SHA-1

2. SET 支持的电子商务模式有（　　）。

A. B2B　　B. B2G　　C. B2C　　D. C2G

3. RSA 是一种（　　）算法。

A. 非对称加密　　B. 对称加密　　C. 数字签名　　D. 数字证书

4. 电子签名法所讲的电子签名（　　）。

A. 就是数字签名　　B. 不是数字签名

C. 包括数字签名　　D. 与数字签名无关

5. VPN 是指（　　）。

A. 高级用户网络　　B. 虚拟专用网络　　C. 虚拟用户　　D. 网络漏洞

6. IPsec 是指（　　）。

A. 第二代 IP 协议　　B. IP 地址　　C. IP 层安全标准　　D. IP 协议

7. SSL 是指（　　）。

A. 安全套接层协议　　B. SSL 网站　　C. 特殊链接　　D. SSL 标准

8. 数字签名是一种（　　）。

A. 多媒体信息　　B. 图像信息　　C. 加密信息　　D. 验证信息

9. DES 是一种（　　）算法。

A. 非对称加密　　B. 对称加密　　C. 数字签名　　D. 数字证书

10. 用散列函数对明文进行处理后，生成（　　），用来保证数据的完整性。

A. 数字签名　　B. 数字证书　　C. 数字摘要　　D. 密文

11. 数字证书由（　　）产生。

A. Windows Server　　B. CA

C. RA　　D. CPS

12. SET 是指（　　）。

A. 下载　　B. 安全电子交易协议

C. 信用卡安全　　D. 网上支付

13. 数字证书是一种（　　）。

A. 学历证书　　B. 用于安全认证的证书

C. 职业资格证书　　D. 用于加密的证书

14. 在信息的传输过程中，要保证信息的完整性，可以采用（　　）技术。

A. 数字签名　　B. 信息摘要　　C. 数字认证　　D. 加密技术

15.（　　）协议是用于开放网络进行信用卡电子支付的安全协议。

A. SSL　　B. TCP/IP　　C. SET　　D. HTTP

16. 在数字信封中，加密信息被分成密文和信封两部分，使用（　　）加密方法来加密文件形成密文。

A. 非对称　　B. 对称　　C. 对称和非对称　　D. 对称或非对称

17. 数字摘要可用于验证通过网络传输收到的文件是否是原始的、未被篡改的文件原文，产生数字摘要采用（ ）算法。

A. 散列　　B. RSA　　C. PIN　　D. DES

18. SSL协议在TCP/IP体系结构中，工作在（ ）。

A. 网络层　　B. 传输层

C. 传输层与应用层之间　　D. 应用层

19. RSA算法建立的理论基础是（ ）。

A. DES　　B. 替代相组合

C. 大数分解和素数检测　　D. 散列函数

20. 用来保证信息传输的保密性，要采用（ ）。

A. 加密技术　　B. 防火墙技术

C. 数字签名技术　　D. 电子证书认证

21. 下面关于SSL协议和SET协议的说法中，正确的是（ ）。

A. SSL协议比SET协议更好

B. SET协议对服务器要求不高

C. 任何用户都可以使用SET协议进行网上交易

D. SET协议只适用于客户使用信用卡支付的场合

22. 公开密钥基础设施PKI是一个包括①（ ）的集合，用来实现基于公钥密码体制的②（ ）功能。

A. ①软硬件、人员、政策和手续；②证书的产生、管理存储、发行和作废等

B. ①设备、系统、法律；②证书的认定、发放、修改、更正等

C. ①人员培训、法律宣传；②证书的修改、编辑、更正等

D. ①基础设施、企业隐私、个人隐私；②证书的产生、管理、发放、更正等

23. 防火墙的功能是保障网络用户访问公共网络时具有①（ ）；与此同时，也保护专用网络②（ ）。

A. ①最低风险　②免遭外部袭击

B. ①防火作用　②免遭盗窃

C. ①防病毒作用　②防止黑客入侵

D. ①防系统破坏作用　②防止信息丢失

24. 密钥的长度是指密钥的位数，一般来说（ ）。

A. 密钥位数越长，被破译的可能就越小

B. 密钥位数越短，被破译的可能就越小

C. 密钥位数越长，被破译的可能就越大

D. 以上说法都正确

25. 数字签名用来保证信息传输过程中信息的完整和提供信息发送者的身份认证，数字签名采用的主要技术是（ ）。

A. 对称密钥算法　　B. 数据加密标准法

C. 公开密钥算法　　D. 以上说法都正确

三、多项选择题

1. 电子商务面临的安全问题主要涉及（ ）。

A. 信息安全问题　　B. 信用安全问题
C. 安全的管理问题　　D. 安全的法律保障问题

2. 防火墙的不足之处是（　　）。
A. 防火墙不能防范不经由防火墙的攻击
B. 防火墙不能阻止受到病毒感染的软件或文件的传输
C. 防火墙不能防止数据驱动式攻击
D. 防火墙不能防止黑客入侵

3. SSL 的功能有（　　）。
A. 服务器认证　　B. 商家认证
C. 确认用户身份　　D. 保证数据传输的机密性和完整性

4. 数字证书中采用了（　　）技术。
A. 公私密钥对　　B. 数字签名　　C. 时间戳　　D. 密码技术

5. 数字证书可以由（　　）撤销或申请撤销。
A. 证书持有人　　B. 认证机构
C. 符合条件的第三方　　D. 证书接收者

6. 网络通信中常用的加密方式有（　　）。
A. 链路加密　　B. 节点加密　　C. 端到端加密　　D. 都不是

7. 口令的选择原则有（　　）。
A. 不容易记忆　　B. 容易记忆
C. 不易猜中　　D. 容易分析
E. 不容易分析

8. 下面有关信息加密的论述正确的有（　　）。
A. 加密是指采用物理方法对信息进行再组织，使之成为一种不可理解的形式
B. 密钥的位数越长，加密系统就越牢固
C. 对称加密需要有一对密钥
D. 非对称的加密与解密使用不同的密钥
E. 数字加密标准 DES 是非对称加密

9. 关于 SET 协议，下列说法不正确的是（　　）。
A. 在 SET 交易中，购买信息由用户转发给发卡行
B. SET 协议主要是为了解决用户、商家和银行之间通过信用卡支付的交易而设计的
C. 在 SET 交易中，购买信息包括订单信息和支付指令
D. SET 协议适用于脱机情况

10. SSL 包括（　　）子协议。
A. SSL 记录协议　　B. SSL 握手协议
C. TCP/IP　　D. IPX/SPX

11. 在对称密码体制中，（　　）。
A. 用于加密的密钥和用于解密的密钥完全相同
B. 加密算法比较简单，而且高效、快速
C. 密钥简短、破译困难

D. 存在着密钥传送和保管等问题

12. 在公钥体制中，（ ）。

A. 用于加密的密钥和用于解密的密钥完全相同

B. 加密密钥能公布于众

C. 用于加密的密钥和用于解密的密钥完全不相同

D. 解密密钥不能公布于众

13. 使用数字证书，可通过运用对称和非对称密码体制等密码技术建立一套严密的身份认证系统，从而保证（ ）。

A. 信息除发送方和接收方外不被其他人窃取

B. 信息在传输过程中不被篡改

C. 发送方能够通过数字证书来确认接收方的身份

D. 发送方对自己发送的信息不能抵赖

14. 认证中心具有以下几种作用（ ）。

A. 为客户保存密钥并为客户提供各种服务

B. 自身密钥的产生、存储、备份/恢复、归档和销毁

C. 确定客户密钥生存周期，实施密钥吊销和更新管理

D. 提供密钥生成和分发服务

四、问答题

1. 电子商务系统主要受到的安全威胁有哪些？

2. 简述电子商务的安全需求包括哪五个方面的内容。

3. 简述防火墙的实现方式。

4. 在电子商务中采用防火墙应有哪些优点？

5. 私钥加密体系与公钥加密体系有何区别？它们各有什么优点？

6. 简述对称密钥与非对称密钥结合使用时的加密和解密过程，并说明为什么要这样使用。

7. 简述利用散列函数进行RSA数字签名的过程。数字签名的作用是什么？

8. 数字签名技术与认证技术的用途有什么不同？

9. 概述数字签名技术的用途和实现过程。

10. 密钥管理的目的是什么？密钥管理通常涉及的相关问题有哪些？

11. 数字证书怎样保证信息安全？

12. 数字证书有哪三种？各有什么用途？

13. 简述SSL安全协议的特点及实现过程。

14. 请说明基于SSL的银行卡支付流程。

15. 简述SET安全协议的特点及实现过程。

16. 简述SET购物流程。

五、分析论述题

1. 假定你的同学经营一个规模较大的B2C电子商务网站，作为一个安全专家，你试图说服他加强安全防范措施，改进安全性能。你准备如何做？

2. 如何建立电子商务的安全体系，试说明其各组成部分的技术构成及其作用。

3. 试论述 PKI 系统各组成部分的功能，并说明 PKI 系统在电子商务中所起的作用。
4. 试论述防火墙系统各组成部分的功能，并说明防火墙系统在电子商务中所起的作用。
5. 请描述 SSL 安全协议在电子商务中的技术实现过程，并指出该协议的缺陷。

实践任务

【任务目标】

1. 掌握数字证书的申请、获取和应用过程。
2. 掌握电子邮件证书对邮件加密、解密和数字签名的过程。

【任务要求】

1. 申请和获取 E-mail 证书

(1) 查询可以提供免费（或试用版）E-mail 证书的 CA 机构。

(2) 下载并学习该机构的数字证书策略（或产品说明）。

(3) 申请 E-mail 证书。

(4) 下载并安装 E-mail 证书。

2. 管理数字证书

(1) 打开 IE 浏览器，选择“工具”→“Internet 选项”→“内容选项卡”，单击“证书”，进入数字证书管理，找到安装的 E-mail 证书。

(2) 练习证书的导出、导入、删除等操作。

3. 使用数字证书

(1) 为你的邮箱配置 Outlook。

(2) 同学之间发送加密或添加数字签名的电子邮件。

(3) 接收邮件并解密或验证邮件内容。

第 6 章

我国电子商务法律

- 理解、掌握电子商务法的内容及电子商务法律关系
- 理解电子合同和电子签名法的法律效力
- 了解电子商务中的知识产权保护、隐私权保护和网上消费者权益保护

◆引例

未成年人网上交易行为案例

一名上小学二年级的男童，在某购物网站以其父亲李某的身份证号码注册了客户信息，并且订购了一台价值1000元的小型打印机。但是，当该网站将货物送到李某家中时，曾经学过一些法律知识的李某却以其子未满10周岁，是无民事行为能力人为由，拒绝接收打印机并拒付货款。由此，交易双方产生了纠纷。李某主张，电子商务合同虽订立在虚拟世界，但却是在现实社会中得以履行，应该也能够受现行法律的调控。而依我国现行《民法通则》第十二条第二款和第五十五条的规定，一个不满10周岁的未成年人是无民事行为能力人，不能独立进行民事活动，应该由他的法定代理人代理民事活动。其子刚刚上小学二年级，未满10周岁，不能独立订立货物买卖合同，所以该打印机的网上购销合同无效，其父母作为其法定代理人有权拒付货款。对此，网站主张由于该男童是使用其父亲李某的身份证登录注册客户信息的，从网站所掌握的信息来看，与其达成打印机网络购销合同的当事人是一个有完全民事行为能力的成年人，而并不是此男童。由于网站是不可能审查身份证来源的，也就是说网站已经尽到了自己的注意义务，不应当就合同的无效承担民事责任。

这个案例反映出对电子合同主体进行必要限制的意义。网络中心或利用网络进行交易的销售者基本上无从得知对方当事人究竟是成年人，还是限制民事行为能力人或无民事行为能力人。因此，如何判断网上交易的当事人是否具有完全民事行为能力、限制民事行为能力或无民事行为能力，与限制民事行为能力人或无民事行为能力人订立的合同是否有效，有无必要对通过网上订立交易合同的当事人的主体资格加以限制，成为电子合同订立过程中的难题。本案中是李某未满10周岁的孩子在网络上订立了买卖合同。一方面，根据我国《民法通则》的规定，对于一个未满10周岁的儿童来说，他是无民事行为能力者。无民事行为能力人订立的合同无效，所以李某拒付货款的行为本来也无可厚非。但是，由于孩子是以其父的身份证注册客户信息的，如果网站有充分的证据证明其已经尽到了必要的注意义务，那么完全无视网站利益受到侵害的事实则有失公平。而另一方面，李某作为其子的监护人和其身份证的合法持有人，没有尽到相应的管教义务和保管义务，导致其子滥用其身份证进行登录注册，应当对合同无效给网站造成的损失承担赔偿责任。所以，应该认定购物网站有权要求李某承担货物的往返运费和其他交易费用。

6.1 电子商务法律概述

6.1.1 电子商务立法概述

我国电子商务立法伴随着电子商务的开展而逐渐推进并完善，往往体现了“地方先行、行业先行”的特点，即立法首先以地方法规的形式出现，或者在行业中通过对相对成熟的规则进行总结，最后上升为国家层次的立法。目前，我国电子商务领域的立法多为实质意义上的电子商务法，属于广义上的电子商务法，以计算机和网络内容管制居多。以下介绍相关领域近年来通过的比较重要的法律法规，以及政策性规定和行业规范。

6.1.1.1 我国电子商务法立法的现状

1. 法律层面

(1)《合同法》。第九届全国人民代表大会第二次会议1999年通过的《合同法》第十一条规定：“书面形式是指合同书、信件和数据电文（包括电报、电传、传真、电子数据交换和电子邮件）等可以有形地表现所载内容的形式。”我国为了保护电子商务的发展，将数据电文归于书面形式，具有书面形式的法律效力。尽管这种立法体例与全球普遍做法相违背，而且并未从根本上改变以书面形式进行重大交易行为的规范体系，但其明显的进步是不能否认的，客观上推动了电子商务的发展。

(2)《侵权责任法》。第十一届全国人民代表大会常务委员会第十二次会议2009年通过的《侵权责任法》第三十六条规定：“网络用户、网络服务提供者利用网络侵害他人民事权益的，应当承担侵权责任。网络用户利用网络服务实施侵权行为的，被侵权人有权通知网络服务提供者采取删除、屏蔽、断开链接等必要措施。网络服务提供者接到通知后未及时采取必要措施的，对损害的扩大部分与该网络用户承担连带责任。网络服务提供者知道网络用户利用其网络服务侵害他人民事权益，未采取必要措施的，与该网络用户承担连带责任。”这对电子商务经营者的侵权责任做了规定，明确了电子商务经营者承担侵权责任的通知规则和知道规则。

(3)《电子签名法》。2005年4月1日，《电子签名法》正式实施。这是我国电子商务和信息化领域的第一部专门法律，通过确立电子签名法律效力、规范电子签名行为、维护有关各方合法权益，从而从法律制度上保障电子交易安全，促进电子商务和电子政务的发展，同时为电子认证服务业的发展创造了良好的法律环境，为我国电子商务安全认证体系和网络信任体系的建立奠定了重要基础。

为了配套《电子签名法》的实施，工业和信息化部（简称工信部）于2009年2月18日公布了《电子认证服务管理办法》，以电子认证服务机构为主线，重点围绕电子认证机构的设立、电子认证服务行为的规范、对电子认证服务提供者实施监督管理等内容做出了明确的规定。2005年3月31日国家密码管理局颁布了《电子认证服务密码管理办法》，主要规定了面向社会公众提供认证服务应使用商业密码，明确了电子认证服务提供者申请“国家密码管理机构同意使用密码的证明文件”的条件和程序。

2. 行政法规层面

（1）《互联网信息服务管理办法》。2000年国务院发布实施的《互联网信息服务管理办法》将互联网信息服务区分为“经营性”与“非经营性”两类，并分别实施“许可”与“备案”制度。作为经营性互联网信息服务的电子商务经营者，应当向省、自治区、直辖市电信管理机构或者国务院信息产业主管部门申请办理互联网信息服务增值电信业务经营许可证。与此同时，从事新闻、出版、教育、医疗保健、药品和医疗器械等互联网信息服务，需要有关行政主管部门前置审批。这是电子商务经营者市场准入的基础门槛。

（2）《信息网络传播权保护条例》。2006年国务院公布了《信息网络传播权保护条例》，对包括网络著作权的合理使用、法定许可、避风港原则、版权管理技术等一系列内容做了相应规定，区分了著作权人、电子商务服务商、用户的权益，较好地做到了产业发展与权利人利益、公众利益的平衡，为电子商务中的著作权法律保护奠定了基础。

3. 部门规章

随着电子商务的深入发展，各行业主管部门陆续制定规章，对一些特殊行业的网络经营进行行为规范。例如，2004年7月8日，国家食品药品监督管理局（现国家食品药品监督管理总局）公布了《互联网药品信息服务管理办法》；2005年10月26日，中国人民银行发布了《电子支付指引（第一号）》；2005年11月7日，信息产业部（现工信部）发布了《互联网电子邮件服务管理办法》；2006年1月，中国银行业监督委员会发布了《电子银行业务管理办法》；2010年6月14日，中国人民银行颁布了《非金融机构支付服务管理办法》等。

4. 地方性法规

包括北京、上海、湖北、湖南等，我国绝大部分的省、自治区、直辖市相继通过了信息化方面的地方法规，均对电子商务有所涉及。例如，2007年12月1日正式实施的《北京市信息化促进条例》第二十六条规定：“在本市从事互联网信息服务活动的，应当按照国家规定办理相应许可或者履行备案手续。利用互联网从事经营活动的单位和个人应当依法取得营业执照，并在网站主页面上公开经营主体信息、已取得相应许可或者备案的证明、服务规则和服务流程等相应信息。”除此之外，有些省市还通过了专门的电子商务地方性法规，如广东省2002年通过的《广东省电子交易条例》等。

5. 电子商务行业规范

在电子商务法律缺位的情况下，行业规范是一种重要的补充，能够规范和引导电子商务企业走上健康有序的竞争之路。在网络服务商责任、恶意软件等电子商务热点领域，在各行业协会的组织下，出台了一批行业规范。2005年中国电子商务协会组织网络交易平台服务商共同制定的《网络交易平台服务规范》被称为电子商务领域的首个行业规范，确立了网络交易平台提供商的责任和权限，对网络交易进行了全面的规范。

面对互联网恶意软件的盛行，网民的各种权益受到损害，中国互联网协会也采用行业自律的形式，组织对恶意软件的讨论并加以定义，于2006年12月27日组织会员单位签署了《抵制恶意软件自律公约》。

6.1.1.2 我国电子商务立法的指导思想与原则

电子商务法属于商法范畴，商法存在的基础和必要性是确保交易安全。同样，电子商务立法的主要目的也应当是保护交易安全。具体地说，电子商务立法旨在为电子商务提供一个透明的、稳定的、有效的行为规则，以使在线经营者有一个稳定和安全的预期，提供一个和谐统一的法律环境，维护交易安全，保护公平竞争，保护消费者权益，保护知识产权，保护个人隐私。在制定强制性规范的同时，也应当为当事人意思自治留有余地，或者鼓励在电子商务领域行业自治和当事人自治，鼓励商界探索新的规则，使限制性的规定建立在维护交易安全合理的基础上。

从上述指导思想出发，建议我国电子商务立法采纳以下原则：

1. 与国际电子商务规范接轨原则

电子商务是无地域界线或超国界的商业方式，因此，它比传统商业活动更需要采取统一规则。在这方面，联合国国际贸易法委员会《电子商务示范法》率先确立了一些基本原则，为电子商务立法基本原则统一奠定了基础。事实上，之后许多国家立法均采纳了示范法的基本原则。与联合国《电子商务示范法》保持一致，有利于我国电子商务规范与世界接轨。与此同时，吸收其他国际组织和发达国家成熟的立法经验，可以避免走弯路，同时也可以减少摩擦和规则冲突，使我国立法一开始就融入全球电子商务大环境中。

2. 技术中立原则

技术中立原则是指政府或立法机构对各种有关电子商务的技术、软件、媒体等采取中立的态度，由实际从事电子商务者和信息服务中介商自己根据技术发展选择采取新的或与国际社会接轨的技术，政府应当不偏不倚，鼓励新技术的采用和推广。

电子商务法旨在提供必不可少的程序和原则，以利于在各种不同情况下使用现代技术记录和传递信息。但是，在电子商务法的起草过程中不应偏重任何技术手段。例如，电子商务法不应当确定相当于任何一种书面文件的计算机技术等同物；相反，电子商务法只需要提出书面形式要求中的基本作用，以其作为标准。任何数据电文，不管采用什么技术，一旦达到这些标准，即可同起相同作用的书面文件一样，享受同等程度的法律认可。

技术中立原则还意味着电子商务立法必须考虑信息技术的高速发展趋势，为新标准的采纳留有余地，或者不应排斥新技术的采纳，以适应电子技术和电子商务模式的新发展。

3. 促进交易原则

促进交易原则可以从两个角度来理解。从政策的角度理解即是采取适当的鼓励措施，促进电子商务交易形式的普及和运用。电子商务需要法律规范，电子商务也需要政府管制，但是，所有这些强制性规制只是为了给电子商务创造一个良好的法律环境和制度保障。尤其是电子商务还是一种新生事物，许多规范尚需要探索和实践，国家应当鼓励商界自觉探索。

从法律规范的角度，促进原则表现为尽可能地为当事人自治和行业自治留有余地，在交易某些领域的法律规范仍然强调引导性、任意性，为当事人全面表达与实现自己的意愿，预留充分的空间。在法律实施领域坚持自治表现为：只要现行法律没有禁止的，就是允许的或者不视为违法，只要法律没有强制规定，那么当事人之间的安排就是合法的。这种态度有利于商家不断总结电子商务运营的经验，有利于形成成熟的行为规范。

4. 安全原则

商法的基本目标是保障商事交易安全，而电子商务法更是如此。电子商务法在虚拟的环境中运行，在线交易给人们带来效率的同时，也带来不安全因素。因为在线交易是全球性的、非面对面的交易，是以电子信息或数据电讯为手段的，这里不仅有传统法律环境下的不安全，如对方丧失履约能力，而且存在特有的风险，如交易当事人是否真实存在、资信如何等。因此，电子商务法具有特有的保障其交易安全的规范，如数字签字、身份认证制度等。安全原则也是电子商务立法中的强制性规范立法的基础。在民商事交易领域，法律之所以对主体资格、契约形式、契约效力等存在强制性规范，目的就是保障交易安全。例如，对认证程序和认证机构的强制性规定，对网上交易格式条款的监督、对网上广告的监督、对缔结过程的提示义务的规定等，均是为了保护交易的安全和公平。

5. 保护消费者权益原则

电子商务的繁荣最终要依赖消费者的参与。如果在电子商务活动中，消费者利益得不到保护，就不可能有持续发展的电子商务。而且，电子商务是在虚拟环境（网络环境）下运行的，其交易环境的不透明性、交易过程的非直接性、交易手段的非纸面性等特征，不仅增加了消费者利益受损害的可能，而且会导致消费者的不信任。为此，世界各国普遍把保障交易安全、增强消费者的信任作为发展电子商务首要解决的问题。对网络交易的消费者权益维护除了适用传统的《消费者权益保护法》外，还要针对网上交易的特点对消费者实施特殊的保护。因此，除了制定专门的针对网上消费者权益保护的特殊法外，还应在网上交易的各个环节的规定中注重保护消费者的利益。

6.1.2 我国电子商务立法的进展

在各界力量的推动之下，我国于2013年年底正式启动电子商务法的立法工作，由全国人民代表大会财政经济委员会（简称全国人大财经委）负责组织起草。根据十二届全国人大常委会立法规划，电子商务法被列入第二类立法项目，属于需要抓紧工作、条件成熟时提请常委会审议的法律草案。

为了秉承科学立法、民主立法的理念，提升立法质量，电子商务法起草组前期进行了深入的调研。在全国人民代表大会财政经济委员会的牵头和组织之下，2014年起草组开展了16项电子商务立法的专题研究，2015年将原来的4个版本（部委版、中国电子商务协会版、北京大学的学术机构版、地方财经委版）发展到两个草案（其中的一个是把部委、协会和学术机构三版本合一，另一个是由上海、江苏、浙江三地的人大财经委联合起草），再整合成最后送审的草案。在此期间，电子商务法起草组多次召开国际、国内会议，邀请电子商务领域的国内外专家、学者和研究机构对草案进行研究，以借鉴各地电子商务立法经验，听取多方意见。2016年12月27日至2017年1月26日，在中国人大网向全国公开电子商务立法征求意见。2018年6月19日，电子商务法草案三审稿提请十三届全国人大常委会第三次会议审议。

6.1.3 电子商务法律关系

电子商务法律关系，是指由相关法律法规调整的、在电子商务活动中形成的以权利和义务为内容的社会关系。具体地说，它是指电子商务的参与者，如企业、消费者、金融机构和网络服务商等相互之间，在电子商务活动过程中依法产生的权利和义务关系。

电子商务法律关系具有一般法律关系的共同特点。但是由于行为环境不同——电子商务是通过网络进行的商务活动，现行的法律在适用于电子商务活动方面存在着相当大的不确定性。

6.2 电子商务交易的法律规范

6.2.1 数据电文及电子合同的法律效力

1. 数据电文的概念

数据电文一般是指通过电子手段形成的各种信息，也称为电子信息、电子通信、电子数据、电子记录、电子文件等。我国《电子签名法》规定的数据电文是指以电子、光学、磁或者类似手段生成、发送、接收或者储存的信息。

2. 数据电文的特性

数据电文既包括电报、电传、传真等这些已为人们所接受的无纸形式信息，也包括电子邮件、即时通信信息（如QQ、微信、阿里旺旺等）、网络媒体信息（包括网络文本、图片、音频、视频、动画等）、电子数据交换（EDI）信息、互联网数据等近年出现及即将出现的非纸介质类信息。数据电文具有以下特性：

（1）高科技性。数据电文的高科技性至少反映在三个方面：①数据电文本身是高科技的产物；②数据电文的广泛适用必须借助现代科技；③科学技术是确认数据电文效力的关键。

（2）无形性。数据电文所记载、传送的通常是数字化信息。这种信息与传统的纸质信息相比，具有无形的特点。其原始形态往往不是肉眼可识别的文字、图形、符号，而是编码信息。因此，数据电文的初始信息具有无形性特点。

（3）表现形式多样化。数据电文反映到数据显示设备上可以呈现出多种多样的形式，也可以输出到外部设备上，如打印到纸张上或制成缩微胶卷。这些信息与传统的信息载体相结合也可形成有形的可视信息，这些都显示了它的复合性。尤其是多媒体技术的出现，使数据电文综合了文本图形、图像、动画、音频及视频等多种媒体信息，这种以多媒体形式存在的数据电文几乎涵盖了所有传统证据类型。

（4）易破坏性。数据电文同时具有较高的精密性和脆弱性。数据电文多以计算机与网络为依托，在生成、储存、传输过程中很少受主观因素的影响。但是，由于数据电文通常以数字信号的方式存在，而数字信号是非连续性的，因此，如果有人故意或因为差错截获、监听、窃听、删节、剪辑该信息，从技术上讲一般是无法查清的。网络或电路故障、操作人员的不当操作及技术的不稳定都可能破坏数据内容，使数据电文无法反映真实情况。另外，数据电文多以电磁形式储存，添加与删改可不留痕迹，有些类型的数据电文体积小、携带方便、容易毁损，当事人在几分钟甚至几秒钟内就可以完成伪造过程，而且不容易被察觉。

3. 数据电文的确认收讫规则

电子商务交易环境决定了数据电文的到达同传统环境相比具有更大的不确定性，系统失灵等风险的存在都在威胁着权利义务确定性目的的实现。《电子签名法》第十条规定："法律、行政法规规定或者当事人约定数据电文需要确认收讫的，应当确认收讫。发件人收到收件人的收讫确认时，数据电文视为已经收到。"但是，《电子签名法》所确立的此项确认收讫规则存在到达时间指称不明、效果不清的问题，致使与收发时间规则在适用上产生冲突。

（1）确认收讫规则与收发时间规则的适用界限。收发时间规则的作用在于确定数据电文的发出、到达时间，而确认收讫规则也涉及数据电文的到达时间，因此需要明确两个规则在适用上的界限，以避免混淆数据电文的到达时间。"发件人收到收件人的收讫确认时，数据电文视为已经收到"，问题在于，在到达主义生效规则下，数据电文的收到（到达）时间到底是指收件人初始收到数据电文的时间，还是指发件人收到收件人发出的确认收讫的时间？模棱两可的规定导致出现均无不可的解释，令确认收讫规则与收发时间规则在适用上产生冲突，进而导致因到达时间的不确定而令生效时间规则失去适用的前提。

例如，发件人以数据电文发出要约，收件人收到要约的时间为A时，其向发件人做出确认收讫，发件人收到收讫通知的时间为B时，A时与B时不会一致。而从《电子签名法》第十条的规定中无从得知要约到达的时间到底是以A时还是以B时为准。这关系到要约意思表示生效的时间，以及对承诺期限的计算。而在承诺场合，则关系到合同成立的时间、风险分配等重大利益。如不将之明确，在实践中极易导致争议的滋生。

一般来说，除非强制性规范做出强制要求，确认收讫义务主要源于当事人的约定或者一方的预先声明。确认收讫默认规则的作用仅限于确认数据电文是否到达，令发件人知悉其所做出的意思表示是否已如预期为收件人收到，其不回答做出确认收讫行为的法律后果，关于已确认收到数据电文的生效等法律后果交由其他规则解决。因此，除非当事人之间另行做出约定，或者发件人表明以收到确认收讫通知的时间作为其发出数据电文的到达时间，则发件人收到收件人的确认收讫通知，只是表明发件人发出的数据电文已经到达收件人处，而不能据之确定数据电文的到达时间。也就是说，数据电文的到达时间仍然依据其本身的收发时间规则来确定，除非收发时间规则被当事人之间详备地确认收讫约定或声明而排除适用。所以，立法应当明确确认收讫不影响数据电文到达时间的确定，以划清与收发时间规则的界限，避免与数据电文到达时间的确定混淆。这可以通过对确认收讫效果的规定来完成。

（2）确认收讫的效果。确认收讫规则一般会通过做"不涉及确认的法律后果"等表述来明确确认收讫的效果，以及与收发时间规则在适用上的边界。我国的《电子签名法》中，确认收讫的效果似乎仅限于在发件人收到确认收讫时，数据电文视为已收到，既未明确这是否影响数据电文收到时间的确定，也未明确如发件人未收到确认收讫的后续效果。也正是因为《电子签名法》第十条的规定未明确确认收讫的法律效果，而导致与收发时间规则在适用上发生冲突，产生混淆数据电文到达时间的纰漏。

确认收讫的法律效果在于只是确认数据电文是否收到，而不进一步涉及数据电文是否及何时生效等法律后果，除非当事人另行做出约定或者预先声明。因此我们认为，在《电子签名法》已有规定的基础上，对以下两项规定应予补充：

（1）确认收讫通知的到达只是表明发件人所发出的数据电文已经到达收件人处。此项规定的作用在于限定确认收讫规则的适用范围，通过对效果的规定来明确与收发时间规则、生效时间规则的关系。

（2）发件人未表明数据电文的到达以收到确认收讫通知为条件的，发件人于一定时间内未收到确认收讫通知的，发件人可以向收件人发出通知，给予收件人发出确认收讫通知以主张数据电文未到达。此项规定的作用在于进一步明确确认收讫的法律效果，保护发件人的利益。

4. 数据电文的规定及法律效力

我国《电子签名法》也借鉴联合国《电子商务示范法》的规定，符合法律、法规要求的书面形式要件有两个：一是能够有形地表现所载的内容。这是对符合书面形式要求的数据电文的最基本要求。也就是说，数据电文必须以有形形式表现出来，具有可读性。二是可以随时调取查用。数据电文的内容应是固定的，在一定的时间内保持不变，可以重复地供当事人随时查阅。数据电文满足以下两个条件则符合原件要求：①能够有效地表现所载内容并可供随时调取查用，即该数据电文应当符合法律规定的书面形式要求；②能够可靠地保证自最终形成时起，内容保持完整、未被更改。但是，在数据电文上增加背书以及数据交换、存储和显示过程中发生的形式变化不影响数据电文的完整性且符合原件要求。上述关于数据电文的规定，也示意数据电文具备相应的法律效力。

关于数据电文的证据力：

（1）数据电文作为证据的可接受性。由于数据电文以电子形式出现，修正、更改或者补充各种数据非常方便，并且可以不留下任何痕迹。此外，数据电文存在于交易双方的计算机系统内，缺乏第三方的认证。因此，数据电文能否作为证据使用成为各国电子商务立法中的难点问题。但是，如果不将数据电文作为证据使用，会使电子交易缺乏可靠的保障，使交易者拒绝使用电子交易的形式，从而阻碍电子商务的发展。如果达到法律要求的原件形式的功能要求，数据电文在一定的条件下可以作为证据使用。

一些国家和地区也在电子商务法、电子签名法中对数据电文作为证据的可接受性做出了规定。我国《电子签名法》借鉴联合国《电子商务示范法》的规定，接受数据电文作为证据使用。《电子签名法》第七条规定："数据电文不得仅因为其是以电子、光学、磁或者类似手段生成、发送、接收或者储存的而被拒绝作为证据使用"。

（2）数据电文证据力的相关因素。一项具体的数据电文是否具有证据的效力需要考虑多种因素，最主要的是数据电文作为证据的可靠性。我国《电子签名法》借鉴联合国《电子商务示范法》的规定，对数据电文作为证据的真实性的判断条件做出规定，包括以下内容：

1）生成、储存或者传输数据电文方法的可靠性。这是指在数据电文的生成、储存、传输等环节对其可靠性进行审查。在生成环节，考虑录入数据电文的系统是否安全、正常运行，录入者是否按照严格的操作程序，并采用规范的操作方法合法录入数据电文。在储存环节，主要考虑是否采用可靠的储存方法；在传输环节，主要考虑传输的技术手段是否科学、可靠，传输过程中是否加密，是否有被截获的可能等因素。

2）保持内容完整性方法的可靠性。这是指储存数据电文的系统是否在正常的状态下对数据电文做出完整的记录。

3）用以鉴别发件人方法的可靠性。这是指数据电文是否有发件人的电子签名，该电子签名的可靠性是否有第三方的认证等。

4）其他相关因素。这是指能够证明数据电文具有证据力的其他因素。

6.2.2 电子签名法

签名一般是指一个人用手亲笔在一份文件上写下名字或留下印记、印章或其他特殊符号，以确定签名人的身份，并确定签名人认可文件内容。传统的签名必须依附于某种有形介质；而在电子商务交易中，文件是通过数据电文的发送、交换、传输、储存形成的，不依赖于有形介质。这就需要通过一种技术手段来识别交易当事人，保证交易安全，以达到与传统的手写签名相同的功能。这种技术手段一般称为电子签名。

1. 电子签名概述

（1）电子签名的概念及种类。电子签名是传统签名在信息化时代的发展。电子签名并非书面签名的数字化扫描图像，而是附加于一项数据电文之中或之后的，或与之有逻辑联系的电子数据信息。它可用来证明数据电文发出者的身份，确定签名人与数据信息的联系，并表明签署者承认该数据电文中所包含的信息内容。

对于电子签名，目前国际上并没有统一的定义，根据目前电子签名的技术方案，综合各国立法，可以归为以下几类：

1）广义的电子签名。所谓广义的电子签名，是指包括数字技术、生物特征技术、电子录音、电传等各种电子技术手段在内的电子签名。

2）狭义的电子签名，即数字签名。数字签名属于电子签名中的一种，是指以非对称密钥技术为基础的签名。而电子签名还可以包括口令、密钥及生物特征鉴别法等。不过，数字签名是目前使用广泛且技术最为成熟的一种。

（2）电子签名的特征、形式及功能。

1）电子签名的特征。由电子签名的概念可以看出，电子签名应具备如下特征：

① 电子签名是以电子形式出现的数据。

② 电子签名是附着于数据电文的。电子签名可以是数据电文的一个组成部分，也可以是数据电文的附属，与数据电文具有某种逻辑关系，使数据电文与电子签名相联系。

③ 电子签名必须能够用于识别签名人的身份，并表明签名人认可与电子签名相联系的数据电文的内容。

2）电子签名的形式。电子签名具有多种形式，如附着于电子文件的手写签名的数字化图像，包括采用生物笔迹辨别法所形成的图像，向收件人发出证实发送人身份的密码、计算机口令，采用特定的生物技术识别工具，如指纹识别或眼虹膜透视辨别法等。无论采用什么技术手段，只要符合电子签名的概念，均可视为电子签名。

3）电子签名的功能。在电子商务活动中，电子签名主要有三种功能：

① 证明文件的来源，即识别签名人。

② 表明签名人对文件内容的确认。

③ 电子签名是构成签名人对文件内容的正确性和完整性负责的根据。电子签名与传统商务活动中的签名、盖章作用相同，具有同样的法律效力。

（3）电子签名的相关概念。

1）电子签名人。电子签名人是指持有电子签名制作数据，并以本人身份或者以其所代表的人的名义实施电子签名的人。电子签名人可以通过两种方式签名：①用自己的电子签名制作数据实施电子签名；②委托他人，即使用委托人的电子签名，制作数据实施电子签名。

2）电子签名依赖方。电子签名依赖方是指基于对电子签名认证证书或者电子签名的信赖而从事有关活动的人。当人们阅读数据电文，要确认数据电文的制作人时，首先会查验包含在数据电文之中或附在数据电文之后的电子签名。根据电子签名技术的不同，这样的查验既可以直接进行，也可能需要通过查验与签名对应的证书进行。查验通过后，确认数据电文内容可信，并根据数据电文的内容进行决策或行动的人，就是电子签名依赖方。

3）电子签名认证证书。电子签名认证证书是指可证实电子签名人与电子签名制作数据有联系的数据电文或者其他电子记录。不能直观验证电子签名时，技术上必须提供一种方法，把电子签名与电子签名人联系起来。数字签名便是这样一种技术。数字签名技术通过一种数学运算建立起唯一匹配的一对密钥，即公钥和私钥。公钥与签名人的信息是验证签名人身份的中介，私钥则是签名制作数据。公钥与私钥的特性使电子签名人与电子签名制作数据之间有了联系。记载了公钥和签名人（公钥持有人）信息的数据电文就是电子签名认证证书。

2. 电子签名的法律效力

在电子商务实践中，保证电子交易安全的重要手段是电子签名。电子签名技术的发展非常迅速，各种不同的技术手段和方式在电子商务领域的应用虽然起到一定的安全保障作用，但是，由于没有相应的法律规范，电子签名应用中遇到不少问题。例如，电子签名、数据电文是否具有法律效力无明文规定；电子签名的规则不明确，发生纠纷后责任难以认定；为电子交易各方提供信誉保证的电子认证机构，其法律地位和法律责任不明确，电子签名的安全性、可靠性没有法律保障。因此，从法律的角度给予电子签名与传统签名、盖章同等的法律地位，就成为电子签名得以广泛应用和发挥功效的前提，在解决电子合同的书面形式及效力的法律问题之后，各国已将立法的重点转向电子签名。近十年来，随着计算机网络的发展，电子签名法成为国际电子商务立法的核心内容，同时也需要对认证机构的准入条件、运行规则、责任方式等做出规定。

电子签名法的作用就是通过确立电子签名的法律效力，消除电子商务发展中的法律障碍，保护电子商务交易方的合法权益，保障交易安全，为电子商务与电子政务的发展创造有利的法律环境。法律应有一定的前瞻性和包容性，不仅应该考虑目前电子签名所适用的主要领域，同时也应该考虑随着社会经济的发展和技术进步，电子签名可能适用的其他领域。电子商务是一种新兴的交易方式，电子签名、数据电文并未在社会活动中获得广泛应用，广大民众的认知度不高。同时，电子签名、数据电文的应用需要借助一定的技术手段，物质条件也会限制一部分民众使用这种交易方式。由于上述原因，并基于交易安全因素考虑，一些国家和地区的电子签名或电子商务法规定某些领域不适用这种交易方式。

我国《电子签名法》规定了不适用的情况包括：①涉及婚姻、收养、继承等人身关系的文书；②涉及土地、房屋等不动产权益转让的文书；③涉及停止供水、供热、供气、供电等公用事业服务的文书。同时，为了使《电子签名法》在实施过程中具有更大的灵活性，还规定了一个兜底条款，即法律、行政法规可以对其他不适用电子文书的情形做出规定。同时，考虑到经济、社会等方面的行政管理活动中使用数据电文、电子签名的特殊情况，需要授权国务院依据《电子签名法》制定政务活动和其他社会活动中使用电子签名、数据电文的具体办法。因此，《电子签名法》第三十五条规定，国务院或者国务院规定的部门可以依据本法制定政务活动和其他社会活动中使用电子签名、数据电文的具体办法。由此看来，按照《电子签名法》的规定，电子签名、数据电文主要适用于商务活动，但又不限于商务活动，可以相应地使用在电子政务中。国务院如果认为哪些政务活动不适用电子签名，可以另行制定行政规章。目前，电子签名主要在电子商务活动中使用。

6.2.3 电子合同

我国《合同法》第二条规定，合同是平等主体的自然人、法人、其他组织之间设立、变更、终止民事权利义务关系的协议。传统的合同形式主要有两种：口头形式和书面形式。在商务活动中，当事人多采用书面合同，许多国家还规定某些合同必须采用书面形式。《合同法》第十一条将数据电文（包括电子邮件、电子数据交换）视为书面形式，因而电子合同属于书面合同范畴。

1. 电子合同的概念

伴随着网络和通信技术的不断发展和进步，电话、电报、传真的使用使合同形式日益电子化，人们把电话达成的合同归类为口头合同，把电报、传真达成的合同归类为书面合同，在传统合同法体系内仍可容纳。20世纪末，随着计算机技术和互联网的迅猛发展，越来越多的协议通过网络达成。这些协议本质上为数据电文，不存在原件与复印件的区分，也无法用传统的方式进行签名和盖章，从而出现了法律不得不承认的一个新的概念——电子合同。

从合同法体系上讲，电子合同可以视为一种新的合同形式，而不是对传统合同概念的颠覆。因此，国际社会并未形成一个为人们普遍接受的“电子合同”的定义，各国电子商务立法更加注重对合同的形式——“数据电文”或“电子方式”——的界定。

我国现行《合同法》第十一条将数据电文确定为书面形式的一种，并用列举的方式指出数据电文包括电子数据交换、电子邮件、电报、电传和传真。电子合同在我国法律体系中已经基本得到承认和规范。

本书认为，电子合同可以定义为：电子合同是平等主体之间以数据电文的形式达成的，设立、变更、终止民事权利义务关系的协议。其中，数据电文是指以电子、光学、磁或者类似手段生成、发送、接收或者储存的信息。

2. 电子合同与传统合同的关系

电子合同相对于传统合同，其特殊性在于“电子”，而不在于“合同”。电子合同与传统合同一样，均是合同，其目的均是实现民事流转关系的确立及法律保障，在作用上并未发生实质性变化。两者的不同根本上表现在两个方面：一是合同的订立与履行手段；二是合同内容的表现形式。这两个方面体现了电子合同的技术依赖性特征。技术特征成为电子合同的特征，技术因素渗透于电子合同的订立或履行环节，并影响到电子合同的司法救济——数据电文证据或电子证据合同法律关系的存在。

3. 电子合同的特征

虽然电子合同与传统合同相比没有本质的区别，仍然是合同的一种，但其载体和签订过程却发生了重大变化。具体来说，电子合同主要体现为以下法律特征：

（1）电子合同的订立以通信网络为基础。电子合同的要约和承诺均是合同双方当事人通过电子数据的传递来完成的。当事人大多是互不见面的，一方发出的电子数据为要约，另一方回送的电子数据为承诺。

(2) 电子合同的内容具有易改动性和易消失性。由于电子合同以磁性介质保存，即合同内容等信息记录在计算机硬盘或软盘等磁性介质中，如果不对电子合同的信息采取加密和保全措施，其内容极易被截取、改动、伪造和删除，而且不会留下任何痕迹。

(3) 电子合同具有易保存和复制性。由于数据电文可以十分方便地存储在计算机的光盘、硬盘或移动存储器等介质中，因此，电子合同的保存和复制都十分方便，并且复制件可以与原件完全一致，以至于没有区分的必要，也无法加以区分。

(4) 电子合同完成的自动性。电子合同的签订常常可以自动完成，而没有传统书面合同签订时当事人协商一致的过程。如在电子商务中，当事人常采用自动化交易系统来发送、接收和处理交易订单。这些电子交易系统具有按照预定程序审单判断的功能，不仅可以执行数据电文发送、接收、确认等任务，完成合同订立的全过程，而且在许多情况下可自动履行合同。

(5) 电子合同生效的特殊性。电子合同的载体是电信号或磁介质的存储设备，其表现形式是数据电文。合同内容记录在计算机硬盘或软盘等磁性介质上，所以合同的生效无法采用传统的签字、盖章形式，而只能采用电子签名方式。《电子签名法》确立了电子签名在电子合同中的法律效力。

4. 电子合同面临的法律问题

作为合同的一种，电子合同具有合同的一般共性，但是它也有自己的独特之处，从而向法律提出了新挑战。

(1) 合同订立的环境不同。电子合同的订立发生在虚拟空间中，交易双方一般互不见面。在电子自动交易中，甚至不能确定交易相对人，其身份仅依靠密码的辨认或认证机构的认证。因此，环境的改变带来以下主要法律问题：①合同主体地位的判断；②合同主体行为能力的识别等。

(2) 合同的形式发生了变化。电子合同所载信息是数据电文，不存在原件与复制件的区分，无法用传统的方式进行签名和盖章。这样就存在以下问题：①电子合同的效力问题；②电子合同证明的基本规则；③电子合同的应用范围等。

(3) 合同订立的各环节发生了变化。在互联网环境下，要约与承诺的发出和收到的时间较传统合同复杂，而生效的构成条件也有所不同。由此引起的特殊问题有：①在线要约与要约邀请的区分；②要约与承诺的认定；③要约能否撤回和撤销；④特殊交易形式中的要约和承诺问题；⑤自动交易和电子错误的影响。

(4) 电子合同的履行和支付较传统合同复杂。就货物买卖而言，电子合同主要在合同的形式方面不同于传统纸质合同，履行基本上没有太大变化。对合同履行产生影响的主要是采用电子支付方式后引起的一些变化。而在信息产品交易中，订约、交付和支付都可能在网上完成，会对合同履行有重大影响。履行涉及的问题主要有：①履行中的救济措施；②在信息产品交易中，电子自助权利的行使问题；③风险责任的界定；④电子支付中的法律问题等。

5. 电子合同的效力

当用户在网上购物或申请成为会员时，网站通常会要求填写有关信息，并点击“同意”后才可以进行相关活动。这种必须点击“同意”的合同，称为点击合同。

点击合同（Clickwrap Contract）是指在电子商务中由销售商品或者提供服务的经营者通过互联网提供标准化合同，相对人仅以“点击”行为表示承诺从而缔结的电子合同。对网上交易而言，标准化合同是主体。除了少数可以讨价还价的交易外，绝大多数网站或者服务平台只提供标准化合同，如京东商城、当当网、天猫等。买方只有点击“同意”缔结合同或者点击“拒绝”不缔结合同的选择，而没有对合同内容进行选择的余地。而互联网的标准化合同和传统生活中的标准化合同又不相同，它的内容可以不显示在同一个网页中，而是通过链接得到。电子商务中的标准化合同是由网站单方面拟定的，因此就产生了标准化合同的效力、相对人的保护等法律问题。因为点击合同是指由商品或服务的提供者通过计算机程序预先设定合同条款的一部分或全部，来规定其与相对人之间的法律关系，相对人必须点击“同意”按钮后才能订立的合同。

点击合同虽然具有鼓励交易的有利的一面，但也存在限制或侵害相对人利益的可能性。

6. 电子错误对合同效力的影响

（1）电子错误的概念。所谓“电子错误”，是指网上交易过程中交易双方使用信息处理系统时产生的错误。从广义上说，电子错误包括传统合同错误的电子化表现形式；狭义的电子错误仅指计算机信息处理系统产生的错误。这里讨论的是狭义的电子错误。

电子错误应符合以下构成要件：

1）电子信息必须经当事人使用或者指定的计算机信息处理系统进行信息传递或者信息处理。

2）计算机信息处理系统的程序设置正当，即当事人不得故意设置某一程序以改变原始信息的内容。

（2）电子错误的法律调整规则。对于错误，由于不是当事人的真实意思表示，所以应当允许当事人撤销。在合同成立之前，当事人可以撤销错误的表示行为；在合同成立或生效后，可以撤销法律行为。

在当事人双方有约定的情形下，若当事人各方约定使用某种安全程序检测变动或错误，一方当事人遵照执行，而另一方当事人未遵守约定，在违约方未遵守约定时就可以检测到错误的，守约方可以撤销变动或错误的电子信息所产生的效力，无论合同是否已订立或履行。

在当事人双方没有约定的情形下：

1）若发送方采用某种程序检测到自己所发送信息有变动或错误，应及时通知接收方，接收方应在合理的时间内予以确认。如果确认，发送方可以撤销变动或错误产生的效力；如果接收方未在合理时间内确认的，发送方也可以撤销变动或错误产生的效力。如果接收方在合理时间内否定了有错误存在，应由发送方证明他发送的信息确有变动或错误；如果发送方不能证明的，不能撤销所发送信息的效力。

2）若接收方采用某种程序检测到对方所发送信息有变动或错误，应即时通知发送方。发送方在合理时间内予以确认的，双方均可以撤销该变动或错误的效力；发送方未在合理时间内予以确认的，接收方可以撤销该变动或错误的效力。

进行B2C交易时，在与卖方的电子代理人交易过程中，消费者可以撤销源自其本人的错误的电子信息的效力。其前提条件为电子代理人未能提供机会避免或纠正错误，或者该个人在知道电子信息出现错误时采取如下行为：

① 及时通知另一方当事人电子信息出现错误，并且告知本人不愿受错误电子信息的

约束。

② 采取合理措施，如遵照对方的合理指示将所有的信息复制返还给对方，或根据对方指示取消收到的信息复制以及根据错误情形采取其他措施。

③ 未使用或从该信息中获利或将该信息转让给他人。

电子错误或变动未被当事人双方发现或检测到，直至合同履行或履行完毕，原则上合同应为有效，除非该错误动摇了合同成立的基础。

基于电子错误或变动致合同或某一条款无效或撤销的，当事人应当返还因错误或变动所带来的利益，不能返还的应给予补偿。因电子错误或变动致当事人一方受到损失的，若错误或变动可归责于一方的，由该方赔偿损失；不可归责于任一方的，该损失由自己承担。

6.3 电子商务中的权益保护

6.3.1 网络著作权

电子商务和网络传播技术的迅速发展给著作权法律环境产生了巨大的影响，原有著作权法的一些内容已不能适应现代新技术发展的需要。正如美国著名网络大师尼葛洛庞帝（Nicholas Negropante）在《数字化生存》（*Being Digital*）一书中所言，著作权法（Copyright Law）已经完全过时了，它是古腾堡（Gutenberg）时代的产物。由于目前著作权保护完全是一个被动的过程，因此，或许我们在修正著作权法之前，得先把它完全颠覆。因此，在电子商务和网络环境中，如何界定著作权侵权行为、对著作权行使的限制、对著作权侵权行为的归责等都必须重新思考。

1. 网络著作权的客体、主体和内容

著作权又称为版权，是基于著作权人对特定作品的全面支配而产生的一种综合权利，包括著作人身权与著作财产权。著作权保护的对象是作品。近年来，计算机网络在我国各个领域的运用越来越广泛，衍生的法律问题中，网络作品的著作权保护也成为其中之一。现在几乎所有传统形式的作品都能转化成数字形式的作品，同时，越来越多的作品直接运用数字技术创作出来。与传统作品相比，网络作品通过数字技术的数字化、压缩、加工和存储功能，使得作品的复制和传播更加迅速、方便、廉价，容量惊人且质量精准，近乎完美。那么，当作品以数字形式存在或者数字作品在网上传播时，作者的权利是否受保护？应如何保护？首先应该了解网络著作权的客体、主体和内容。

（1）网络著作权的客体。根据《最高人民法院关于审理涉及计算机网络著作权纠纷案适用法律若干问题的解释》（以下简称《关于网络著作权纠纷的解释》）的规定，网络著作权的客体是指《著作权法》第三条规定的各类作品（即文学作品；口述作品；音乐、戏剧、曲艺、舞蹈、杂技艺术作品；美术、建筑作品；摄影作品；电影作品和以类似摄制电影的方法创作的作品；工程设计图、产品设计图、地图、示意图等图形作品和模型作品；计算机软件；法律法规规定的其他作品）的数字化形式。在网络环境下无法归于以上所列举的作品范围（如MP3音乐），但在文学艺术和科学领域内具有独创性并能以某种有形形式复制的其他智力创造成果，人民法院应当予以保护。

（2）网络著作权的主体。网上数字作品的著作权主体与一般作品的著作权主体是一样的，即作品的作者是当然的著作权主体。一般来说，如无相反证明，在作品上署名的即为作者。在网上所不同的是，作者往往不署真名，一旦发生网络著作权侵权，作者必须举证证明自己是作者，但做起来通常较为困难。网上作品作者的认定需要技术和立法的双重手段做支持。

(3) 网络著作权的内容。根据最高人民法院《关于网络著作权纠纷的解释》的规定，《著作权法》第十条规定的各项权利均适用于数字化作品的著作权。数字化作品的著作权人也享有人身权和财产权。人身权包括发表权、署名权、修改权、保护作品完整权。财产权有13项，其中信息网络传播权是专门针对网络著作权而言的，即以有线或者无线方式向公众提供作品，使公众可以在其个人选定的时间和地点获得作品的权利。将作品通过网络向公众传播，著作权人享有以该种方式使用或许可他人使用作品，并由此获得报酬的权利。

2. 作品的数字化问题

在网络环境下，网络上所存储和传播的作品都以二进制数字编码的形式存在，通过数字化技术加以转换而形成。数字化技术是指依靠计算机技术把一定形式，如文本、数值、图形、图像和声音等信息输入计算机系统，并转换成二进制数字0和1组成编码，对它们进行组织、加工、储存和采用数字传输技术加以传送，并可在需要时把这些数字化的信息再还原成文本、数值、图像、声音等原来信息形式的技术。数字化技术为各种形式信息的存储和传输提供了全新的方式，大大方便了各类作品的流通。这类以二进制数字编码形式表达的各种作品为数字作品，不仅包括文学作品、美术作品、摄影作品、音乐作品、电影作品等传统作品数字化后的表达形式，还包括从其创作之时就具有数字表达形式的数据库、多媒体、计算机程序等一系列新型数字作品。

关于作品数字化的性质，应当认定数字化转换行为在性质上就是复制行为。这主要是对作品进行数字化，只是将作品的原有形式进行数字转换，这种转换行为并不具有著作权，因为其没有产生出新的作品，数字化应与录音、录像并列作为复制的方式之一。同时，对原作品进行数字化，只是将作品的原有形式进行数字转换，这种转换行为并不具有著作权法意义上的独创性。

我国《著作权法》第十条第五项规定，复制权，即以印刷、复印、拓印、录音、录像、翻录、翻拍等方式将作品制作一份或多份的权利。显然，立法并没有就数字化是不是我国著作权保护体系中复制的争论做出明确的答复。上文提到不论是从技术层面，还是从国际立法的层面，将数字化认定为一种复制行为是与技术相称和顺应潮流的选择。虽然《著作权法》对此没有做出明确的规定，但是司法实践却无法回避这个问题，几乎所有与网络有关的著作权纠纷，都涉及作品数字化问题——要么是把印刷出版的作品数字化后上网，要么是把一个网站上登载的数字化作品下载，再登载到另一个网站上。2006年，《最高人民法院关于审理涉及计算机网络著作权纠纷案件适用法律若干问题的解释》第二条规定：“受著作权法保护的作品，包括《著作权法》第三条规定的各类作品的数字化形式。在网络环境下无法归于《著作权法》第三条列举的作品范围，但在文学、艺术和科学领域内具有独创性并能以某种有形形式复制的其他智力创作成果，人民法院应当予以保护。”这一规定虽然没有对作品数字化的性质问题做出直接回答，但却解决了网络环境下数字化作品的保护问题，使著作权人的权利延伸到网络环境之中。可行的做法依然是通过立法对数字化问题做出明确规定，将其界定为复制行为，未经权利人许可对作品进行的数字化转换行为属于侵害复制权的行为。这样规定，对法院处理网络环境下著作权侵权纠纷案件会有更大的帮助。

3. 信息网络传播权

所谓信息网络传播权，是指著作权人依法享有通过各种方式利用其作品的权利。版权的保护方式就是赋予版权人控制作品传播方式的专有权。在网络环境下，当作品通过网络向公众传播时，法律应当赋予著作权人一种直接的控制作品在网络上传播的权利。但是，著作权人控制作品在网络上传播的权利的性质是什么，换言之，以何种权利来涵盖作品在网络上的传播行为，是一个不易解决的问题。

在我国的《著作权法》做出修改之前，其中并没有关于网络传播的规定。但是，随着网络的快速普及，因网络传播而引起的著作权纠纷也在迅速增加，司法实践中也遇到了如何适用法律解决此类纠纷的问题。1999 年 5 月，王蒙等六位作家诉世纪互联通讯技术有限公司网上著作权侵权案就是一个典型代表。该案中，被告世纪互联在未取得王蒙等六位作家授权或许可的情况下，在其创立的“小说一族”栏目下设的“当代中国”子栏目中，从其他网上下载了王蒙等六位作家创作的《坚硬的稀粥》等七部作品，并存储在计算机系统内，通过 WWW 服务器在国际互联网上传播。联网主机用户只要进入被告的网址，通过“小说一族”栏目进入“当代中国”页面，便可浏览或下载六位原告创作的七部作品。法院经审理认为，除法律规定外，任何单位和个人未经著作权人的授权或许可，公开使用他人的作品，即构成对他人著作权的侵害。随着科学技术的发展，新的作品载体出现，作品的使用范围也随之扩展。因此，应当认定作品在国际互联网上传播是使用作品的一种方式。作品的著作权人有权决定其作品是否在国际互联网上进行传播使用。除依法律规定外，非著作权人在互联网上传播著作权人的作品时，应当尊重著作权人对其作品享有的专有使用权，并取得作品著作权人的授权或许可；否则，无权对他人作品进行任何形式的传播使用。被告作为网络内容提供服务商（ICP），未经原告授权或许可，将原告的作品存储在其计算机系统中并上传到互联网上的行为是一种侵权行为，侵害了原告对其作品享有的专有使用权和获得报酬权，被告应当承担相应的法律责任。据此，法院判令被告承担停止侵权、赔礼道歉、赔偿损失的法律责任。二审法院维持了原判。

著作权人享有以复制、表演、播放、展览、发行、摄制电影电视、录像或者改编、翻译、注释、编辑等方式使用作品的权利，以及许可他人以上述方式使用作品，并由此获得报酬的权利。此项规定一方面对作品的使用方式做穷尽式的列举；另一方面却没有明确说明网上传播是著作权人使用作品的一种方式，但是“等方式”的立法用语为著作权人权利的扩展提供了可能。因此，法院认为作品在网络上传播属于“等”作品使用方式中的一种，受著作权人的作品使用权和获得报酬权的控制。在法律没有明确规定的情况下，法院对法律做了这样的解释，虽然较好地处理了该纠纷案件，但是这种解释显得颇为牵强，系权宜之计。更为现实和可行的做法是由法律明确规定作品在网络上传播是著作权人使用作品的一种方式，即对网络传播权做出明确规定。

4. 网络著作权侵权行为及法律责任

（1）在网络环境下，著作权侵权行为主要体现在三个方面：将已发表在传统媒体上的作品上传；将网上作品下载到传统媒体上；不同网站上作品的转载。具体表现为：

1）未经原文学、艺术与非数字作品的著作权人授权或许可，将其作品数字化，登载于 Internet 上，向网络用户公开。

2）未经著作权人授权或许可，故意将他人拥有著作权的软件作品置于Internet上，任何用户可以随意取得。

3）未经权利人、著作权人授权或许可，使用、抄袭他人的主页、数据库等数字化作品。

4）设立网站，向一切互联网用户提供针对某一加密软件的解密技术和软件或该软件的解密版本、软件序列号、注册码、密码等。

对于上述网络侵权行为，根据我国《著作权法》的规定，视侵权行为的情节分别承担民事责任、行政责任及刑事责任。

（2）网络著作权侵权责任主体的法律责任问题。在互联网经营服务体系中，网络服务主体可分为网络接入服务提供者（Internet Services Provider，ISP）和网络信息内容提供者（Internet Content Provider，ICP）。ISP是指提供网络连线、接入、链接等物理基础设施服务的网络服务提供者，一般为基础电信运营商；ICP是指提供各类作品、新闻等信息内容的网络服务，包括电子公告板（BBS）、邮件新闻组、聊天室等有关内容服务提供者，一般为增值电信服务商。由于网络接入服务提供者和内容服务提供者对网络信息进行编辑控制的能力不同，其各自应当承担的法律责任也不同。

网络接入服务提供者在链接他人网站时，因对网络信息内容不具备编辑控制能力，对信息内容的合法性也没有监控义务，因而对他人在网络上实施的侵权行为没有主观过错。根据《民法通则》第一百零六条的规定，在这样的情况下，其不必承担法律责任，应由提供信息内容的行为人本人承担。网络接入服务提供者如果通过网络参与实施侵犯著作权的行为，或通过网络帮助、教唆他人实施侵犯著作权的行为，根据《民法通则》第一百三十条的规定，属于共同侵权，应当与直接实施侵权行为的行为人承担连带法律责任。

网络信息内容提供者由于对网络信息内容具有一定的编辑控制能力，因此，在明知侵权行为发生或经著作权合法所有人提出确有证据的警告后，负有采取移除侵权内容等措施以停止侵权内容继续传播的义务。如果网络信息内容提供者违反该义务，那么主观上具有过错，客观上实施了不作为的侵权行为，根据《民法通则》第一百三十条的规定，与行为人构成共同侵权，应当承担连带法律责任。

5. 网络著作权的限制

无论什么作品，都是在前人的智慧和文化遗产的基础上创作完成的，同时又是促进社会发展的直接动力，故著作权人对其作品的专有权也不应当是绝对的和无限制的。著作权法的立法目的之一，就是协调著作权人的利益和社会公众的利益，即在保护创造者个人私益的基础上寻求个人私益与社会公益的平衡。作为一项法律制度，著作权限制是指著作权法普遍规定的对著作权的“合理使用”“法定许可”和“强制许可”制度。

6.3.2 隐私权保护

电子商务和网络时代，隐私权具有与传统隐私权不同的特征，美国迈阿密大学的教授卢姆金（Roomkin）甚至在一篇文章中发出“隐私已经死亡”的感叹。这就要求加强对信息时代隐私权的研究，建立更为科学的隐私权保护制度，为电子商务网络时代的“人类尊严”提供更为严密的法律保障。

1. 电子商务中隐私权概述

"隐私"一词源于英文Privacy，原意为"隐私、私密、独处、不受他人打扰"。现在人们通常将其用来指私人生活秘密，包括私人的信息、秘密及其他不愿为人知晓或不愿被公开的个人生活范围内的隐秘之事。隐私权即为隐私所派生出来的权利。

电子商务和互联网技术的发展对人们的生活方式和观念产生的影响是前所未有的。网络环境的开放性、虚拟性、无纸化等特征为侵害网络隐私行为提供了便利，使得网络空间的个人隐私权受到前所未有的挑战。例如，许多网上商店在消费者进入购物时，往往要求消费者输入个人资料，如姓名、地址、职业、电话、电子邮件地址、薪资等；有些网站采取会员制，要求提供上述各项个人信息，注册加入成为会员，方可进行购物。诸如此类收集个人信息行为，无疑涉及隐私保护之法律问题。然而，若要享受科技给人类生活所带来的进步、便利，人们就必须以牺牲个人隐私权作为交换代价，这无疑是令人难以接受的。在电子商务环境中，隐私权主要涉及个人资料的利用和保护问题。

网络隐私是指自然人在互联网空间内通过互联网从事个人活动过程中形成的隐私。网络隐私至少应包括以下内容：①个人登录的身份、健康状况等个人资料；②个人的信用和财产状况，包括信用卡、上网卡、交易账号和密码等；③个人的E-mail地址及用户网络活动踪迹，如IP地址、活动内容与浏览踪迹等。

网络隐私权是指公民在网上享有私人生活安宁和私人信息依法受到保护，在未经本人同意或授权的情况下，不被他人非法侵犯、知悉、收集、复制、公开、传播和利用的一种人格权。由于网络技术的不断进步，网络隐私的内容在扩大，由此产生的侵权行为的类型也在增多。

网络隐私权更多地体现为网民对个人资料和信息的支配权，其核心问题就是防止个人数据和信息被他人进行商业利用。网络技术的发展使得对个人隐私的保护比传统隐私权的保护更为困难。网络隐私权主要体现为如下几个方面的内容：①隐私控制权，又称隐私支配权，是指网络用户有权决定是否允许他人收集、修改或使用自己的信息的权利。②隐私知悉权，即网络用户有权知道自己的哪些信息被收集，被谁收集，以及这些信息被如何利用等。隐私知悉权是网络隐私权的基本权利。③隐私选择权，即网络用户对是否提供个人资料，提供哪些资料，个人资料是否被加以保护或是否允许特定主体使用，以及个人资料的用途，都拥有选择权。④隐私安全请求权，即网络用户有权禁止他人，包括网络服务商、黑客等使用具有跟踪功能的Cookie工具测定并跟踪用户在网站上所进行的操作，非法访问他人数据文件，寄送垃圾邮件，不当窥视、泄露、干涉个人的私事，篡改、监视个人的电子邮件。如个人隐私权受到侵犯，网络用户有权请求网站采取必要且合理的措施保护用户个人信息资料的安全，否则，网站或相关责任人应承担赔偿责任。⑤司法救济请求权，即网络用户对任何机构或个人侵犯自己隐私权的行为，有权提起民事诉讼，要求侵权人承担相应的法律责任。

2. 网络隐私权的侵权形式

网络时代对隐私权关系的影响，就是造成隐私的失控。例如，擅自在网上宣扬、公布他人隐私，篡改、监看他人的电子邮件，垃圾邮件的寄送，非法获取、利用他人的隐私等。网络隐私侵权的具体形式表现为以下几个方面。

(1) Cookies文件的滥用。在计算机硬盘里，有一个名为Cookies（由浏览器自动产生并存储在用户的本地计算机上）的文件夹，它能够保存用户上网时与服务器交换的信息。这种工具的本意是利用用户信息，分析他们的浏览习惯，为广告寻找特定的目标受众。由于浏览器设计方法存在重大的安全隐患，其他网站如果抓住这一漏洞，就能够轻易读取用户ID号码信息。

（2）监视软件的滥用。许多公司开始使用监视软件。这种软件可以偷偷地监视和记录员工的每一次击键情况，不论数据是否被保存在文件中，也不论是否通过企业的计算机网络进行传输，都可能被监测。这些软件售价便宜，可以使雇主得以了解员工的想法，进而利用这些信息达到自己的目的。

（3）滥用识别机制。为了跟踪在网上浏览和进行电子商务活动的人，增加网上电子商务的安全，1999年，英特尔（Intel）公司在Pentium Ⅲ处理器中放置了用以识别用户身份的序列号。有了与机器永久联系的序列号，用户在网上所做的每一件事都会留下痕迹，这不仅没能促进电子交易安全，反而成为变相邀请别人窥视自己的机器。这种序列号使得商人和黑客可以肆无忌惮地侵犯用户的个人隐私。因此，Pentium Ⅲ一经推出，就遭到了美国消费者和隐私权保护组织的抗议。

（4）黑客攻击行为。在网上，“特洛伊”木马工程序是一种后门程序，它可以让黑客访问进而控制它。后门程序工作的方式简单而高效。例如，用户网上刚下载完一个感染了“特洛伊”木马病毒的屏幕保护程序或游戏更新软件，“特洛伊木马”就会立即自动在这台计算机上安装一个exe文件或命令程序。这样，计算机就等于被“劫持”了。木马病毒的典型危害就是窃取用户的各种账户信息。

（5）政府侵犯网络隐私行为。2000年，美国联邦调查局官员承认一直通过一种代号为“食肉者”的计算机系统来浏览可疑分子的电子邮件。这种计算机系统一秒内可浏览数百万封电子邮件，调查局用它来调查黑客，开展反恐怖活动和追击贩毒活动。将其命名为“食肉者”是因为它可以猎取各种重要信息。然而这个设备不只是监视、审查犯罪分子的邮件，而是以所有人的电子邮件为其目标的。

（6）第三方泄露或共享。2000年的一项调查表明，许多网站无视隐私权保护的规定，共享用户的敏感信息。大多数网站通过第三方提供的Cookies和标题广告来获取个人化的识别信息，并将信息传递给第三方，而用户却毫不知情。收集数据的第三方公司往往不受网络隐私保护政策的约束。

3. 我国网络隐私权的立法现状

国际社会对网络隐私权应当加强保护已经达成共识，但对采取何种方式进行保护，却存在很大分歧。突出表现在以美国为代表的行业自律模式和以欧盟为代表的立法规范模式上。我国长期以来对个人隐私权缺乏足够的重视，个人隐私法律意识淡薄，在隐私权保护方面还没有专门的法律法规，而只是零散见于一些相关的法律规定中。

《中华人民共和国宪法》（以下简称《宪法》）第四十条规定：“中华人民共和国公民的通信自由和通信秘密受法律的保护。除因国家安全或追查刑事犯罪的需要，由公安机关或检察机关依照法律规定的程序对通信进行检查外，任何组织或者个人不得以任何理由侵犯公民的通信自由和通信秘密。”

我国《刑法》第二百五十二条规定：“隐匿、毁弃或者非法开拆他人邮件，侵犯公民通信自由权利，情节严重的，处一年以下有期徒刑或者拘役”。该法第二百五十三条规定：“邮政工作人员私自开拆或者隐匿、毁弃邮件、电报的，处二年以下有期徒刑或者拘役。”

我国《计算机信息网络国际联网安全保护管理办法》第七条规定："用户的通信自由和通信秘密受法律保护。任何单位和个人不得违反法律规定，利用国际联网侵犯用户的通信自由和通信秘密。"《中华人民共和国计算机信息网络国际联网管理暂行规定实施办法》第十八条规定："不得擅自进入未经许可的计算机系统，篡改他人信息；不得在网络上散发恶意信息，冒用他人名义发出信息，侵犯他人隐私。"

可见，在我国现阶段，仅在一些法律、法规和部门规章中对隐私权有所涉及，还没有关于网络隐私权的比较完备的法律。这些规定无法系统地对网络隐私权加以保护，而且在审判实践中可操作性也不强。但以上规定表明，网络隐私权的法律保护在我国已经开始呈现部门化、独立化和特别化的趋势，制定旨在保护个人网络隐私权的单行法律法规将提上日程。

6.3.3　电子商务中消费者权益保护的法律制度

电子商务是与网民生活密切相关的重要网络应用。为了保护电子商务中消费者的合法权益，我国已经形成了以保护消费者权益的基本法《消费者权益保护法》为核心，以《民法通则》《合同法》《产品质量法》《反不正当竞争法》《计算机信息网络国际联网安全保护管理办法》等法律、法规为主要内容的网上消费者权益保护的法律制度。

1. 电子商务交易中的消费者

消费者是指为了满足个人生活消费需要而购买、使用商品或者接受服务的个人。

电子商务消费者是指通过网络购买、使用商品或接受服务的人。电子商务消费者本质上仍属于消费者范畴。从这个角度来说，在电子商务交易中消费者的合法权益受到侵害，可以援用《消费者权益保护法》所主张的权利。

2. 电子商务中消费者的权利

消费者的权利是包括消费者财产权、人身权等多种民事经济权利在内的综合权利。根据《消费者权益保护法》的规定，我国消费者在购买、使用商品和接受服务时享有安全保障权、知悉真情权、公平交易权、求偿权以及监督权等。结合我国消费者权益保护的实践，在电子商务法律环境下，网络消费者主要享有安全权、知情权、公平交易权和索赔权等。

（1）安全权。《消费者权益保护法》规定"消费者在购买、使用商品和接受服务时享有人身、财产安全不受损害的权利。消费者有权要求经营者提供的商品和服务，符合保障人身、财产安全的要求"，消费者有"个人信息得到保护的权利"。在电子商务模式中，消费者安全权的内涵比较广泛。电子商务交易中的商品也可能存在质量问题，并对消费者的人身造成损害，网络的开放性和虚拟性也增加了消费者财产可能遭受侵害的风险，尤其在网上交易的电子支付环节。此外，电子商务消费者的个人信息也存在被非法收集的危险，对电子商务消费者的隐私权构成了威胁。

（2）知情权。《消费行权益保护法》第八条规定："消费者享有知悉其购买、使用的商品或者接受的服务的真实情况的权利。"在电子商务环境中，电子商务消费者知情权应增加对电子商务经营者真实身份知悉的内容。

根据电子商务的实际，电子商务消费者的知情权应包括：获得有关电子商务经营者真实身份的权利；获得有关电子商务商品或者服务的真实情况的权利；获得有关电子商务商品或者服务技术指标的真实情况的权利；获得有关电子商务交易商品或者售后服务的真实情况的权利。

在电子商务中，消费者和经营者是在虚拟的网络环境中进行交易的，消费者对经营者及其提供的商品或服务的了解完全依赖于经营者单方面提供的信息，因而无法对其所获信息的真实性做出辨别，其知情权的行使受到极大的限制。这种信息的不对称或者缺失极易造成电子商务消费者因购买商品或者接受服务时遭受人身或财产损失，而且由于难以确定经营者的真实身份进而无法进行索赔，造成消费者投诉无门的情况。

电子商务消费者知情权保护的主要现行法律依据是《消费者权益保护法》，此外，《合同法》《广告法》《产品质量法》《反不正当竞争法》以及《食品卫生法》和《药品管理法》等法律也为电子商务消费者知情权的保护提供了法律依据。

为了完善电子商务消费者的知情权保护法律制度，应在新的立法中强化电子商务经营者信息披露的义务、网络服务提供者的信息披露义务，构建网上经营者信用体系。

(3) 公平交易权。《消费者权益保护法》第十条规定："消费者享有公平交易的权利。消费者在购买商品或者接受服务时，有权获得质量保障、价格合理、计量正确等公平交易条件，有权拒绝经营者的强制交易行为。"网络的虚拟性使电子商务消费者的弱势地位变得更加严重，电子商务消费者很难获得与经营者协商的平台，因而极易造成电子商务消费者利益被侵害的情况。

消费者公平交易权的核心是消费者在与经营者之间进行的交易中享有获得公平的交易条件的权利。因此，对电子商务合同条款的规制成为网上消费者公平交易权保护的主要问题。

电子商务交易中最常使用的合同是"点击合同"，即电子商务消费者按照网上预定的合同内容提示，通过点击"同意"或"接受"而与电子商务经营者订立的电子商务合同。这些合同通常采用格式合同的形式，消费者没有与经营者协商的余地。电子商务经营者多利用其优势地位制定有利于自己而不利于消费者的格式合同，在这些格式合同中存在减轻、免除自身责任的条款，消费者一旦确认合同，就承认了其中某些不公平、不合理的免责条款。

根据《合同法》第四十二条的规定，在对网上经营者提供的格式合同条款的理解发生争议时，应按照通常理解予以解释。对网上格式合同条款有两种以上解释时，应当做出不利于网上经营者的解释，以保护网上消费者的利益。

(4) 索赔权。在电子商务交易中，消费者索赔权的保护存在着诸多障碍。如在网络空间，电子商务经营者的身份往往难以确定，当消费者的权益遭受侵害时，很可能因找不到实际的侵权者且消费者往往举证困难而无法获得赔偿。B2C电子商务交易多为小额交易，采用传统的司法程序解决争议往往成本过高，并且管辖权和法律适用等存在许多不确定性。现有法律、法规中关于消费者索赔权的某些规定无法适用于某些数字化商品，因而对其保护缺乏相应的法律依据，电子交易的达成需经过合同订立、支付、配送等环节，涉及电子商务经营者、银行、物流公司等多方当事人。在发生纠纷时，在责任主体的界定和责任分担的确定方面存在很大的难度，妨碍了电子商务消费者索赔权的实现。

目前在电子商务中，网上消费者索赔权保护中存在的主要问题是数字化产品退换货以及交易当事人的责任分担问题。

6.3.4 电子商务经营者的义务

电子商务消费者权利保护的关键在于明确电子商务经营者应承担与消费者权利相对应的义务。电子商务经营者的义务既包括其承担的对电子商务消费者的义务，即平等主体间的义务，也包括其对国家和社会承担的义务。

结合电子商务交易的特点和我国《消费者权益保护法》的规定，电子商务经营者向消费者提供商品或者服务，应有以下义务：

（1）电子商务经营者有义务保证向其消费者提供的商品或服务的质量。

（2）保证所销售的商品或服务符合人身和财产安全的要求。

（3）电子商务经营者必须对自己的信息做出详细的披露，使消费者对其进行充分的了解。

（4）电子商务经营者以广告和商品介绍方式，保证向消费者提供的产品质量状况与商品实际的质量状况相符，不得侵害消费者的公平交易权和自主选择权。

（5）保护电子商务消费者个人信息的义务。

本章小结

本章介绍了我国电子商务立法现状及最新进展，阐述了电子商务交易活动中各方的法律关系；着重介绍了电子合同和电子签名法的法律效力及电子支付制度，介绍了电子商务中保护知识产权的有关法律法规和电子商务环境中隐私权、消费者权益保护的有关内容。

相关术语

电子商务法（Electronic Commerce Law）

电子签名法（Law of Electronic Signature）

电子合同（Electronic Contract）

数据电文（Data Message）

网络著作权（Network Copyright）

网络隐私权（Network Privacy）

思考与练习

一、名词解释

1. 电子商务法律关系 2. 数据电文 3. 原件 4. 电子证据

二、判断题

1. 电子商务法，是调整以数据电文为交易手段而形成的因交易内容所引起的商事关系的规范体系。（ ）

2. 在我国，平等主体间的财产关系和人身关系的调整主要由电子商务法律来进行。（ ）

3. 电子商务法的开放性特征主要是针对 Internet 的国际开放性而言。(   )

4. 采用数据电文形式订立合同，收件人指定特定系统接收数据电文的，该数据电文进入该特定系统的时间视为到达时间。(   )

三、选择题

1. 下列不属于数据电文的是（   ）。

A. 电子邮件　　B. 手机短信

C. 电报　　D. 书面合同

2. 我国第一部真正意义的电子商务法是（   ）。

A.《电子签名法》　　B.《计算机信息系统安全保护条例》

C.《电子认证服务管理办法》　　D.《维护互联网安全的决定》

3. 下列属于狭义电子合同的是（   ）。

A. 以传真方式订立的合同　　B. 以电报方式订立的合同

C. 以电传方式订立的合同　　D. 以电子邮件方式订立的合同

4. 目前我国对软件的保护实际上是采取（   ）。

A. 以专利法保护为主，并辅以著作权法、反不正当竞争法等其他手段的交叉保护方式

B. 以商业秘密方式保护为主，并辅以著作权法、反不正当竞争法等其他手段的交叉保护方式

C. 以著作权法保护为主，并辅以反不正当竞争法、合同法等其他手段的交叉保护方式

D. 以物权法保护为主，并辅以著作权法、反不正当竞争法等其他手段的交叉保护方式

5. 我国在消费者索赔权的法律适用上，最主要的法律是（   ）。

A.《消费者权益保护法》　　B.《民法通则》

C.《产品质量法》　　D.《食品卫生法》

四、简答题

1. 我国电子商务立法的原则是什么？

2. 电子签名法的内容是什么？

3. 什么是电子合同？当前电子合同面临哪些法律问题？

4. 网络隐私权的主要内容是什么？

第7章

电子支付与互联网金融

学习目标

- 了解电子支付的发展过程，掌握电子支付的基本概念
- 了解电子支付的主要平台
- 了解互联网金融的概念和主要模式

◆引例

微信支付与麦当劳合作，实现智慧化餐厅

2015年9月24日，麦当劳中国和微信支付联合宣布，双方在数字化用餐体验进行全面合作。11月17日，全球首个麦当劳微信支付旗舰店落地广州。图7-1为位于广州市天河区体育西路的麦当劳微信支付旗舰店。

图7-1　麦当劳微信支付旗舰店

该旗舰店是麦当劳中国与微信支付9月25日宣布合作后，双方推出的全新数字化用餐体验。店内设计全面融合了微信支付简约时尚的设计风格，便捷的付款方式，同时将“摇一摇”“微信红包”等微信独有的互动方式深入融入就餐流程。用户到店先“摇一摇”获得优惠券，然后直接找座位入座，扫描桌面二维码微信点餐后，直接使用刚获得的优惠券微信支付埋单支付，支付完后还可以和好友互动分享，将麦当劳优惠券等信息分享给其他好友。

旗舰店开业当天，最具微信支付特色的“红包”，变身“红堡包”，顾客在餐厅通过微信“摇一摇”，可以摇出“红堡包”汉堡券，现场兑换汉堡。午餐高峰、晚餐高峰共设置6个开摇时段，每个时段分别发放120个汉堡券——“红堡包”，顾客最多有机会获得50个“红堡包”。现场，微信名为“小七”的在校大学生摇到50个“红堡包”，并立刻将这一消息发到朋友圈。“拆开红包竟然有50个汉堡，真激动呀！”小七现场将汉堡全部带走，并表示要“请同学开汉堡聚会”，如图7-2所示。

图7-2　微信名为“小七”的在校大学生摇到50个汉堡

微信支付自推出智慧餐厅行业解决方案以来，目前已覆盖餐饮门店达20000家以上，为消费者节约了大量排队时间，为商家节约费用超过100万元，真正让顾客“占到便宜”，让商户“尝到甜头”。

在微信智慧餐饮场景里，顾客可以通过微信实现从进店、点菜、买单、呼叫服务员等全流程的自助点餐解决方案；利用微信平台上的大数据运营，形成商家自有的CRM（客户关系管理）体系，为顾客提供更加精准化的服务；以“微信支付美食日”等创新活动及亮点内容推动用户的参与及分享，直接形成“口碑营销”模式，带来新的客户增长点。依托微信的连接能力，真正打通了餐饮行业的Online（线上）和Offline（线下），让商家和顾客建立有效的互动沟通渠道，将传统服务在线上完成。

（资料来源：美通社．麦当劳微信支付旗舰店落户广州 汉堡“装进”微信红包，2015年11月，http：//www. prnasia. com/story/136480-1. shtml，作者略有删改。）

案例点评：

随着智能手机的普及和互联网的快速发展，移动支付满足了现代消费者的需求，并创造了更多新的消费场景。麦当劳通过微信支付既方便了用户，也有利于麦当劳提升商业效能，有效加速从现金到无现金支付的转化。而且，利用微信支付平台背后的大数据，麦当劳可以统计用户购买习惯，从而更精准地为用户“画像”，促成精准营销。

资金流的循环是现代贸易活动中不可缺少的部分。实现电子商务的全过程必然涉及网上资金的流转，建立有效的网上支付体系，实施安全的电子支付，是电子商务发展的重要保障。电子支付要以计算机和通信技术为手段，通过网络系统以电子信息传递形式实现资金流通。

本章主要探讨电子货币、电子支付系统、网上银行、互联网金融等问题。

7.1　电子支付概述

7.1.1　电子支付的概念

所谓电子支付，是指以金融电子网络为基础，以商用电子化工具和各类交易卡为媒介，以计算机技术和通信技术为手段，将货币以电子数据（二进制数据）形式存储在银行的计算机系统中，并通过计算机网络系统以电子信息传递形式实现流通和支付。

电子支付是电子商务活动中最核心、最关键的环节，是交易双方实现各自交易目的的重要一步，也是电子商务得以进行的基础条件。没有它，电子商务只能是一种电子商情、电子合同或者初始意义上的电子商务；而离开了电子商务的电子支付又会变成单纯的金融支付手段。因此，只有把电子交易和电子支付相结合，才能形成完整的电子商务过程。

与传统的支付方式相比，电子支付具有以下特征：

(1) 电子支付是采用先进的技术通过数字流转来完成信息传输的，其各种支付方式都是数字化的；而传统的支付方式则是通过现金的流转、票据的转让及银行的汇兑等物理实体来完成款项支付的。

(2) 电子支付基于一个开放的系统平台（即互联网）；而传统支付则是在较为封闭的系统中运作的。

(3) 电子支付对软、硬件设施的要求很高，一般要求有联网的计算机、相关的软硬件及其他一些配套设施，而传统支付则没有这么高的要求。

(4) 电子支付具有方便、快捷、高效、经济的优势。用户只要拥有一台上网的计算机，便可足不出户，在很短的时间内完成整个支付过程，且支付费用仅相当于传统支付的几十分之一，甚至几百分之一。

就目前而言，电子支付仍然存在一些缺陷，如安全问题。大规模地推广电子支付，必须解决黑客入侵、内部作案、密码泄露等涉及资金安全的问题。

7.1.2 电子支付的发展

伴随全球化、网络化、知识经济和金融自由化的浪潮，金融业正面临有史以来最为深刻的变革。银行作为古老的金融机构，伴随经济的发展和社会的进步，其业务形态与机构形态也在不断发生变化。

在银行发展的几百年中，技术和社会需求一直是推动银行业不断发展的动力，而银行所经营的“产品”——货币，更是经历了从实物货币（黄金、白银）、信用货币（纸币）到电子货币（数字货币）的发展过程。

1. 实物支付阶段

从实物交换到货币交换的转变是支付技术发生的第一次重要变革。黄金和白银由于自身的特征，充当了一般等价物——货币，并具有支付工具的职能，这是实物支付阶段。充当一般等价物的黄金与白银，在支付过程中都体现了相当于其实物本身的价值。

2. 信用支付阶段

纸币的出现是支付技术发生的第二次重大变革。纸币能有支付功能是由于纸币发行者的信用。现金支付是现今社会货币支付最普遍的形式，它使用方便，便于携带，特别适合小额交易，并且不留下交易痕迹。

但出于大额支付以及安全性考虑，纸币具有不可克服的缺点，因此出现了许多通过银行进行支付的方式，如支票、转账支付、自动清算所（ACH）支付、银行卡等。

(1) 支票。支票是一种开票人（Drawer）对其银行存款账户开出的具有签字的、指令其银行（Drawee）即时将指定金额付给指定的第三方（Payee）的书面文件。支票在流动性上等同于现金，并且可以在经过背书后进行转让。

(2) 转账支付。转账支付分为贷记转账和借记转账两类。贷记转账是指由付款人发出支付指令，指令其银行将一定金额转移到指定的收款人账户中去的转账支付。消费者可使用这种方式支付房租、医疗保险、煤气费、水电费、电话费以及归还银行的房屋贷款利息等，企业也常使用这种方式支付职员工资。

借记转账与贷记转账相反，借记转账是由收款人发出支付指令，指令对方银行将一定金额从对方银行客户的账户转移到收款人的银行账户中。债权人可用这种方式收取房租、水电费、保险费等。

贷记转账支付与借记转账支付都非常适合自动化处理。

(3) 自动清算所（ACH）支付。自动清算所（Automated Clearing House，ACH）支付是由成员存款机构达成的在成员机构之间以电子借记或贷记方式进行支付的一种安排，一般用于支付小额交易，通常以净额结算的形式，对支付指令的处理采取批量处理方式。

随着纸质清算任务的不断增加，银行开始寻找更自动化的支付方法，而计算机的出现和信息技术与通信技术的发展为此提供了契机。1968 年，加利福尼亚一个银行组织成立了一个特殊的无纸化委员会（SCOPE），并于 1972 年成立了加利福尼亚清算所协会，这是美国第一个自动清算所。英国的情况也很类似，第一个自动清算中心于 1968 年产生，并于 1971 年成立了银行自动服务组织（Bankers Automated Clearing Service，BACS）。

美国自动清算所网络成员目前约有 14000 家金融机构，分属 29 个地方自动清算所协会。

(4) 金融卡支付。1951 年，加利福尼亚州的富兰克林国民银行向其客户发行一种上面记录着客户账户以及存款数量的卡片，客户可以用这种卡片在当地的零售商店进行购物。这种方式深受客户欢迎，各银行争相效仿。早期的信用卡不对持卡人收取费用和利息，但要求持卡人在既定的结算日前必须将债务全部归还。

1965 年，美洲银行在美国西海岸形成了第一个信用卡网络，随后伊利诺伊银行组建了中西部银行卡协会，这就是 VISA 卡和万事达卡（Mastercard）的前身。信用卡为银行客户和广大的零售商提供了一种方便并且安全的支付工具，因此深受欢迎，信用卡业务迅速发展。

伴随信息技术的发展和客户的需求，出现了联机支付的卡片——借记卡、ATM（Automated Teller Machine，自动取款机）卡以及具有联机支付和脱机支付双重功能的卡片——预付卡等多种卡基支付工具，并且借记卡和预付卡的使用近年来在全球迅速增长。

金融卡是所有用作支付工具的卡基支付工具的总称，它已逐渐成为主要的小额支付工具。金融卡包括商业金融卡（简称商业卡）和银行卡。

3. 电子支付阶段

支付系统正在进行一场变革，电子支付系统正逐渐取代传统支付系统，支付工具和支付手段也在发生变革。一种以电子数据形式存储在计算机中并能通过计算机网络而使用的资金被人们形象地称为“电子现金”。电子现金从根本上改变了传统货币手工点钞、大进大出、存贷分流的结算方式。另外，电子钱包、网络货币的出现不仅从支付方式上进行了变革，而且从货币本质上对现代金融理论以及中央银行的货币政策提出了挑战。

4. 网上支付阶段

网上支付（又称在线支付）是指客户、商家、网上银行之间使用安全电子手段，把网上支付工具（如银行卡、电子现金、电子支票）等的支付信息通过网络安全传送到银行或相应的处理机构，从而完成支付的过程。

5. 移动支付阶段

移动支付是指利用移动智能终端与无线网络的整合与延伸，实现随时随地通过移动互联网进行转账支付。这种支付方式实现了电子商务线上和线下渠道的融合。

随着支付宝钱包和微信支付等移动支付工具的大规模推广，一些电商如大众点评、美团等借助这两大平台，开始建立自己完整的O2O闭环。在手机或者其他智能终端上，电商与用户建立直接联系，打通线上线下形成闭环，然后通过对会员数据的分析，实现精准营销，最终将线上用户引入线下门店消费。

7.2 电子支付工具——电子货币

7.2.1 电子货币概述

电子货币作为当代最新的货币形式，从20世纪70年代以来，其应用越来越广泛，尤其是近几年，电子货币呈现多种发展形态，如数字现金、电子钱包等一系列货币。

电子货币是以金融电子化网络为基础，以商用电子化机具和各类交易卡为媒介，以电子计算机技术和通信技术为手段，以电子数据（二进制数据）形式存储在银行的计算机系统中，并通过计算机网络系统以电子信息传递的形式实现流通和支付功能的货币。电子货币具有以下特点：

（1）以电子计算机技术为依托，进行储存、支付和流通。

（2）可广泛应用于生产、交换、分配和消费领域。

（3）集金融储蓄、信贷和非现金结算等多种功能为一体。

（4）使用简便、安全、迅速、可靠。

（5）现阶段电子货币的使用通常以银行卡（磁卡、智能卡）为媒体。

就现阶段而言，大多数电子货币以既有的实体货币（现金或存款）为基础，具备“价值尺度”和“流通手段”的基本职能，还有“价值保存”“储藏手段”“支付手段”“世界货币”等职能。

而作为支付手段，大多数电子货币又不能脱离现金或存款，是用电子化方法传递、转移，以清偿债权债务实现结算。因此，现阶段电子货币的职能及其影响，实质是电子货币与现金和存款之间的关系。

目前，我国流行的电子货币主要有以下四种类型：

（1）储值卡型电子货币。它一般以磁卡或IC卡形式出现，其发行主体除了商业银行之外，还有电信部门（普通电话卡、IC电话卡）、IC企业（上网卡）、商业零售企业（各类消费卡）、政府机关（内部消费IC卡）和学校（校园IC卡）等。发行主体在预收客户资金后，发行等值储值卡，使储值卡成为独立于银行存款之外新的“存款账户”。同时，储值卡在客户消费时以扣减方式支付费用，也就相当于存款账户支付货币。储值卡中的存款目前尚未在中央银行征存准备金之列，因此，储值卡可使现金和活期储蓄需求减少。

（2）信用卡应用型电子货币。信用卡应用型电子货币主要是指商业银行、信用卡公司等发行主体发行的贷记卡或准贷记卡，可在发行主体规定的信用额度内贷款消费，之后于规定时间还款。信用卡的普及使用可扩大消费信贷，影响货币供给量。

（3）存款利用型电子货币。存款利用型电子货币主要有借记卡、电子支票等，用于对银行存款以电子化方式支取现金、转账结算、划拨资金。该类电子化支付方法的普及使用能降低消费者往返于银行的成本，使现金需求余额减少，并可加快货币的流通速度。

（4）现金模拟型电子货币。该类型电子货币主要有两种：一种是基于Internet网络环境使用的且将代表货币价值的二进制数据保管在微机终端硬盘内的电子现金；另一种是将货币价值保存在IC卡内并可脱离银行支付系统流通的电子钱包。该类电子货币具备现金的匿名性，可用于个人间支付，并可多次转手，是以代替实体现金为目的而开发的。该类电子货币的扩大使用能影响通货的发行机制，减少中央银行的铸币税收入，缩减中央银行的资产负债规模等。

不过，在日常生活中，进行电子支付时使用的工具主要是银行卡、电子现金、电子支票及电子钱包，这些形式均为上述类别中的典型应用个例。为此，下面针对这些电子支付工具进行详细介绍。

7.2.2 银行卡

1. 银行卡概述

从广义上说，凡是银行发行的、具有支付功能的卡片，都可以称为银行卡。为了加强保密性及利用电子技术，银行卡的磁条上面通常也记录有持卡人账号等有关资料。这些资料不是肉眼可见的，但可供ATM、POS等专门终端鉴别银行卡真伪时使用。持卡人在约定的商店或服务部门购买商品或享受服务时，不必支付现金，只需将银行卡交给商店或服务部门。在签购单上压印卡号，填写金额，然后经持卡人签字，商店或服务部门即可送发卡机构办理收款。持卡人与商店或服务部门的资金结算由发卡机构完成。

中国银行业协会发布的《中国银行卡产业发展蓝皮书（2018）》显示，2017年全国共发生银行卡交易1494.3亿笔，同比增长29.4%；全国银行卡交易金额达734.6万亿元。截至2017年年末，我国银行卡累计发卡量达70.3亿张。随着计算机技术的应用，银行卡无论在形式、功能还是在技术上都有很大发展，已成为普遍使用的支付工具和信贷工具，使人们在结算方式、消费模式和消费观念上都发生了根本性的变化。

2. 银行卡的分类

银行卡是经中央银行批准的金融机构发行的卡基支付工具。按结算方式，银行卡从性质上分为信用卡、借记卡、复合卡和现金卡；按材料类型划分，银行卡经历了塑料卡、磁卡、集成电路卡、复合介质卡和激光卡等发展阶段；按照合作单位的不同，有联名卡和认同卡；按照使用范围不同，有个人卡和单位卡。

（1）按结算方式分类。按结算方式，银行卡可分为信用卡（Credit Card）、借记卡（Debit Card）、复合卡（Combination Card）和现金卡（Cash Card）四种。

1）信用卡。信用卡是最早发行一种的银行卡，也称贷记卡，是银行向金融上可信赖的客户提供无抵押的短期周转信贷的一种手段。它是目前国际上广泛流行的一种支付手段与结算工具。发卡银行根据客户的资信等级，给信用卡的持卡人规定一个信用额度，信用卡的持卡人就可在任何特约商店先消费后付款，也可在ATM上预支现金。按照信用等级的不同，信用卡可分为普通信用卡、金卡、贵宾卡等多个品种。

2）借记卡。在信用卡的基础上，银行推出了借记卡。借记卡的持卡人必须在发卡行有存款。持卡人在特约商店消费后，通过电子银行系统直接将自己在银行中的存款划拨到商店的账户上。除了用于消费外，借记卡还可在ATM系统中取现。依据使用功能，借记卡还可分为多个品种，如专用于转账的转账卡、用于特定用途的专用卡等。

3）复合卡。为方便客户，银行也发行一种兼具信用卡和借记卡两种性质的银行卡，称为复合卡，在我国称为准贷记卡。复合卡的持卡人必须事先在发卡银行缴存一定金额的备用金，持卡人持卡消费或取现后，银行即做扣账操作；同时，发卡银行也可对这种持卡人提供适当的无抵押的周转信贷。因此，复合卡的备用金账户余额不足时，持卡人可在发卡行规定的信用额度内适当透支。

4）现金卡。现金卡内记录有持卡人持有的现金数。持卡人持卡消费后，商户直接从现金卡内扣除消费金额，这样，现金卡中的现金数也就相应减少了。因此，现金卡同现金一样，可直接用于支付，不同的是，现金卡内的货币是数字货币。它体现了银行卡向网络货币融合和接轨的发展趋势。

（2）按照合作单位不同进行分类。按照合作单位不同，可以分为联名卡和认同卡。联名卡/认同卡均由银行发行，除具有与一般信用卡相同功能外，还能享受与发卡银行合作的企事业单位提供的服务。与商业性企业合作发行的信用卡被称为联名卡（Co-branded Card），例如银行与航空公司联名卡，银行与综合性百货公司联名卡等；与非商业性单位合作发行的信用卡被称为认同卡（Affinity Card），例如银行与大学合作开发的认同卡，银行与红十字会合作开发的认同卡，银行与慈善基金会合作开发的认同卡等。

（3）按照使用范围分类。按使用范围分，银行卡可分为以下几种：

1）个人卡：用于个人消费。发卡行要根据年龄、职业、工作单位、工作年限、月收入等对申请办卡者进行综合性的资格审查。持卡人可在本地或异地的特约商店、宾馆饭店购物消费，也可在银行特约机构存取现金。个人申办银行卡，可申领一张主卡和一张附属卡。

2）单位卡（公司卡）：用于单位消费。企业、机关团体、行政事业单位、国外在华常驻机构、三资企业等，均可申请办理我国商业银行发行的单位银行卡。单位申领的银行卡应书面指定持卡人，持卡人可在同城或异地的特约商店、宾馆、饭店持卡消费，也可在银行营业机构存取现金。每个单位可申请领用一张主卡和五张附属卡。

3. 银行卡网上支付及SET

对于电子商务中的消费者，不论信用卡还是借记卡，只要给银行卡开通网上银行功能，就能在支持该银行转账的网上商家那里购物，甚至有的购物网站不需要消费者开通银行卡的网上银行功能就能使用。

在我国，虽然通过第三方支付平台实现的电子商务支付已经占据了大部分的市场份额，但银行卡支付仍然占有一席之地。而在国外，银行卡网上支付则更普遍。

在像支付宝这样的第三方支付平台出现以前，电子商务的支付问题一开始是靠“货到付款”来解决的，后来发展到用银行卡进行电子转账。在银行卡网上支付中，存在比较明显的安全问题。例如，在网上购物的环境中，持卡人希望在交易中自己的账户信息能保密，不被人盗用；商家则希望客户的订单不能否认或撤回；并且，在交易过程中，交易各方都希望验明其他方的身份，以防止被欺骗。因此，需要一些技术和协议来规范这种电子支付行为。

为了实现更加完善的即时电子支付，SET应运而生的。SET（Secure Electronic Transaction，安全电子交易协议）是由国际信用卡组织Master Card和Visa联合多家公司，于1997年推出的一种电子支付模型。

SET采用公钥加密和私钥加密相结合的办法保证数据的保密性；采用信息摘要技术保证信息的完整性；采用双重签名技术保证交易双方的身份认证。SET是B2C上基于信用卡支付模式而设计的，它具有保证交易数据的完整性、交易的不可抵赖性等种种优点，因而成为一种公认的信用卡网上支付的国际标准。

7.2.3 电子现金

（1）电子现金的概念。电子现金（E-Cash）又称数字现金，是一种以电子数据形式流通的、能被客户和商家普遍接受的、通过Internet购买商品和服务时使用的货币。电子现金是一种隐形货币，表现为由现金数值转换成为一系列的电子加密序列数，通过这些序列数来表示现实中各种金额的币值。

电子现金应具备以下性质：

1）独立性。电子现金的安全性不能只靠物理上的安全来保证，必须通过电子现金自身使用的各项密码技术来保证电子现金的安全。

2）不可重复花费。电子现金只能使用一次，重复花费容易被检查出来。

3）匿名性。银行和商家相互勾结也不能跟踪电子现金的使用，就是无法将电子现金的用户的购买行为联系到一起，从而隐蔽电子现金用户的购买历史。

4）不可伪造性。用户不能造假币。这包括两种情况：一是用户不能凭空制造有效的电子现金；二是用户从银行提取 n 个有效的电子现金后，也不能根据提取和支付这 n 个电子现金的信息制造出有效的电子现金。

5）可传递性。电子现金像普通现金一样，能在用户之间任意转让，且不会被跟踪。

6）可分性：电子现金不仅能作为整体使用，还应能被分为更小的部分多次使用，只要各部分的面额之和与原电子现金面额相等，就可以进行任意金额的支付。

（2）电子现金的制作。电子现金是由荷兰的大卫·乔姆（David Chaum）在1982年最先开发出来的，它已经基本形成了一套可行的电子现金制作与应用体系，目前应用中的电子现金大都遵循这个体系。电子现金有着较为严格的制作程序，并且充分利用数字签名等尖端安全技术，以保证电子现金的防伪与可靠。

电子现金的制作过程相当于客户从银行购买或兑换电子现金的过程，具体如下：

1）客户在发行电子现金的银行建立资金账户，存储一定的现金，并领取相应的客户端电子现金应用软件。

2）客户在自己的计算机上安装电子现金应用软件，利用此软件产生一个原始数字代币及其原始序列号X。

3）客户端借助软件通过将原始序列号X与另一个随机数（隐藏系数）相乘，得到一个新的序列号Y，与原始数字代币一起，发送到发行银行。

4）银行收到客户传来的相关信息后，只可以看见这个新序列号Y与数字代币的联合体，银行用其签名私钥对其进行数字签名，认可申请人的电子现金价值，并从客户资金账号的余额中扣除对应资金。

5）银行将经过数字签名的新序列号Y与数字代币的联合体送回客户。

6）客户收到后再用隐藏系数分解新序列号Y，变换出这个数字代币的原始序列号X，这时收到的经过签名的数字代币与原始序列号X的联合体就是产生的一定价值的电子现金。客户可把这个电子现金存在硬盘上或IC卡中或电子钱包中以备使用。

在上述步骤中，可以一次产生多个电子现金，即批量操作，不断产生的过程就是不断在银行进行兑换的过程，客户的资金账号中的余额也相应地减少。任何收到这些带有发行银行数字签名的电子现金的实体均可以去这个发行银行兑换成相应货币，如纸币。

采用这种产生机制的一个突出特点是：银行不能追溯到刚产生的数字现金客户，因为银行看不到电子现金的原始序列号X，所以也不知道哪些电子现金现在归谁所有。这种隐蔽签名（Blind Signature）技术，是由荷兰阿姆斯特丹DigiCash公司的创始人大卫·乔姆发明的具有专利权的数学算法，可用来实现银行对电子现金的认证，而且可实现电子现金的匿名性，就像纸币一样。

（3）电子现金系统中使用的密码技术。电子现金的安全性和可靠性等主要是依靠密码技术来实现的，主要有：

1）分割选择技术。用户在提取电子现金时，不能让银行知道电子现金中用户的身份信息，但银行需要知道提取的电子现金是正确构造的。分割选择技术是用户正确构造n个电子现金传给银行，银行随机抽取其中的$n-1$个让用户给出它们的构造，如果构造是正确的，银行就认为另一个的构造也是正确的，并对它进行签名。

2）零知识证明。证明者向验证者证明并使其相信自己知道或拥有某一消息，但证明过程不能向验证者泄漏任何关于被证明消息的信息。以上两种技术用于将用户的身份信息嵌入到电子现金中。

3）认证。认证的作用一方面是鉴别通信中信息发送者是真实的而不是假冒的；另一方面是验证被传送的信息是正确和完整的，没有被篡改、重放或延迟。

4）盲数字签名。签名申请者将待签名的消息经"盲变换"后发送给签名者，签名者并不知道所签发消息的具体内容。该技术用于实现用户的匿名性。

（4）电子现金网络支付的特点及不足。

电子现金在很多方面都具有与纸质现金类似的特点，在网络支付上也表现出纸质现金的应用特征，这与其他网络支付方式有明显不同。

电子现金网络支付的主要特点有：

1）匿名性。这同样也是纸币现金的优点。买方用数字现金向卖方付款，除了卖方以外，没有人知道买方的身份或交易细节。如果买方使用了一个很复杂的假名，那么甚至连卖方也不知道买方的身份。

保护客户的隐私是电子现金的主要优点，因此，电子现金不能提供用于跟踪持有者的信息，即使在进行网络支付时也无法追踪。也正是由于这一点，如果电子现金丢失了，就会同纸币现金丢失一样无法追回。

2）独立与多功能性。电子现金不依赖于所用的计算机系统。银行和商家之间应有协议和授权关系。客户、商家和E-Cash银行都需要使用E-Cash软件。E-Cash银行负责客户和商家之间资金的转移。身份验证是由E-Cash本身完成的。E-Cash银行在发放电子货币时使用数字签名。商家在每次交易中，将电子货币传送给 E-Cash 银行，由 E-Cash 银行验证用户支付的电子货币是否无效（伪造或使用过等）。电子现金一次花完后，就不能用第二次。

3）灵活性。电子现金支付过程中无须银行的中介，不像信用卡还限于授权的商店，因此可在更大的范围内使用，使用起来更加方便与灵活。

4）经济性与较高效率。电子现金借助 Internet 在发送者与接收者之间直接传输，不仅具有较高的效率，而且应用比较经济，还可以分得比较小，比较适合 Internet 上一些小额资金的支付结算。

5）较好的安全性。电子现金充分利用数字签名、隐蔽签名等安全技术来保证安全，以防抵赖、防伪造。如果需要，还可附加后台银行认证，提高防止伪造与防止重复消费的识别能力。另外，电子现金无须携带，方便了旅行，但也要注意防丢失。

6）大大节省资源，避免类似纸币支付中的巨额保管、运输、维护费用。

电子现金支付应用中的不足有：

1）电子现金发展到现在，仍然没有一套国际兼容的统一技术与应用标准，接收电子现金的商家和提供电子现金开户服务的银行还是太少（中国基本还没有），因而不利于电子现金的流通。这也是电子现金发展得还不成熟的地方。

2）电子现金的灵活性和不可跟踪性带来发行、管理和安全验证等一系列问题。从技术上说，各个商家都可发行电子现金，因此，如果不加以控制，电子商务将不能正常发展，甚至带来严重的经济和金融问题。

3）应用电子现金需要在客户、银行和商家的计算机上均安装对应的电子现金软件，且对三方都有较高的软、硬件要求，目前的运作成本还较高。为加强认证、防伪与防重复消费，银行需要建立大型数据库进行记录，从而加大了投入，也限制了电子现金的自由流通。

4）对于无国家界限的电子商务应用来说，电子现金还存在税收、法律、外汇的不稳定性，以及货币供应的干扰和金融危机的可能性等潜在问题。

电子现金使支付变得很容易，因为利用电子现金可以将钱送到世界上的任何地方而不留下一点痕迹。不法分子如果利用电子现金的完全匿名性进行一些违法犯罪活动，如贪污、非法购买（如购买毒品、军火等）、敲诈勒索、洗钱等，警方即便拿到赃款，如果想要获取证据，则需要检查所有的数据包并且破译所有密码，这几乎是不可能的。

7.2.4 电子支票

（1）电子支票的含义。所谓电子支票，英文一般为 E-Check，也称数字支票。它是将传统支票的全部内容电子化和数字化，形成标准格式的电子版，借助计算机网络（Internet 与金融专网）完成其在客户之间、银行与客户之间，以及银行与银行之间的传递与处理，从而实现银行客户间的资金支付结算。简单地说，电子支票就是传统纸质支票的电子版。它包含和纸质支票一样的信息，如支票号、收款人姓名、签发人账号、支票金额、签发日期、开户银行名称等，具有和纸质支票一样的支付结算功能。借助银行的金融专用网络，可以进行跨省市的电子汇兑和清算，实现全国范围的中大额资金传输，甚至在世界银行之间的资金传输。

这种电子支票是在与商户及银行相连的网络上以密文方式传递的，多数使用公钥加密签名或个人身份证号码（PIN）代替手写签名。用电子支票支付，事务处理费用较低，银行也能为参与电子商务的商户提供标准化的资金信息，故而可能是最有效率的支付手段之一。电子支票支付模拟传统纸质支票应用于在线支付，可说是传统支票支付在网络的延伸。电子支票的签发、背书、交换及账户清算流程均与纸质支票相同，用数字签名背书，用数字证书来验证相关参与者身份，安全工作也由公开密钥加密来完成。除此之外，电子支票的收票人在收到支票当时，即可查知开票人的账上余额及信用状况，避免退票风险，这是电子支票超越传统支票的优点。

(2) 电子支票的属性。电子支票从产生到投入应用，一般具备下列属性：

1) 货币价值。电子支票像电子现金一样，必须有银行的认证、信用与资金支持，才有公信的价值。

2) 价值可控性。电子支票可用若干种货币单位，并且可像普通的纸质支票一样由用户灵活地填写支票代表的资金数额。

3) 可交换性。电子支票可以与纸币、电子现金、商品与服务、银行账户存储金额、纸质支票等进行互换。

4) 不可重复性。电子支票使用后就不能再用第二次，客户也不能随意复制使用。发行银行有巨大的数据库记录存储电子支票序列号，应用相应的技术与管理机制防止复制或伪造等。

5) 可存储性。电子支票能够在许可期限内存储在客户的计算机硬盘、智能卡或电子钱包等特殊用途的设备中，最好是不可修改的专用设备，也可直接在线传递给银行要求兑付。

6) 应用安全与方便。电子支票在整个应用过程中应当保证其安全、可靠、方便，不可随意否认、更改与伪造。

(3) 电子支票支付的步骤。使用电子支票进行支付的步骤为：

1) 付款人（消费者）和收款人（商家）达成购销协议并选择用电子支票支付。

2) 付款人利用自己的私钥对填写的电子支票进行数字签名后，通过网络发送给收款人，同时向银行发出付款通知单。

3) 收款人通过认证中心对消费者提供的电子支票进行验证，验证无误后将电子支票送交收单行索付。

4) 收单行把电子支票发送给自动清算所的资金清算系统，以兑换资金进行清算。

5) 自动清算所向付款人的付款银行申请兑换支票，并把兑换的相应资金发送到收款人的收单行。

6) 收单行向商家发出到款通知，资金入账。

电子支票与电子现金的系统架构类似，最大的不同点是电子现金需要发行单位为其所发行的现金担保，因此，电子现金发行单位在电子现金上的数字签名很重要。而电子支票的开票人即付款人要为其所开出的支票兑现做担保，因此付款人在电子支票上的数字签名很重要。

(4) 电子支票支付的优点。电子支票支付模式具有以下优点：

1) 与传统支票类似，用户比较熟悉，易被接受。

2) 电子支票具有可追踪性，所以当使用者的支票遗失或被冒用时，可以停止付款并取消交易，风险较低。

3) 通过应用数字证书、数字签名及各种加密/解密技术，提供比传统纸质支票中使用印章和手写签名更加安全可靠的防欺诈手段。加密的电子支票也使其比电子现金更易于流通，买卖双方的银行只要用公开密钥确认电子支票即可，数字签名也可以被自动验证。

(5) 电子支票支付的缺点。电子支票支付模式具有以下缺点：

1) 需要申请认证，安装证书和专用软件，使用较为复杂。

2) 不适合小额支付及微支付。

3) 电子支票通常需要使用专用网络进行传输。

7.2.5 网络虚拟货币

网络虚拟货币大致可以分为三类：

(1) 人们比较熟悉的游戏币。在单机游戏时代，主角靠打倒敌人等方式积累游戏币，用这些游戏币购买草药和装备，但只能在自己的游戏机里使用。那时，玩家之间没有“市场”。自从互联网建立起门户和社区、实现游戏联网以来，虚拟货币便有了“金融市场”，玩家之间可以交易游戏币。

(2) 门户网站或者即时通信工具服务商发行的专用货币，用于购买本网站内的服务。例如，使用广泛的腾讯公司的Q币，可用来购买会员资格、QQ秀等增值服务。

(3) 互联网上的虚拟货币，如比特币（BTC）、莱特币（LTC）等。比特币是一种由开源的P2P软件产生的电子货币，也有人将比特币意译为“比特金”，是一种网络虚拟货币。它主要用于互联网金融投资，也可以作为新式货币直接用于生活中使用。

7.3 电子支付平台

7.3.1 网上银行

1. 网上银行概述

近来关于银行的各种新称呼不断出现，如手机银行、网上银行……这些概念的出现，是积极活跃的“新经济”的产物，它们的一个重要标志就是将银行与网络紧密联系在一起。

网上银行（E-bank）是指利用网络技术，通过互联网向客户提供开户、销户、查询、对账、行内转账、跨行转账、信贷、网上证券交易、投资理财等全方位金融产品及服务的虚拟银行。一方面，它代表实体银行，作为电子商务的交易实体直接参与电子商务的业务；另一方面，它提供电子商务环境下的支付、结算等各项功能，更好地为电子商务交易活动提供资金支持。

网上银行是随着互联网的兴起而产生的。20世纪90年代中期以来，伴随着Internet在各行各业中的广泛应用，银行为满足电子商务发展和金融行业竞争的需要，纷纷借助Internet及其他网络开展各种金融业务，以达到拓展业务触角、降低运营成本、满足顾客个性化需要的目的，由此直接促成了基于Internet平台的网上银行的出现。网上银行的出现是使银行服务完成从传统银行到现代电子银行转变的一次重大变革。网上银行的基本功能之一就是实现电子商务交易活动中的网上支付与结算。这使得网上消费真正变为现实，如网上订票、网上购物、网上教育、网上证券交易等。

目前，网上银行正处在迅速发展变化的进程中，其流行的发展模式和总体框架也在不断变化。

2. 网上银行的发展模式

(1) 纯虚拟网上银行的发展模式。所谓纯虚拟网上银行或直接银行，是指那些仅仅凭借互联网来开展银行业务的独立经济组织，它们一般都没有店面柜台，也没有什么分支机构。世界上第一家网上银行 SFNB 就是一家典型的纯虚拟网上银行。它得到了政府监管机构的认可，并且加入了美国联邦储蓄保险公司（FDIC），通过 Internet 提供全球范围的金融服务。

纯虚拟网上银行遵循这样一种战略，即把从一般管理费用中节省出来的部分返还给客户。这集中体现在给储蓄账户以及大额存单支付更高的利息，而其他服务向客户收取较低的手续费。

纯虚拟网上银行的发展有两种不同的经营理念：一种是以印第安纳州第一网上银行（First Internet Bank of Indiana，FIBI）和 WingspanBank 为代表的全方位发展模式；另一种是以休斯敦的康普银行（Compu Bank）为代表的特色化发展模式。

采取全方位发展模式的银行认为，随着科技的发展和网络的进一步完善，纯虚拟网上银行完全可以取代传统银行，能提供传统银行所提供的一切服务。它们致力于开发中小企业客户，如 FIBI 通过推出“中小企业贷款服务”，改变了纯虚拟网上银行没有企业贷款服务的历史。

采取特色化发展模式的纯虚拟网上银行相对更多。它们承认纯虚拟网上银行具有局限性，例如，由于没有分支机构，它们无法提供现金管理服务，也不能为客户提供安全保管箱。它们认为，纯虚拟网上银行若想在竞争中获取生存，必须提供特色化的服务。

(2) 混合型网上银行的发展模式。由于这种银行模式是在原有银行的基础上投资建立的网上业务渠道，其目的是进一步巩固现有客户基础、降低服务成本、提高经营效率，因此可以充分延伸银行原有的品牌优势，并利用网络渠道优化自身形象、改善客户关系、扩大产品的市场占有率，最终实现传统业务与网上银行的协调发展。目前，它主要有收购已有纯虚拟网上银行和发展自己的网上银行两种发展模式。

目前我国还没有纯虚拟网上银行。我国商业银行的网上业务多采用延伸模式，即通过构建网上银行业务部门，将现有的银行业务扩展到互联网上，但传统业务与网上业务还需要进一步整合。

3. 网上银行的特点

网上银行同传统的银行相比，其特点与优势是很明显的，表现在：

(1) 降低经营成本。传统银行拓展业务依靠简单地增设营业网点，需要大量的土地、设备、资金、人力等资源的投入。相比较而言，网上银行投入少量的资金、设备、人力，就可以将银行业务拓展到更大的地域范围。

(2) 降低交易成本。据国外资料统计，通过不同途径进行每笔交易的成本为：营业点为 1.07 美元、电话银行为 0.54 美元、ATM 为 0.27 美元、PC 为 0.15 美元、Internet 为 0.1 美元。可见，网上银行交易成本是最低的。

(3) 更好的客户服务模式。网上银行可以为用户提供任何时间（Anytime）、任何地点（Anywhere）、任何方式（Anyhow）的全方位服务。随着 WAP 应用的普及，还可以为用户提供 WAP 网上银行业务，进一步拓展客户服务模式。

(4) 更好的客户服务内容。网上银行除可以为用户提供基本的账户查询、转账结算、代缴费、代发工资等网上支付业务外，还可以充分利用 Internet 提供理财助理、财务分析、个性化服务、目标营销、客户关系管理等特色服务。

（5）对电子商务的支持。网上银行可以提供网上支付功能，解决电子商务的资金结算环节的关键问题，促进更多的商家利用 Internet 展开电子商务活动。

4. 网上银行的功能

无论是国外已经发展成熟的网上银行，还是国内刚刚起步的网上银行，其功能一般包括银行业务项目、网上银行服务、信息发布和商务服务几个部分。其中，网上银行业务根据服务对象的不同，可分为网上个人银行业务和网上企业银行业务。

以招商银行的“一网通”为例，其网上个人银行的基本功能包括以下三大部分：①银行业务功能，包括账户、账务查询，转账、汇款、缴费、充值业务，网上支付功能，自助贷款业务，金融投资理财服务，财务分析等；②证书管理功能，包括证书更新、证书备份、证书查询；③系统管理功能，包括修改密码、日志查询、显示设置。

招商银行的“一网通”的网上企业银行业务的基本功能有：①账务查询，包括账户余额明细，历史交易明细等；②内部转账，实现本单位账户之间的资金划拨；③对外支付，用于向其他企业的账户付款；④代发工资，用于向本单位的员工发放工资；⑤银行信息通知，如定期存款到期通知、贷款到期通知、开办新业务通知、利率变动通知及相关账务信息等；⑥金融信息查询，提供实时证券行情、利率、汇率、国际金融信息等。

7.3.2 第三方支付平台

以往，网上支付问题一直是阻碍我国电子商务发展的瓶颈之一。而这一瓶颈，最早是由第三方支付平台来打破的。

第三方支付平台是马云在2005年瑞士达沃斯世界经济论坛上首先提出来的。他在会议中表示，电子商务首先应该是安全的电子商务，一个没有安全保证的电子商务环境，是没有真正的诚信和信任而言的。而要解决安全问题，就必须先从交易环节入手，彻底解决支付问题。支付宝这种第三方支付平台应运而生。

1. 第三方支付平台的概念

传统的银行支付方式只具备资金的传递功能，交易双方只能通过指定银行的界面直接进行资金的划拨，在整个交易过程中，无论是货物质量、交易诚信、退换要求等方面，都无法得到可靠的保证。第三方支付平台大大改善了这种状况。第三方支付平台是指由已经和国内外各大银行签约并具备一定实力和信誉保障的第三方独立机构提供的交易支持平台。实际上，它就是买卖双方交易过程中的“中间件”，也可以说是“技术插件”，除了有支付功能，还有一定的监督和担保功能。

2. 第三方支付交易流程

第三方支付模式使商家看不到客户的信用卡信息，同时又避免了信用卡信息在网络多次公开传输而导致的信用卡被窃事件。第三方支付的一般运行模式为：买方选购商品后，使用第三方平台提供的账户进行货款支付，第三方在收到代为保管的货款后，通知卖家货款到账，要求商家发货；买方收到货物、检验商品并确认后，通知第三方付款；第三方将其款项转划至卖家账户上。这一交易完成过程的实质是一种提供结算信用担保的中介服务方式。以B2C 交易为例的第三方支付模式的交易流程如图 7-3 所示。

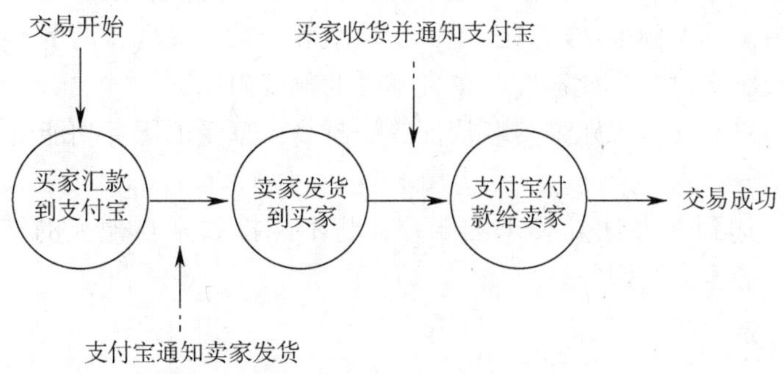

图 7-3 第三方支付模式的交易流程图

在交易过程中，如果顾客对货物不满，并与商家达成了退货协议，第三方支付平台在确认商家收到退货后，将该商品货款划回顾客账户或暂存在第三方账户中等待顾客下一次交易的支付。

3. 第三方支付的应用领域

在实际应用中，B2B 交易还是以银行支付结算和商业信用为主；在 B2C 市场，将会以银行和第三方支付共存，商业信用高的、金额较大的以银行结算为主，商业信用低的或金额较小的以第三方支付为主。在 C2C 市场，因为没有可靠的诚信体系，银行结算几乎无能为力，应该以第三方支付为主。

4. 第三方支付的特点

第三方支付的优点主要体现在以下几个方面：

（1）第三方支付平台采用了与众多银行合作的方式，从而大大地方便了网上交易的进行。对于商家来说，不用安装各个银行的认证软件，一定程度上简化了操作。

（2）第三方支付平台作为中介方，可以促成商家和银行的合作。对于商家，第三方支付平台可以降低企业运营成本；对于银行，可以直接利用第三方的服务系统提供服务，帮助银行节省网关开发成本。

（3）第三方支付平台能够提供增值服务，帮助商家网站解决实时交易查询和交易系统分析等问题，提供方便及时的退款和止付服务。

（4）第三方支付平台可以对交易双方的交易进行具体的记录，从而防止交易双方对交易行为可能的抵赖以及为在后续交易中可能出现的纠纷提供相应的证据。

5. 第三方支付的管理政策

2016 年 7 月 1 日开始，中国人民银行（以下简称央行）制定的《非银行支付机构网络支付业务管理办法》（以下简称《办法》）正式实施。该管理条例首先要求支付宝、微信支付等第三方支付平台的用户，需要按照《办法》规定完成实名认证。支付宝目前的实名用户超 4.5 亿人，因此，绝大部分用户都照常享受支付宝的各项便利服务，未实名认证的用户按照官方提示就可轻松完成认证。

其次，该《办法》对第三方支付的余额支付做了限制。按照用户实名认证程度的不同，《办法》将支付宝、微信支付等第三方支付账户分为三类：

Ⅰ类账户，余额支付额度 1000 元/终身，可享受余额转账、提现、消费功能。

Ⅱ类账户，余额支付额度 10 万元/年。除了支持余额转账、提现、消费，除提现外，Ⅱ

类账户个人所有账户通过余额支付共享此额度，提现不受此额度限制。

Ⅲ类账户，余额支付额度20万元/年，支持余额转账、提现、消费，投资理财功能，个人所有账户通过余额支付共享此额度，提现不受此额度限制。

也就是说，用户的支付宝账户实名认证等级越高，享受的服务功能就越多，余额支付的额度也越高。

实名认证未能达到《办法》要求的账户，将不能接收来自他人的转账、打赏和红包，账户的余额支付功能也会受限。

7.3.3 移动支付

1. 移动支付的概念

移动支付是指消费者通过移动终端（通常是手机、平板电脑等）对所消费的商品或服务进行账务支付的一种支付方式。客户通过移动设备、互联网或者近距离传感直接或间接向银行金融企业发送支付指令，产生货币支付和资金转移，实现资金的移动支付，实现了终端设备、互联网、应用提供商以及金融机构的融合，完成支付、缴费等金融业务。

2. 移动支付的应用类型

移动支付按照技术形态可分为以下三类：

（1）移动互联网远程支付。阿里巴巴等互联网企业利用其在电子商务领域的网上支付经验，借助移动互联网和移动智能终端的飞速发展，将桌面互联网的模式照搬过来，实现手机端转账、消费等功能。

（2）O2O电子商务支付。主导这一类支付方式的依然是互联网支付企业，其基于移动互联网的交互技术，使用二维码、基于位置的低功耗蓝牙（BLE）、手机刷卡器等支付技术设备实现支付。

（3）近场支付。这一类支付方式的主导方是具有国家背景的银联、银行和移动运营商。其基于近场通信技术（Near Field Communication，NFC），通过电子设备间进行非接触式点对点数据传输，实现脱离互联网的线下支付。其主要优势在于资金安全保障。

目前在移动支付市场，三类支付方式均有各自份额。互联网企业主导的移动互联网远程支付和O2O电子商务支付占据市场主要份额，尤其是以二维码为代表的扫码支付发展最快。二维码支付的推广得益于互联网企业庞大的用户数量和丰富的应用场景，并且由于扫码支付无须额外的硬件支持，只需要手机安装相关的应用程序，使用摄像头就可以实现支付功能，加之互联网的巨额支付补贴，因此受到了用户的青睐。

7.4 互联网金融

7.4.1 互联网金融的概念

互联网金融是传统金融行业与互联网精神相结合的新兴领域。互联网金融是指借助互联网技术、移动通信技术实现资金融通、支付和信息中介等业务的新兴金融模式，既不同于商业银行间接融资，也不同于资本市场直接融资的融资模式。互联网金融包括三种基本的企业组织形式：网络小贷公司、第三方支付公司和金融中介公司。当前商业银行普遍推广的电子银行、网上银行、手机银行等均属于此类范畴。

中国互联网金融发展历程要远短于美欧等发达经济体。截至目前，中国互联网金融大致可以分为三个发展阶段：第一个阶段是20世纪90年代到2005年的传统金融行业互联网化阶段；第二个阶段是2005—2011年前后的第三方支付蓬勃发展阶段；而第三个阶段是2011年以来至今的互联网实质性金融业务发展阶段。在互联网金融的发展过程中，国内互联网金融呈现出多种多样的业务模式和运行机制。

当前互联网+金融格局，由传统金融机构和非金融机构组成。传统金融机构主要是指传统金融业务的互联网创新以及电商化创新、App等；非金融机构则主要是指利用互联网技术进行金融运作的电商企业、P2P模式的网络借贷平台、众筹模式的网络投资平台、挖财类（模式）的手机理财App（理财宝类）及第三方支付平台等。

7.4.2　互联网金融的模式

当前我国主要的互联网金融模式有如下几种：

（1）传统的金融借助互联网渠道提供服务，如网银。互联网在其中发挥渠道的作用。

（2）类似阿里金融，由于拥有电商平台，它能更好地为平台上的小微企业提供信贷服务。互联网在其中发挥的作用是依据大数据收集和分析，进而得到信用支持。互联网金融正是阿里巴巴“平台、金融、数据”三大战略的体现之一。

（3）P2P（Professional to Professional）模式，这种模式更多地提供了中介服务，这种中介把资金出借方和需求方结合在一起。发展至今，由P2P的概念已经衍生出了很多模式。中国网络借贷平台已经超过2000家，平台的模式各有不同，归纳起来主要有以下四类：

1）担保机构担保交易模式。这也是相对安全的P2P模式。此类平台作为中介，不吸储，不放贷，只提供金融信息服务，由合作的小贷公司和担保机构提供双重担保。此模式首先在创富贷平台创立，由创富贷与中安信业共同推出产品“机构担保标”。此类平台的交易模式多为“一对多”，即一笔借款需求由多个投资人投资。此种模式的优势是可以保证投资人的资金安全，中安信业、证大速贷、金融联等我国大型担保机构均介入此模式中。

2）大型金融集团推出的互联网服务平台。如平安集团旗下的陆金所，与其他平台仅仅几百万元的注册资金相比，陆金所4亿元的注册资本显得尤其亮眼。此类平台有大集团的背景，并且是由传统金融行业向互联网布局，因此，在业务模式上金融色彩更浓，更“科班”。从风险控制来看，陆金所的P2P业务依然采用线下的借款人审核，并与平安集团旗下的担保公司合作进行业务担保，还从境外挖了专业团队来做风控。线下审核、全额担保虽然是最靠谱的手段，但成本并非所有的网贷平台都能负担，无法作为行业标配进行推广。值得一提的是陆金所采用的“一对一”模式，即一笔借款只有一个投资人，需要投资人自行在网上操作投资，而且投资期限为1~3年，所以在刚推出时天天被抱怨买不到，而且流动性不高。但由于“一对一”模式债权清晰，因此，陆金所在2012年年底推出了债权转让服务，缓解了供应不足和流动性差的问题。

3）以交易参数为基点，结合O2O综合交易模式。O2O将线下商务的机会与互联网相结合。例如，阿里小额贷款为电商加入授信审核体系，对贷款信息进行整合处理。这种小贷模式创建的P2P小额贷款业务凭借其客户资源、电商交易数据及产品结构占得优势，其线下成立的两家小额贷款公司对其平台客户进行服务。线下商务的机会与互联网结合在一起，让互联网成为线下交易的前台。

(4) P2P 网贷模式。以 P2P 网贷模式为代表的创新理财方式受到了广泛的关注。与传统金融理财服务相比，P2P 的借款人主体是个人，以信用借款为主，借款来源一端被严格限制为有着良好实体经营、能提供固定资产抵押的有借款需求的中小微企业。

7.4.3 互联网金融的监管

作为新生事物，互联网金融既需要市场驱动，鼓励创新，也需要政策助力，促进健康发展。近几年，我国互联网金融发展迅速，但也暴露出了一些问题和风险隐患，主要包括：行业发展“缺门槛、缺规则、缺监管”；客户资金安全存在隐患，出现多起经营者“卷款跑路”事件；从业机构内控制度不健全，存在经营风险；信用体系和金融消费者保护机制不健全；从业机构的信息安全水平有待提高等。互联网金融的本质仍属于金融，没有改变金融经营风险的根本属性，也没有改变金融风险的隐蔽性、传染性、广泛性和突发性特点。

党中央、国务院对互联网金融行业的健康发展非常重视，对出台支持发展、完善监管的政策措施提出了明确要求。要鼓励互联网金融的创新和发展、营造良好的政策环境、规范从业机构的经营活动、维护市场秩序，就应拿出必要的政策措施，回应社会和业界关切，深入研究在新的市场环境和消费需求条件下，如何将发展普惠金融、鼓励金融创新与完善金融监管协同推进，引导、促进互联网金融这一新兴业态健康发展。为此，中国人民银行根据党中央、国务院部署，按照“鼓励创新、防范风险、趋利避害、健康发展”的总体要求，会同有关部门制定了并印发了《关于促进互联网金融健康发展的指导意见》。

“指导意见”按照“依法监管、适度监管、分类监管、协同监管、创新监管”的原则，确立了互联网支付、网络借贷、股权众筹融资、互联网基金销售、互联网保险、互联网信托和互联网消费金融等互联网金融主要业态的监管职责分工，落实了监管责任，明确了业务边界。

本章小结

电子支付是电子商务活动中最核心、最关键的环节，是交易双方实现各自交易目的的重要一步，也是电子商务得以进行的基础条件。其目的在于让消费者、商家和金融机构之间使用安全电子手段交换商品或服务。

电子货币是电子商务的核心，是发展电子商务的保证，在现代商务系统中发挥着日益显著的作用。电子支付中常用的工具有银行卡、电子现金、电子支票等。作为支付手段，大多数电子货币不能脱离现金或存款，是用电子化方法传递、转移以清偿债权债务实现结算。因此，现阶段电子货币的职能及其影响，实质是电子货币与现金和存款之间的关系。关键问题在于，电子货币必须在安全性、及时性、保密性、灵活性和国际化等方面均达到一定的先进水平，才能保证在电子商务中可靠地应用。

网上银行、移动支付系统和第三方支付平台组成了目前我国常用的电子支付平台系统，是电子货币赖以存在、转换、交易并提供安全保证的系统环境。在学习中，要重点掌握这几种支付平台的特点和之间的区分。

相关术语

ATM（Automated Teller Machine，自动取款机）

ACH（Automated Clearing House，自动清算所）

BACS（Bankers Automated Clearing Service，银行自动清算业务）

IC卡（Integrated Circuit Card，集成电路卡）

P2P（Peer to Peer，点对点）

NFC（Near Field Communication，近场通信）

思考与练习

一、选择题

1. 在线商店向银行请求支付授权时，信息通过（　　）从Internet传给收单行。

A. 认证中心　　B. 信用卡信息中心

C. 支付网关　　D. 票据交换中心

2. 在SET中，利用（　　）技术保证商家看不到消费者的账号信息。

A. 数字签名　　B. 公钥密码技术

C. 散列函数　　D. 双重签名

3. 在进行电子商务交易活动中，用（　　）来证明交易者的身份。

A. 数字签名　　B. 交易卡　　C. 上网卡　　D. 数字证书

4. 下列说法错误的是（　　）。

A. 电子现金使用时采用实名制　　B. 电子现金用途广、使用灵活

C. 电子现金具有匿名性　　D. 使用电子现金快速简便

5. 下列电子支付工具中，属于电子支票类的有（　　）。

A. 智能卡　　B. 电子支票　　C. 电子汇款　　D. 电子划款

6. 中国第一家网上银行是（　　）。

A. 招商银行　　B. 中国银行　　C. 中国工商银行　　D. 中国建设银行

7. CFCA是指（　　）。

A. 中国国家现代支付系统　　B. 中国金融认证中心

C. 全国电子联行系统　　D. 中国国家金融通信网

8. 信用卡(　　)起源于美国，至今已有多年的历史。

A. 1902年　　B. 1915年　　C. 1950年　　D. 1970年

9. 电子货币与其他货币形式相比，具有（　　）的特性。

A. 保存成本高　　B. 流通费用高　　C. 使用成本低　　D. 携带不方便

10. 随着金融电子化服务的出现和发展，传统银行向多媒体银行过渡期间经历的一次根本性的革命是（　　）。

A. 普及自动出纳机　　B. 普及电话服务

C. 在线金融服务　　D. 电子货币和交互视频

11. 以下对信用卡组织理解不正确的有（　　）。

A. 它们为加入信用卡组织的成员提供机构提供高效率的结算和授权服务

B. 它们起着中介的作用

C. 它们也直接向消费者和商户提供发卡业务和金融服务

D. 它们致力于开发全球性的产品、系统和网络

12. 用户使用网上银行系统时，不应该做的是（　　）。

A. 定期修改认证访问密码

B. 允许从其他地方链接进入网银系统

C. 单人操作网上银行系统

D. 如果要临时走开，应该及时、安全地退出系统

13. 与传统现金相比，电子现金的优点为（　　）。

A. 方便、成本低　　B. 管理控制技术复杂

C. 已解决合理征税问题　　D. 不可能被伪造

二、判断题

1. 网上支付与传统支付方式的本质不同在于网上支付的一切都是数字的。（　　）

2. 电子货币的本质是一串电子数据。（　　）

3. 磁卡作为一种记录信息的载体，因其记录的磁信息并不是电子数据，所以不是电子货币的载体。（　　）

4. 我国在电子交易过程中，数字签名具有与亲笔签名同等的法律效力。（　　）

5. 电子现金（E-Cash）是一种以数据形式流通的货币，它把现金数值转换成一系列不加密序列数，通过这些序列数来表示现实中各种金额的币值。用户在开展电子现金业务的银行开设账户并在账户内存钱后，就可以在接收电子现金的商店购物。（　　）

6. 招商银行网上银行是完全建立在 Internet 上的，所以它是纯虚拟网上银行。（　　）

7. 电子支票的运作需要公共密钥、数字证书的广泛使用，同时也需要良好的管理。（　　）

8. 电子商务的实现必须由两个重要环节组成：一是交易环节；二是支付环节。前者在客户与销售商之间完成，后者需要通过银行网络来完成。（　　）

三、问答题

1. 简述电子支付的概念。

2. 简述电子货币的种类。

3. 如何理解电子现金？电子现金中如何实现匿名性和不可重复使用性？

4. 如何理解电子支票？在电子支票使用过程中如何保证安全？

5. 如何理解支付网关？第三方支付平台有哪些类别？请举例说明。

6. 互联网金融的主要模式有哪些？

实践任务

任务一：调研某电子商务平台提供的支付方案

【任务目标】

1. 了解常见的电子支付方式。

2. 了解电子支付工具和第三方支付平台的应用情况。

【任务要求】

选择一家电商平台，研究该平台提供的电子支付手段，明确电子支付方式的类型和使用方法。深入了解电子支付手段的不同对企业运营的影响。

任务二：了解我国主要商业银行网上银行的开展情况

【任务目标】

1. 了解网上银行在我国目前的应用情况。
2. 了解各主要商业银行网上银行的开展情况。
3. 熟悉网上银行的使用流程及注意事项。

【任务要求】

1. 收集网上银行的相关资料，总结网上银行在我国目前的发展情况。
2. 从开办时间、面向对象、业务类型、特色服务、安全保障措施及收费标准等方面对比分析各主要商业银行网上银行的开展情况。
3. 通过上面问题的分析总结安全开展网上银行业务的方法。

第 8 章

电子商务的网络营销

- 了解网络营销的产生和发展，熟练掌握网络营销的含义与特点，理解基于互联网的网络营销与传统营销的区别与联系
- 熟练掌握组建企业网络营销站点的方法，能进行网站合理性诊断，针对不同企业开展营销网站策划
- 掌握网络营销的主要渠道和运作方法

◆引例

“熊猫求婚”仅仅是新媒体营销时代的非典型案例

2017 年五一小长假的最后一天，钻戒品牌 DR 号称花费巨资打造的一只求婚熊猫，经由网络传播的链式反应，引发了全民热议。如图 8-1 所示，亲爱的，“一生只爱你一熊，做我老婆好咩？”——霸气而浪漫的告白不仅引来了众人围观，更引起了网络疯传。

DR 称这次活动的目的是“通过天真可爱的熊猫，向情侣们传达正确的求婚观念，求婚就是要秉承一颗纯真的心，才能获得幸福的爱情”。但事实上，无论围观群众还是朋友圈“段子手”都心知肚明，这是毋庸置疑的商业行为、一场非典型的品牌营销。但这并不妨碍人们愿意参与并转发。由此可见，许多媒体和品牌希望将营销意图“暗度陈仓”的心态其实大可不必，人们厌恶的不是营销本身，而是没水准的营销手段。

图 8-1　成都“熊猫求婚”图片

今天就以这只刷爆朋友圈的熊猫为案例，聊聊新媒体时代必须具备的营销思维。

新媒体时代人人都是自媒体。因为渠道不再稀缺，人们从被动接受信息变成主动筛选信息，移动互联时代的精彩之处不是“触达”，而是“激活”。所以，电视广告的收视率不断下降，微信朋友圈却成为最大的传播平台之一。

那么，在新媒时代，什么样的营销方案才能引起朋友圈的疯狂转发呢？①产品与高频事件相关联；②最大限度地消费“公共性资源”。

人们的日常生活的事件通常分为“高频”和“低频”两类。时常发生的、每天都可能关注的称为“高频事件”，如洗脸、开车、雾霾；而另一类发生频次较低的称为“低频事件”，如装修、结婚、奥运会等。与此对应，商品也可分为“高频需求”和“低频需求”两类。本次营销事件的品牌方DR钻戒就是典型的低频需求商品，因为“男人一生只能购买一次”。

对于低频需求的商品而言，营销的难点通常在于：

(1) 难以捕捉目标客户，如结婚（你不知道谁即将结婚）。

(2) 难以固定消费场景，如鲜花，除了生日、约会等低频事件，日常购买鲜花大多是即兴消费。

(3) 产品消费周期过长，如家电（购买一次使用很多年，用户关注度持续降低）。

这类问题的一个有效解决方案是：将低频需求与高频事件相关联，借助人们对高频事件的关注，通过高频事件的覆盖，不断增强产品的出镜率，形成持续印象关联。比如品牌最常用的营销手段——明星代言，本质上也是一种与高频事件相关联的方法。这次“熊猫求婚”事件里，DR选中的高频事件就是“熊猫”——不仅是四川著名的“文化名片”，还是成都国际金融中心（IFS）那只人气超高的“爬墙大熊猫”——将“钻戒”这一低频商品与高频商业标签相关联。借由这次事件，当人们每次看到IFS的大熊猫艺术品时，都会联想起“求婚”的场景，进而引发与DR的品牌关联。而这次营销事件最巧妙的一点是，熊猫具有公共性资源属性，相对于明星代言等方式，成本低廉、受众覆盖广泛且品牌输出稳定。DR的“求婚熊猫”虽耗费巨资，效果可谓十分突出。

在“熊猫求婚”事件的评论中，能看到最典型的段子是：熊猫都“脱单”了，我还是单身。“结婚”作为具有里程碑意义的人生大事，很容易激发人们心中羡慕、向往、失落、调侃等高唤醒情绪，这些情绪都会带来“说点什么”的冲动，引发朋友圈的关注和互动，从而助长营销事件的传播频率，最终形成现象级营销效应。

关于“熊猫求婚”事件，DR给人们讲了一个好故事，但最好的地方在于：这个故事只讲了开始，它可以有多种延续和结局，留给受众大量的参与空间。而新的故事又可以激发新的话题热点，最终带来传播的规模裂变。

（资料来源：搜狐：智库·专栏．“熊猫求婚”仅仅是新媒体营销时代的非典型案例，2017年5月，http：//www.sohu.com/a/138508969_475932，略有删改。）

案例点评：

新媒时代随着信息爆炸、注意力分散、渠道失灵的现象越发突出，以精神需求为原点成为高质量营销的有效路径。在DR的“熊猫求婚”事件中，其内在逻辑主要是从受众心理需求出发，唤起内心共鸣，激发传播动力，借由互联网的链式扩散效力，最终形成了刷爆朋友圈的“全民狂欢”现象。

8.1 网络营销概述

近年来，随着信息科技的迅速发展，互联网络日益在全球得到了普及与应用。各大企业纷纷利用互联网进行电子广告发布，开展产品的电子销售，提供各种信息服务，同时按照互联网的特点积极改组企业内部结构和探索新的管理营销方法。一种建立在互联网基础上的全新营销方式——网络营销便得到了广泛应用和推广，成为网络时代企业竞争优势的新来源。

8.1.1 网络营销的概念

1. 营销和网络营销

营销在经济领域有着举足轻重的作用。可以说，营销在企业中具有重要地位，是企业经营和运作的一项重要内容。制定合理的营销策略是企业将自己的劳动成果转化为社会化劳动的一种努力，是企业实现其劳动价值和目的的一项十分重要的工作。菲利普·科特勒（Philip Kotler）的《营销管理》和杰罗姆·麦卡锡（E. Jerome McCarthy）的《基础营销学》是当今世界上流传甚广的两本营销学教科书，而美国营销协会则是世界上最大的营销学专业团体。下面是他们给营销下的定义。

菲利普·科特勒（2003）：从社会角度看，营销是个人和组织通过生产、供应以及与他人自由交换有价值的商品和服务来取得他们所需之物的社会过程。

杰罗姆·麦卡锡（2002）：微营销（Micro-marketing）是通过预测顾客需求，引导可以满足需求的商品和服务从生产商流向顾客来实现组织目标的活动；宏营销（Macro-marketing）是在一个经济体中引导商品和服务从生产商流向顾客，从而有效地撮合供求、达成社会目标的社会过程。

营销的定义有微观和宏观之分，微观上的定义就是人们通常所理解的营销管理的概念，强调营销活动的具体环节；而宏观上的定义则从整体上阐述了营销所承担的社会功能。

网络营销就是在互联网环境下实施营销策略的过程，它需要以传统的营销理论为基础，并结合网络的特性才能得以实现。迄今为止，人们在网络营销的概念上仍然存在着分歧，不仅没有一个公认的、完善的定义，而且随着网络营销环境的不断发展变化，人们在不同时期对网络营销的认识也有一定的差异。为了明确网络营销的基本含义，这里将网络营销定义为：网络营销是企业整体营销战略的一个组成部分，是依托网络工具和网络资源开展的一系列营销环节以达到营销目标的过程。

2. 网络营销同电子商务、市场营销的关系

（1）网络营销同电子商务的关系。经常会有一些人错误地以为网络营销是电子商务的初级阶段，这显然是把网络营销理解成了利用网站来开展宣传或者销售。其实，网络营销与电子商务的关系大体上类似于市场营销和企业管理的关系。网络营销并非电子商务的一个阶段，而是一个组成部分，并且是一个非常重要的组成部分。因为当今的企业经营活动是市场导向的，越来越多的企业开始了全程营销或者全员营销，这一倾向模糊了营销和管理的界限。不过，某些专门的经营活动虽然和营销关系密切，但在习惯上仍然不被包括在营销的范围之内，如人力资源管理、财务管理、战略管理、物流管理等。

（2）网络营销同市场营销的关系。网络营销是市场营销这一企业管理领域的一个有机

组成部分，虽然它的地位会逐步上升，但一些传统的营销方式仍会长期存在。正如虽然电子邮件在不断挤压传统邮件的使用空间，但后者仍将长期存在一样。许多活动仍要在现实的世界发生，许多市场行为仍要在传统的市场上进行，所以网络营销永远也不会取代传统的营销，市场营销永远都会有比网络营销更丰富的内容。

8.1.2 网络营销的产生

网络营销的产生是科技发展、消费者价值观改变、商业竞争等综合因素所促成的。

1. 网络营销产生的技术基础

互联网络的崛起和现代电子技术、通信技术的应用是网络营销产生的技术基础。

Internet 是一种集通信技术、信息技术、计算机技术为一体的网络系统。它将加入的不同类型的网络和不同机型的计算机互连起来，构成一个整体，从而实现了网上资源和网络信息的共享。

2. 网络营销产生的观念基础——消费者价值观念的改变

满足消费者的需求，历来都是企业的经营核心。随着互联网的用途由学术研究向商业应用逐步转变，世界各地的企业纷纷上网为消费者提供各种类型的信息服务，并把抢占这一科技制高点视为获取未来竞争优势的重要途径。激烈竞争的市场正由卖方垄断向买方垄断演变，这一变化使当代消费者心理与以往相比呈现出一种新的特点和趋势。

(1) 个性化消费的回归。在过去相当长的一个历史时期内，工商业都是将消费者作为单独个体进行服务的，个性化消费是主流。只是到了近代，工业化和标准化的生产方式才使消费者的个性被淹没于大量低成本、单一化的产品洪流之中。另外，在短缺经济或近乎垄断的市场中，消费者可以挑选的产品本来就少，因而个性不得不被压抑。但当市场经济发展到今天，多数产品无论在数量还是品种上都已极为丰富，消费者能够以个人心理愿望为基础来挑选和购买商品或服务，个性化消费又将成为消费的主流。

(2) 消费主动性增强。在社会分工日益细分化和专业化的趋势下，消费者对购买的风险感随选择的增多而增加，而且对传统营销单向的“填鸭式”沟通感到厌倦和不信任。网络时代商品信息获取的方便性，促使消费者主动通过各种可能的途径获取与商品有关的信息并进行分析比较。通过分析比较，消费者获得了心理上的平衡和满足感，增加了对所购产品的信任，减轻了风险感，也减少了在购买后后悔的可能。

(3) 对购物的方便性和趣味性的追求。信息社会的高效率产生了一批工作压力大、生活节奏紧张的消费者，他们会以购物的方便性为目标，追求时间和劳动成本的尽量节省，特别是对某些消费品已经形成固定品牌偏好的日常消费者来说，这一点尤为突出。而另一些消费者则由于劳动生产率的提高，可供支配的时间增加，如自由职业者或家庭主妇，希望能通过购物来消遣和寻找生活乐趣，而网络消费正好能使他们保持与社会的联系，减少心理孤独感，满足他们的心理需求。

(4) 价格仍然是影响消费的重要因素。网络运作的低成本，使得网络销售中的商品具有绝对的价格优势。这对消费者也具有很大的诱惑。

3. 网络营销产生的现实基础——竞争的激烈

随着市场竞争的日益激烈化，为了在竞争中占据优势，各个企业不断地推出各种营销手段来吸引顾客，传统营销已经很难有新颖、独特的方法能帮助企业在竞争中出奇制胜。而开展网络营销，在更深层次的经营组织形式上的竞争，可以节约大量昂贵的店面租金，减少库存商品的资金占用，方便收集客户信息，使经营规模不受场地限制。这些都可以使企业的经营成本和费用降低、运作周期缩短，从根本上增强企业的竞争优势，增加盈利。

8.1.3 网络营销的特点

网络营销的实质着眼于信息流，即通过计算机网络传输信息。这种全新的营销方式在经营环境、范围、手段、运作形式以及供求双方的沟通等方面，都有着其他营销方式所不可比拟的优势。

1. 无限的运作时空

以无时间和空间约束的Internet为依托的网络营销，没有时间、空间、地域等的限制，减少了市场壁垒和市场扩展的障碍。

2. 公平自由的竞争环境

Internet为企业提供了一个真正平等、自由竞争的市场环境。上网的企业无论大小，面对的都将是同一个覆盖全球的大市场。

3. 便捷有效的沟通渠道

市场营销中最重要的就是企业与客户之间的信息传播与交流。传统营销中那种“一对多”、单向式的信息沟通方式，被网络营销中“一对一”、具有双向交互式的沟通方式取代。消费者可以主动地在网上选择所感兴趣的信息、产品或服务，或向企业提出各种消费意愿。而企业也可根据其反馈的需求信息，定制、改进或开发新产品。这种交互式的沟通方式是以消费者为主导的、非强迫性的，它使企业与消费者之间的沟通更直接、迅速、方便、友好，也更有效。

4. 营销目标定位准确

网络营销顺应了当今社会消费需求个性化、多样化的发展趋势，从大规模无差异性向个性化集中营销转化。它更准确、详尽地细分了市场，使企业可以从每一个消费者身上寻找商机，为其提供称心如意的产品和服务。同时，网上的营销效果是可以统计的，消费者的各种消费意愿也是可收集到的。如访问某企业网站的人数、来源，都可以被安置在网站上的软件所记录，从而使企业掌握访问者所要了解的产品信息，以及这些访问者的地理分布，确定有效的营销目标，进而主动地、有针对性地开展营销活动。这是其他营销手段所无法具备的。

5. 经营成本降低

网络营销利用计算机网络为营销环境，减少了销售环节，简化了信息传播过程，网站和网页分别成为营销的场所和界面。这一方面可以节省大量的店面资金和人工成本，减少库存产品的资金占用，降低整个商品供应链上的费用；另一方面可以减少由于多次迂回交换带来的损耗，使产品在网络流通中增值。

6. 缩短供应链，提高经营效率

网络营销减少了许多营销环节，缩短了供应链，节省了大量时间，提高了运作效率。

7. 营销形式丰富多彩

网络营销可以充分发挥计算机及多媒体技术的优势，实现丰富的营销形式。

8. 高技术条件支撑的营销手段

网络营销建立在计算机及现代通信等高新技术支撑的网络环境中，企业实施网络营销必须有一定的技术投入和技术支持，经营决策、市场运作更加依赖于科技手段。

8.1.4 网络营销的发展

网络营销自20世纪末诞生以来，经历了多个重要的发展阶段，无论是网络营销的工具和方法，还是思维模式和内容体系，都发生了深刻的变化。本书将其归纳为网络营销的“三次革命”。

1. 网络营销的第一次革命（2000年）：网络信息展示与获取的“搜索技术革命”

据统计，大约有50%的网站访问者并非通过主页进入网站，而是通过其他页面（特别是搜索引擎）进入，为增加搜索结果的曝光率，就需要将尽可能多的网页登录到搜索引擎。为此，2000年之前搜索引擎登录是网站推广的主要手段，是网络营销的突破口。

雅虎（Yahoo!）是第一代搜索引擎代表，是用户访问网站的主要门户。早期的雅虎事实上属于分类目录，登录流程是：网站管理员登录雅虎网站的提交网址入口，填写网站名称、网址和网站简介，然后就只能被动地等待搜索引擎审核结果。网站是否会被收录，以及何时收录，站长都无法知道。

由于第一代搜索引擎（分类目录）收录网站的速度慢且数量有限，对网站推广造成了一定的制约。因此，以谷歌（Google）为代表的第二代搜索引擎（也称技术性搜索引擎）得到迅速发展，逐渐超越了基于人工审核的分类目录型搜索引擎。这类搜索引擎根本无须人工提交网站的信息，自己就可以通过网页链接关系把一个网站的所有网页都收录到数据库中。这也就意味着，每一个网页都可能直接带来访问量。第二代搜索技术革命带来了网络营销第一次革命，其原因和意义在于：

（1）提升了搜索引擎收录的网页信息量，提高了用户获取信息的效率，进一步巩固了搜索引擎在互联网应用中的基础地位。

（2）扩大了网站信息的网络可见度，拓宽了网络推广渠道，让网站获得更多被用户访问的机会，促使搜索引擎成为网站推广的主流方法。

（3）网站运营人员更加重视网页内容的质量，有助于提高网站内容质量，对内容营销思想的诞生产生了积极影响。

（4）由于网站外部链接与搜索结果之间直接联系，传统的网站友情链接具有更重要的意义，外部链接推广受到重视。

第一次网络营销革命的特征是网站技术导向，即通过建设良好的网站结构、优质的内容和高质量的外部链接，便可以通过搜索引擎带来较高的访问量。这种导向成为搜索引擎优化思想的萌芽。当然，这种技术导向的搜索引擎，也为随之出现的“搜索引擎导向的网络营销”提供了机会。由于利益驱动，一些用户投机取巧，针对搜索引擎制造内容和外部链接从而获取访问量，制造了大量的垃圾网页信息，降低了搜索引擎搜索结果的质量，影响其他用户获取有价值的信息。搜索引擎技术和搜索引擎作弊的斗争，成为一种持续现象。

2. 网络营销的第二次革命（2006年）：网络信息发布与传播的“网络可见度革命”

由于网站访问量与网页数量成正相关，因此增加网页数量成为搜索引擎营销的必然选择。但是网站运营人员或者企业营销人员创作的网页内容和数量毕竟是有限的。也就是说，网站内容营销有一定瓶颈。如何不断增加网页数量呢？以博客（Blogger）、Twitter等为代表的社会化网络让网页数量及传播模式再上一个台阶，从而引发了网络信息可见度的革命，这是网络营销发展史上的第二次革命。

博客的发展对网络营销的贡献主要体现在以下四个方面：

(1) 个人用户发布信息变得简单，不再需要建个人网站，也无须懂网页制作技术，任何人都可以通过博客免费在网上发布及管理信息，极大地丰富了互联网的信息。

(2) 通过第三方博客平台，扩展了企业官方网站内容的发布渠道，有利于提高企业信息的网络可见度。

(3) 由于每个人都可以成为网络信息的制造者，企业每个员工都可以为企业网站贡献内容，大大增加了网页内容的数量，使企业信息网络可见度实现爆发式增长，在一定程度上实现了全员营销。

(4) 与第一次网络营销革命基于搜索引擎技术的特征相比，网络营销第二次革命则开始重视人的因素，体现了人（尤其是企业全体员工）在网络营销中的重要性。

总之，博客及微博对内容营销发挥了巨大的推动作用，同时也为网络营销社会化奠定了用户基础。以博客及微博为标志的第二次网络营销革命，使内容营销发挥出更大的威力。

3. 网络营销的第三次革命（2014年）：**移动网络营销背后的“信息可信度革命”**

全民移动上网时代已经到来。与此相对应的是，网络营销的移动化革命也在迅速发展之中。但移动化本身并不能称为革命，更重要的是“移动”背后的本质。

现在微博、微信、QQ空间等是大部分网民每天必不可少的获取信息的工具，无论通过计算机还是智能手机，都可以及时获取所关注的朋友的信息。移动化、社交化是自2009年之后互联网发展的典型特征，其中尤其以微博、微信、QQ空间等的应用为代表。

从传统计算机网络营销到手机移动网络营销，用户获取信息的方式发生了显著变化，不仅是获取信息的设备在变化，更重要的是获取信息的行为在变化。传统计算机互联网用户获取信息往往是通过浏览器进入某个网站，或者利用搜索引擎搜索到达目标网站浏览。而通过手机上网，更多的用户是通过移动社交软件开始浏览信息的，如微信、微博等，信息来源可能是朋友转发的，可能是商家推送的，其形式与传统网页有较大区别，每个朋友、每个关注对象都有可能成为信息源及信息的传播渠道。

一般来说，人们倾向于通过可信任的渠道获取信息，这是社会化网络营销的基础。这说明仅仅把信息发布在官方网站或第三方网站平台上是远远不够的，还需要通过社会关系资源进行传播。也就是说，网络信息传播渠道从传统的网站转变为通过用户社交网络进行传播和再传播，使得信息传播速度更快、传播范围更广，这与提高网络可见度即可增加访问量的模式有着显著的区别。

基于网络可信度的网络营销给传统网络营销模式带来巨大的变革，因此，移动网络营销背后的网络信息发布与传播革命被称为网络营销的第三次革命。

从网络可见度到网络可信度的网络营销革命，其意义主要体现在以下四个方面：

(1) 揭示了移动网络营销与传统网络营销差异背后用户信息发布与传播规律的本质区别。

(2) 反映了网络营销思想从企业人员群体到社会关系网络的演变，社会关系资源与网站资源一样成为重要的网络营销资源。

(3) 从传统互联网以网站/网页的超级链接为基础，发展到移动互联网用户的社交关系连接，从全员网络营销到全员价值营销，人的互联价值超过了网页互联的价值，体现出人在网络营销中的核心地位。

(4) 有利于规范网络营销环境，减少垃圾信息的影响，提高信息质量，基于用户许可的内容营销价值得以充分体现。

可见，以网络可信度为核心的网络营销第三次革命，让内容、用户和价值紧密结合。

8.2　网络营销的职能

以互联网为基础的网络营销，为企业实现灵活性、多样化、低成本的营销运作提供了条件。我国著名学者冯英健教授曾在2002年提出了网络营销的八大职能，经过多年的发展，这些职能不断整合，如今归纳为四大职能，即销售职能、推广职能、服务职能和调研职能。

8.2.1　销售职能

对销售职能的一般理解是通过互联网开展营销并获得收益，包括有形的物品以及无形的服务、观念或它们的组合，不再受限于在互联网上是否产生资金流。

例如，返还网（http：//www. fanhuan. com/，如图8-2所示）表面上是一家拥有超过大多数的销售站点商品数量的网站，实际上它没有开展真正的在线交易，没有一件属于自己的商品。它的经营模式是将市面上几千家知名销售站点的商品按照不同标准进行归类和排序，帮助消费者比较不同卖家的优惠力度。可以说，返还网是网络营销发展到一定阶段的产物，它的服务理念和获利方式是其独有的竞争优势。

图8-2　返还网主页

8.2.2　推广职能

推广职能，或称促销职能，是网络营销的基本职能之一。

网络推广是指利用互联网等手段来组织促销活动，以辅助和促进消费者对商品或服务的购买和使用。网上促销在目前应用较为广泛，网络广告尤其受欢迎。

网络促销的出发点是利用网络特征实现与顾客沟通，这种沟通方式不是传统营销中“推”的方式，而是“拉”的方式，即“软”营销。这一特色是发掘潜在顾客的最佳途径。

常用的网络促销策略有以下几种：

(1) 广告促销。网络广告是指在网上发布、传播的广告。这些广告可以通过超链接的形式链接到广告主的网站上，从而让受众了解广告的更多信息，更好地达到网络广告的目的。

(2) 折价促销。折价也称打折、折扣，是指企业对标价或成交价款实行降低部分价格或减少部分收款的促销方法。

(3) 网络聊天促销。利用网络聊天的功能开展消费者联谊活动，通过交流增强感情，或开展在线产品展销活动和推广活动。

(4) 网上赠品促销。赠品促销目前在网上的应用不算太多，一般情况下，在新产品推出试用、产品更新、对抗竞争品牌、开辟新市场的情况下，利用赠品促销可以达到比较好的促销效果。

(5) 网上抽奖促销。抽奖促销是网上应用较广泛的促销形式之一，是大部分网站乐意采用的促销方式。

(6) 网上积分促销。积分促销在网络上的应用比起传统营销方式要更加简单和易于操作，网上积分活动很容易通过编程和数据库等来实现，并且结果可信度很高。

(7) 网络文化促销。网络文化促销将网络文化与产品广告相融合，借助网络文化的特点来吸引消费者。

(8) 网上联合促销。这是指由不同商家联合进行的促销活动。

8.2.3 服务职能

服务职能是指借助网络工具，加强与用户之间的交流，为用户提供产品信息、技术支持等，以提升用户的购物体验。企业不仅要把产品或服务销售出去，更重要的是不断地根据顾客的反馈意见来改善和完善自己的产品。网上顾客服务加强了企业与顾客之间的交流，并且能够及时收集、整理、分析顾客的反馈意见，帮助企业完善自身，从而进一步发展。

服务职能主要包括顾客关系管理和顾客服务。良好的顾客关系是网络营销取得成效的必要条件，依托网站的交互性，企业在开展顾客服务的同时，也增进了企业与顾客之间的关系。顾客关系对于开发顾客的长期价值具有至关重要的作用，以顾客关系为核心的营销方式成为企业创造和保持竞争优势的重要策略。

顾客服务质量直接影响网络营销的效果。互联网提供了大量方便快捷的在线顾客服务手段，如FAQ（常见问题解答）、BBS、即时通信、基于网页的会话等。企业可以使用这些服务手段为顾客提供全程的销售服务，从销售前的企业产品信息查询，到顾客购物过程中的问题解决和体验优化，再到售后追踪、顾客反馈和产品维修等。顾客在这些过程中若得不到完善的服务，就很可能放弃该企业的产品而去寻找替代品，这不利于维护顾客和潜在顾客群体的规模。因此，企业应以顾客需求为本，改善自己的服务体系。更进一步，还可以通过各种网络互动方式了解顾客的兴趣，针对顾客的兴趣开展活动与顾客互动，同时收集并整理顾客反馈的相关资料，针对每位顾客生成服务产品内容，向顾客进行推送，在不对顾客产生骚扰的同时增进顾客对企业产品的了解，维护、扩大顾客群体。

企业网站作为企业的门户，要以顾客需求为本进行设计，重视顾客服务和顾客体验，通过简洁快速的信息获取过程，同时让客户和企业获利。在网站上可以添加相关企业的网址链接，与这些企业结成联盟，共享顾客资源，准确把握顾客需求的改变，及时调整自身服务和产品结构，填补顾客新需求的空白，扩大顾客群体的同时增加顾客的黏着度。

8.2.4 调研职能

网络调研是指利用互联网技术进行调研的一种方法，在企业内部管理、广告和业务推广、商品营销中应用广泛。网络调研的方式主要有 E-mail、Web 站点、网络会议、焦点团体座谈、网络电话、即时通信、在线聊天室或 BBS。

网络调研的特点是周期短、成本低。合理利用网络调研，对企业市场营销具有重要价值。网络调研是市场研究活动的辅助手段之一，为制定网络营销策略提供了支持。网络调研与网络营销的其他职能是相辅相成的，它依靠其他职能的支持得以开展，反过来，网络调研的结果也可以帮助其他职能更好地发挥。

网络调研需要注意以下五方面内容：

1. 市场需求

市场需求即对产品直接购买者、提议者和使用者进行具体的角色分析，从顾客的角度来掌握顾客需求，进而推测市场需求。

2. 调研提纲

进行网络营销的第一步是网络调研。调研不应当是浮于理念的，而应当实际化。制定网络调研提纲有助于将调研具体化、条理化。调研提纲将调查者和被调查者联系起来，调研项目也许会成为品牌和沟通工具。

3. 竞争对手

利用各种方式收集竞争对手的信息。例如，锁定某一区域，设定与自己产品相同或相似的关键词来寻找竞争对手，仔细查看竞争对手的网址，注意竞争对手在网络营销中值得借鉴的地方，并注意竞争对手是否已做过类似的市场调研。

4. 激励措施

网络中的大多“冲浪者”都是在“闲逛”，因此，并非所有被调查者都有兴趣和耐心接受调查。为了避免这种局面，网络调研可以通过赠送奖品的方式来激发参与者的兴趣，甚至吸引更多参与者，以求获得积极的反馈。

5. 数量与质量

对于一般性的商业经济问题，如消费者的年龄、性别、所在地区及购买动机等问题，可采用数量统计调查方式，设立“是什么”“如何”等问题的信息。但针对具体产品时，则宜采用质量调研的方式，调研结果应该更多地包含“为什么”的问题。

8.3 网站推广

网站推广的目的在于让尽可能多的潜在用户了解并访问网站（或者可以延伸到企业其他营销基地，如公众号，App 等），通过网站获得有关产品和服务等信息，为最终形成购买决策提供支持。但目前一般的企业网站都存在访问量不高的情况，这样自然很难发挥其作用。因此，网站推广被认为是网络营销的主要任务之一，是网络营销工作的基础。网站推广的效果在很大程度上决定了网络营销的最终效果。

网站推广可以从网上和网下两方面着手，以下主要介绍网上推广的渠道及方法。

在网上推广渠道中，根据投入高低可以分为：

① 免费的推广渠道，如官方网站、微博、微信公众号、论坛、邮件等。

② 分成的推广渠道，如淘宝客、团购网站、CPS（Cost Per Sales，按销售付费）联盟等。

③ 收费的推广渠道，如竞价排名、直通车、钻石展位、网络广告、导航类、应用商店等。

在网上推广渠道中，根据所有权和可控性可以分为：

① 自有可控渠道，如官方网站、微博、微信公众号、头条号、邮件等。

② 他有不可控渠道，如淘宝客、团购网站、CPS 联盟、竞价排名、直通车、钻石展位、网络广告、论坛、贴吧等。

在网上推广渠道中，按信息存续时间长短来划分：

① 信息长期存在的渠道，如官方网站、微博、微信公众号、知乎、邮件、论坛、贴吧等。

② 信息阶段性存在的渠道，如淘宝客、团购网站、CPS 联盟、竞价排名、直通车、钻石展位、网络广告等。

8.3.1 搜索引擎优化

网站是开展网络营销的基础，是企业开展网络营销的综合工具，因此，SEO（Search Engine Optimization，搜索引擎优化）往往是企业进行网络营销的第一步。一般认为，企业应在建设网站之初就考虑网络营销的要求，用网络营销的一般原理指导网站建设，这样的网站才能真正为网络营销提供支持。自 2016 年开始，人们都在用互联网思维运营，慢慢脱离了几年前“流量为王”的时代，在网站建设中开始增加对用户参与的考虑，让单一流量变成交互性质的适应。做 SEO 不仅要关注平台本身的自然流量，还要开拓更多的渠道来为网站引流。例如，通过二维码的方式把线下流量引导到官方网站，在保证 SEO 正常推广的情况下增加网站流量。

国内市场搜索引擎优化主要以百度为主，其他搜索平台为辅。在此以百度 SEO 推广为例进行介绍。

1. 关键词分析

关键词分析的内容如图 8-3 所示。企业一定要形成自身的关键词树。关键词分析一定要有两种人参与：一种是企业管理者，经营企业多年，对行业发展、行业术语、用户习惯都有很深的了解，但是对技术几乎不懂；另一种就是互联网从业人员，能够通过各种工具分析关键词可行性，并且预测关键词排名周期，但可能对于行业不是很了解。所以，需要把这两种人组合在一起，共同根据自己的强项分析出关键词，并形成关键词树。

关键词树是从企业核心关键词到长尾关键词的分析方式，如图 8-4 所示，用 3 ~ 10 个核心关键词，扩展到多级长尾关键词。在分析长尾关键词时，多采用几种方式。例如区域限定，围绕企业主要销售区域划分，将核心关键词前面加上地区名。又如购买意向，如销售一

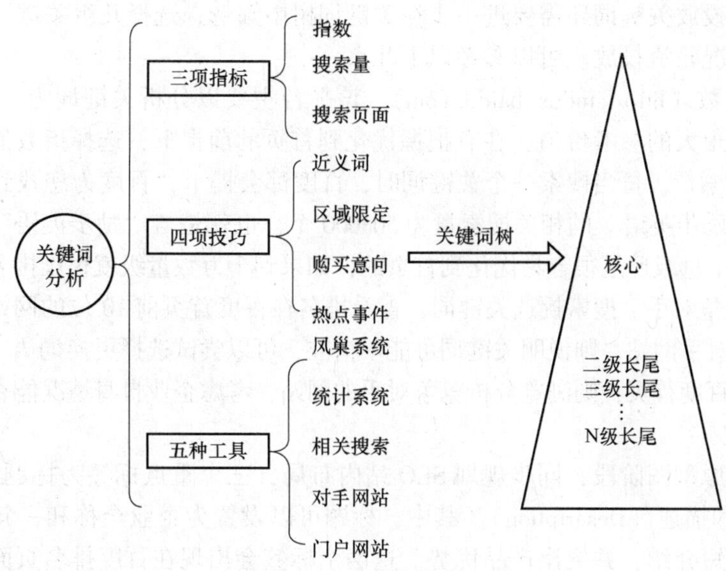

图 8-3　关键词分析

款产品的核心关键词是矿泉水，可以在矿泉水后面加上购买意向组合词，如矿泉水价格、矿泉水在哪里销售等。再如反问策略，即在企业核心关键词后面添加反问等词语，如矿泉水怎么样、矿泉水好吗等。这些是常用挖掘长尾关键词的方式，还需要注意方言等，例如东北人习惯说“为啥”等；也需要做好错别字计划，例如很多人在搜索产品词时会输入错别字，企业应该把与关键词相关、出现频率高的错别字也作为关键词的一部分。

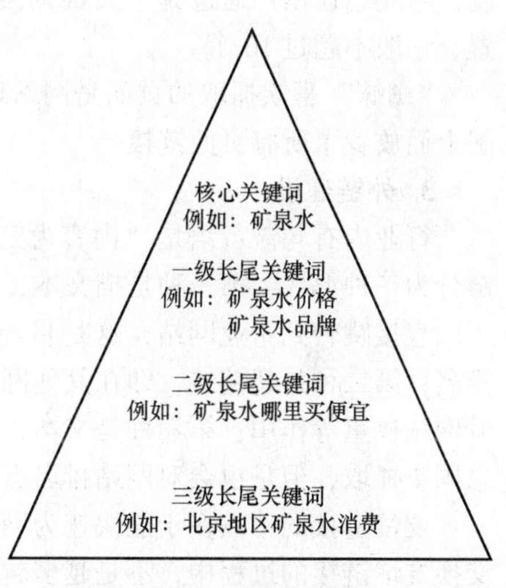

图 8-4　关键词树示例

通过百度相关搜索推荐的词也可以作为企业可行性关键词，例如，搜索“励步英语”，搜索框推荐关键词和页面下方的“相关搜索”推荐关键词，如图 8-5 所示。百度会根据用户搜索量，列出常搜索的几个词，因为只有大量用户搜索，百度才会适当推送。

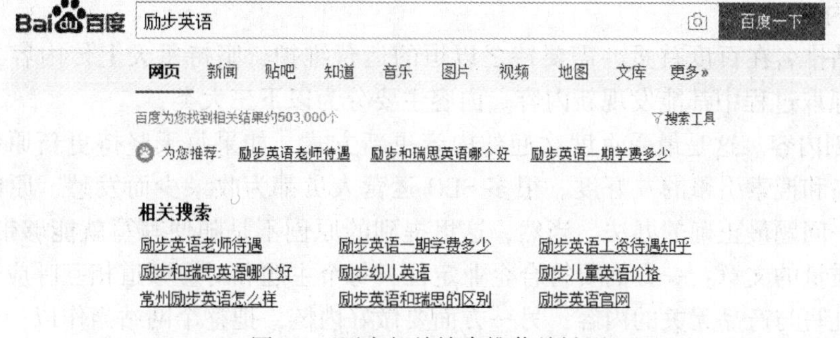

图 8-5　百度相关搜索推荐关键词

真正在市场投放关键词还需要进一步在关键词树中筛选，选择几组关键词，根据不同时期企业的经营情况轮流投放。可以参考以下几点：

（1）百度指数（http//index. baidu. com）。该平台主要以分析关键词为主，对SEO运营人员和企业主有很大的参考价值，在有把握优化到首页的前提下，选择指数值越大越好。

（2）百度搜索量。每当搜索一个关键词时，百度都会提示“百度为您找到相关结果约多少个”。例如，“励步英语”的相关搜索量为503000个，也就是与“励步英语”相关的页面有这么多。当然这个量级还是很容易优化到首页的，如果到千万数量级就很难排名到首页了。

（3）分析竞争对手。搜索挑选关键词，查看排名在百度首页前10位的网站情况，如果没有出现同行竞争对手网站，则说明关键词可能不精准，可以尝试选择更换词语。如果有竞争对手的网站排名在百度首页，则浏览分析竞争对手的网站，考虑企业自身情况能否超越其排名。

2. 站内优化

在网站建设原型图阶段，同步规划SEO站内布局，三个重点标签为标题（Title）、关键词（Keyword）和描述（Description）。其中，标题可以设置为企业全称和一句话广告语，描述是对企业的简短介绍，并突出产品优势。这两个标签会出现在百度排名页面，决定用户在搜索关键词看到很多网站时，会首先选择哪个网站进行浏览。关键词标签主要为搜索引擎设置，企业想让用户通过哪个关键词搜索并看到自己的网站，就要在关键词标签里面进行设置，一般不超过10个。

“蜘蛛”喜欢抓取的页面是网站地图，目前市场上制作网站地图的工具有很多。网站地图上面放置了所有页面链接。

3. 外链建设

行业内有句流行语是“内容为王，外链为皇”，说明了外链对于网站优化的重要性。外链分为三种形式：第一种是描文本，即在其他网站发布文章，企业关键词有链接，单击链接可以直接跳转到企业网站，这是目前使用最多的一种外链建设形式，能够有效地提升URL排名；第二种是超链接，即在其他网站单击图片、文字等可以直接链接到企业网站，达到提升网站权重等作用；第三种是文本，即直接使用文字方式，虽然没有链接导入和通过页面信息同步抓取，但是也会对网站排名有作用。

友情链接的特点在于能快速为网站带来流量，并有效地提升网站权重和排名。但是，在交换友情链接的过程中，不是越多越好，而一定是内容越接近越好。找到与企业相同或者相近的行业交换，对方站点PR（PageRank，网页排名）值尽量高于自己，并且不要用LOGO图片显示，在对方网站使用文本方式跳转。

4. 优质内容

想要网站排名在百度首页，需要持之以恒的运营维护，坚持每天上传内容，保证“蜘蛛”在每次抓取过程中都能发现新内容。内容主要分为以下三大类：

（1）原创内容。这是最受百度欢迎的内容更新方式，如果每天坚持更新原创内容，就可以大大提高和搜索引擎的友好度。很多SEO运营人员都为收录少而发愁，原创文章可以说是解决这一问题最正确的办法。当然，这里提到的原创不是随便写写就能够带来效果的，而是需要高质量的文章：一方面要符合企业定位，每个主题和对应频道相互呼应，不能在产品介绍里面乱写与产品无关的内容；另一方面要做好内链，把整个网站当作以一个点为核心的网状结构，首页便是这个网站的核心，围绕首页所有子页面互推互连。

（2）杜绝抄袭内容。抄袭原创是在做SEO运营时一定要杜绝的行为。有的人投机取巧，在其他搜索引擎上搜索内容，看到百度没有收录，就原封不动地在自己网站更新，并提交到百度。这种做法被百度发现后会被惩罚，对网站排名没有任何帮助。

5. 站群策略

俗话说"人多力量大"，SEO的优化过程也是同样的道理。如果一个新网站单独优化，能达到可观的效果至少需要一个月的时间。但是，如果有一个已经排名不错的站群帮助该新网站提升，就能省去很多时间。在站群策略中，有两种有效的通道：一种是自建站群。对企业来讲，域名和空间的费用不高。而随着互联网行业逐渐被人们所了解，网站建设已经不再是最大的问题。可以按照企业自身的经营范围，建立多个网站，通过各个网站互相链接、内容共享等方式，能够很快地把新网站做好。当然，这种方式就需要企业多配置SEO运营维护人员，以保证每一个新网站都有高质量的原创内容和真实有效的友情链接，切忌在新网站建设过程中急于求成，与低质量网站相连，导致其他网站被惩罚，并且会牵连企业的整个站群。另一种是站群合作。如果企业只对一个网站进行SEO优化，没有时间和精力自建站群，可以找市场中已经成熟的站群企业进行合作，通过其他站群提升自己。

8.3.2 搜索引擎广告

基于搜索平台的网络营销运作方式主要有SEO和搜索引擎广告（搜索竞价广告、网盟广告、品牌专区等）。搜索引擎广告是指广告主根据自己的产品或服务的内容、特点等，确定相关的关键词，撰写广告内容并自主定价投放的广告。当用户搜索到广告主投放的关键词时，相应的广告就会展示（关键词有多个用户购买时，根据竞价排名原则展示），并在用户点击后按照广告主对该关键词的出价收费，无点击不收费。

以下以百度平台为例介绍其广告的类型。

（1）百度品牌植入。百度品牌植入是百度推出的一系列品牌推广产品的集合，包括品牌专区、品牌地标、贴吧推广、掘金等。客户可以通过它从多种渠道进行多种样式的品牌宣传。图8-6为京东在百度做的品牌广告。

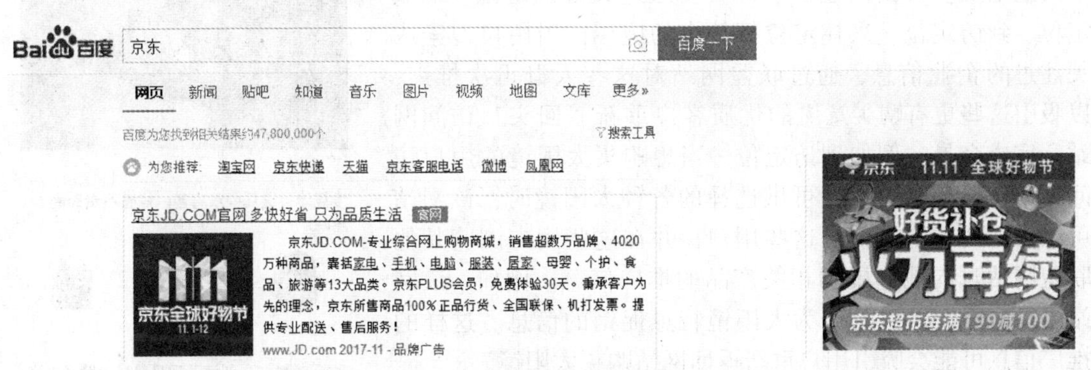

图8-6　京东在百度做的品牌广告

（2）百度搜索推广。百度搜索推广是一种按效果付费的网络推广方式，是百度推广的一部分。通过百度搜索推广的关键词定位技术，可以将高价值的企业推广结果精准地展现给有商业意图的搜索网民，同时满足网民的搜索需求和企业的推广需求。推广结果的展示形式主要有以下三种，具体如图 8-7 所示。

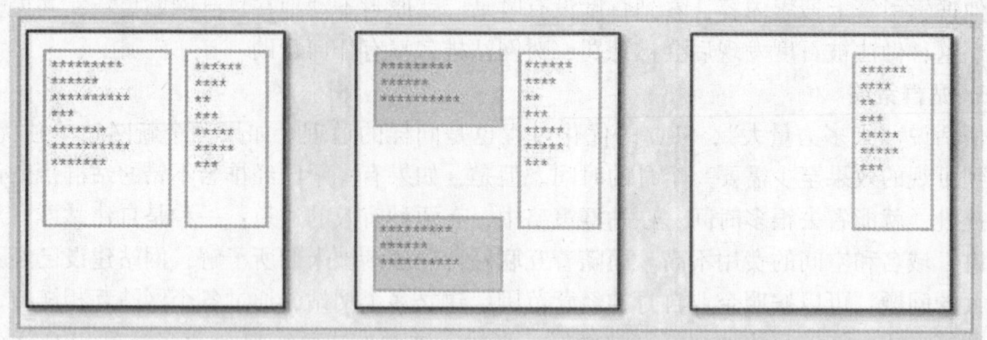

图 8-7 百度搜索推广的展示形式

1）搜索结果首页左侧无底色的“广告”位置，此处最多展示 10 条不同的推广结果。

2）搜索结果首页左侧带有底色的“广告”位置，此处最多展示 3 条不同的推广结果，上下两处展现的结果一致。

3）搜索结果首页及翻页后的页面右侧的“广告”位置，每页最多展示 8 条不同的推广结果。

竞争力强的推广结果将优先展示在首页左侧，余下的结果将依次展示在首页及翻页后的右侧。推广信息是循环展示的。在搜索结果页的右侧区域，当所有符合展示条件的推广结果展示完毕后，从下一页开始，将重新开始依次展示所有符合条件的推广结果，并在后续页面不断循环下去，以便尽可能多地为企业推广信息争取展示机会。

（3）百度网盟推广。如果说百度搜索推广是让“客户找到您”，那么百度网盟推广则是“帮您找到客户”。在日趋碎片化的网民行为中，网民只有一部分时间在搜索信息，更多的时间都在看资讯、泡论坛、看视频、听音乐等；如果网民不搜索或者搜索后没有关注企业，就丧失了很多机会，所以百度在 2008 年 10 月上线了网盟系统。百度网盟推广即百度通过关键词定位、地域定位、到访定位、兴趣定位等技术的应用，当用户搜索或关注过的企业信息，通过联盟网站对这些人群再次推广，以吸引这些更有购买意愿的优质客户重新“回头”访问网站，完成交易。例如到访定位，当想购买太阳镜的用户访问某个在线商店，查看可供选择的各种太阳镜时，该网站可以借助到访定向锁定这些用户，并在这些用户浏览其他联盟网站时向他们展示相关产品的推广信息。例如，该网站可以向他们展示一个为太阳镜特惠促销的信息。这样的推广信息可能会吸引用户重新返回网站购买太阳镜。

（4）百度信息流广告。百度信息流广告是在百度首页、百度贴吧、百度手机浏览器 App 等百度平台的资讯流中穿插展现的原生广告。图 8-8 为百度手机浏览器 App 中的信息流广告。

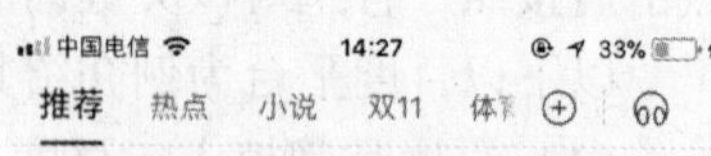

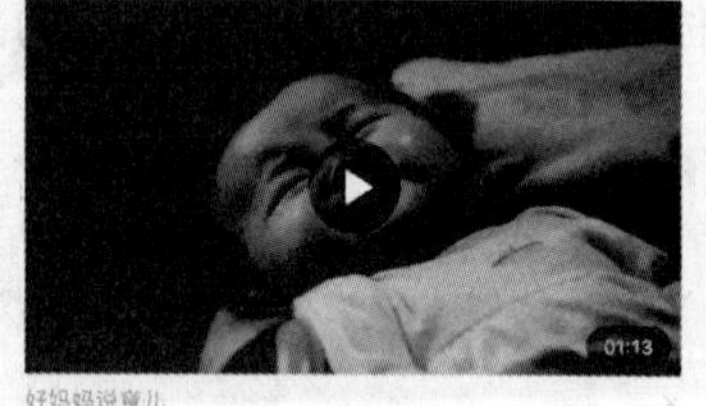

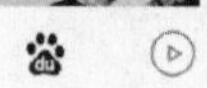

图 8-8 百度手机浏览器 App 中的信息流广告

8.3.3 新媒体营销

目前市场上主流的新媒体推广渠道主要有微信平台、微博平台、问答平台、百科平台、直播平台、视频平台、音频平台、自媒体平台、论坛平台等。此处将其划分为层次不同、重要性不同的三大阵营，并对每类新媒体平台的运用方式进行介绍，如图8-9所示。以下将结合互联网金融行业的推广来介绍这几类新媒体运作方法，其他行业的应用也类似。

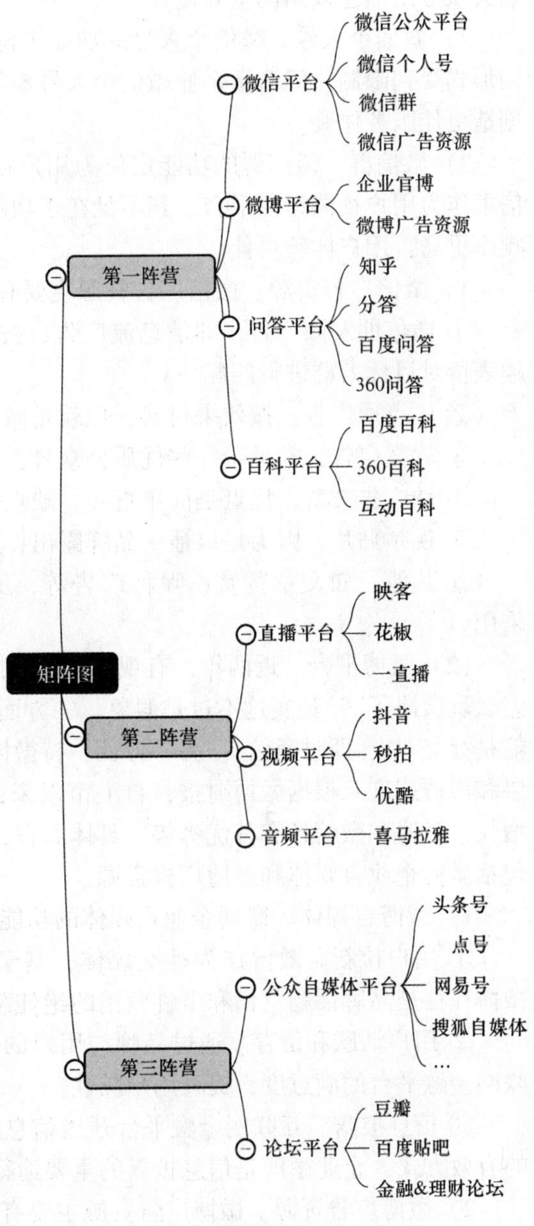

图8-9 新媒体矩阵图

1. 第一阵营新媒体

第一阵营新媒体包括微信平台、微博平台、问答平台和百科平台。这四类平台是各类企业都需要深耕的新媒体平台。

（1）微信平台。截至2018年第一季度，微信用户首次突破10亿，达到10.4亿，巨大的用户群体就像一座巨大的金矿，引来众多淘金者。具体而言，在微信平台上，企业常用的新媒体工具和资源包括微信公众平台、微信个人号、微信群、微信广告资源。

1）微信公众号。微信公众平台的功能定位如下：

① 移动端的入口以网贷行业为例，移动端在成交量和用户增长量上均已超过了PC端，发挥微信公众号移动端入口的功能，让用户打开网贷平台企业微信公众号便可完成登录、注册、投资等操作流程。

② 移动端的用户服务基地。以网贷行业为例，可提供诸如在线客服、微信免登录、专属理财顾问、一键账户查询、投资计算器等功能，为互联网金融用户提供更佳的服务体验。

③ 用户拉新。通过优质内容生产来推出微信营销活动，利用社会化媒体的自传播性，通过网友的转发分享，实现品牌传播和“粉丝”拉新。

④ 用户转化。通过开展微信营销活动（如微信“粉丝”投资送红包），将微信公众号的“粉丝”转化为平台投资用户，提高单个用户投资额。

⑤ 用户活跃和留存。通过微社区搭建运营、开展用户运营活动（如每日微信打卡）等

形式，强化用户互动，提高用户黏性。

⑥ 信息披露。开展信息披露既是法律法规的要求，也是增强用户信任的有效方式，微信公众号是信息披露的重要途径。

2）微信个人号。微信个人号的功能定位为客户服务工具。微信订阅号打开频率低，互动形式受到限制；但小微企业微信个人号添加用户为好友，互动形式更为多样，能够为用户创造更佳服务体验。

3）微信群。微信群的功能定位为用户社群运营和客户服务的载体。与 QQ 群相比，微信群作为用户社群运营平台，其不足在于功能较少，社群管理较为困难；优势在于用户打开频率更高，用户体验更佳。

4）微信广告资源。微信广告资源主要有以下类型：

① 微信朋友圈广告，即信息流广告，按效果付费，可根据手机类型、年龄、城市和兴趣表情对目标人群进行匹配。

② 广点通广告，按效果付费，也就是微信公众号末尾的横幅广告。

③ 软文广告，常见于一些优质公众号，其广告形式易于被“粉丝”接受。

④ 硬广告文章，优点是简单直接，缺点是阅读体验和转发率差。

⑤ 视频贴片，因为是口播 + 品牌露出，所以效果较好，但要考虑合作周期和价格。

⑥ 其他，如文章赞赏、昵称广告等，虽有一定效果，但容易遭到用户厌恶，一般不采用。

（2）微博平台。近两年，有观点认为微博活跃度下降了：“周围好多人都在玩微信，不怎么玩微博了。”其实这不过是假象。一方面，微博和微信本就不同，微博是社交媒体，微信是社交 IM（即时通信）。另一方面，持微博活跃度下降观点的人，忽略了中国互联网的分层和渗透速度。根据微博财报，自上市以来，微博活跃用户连续九个季度保持 30% 以上的增长。微博和微信各有其优劣势。具体而言，在微博平台上，企业常用的新媒体工具和资源包括微博企业自媒体和微博广告资源。

1）微博自媒体。微博企业自媒体的功能定位如下：

① 用户拉新。微博作为社交媒体，基于其社会化自传播特性，传播速度极快。因此，微博往往是品牌话题营销和事件营销的绝佳载体，可以快速拉升品牌声量。

② 用户活跃和留存。通过品牌与用户的互动，通过微博提供增值服务，提升用户对互联网金融平台的满意度，提升用户黏性。

③ 信息披露。互联网金融平台开展信息披露既是法律法规的要求，也是增强用户信任的有效方式，企业微博是信息披露的重要途径。

2）微博广告资源。微博广告资源主要有以下类型：

① 微博粉丝通。广告按效果付费，新浪微博系统广告可根据手机类型、年龄、城市和兴趣等对目标人群进行匹配。

② 软文。广告利用微博大号做软文推广，看重的不仅是大号的流量资源，还有大号的信任背书效果。

③ 微博大号硬广告。其缺点和微信硬广告相同。

（3）问答平台。常用于新媒体推广的问答平台有知乎、分答、百度问答和 360 问答等。其中，百度问答、360 问答被运用于网络推广已久，知乎和分答出现时间虽晚，但营销势能十足。问答平台的功能定位如下：

1）辅助搜索引擎营销（SEM）。因为问答平台的权重通常都比较高，所以比较容易在搜索引擎中获得比较好的排名。

2）流量渠道。一方面，通过问答推广吸引来的用户，精准度比较高；另一方面，由于问答是“网友与网友之间的观点与经验交流”，信息可信度更高，容易形成用户口碑。

（4）百科平台。常用于新媒体推广的百科平台有百度百科、360百科和互动百科等。百科平台是新媒体中的“旧媒体”，但其地位依然不可撼动。百科平台的功能定位如下：

1）辅助SEM。因为百科平台的权重都比较高，所以比较容易在搜索引擎中获得比较靠前的排名。

2）提供信任背书。

2. 第二阵营新媒体

第二阵营新媒体包括直播平台、音频平台和视频平台。娱乐化与多媒体化是营销推广大趋势，这三类新媒体平台是大中型互联网金融企业的强化阵地、初创互联网金融企业的占位阵地。

（1）直播平台（如映客、花椒、一直播）。网络直播最大的特点就是直观性和即时互动性，代入感强。例如，当网络直播与互联网金融相结合，网络直播便在信息披露、用户沟通、宣传获客等方面大展身手。直播平台的具体作用如下：

1）信息披露直播。相较传统的公司实地考察、开展座谈会、举办客户答谢会等信息披露形式，通过网络直播做信息披露，可以超越地域的限制。

2）品牌宣传直播。例如，产品发布会直播、公司乔迁直播、成交额破亿庆功会直播等。

3）网红代言直播。通过网红主播在直播中推荐产品，或人气主播直播理财内容等，从直播平台吸引用户。

4）理财专家直播。首先，不仅可以提高用户活跃度，也为理财用户提供了更精准细致的理财服务；其次，专家在直播平台上对产品进行介绍，往往更容易被用户所接受，用户在观念上被说服，会产生更大的用户黏性，提高品牌忠诚度。

5）客服沟通直播。网络直播最大的特点就是直观性和即时互动性，代入感强，让企业和用户能够“面对面”地及时交流沟通。

6）娱乐活动直播。企业可借势节日或者社会热点，发起线下娱乐活动，进行线上直播，让用户与品牌“玩”在一起。

7）“线下互动+线上直播”整合传播。与微博、微信类似，网络直播也是一种新媒体媒介。一次好的传播，需要充分发挥各个媒体渠道的优势，综合运用线上线下传播资源。

（2）视频平台（如秒拍、抖音、优酷）。自2016年起，视频内容正经历着前所未有的增长，但到目前为止，视频内容的增长还未到达顶峰。据Vidyard的《2017商业视频报告》，90%的观众表示视频对自己的购物行为产生了很大的影响。而如今，许多品牌主也开始进行视频内容的战略布局，主要包括品牌介绍、品牌宣传、产品促销、增加用户触达、促进用户参与度、业务推广。

以互联网金融行业为例，视频平台的营销方式有：

1）短视频大号之贴片广告。通常在短视频大号所制作视频的前后加上贴片广告。

2）短视频大号之内容营销。内容营销显然不是传统的广告植入，它是把互联网金融平台或产品包装成内容。内容即广告这种原生广告形式才是未来的趋势。

3）短视频活动营销。可基于短视频平台开展营销活动，如有奖视频创作大赛，用10s视频说明×××理财平台是安全可靠的理财平台，鼓励网友原创和分享。

4）拍摄平台短片，解答客户疑问。用户对平台的信任来自深度了解，可以制作短片，介绍互联网金融平台的资质证明、风控措施、管理团队等信息。

5）将金融产品制作过程整合成视觉展示。以车贷P2P为例，可用短视频展示标的背后的业务操作流程，如资料受理、贷款初审、五级审批、合同签订、车管所办理抵押登记、安装GPS、保险、GPS信息录入与核查、放款、纸质资料归档、贷后管理等环节，让标的更加透明。

6）展示品牌文化短视频。视频平台提供了一个充分展示品牌文化和特点的机会，可拍摄制作公司团建活动视频、员工采访视频等。

（3）音频平台（如喜马拉雅FM）。相比过度开发的开屏（视觉）广告，音频的闭屏特点能更有效地让品牌信息触达用户，这是音频平台营销的关键点。音频的另外一个特点就是伴随式，相比视频、文字等其他媒体，音频具有独特的伴随属性，不需要占用双眼，因此能在各类生活场景中发挥极大效用。音频平台的营销方式如下：

1）音频内容中植入广告。一般选取目标受众集中的音频节目进行广告植入。

2）搭建音频自媒体。品牌直接进入音频平台，建立自己的音频自媒体。

3）策划定制专题节目。往往根据互联网金融平台和产品特点，与特定主播合作定制节目，通过设定“粉丝”特权加速营销转化。

3. 第三阵营新媒体

第三阵营新媒体包括自媒体平台（除微信公众平台之外）和论坛平台。这两类平台，就互联网金融产品而言，营销/运营工作投入产出比相对较低。这两类新媒体平台可作为大中型互联网金融平台的占位型阵地。

（1）公众自媒体平台（不包括微信公众平台）。这里的自媒体平台如搜狐公众平台、一点号、百家号、网易号等。这些平台影响力和用户量均不及微信公众平台，但它们却又是企业不可忽视的公众自媒体平台。入驻这些平台的目的如下：

1）用更大范围的曝光提高品牌的知名度。有些平台往往依托于新闻客户端或门户网站等自有生态体系，拥有庞大的流量基础；有些自媒体平台也是搜索引擎的信息源，不仅可以分一杯搜索流量的羹，也是品牌公关新渠道；有些平台也会对优质内容进行推荐展示。因此，这些公众自媒体平台往往能够给自媒体账号带去可观的流量曝光，并且较容易在平台上培养一批忠实的粉丝。

2）新阵地占位，自媒体平台格局变迁，提前占位，不错过机会。

（2）论坛平台（如百度贴吧、豆瓣、各种专业论坛）。鉴于百度贴吧的高人气和百度作为中国最大的搜索引擎的特殊性，百度贴吧依然有一定的营销价值。豆瓣的用户比较聚焦，不是很大众化，但依然不可否认其新媒体的地位。它们的功能定位如下：

1）辅助SEM。以豆瓣为例，豆瓣有两个排名和收录都很好的应用：一个是豆瓣日志，另一个是豆瓣小组发帖。豆瓣做的内容被搜索引擎收录后，只要关键词选得准确，慢慢精准的自然流量就会多起来。

2）用户社群运营。百度贴吧可用于用户社群运营，其优势是“社群容纳感”较强，用户与用户之间进行交互，让用户寻找到社群的归属感。

3）培养意见领袖。培养意见领袖是一种收效比较慢的营销方式。

4）发帖推广。现在发帖推广的难度越来越大，因此对发帖板块选择、发帖内容、发帖方式都提出了非常高的要求。

8.4　网络营销效果评价

网络营销与线下营销相比，最大的优势之一就是网络营销的投入产出都可以相对精确地统计和测量，而大部分线下营销方式很难准确评测营销效果。

广告界有一个著名的说法：广告商都知道有 50% 的广告预算是浪费了，但是却不知道浪费在哪里。进入网络营销领域，广告商可以在很大程度上精确测量投入以及产出。用户怎样进入网站？什么时候进入网站？在网站上浏览了哪些页面？在页面上停留多久时间？最后购买了哪些产品？购买的金额是多少？这些都可以清楚地统计出来。就算用户没有进行购买，其在网站上的活动也都留下了踪迹，可以跟踪分析。

网络营销效果评测的一般模式，通常分为以下四步：

① 确定网站营销目标。

② 计算网站营销目标的价值。

③ 记录网站目标达成的次数。

④ 计算网站目标达成的成本。

不过，尽管不能说明某些指标与网络营销效果之间的必然联系，还是有必要建立起自己的网络营销评价标准，至少可以作为评价网络营销人员工作成效的参考。但根据不同的营销目标，也会采用不同的网络营销效果考核评价指标。其指标一般包括 PV（Page View，页面浏览量）、UV（Unique Visitor，独立访客）、注册量、IP 数、咨询量、成交量、网站流量、文章收录量、关键词排名等。以下从网站设计、网站推广、网站流量等方面考虑评价指标。

1. 关于网站设计

除了功能、风格和视觉设计等取决于网站本身的特定要求之外，在网站的设计方面，有一些通用的指标，主要包括：主页下载时间（在不同速率 MODEM 情形下），有无死链接、拼写错误，不同浏览器的适应性，对搜索引擎的友好程度（META 标签合理与否）等。关于这些指标的评价，除了自己进行测试外，还可以参照第三方提供的测试结果，如 Netscape 提供的网站自动测试报告（http：//dashboard. netscape. com/company. html）。检查结果分为四个等级：很好、好、一般、差。如果评价结果为差，就要认真分析原因所在了。

2. 关于网站推广

网站推广的力度在一定程度上说明了网络营销人员为之付出劳动的多少，而且可以进行量化。这些指标主要有：

（1）登录搜索引擎的数量和排名。搜索引擎对于增加新的访问者仍然有着不可替代的作用。另外，搜索引擎的排名也很重要，据调查，一般用户仅关注前三屏的内容。

（2）在其他网站链接的数量。在其他网站链接的数量越多，对搜索结果排名越有利，而且，访问者还可以直接从链接的网页进入网站。实践证明，在其他网站做链接对网站推广起到重要作用。

（3）注册用户数量。注册用户数量是一个网站价值的重要体现，在一定程度上反映了网站的内容为用户提供的价值。而且，注册用户数量也就是潜在顾客的数量。

3. 关于网站流量

（1）独立访问者数量。它是指在一段时期内访问网站的人数，每一个固定的访问者只代表一个唯一的用户。

（2）页面浏览数。它是指在一定时期内所有访问者浏览的页面数量。如果一个访问者浏览同一页面三次，那么网页浏览数就计为“3”。

（3）每个访问者的页面浏览数。这是一个平均数，即在一段时间内全部页面浏览数与所有访问者相除的结果。

（4）用户在网站的停留时间。它是指在一定时期内所有访问者在网站停留的时间之和。

（5）每个用户在网站的停留时间。它是指所有用户在网站停留时间与全部用户数的平均数。访问者停留时间的长短反映了网站内容对访问者的吸引力大小。

（6）用户在每个页面的平均时间。它是指访问者在网站停留总时间与网站页面总数之比，这个指标的水平说明了网站内容对访问者的有效性。

在没有直接收益的情况下，不可能用财务指标来衡量网络营销的最终结果，因此上述指标体系还不完善，只是初步反映了网络营销的基本状况。如果用定性和定量的指标对网络营销情况做出了测评，而且各类指标与同类网站相比处于领先地位，那么就足以证明网络营销是富有成效的。

本章小结

在市场经济中，营销是一个公认的关键词。随着互联网的发展，通过网上平台进行产品、服务甚至个人的宣传就构成了本章重点讨论的内容——网络营销。网络营销是基于互联网络及社会关系网络连接企业、用户及公众，向用户及公众传递有价值的信息和服务，为实现顾客价值及企业营销目标所进行的规划、实施及运营管理活动。

需要注意的是，网络营销只是市场营销这一企业管理领域的一个有机组成部分，虽然它的地位会逐步上升，但一些传统的营销方式也将会与之长期共存。

网络营销职能包括销售职能、推广职能、服务职能和调研职能。而随着网络环境的变化，网络营销的渠道和运作方式也在发生变化，目前主流的网络营销渠道主要有搜索平台、微信平台、微博平台、问答平台、百科平台、直播平台、视频平台、音频平台、自媒体平台、论坛平台等。从研究意义的角度而言，研究网络营销的目的在于拓宽商务手段、丰富消费者的触觉，所以在学习相关内容时更要理论联系实际。

相关术语

FAQ（Frequently Asked Questions，常见问题解答）

SEO（Search Engine Optimization，搜索引擎优化）

PR（PageRank，Google 评测网页级别的技术）

CPS（Cost Per Sales，按销售付费）

SEM（Search Engine Marketing，搜索引擎营销）
P2P（Peer-to-Peer，个人对个人）
IP数：当天记录的独立IP的个数，一般以IP地址来统计
PV（Page View，即页面浏览量）
UV（Unique Visitor，独立访客，是指通过互联网访问、浏览这个网页的自然人）

思考与练习

一、选择题

1. 下列说法正确的是（　　）。

A. 网络营销就是网上营销
B. 网络营销就是网上直接销售
C. 建立Intranet属于网络营销的终极阶段
D. 没有自己的网站也可以进行网络营销

2. “在百度上键入关键词‘旅游’搜索，结果中首先出现的是‘珠海海泉湾度假村’的文本广告，同时右边也出现相关企业的广告。”此段话描述的网络广告形式是(　　)。

A. 赞助式广告　　B. 弹跳式广告
C. 搜索引擎广告　　D. 电子邮件广告

3. 下列关于网络营销说法不正确的是(　　)。

A. 以互联网为主要手段　　B. 以开拓市场实现盈利为目标
C. 可以完全取代传统市场营销　　D. 不仅仅是网上销售

4. (　　)是网络营销最基本的职能之一，是网络营销的基础工作。

A. 信息发布　　B. 网站推广　　C. 顾客服务　　D. 网络品牌

5. 企业网站内容应该以(　　)为核心。

A. 产品/服务　　B. 产品性能　　C. 顾客需求　　D. 产品种类

6. 网站注册搜索引擎的目的是（　　）。

A. 建立营销渠道　　B. 进行营业推广
C. 扩大营销成果　　D. 以上三项都是

7. CPS代表的意义是（　　）。

A. 千次点击成本　　B. 每次销售成本　　C. 点击率　　D. 网页阅读数

8. 竞价排名是按照(　　)来计费的。

A. 按照给企业带来的潜在新客户的访问数量
B. 按照给企业带来的固定客户的保留率
C. 按照给企业带来的销售额的增加量
D. 按照给企业减少的促销费用

9. 企业网站和网络营销的关系是：（　　）。

A. 网站建设完成是实现网络营销职能的基础
B. 网站建设是网络营销策略的重要组成部分
C. 网站的功能决定了网络营销方法的选择

D. 企业网站是网络营销信息和企业信息发布的平台

10. 从企业营销策略来看，(　　)是一个开展网络营销的综合性工具。

A. 企业网站　　B. 搜索引擎　　C. 网络实名　　D. 电子邮件

11. 以下不属于搜索引擎方法的基本形式的是(　　)。

A. 搜索引擎登录和排名　　B. 搜索引擎优化

C. 关键词广告　　D. 网站名称

12. 下列关于CPA说法错误的是(　　)。

A. 限制广告投放量

B. 按照广告投放实际效果计费

C. CPA按回应的有效问卷或订单来计费

D. 若广告投放成功，其收益比CPM计价方式大得多

13. 以下对网站优化设计理解正确的是(　　)

A. 要以搜索引擎为导向　　B. 对用户优化

C. 对网络环境优化　　D. 对网站维护优化

二、判断题

1. 网络营销等于网上销售。(　　)

2. 企业网站的功能需要通过其他网络营销手段才能体现出来。(　　)

3. 网络营销中的信息传递是单向的。(　　)

4. 企业网站是主动性与被动性的矛盾同一体。(　　)

5. 在与其他网站进行交换链接中，链接的数量越多越好。(　　)

6. 在网络营销中，一个职能可能需要多种网络营销方法的共同作用才能实现。(　　)

7. 网络品牌的建设是一个快速、短期的过程(　　)

8. 网络营销等同于电子商务。(　　)

9. 网络营销中的信息传递是双向的。(　　)

10. 网络广告定价模式中的CPM的中文解释含义即每次点击费用。(　　)

三、问答题

1. 简述网络营销的基本概念和特点。

2. 如何理解PR值？PR值的影响因素有哪些？PR值对企业网站有什么重要意义？

3. 简述企业合理性诊断的基本思路。

4. 如何理解网站优化？

5. 请结合你的微信公众号的运营情况，谈谈公众号定位、推送内容设置、推送时间安排、“粉丝”积累和互动等公众号运营心得。

实践任务

任务一：收集近三年国内网络营销的相关案例

【任务目标】

1. 了解网络推广的主要模式、适用范围和特点。

2. 了解搜索引擎在营销中的地位和优化的基本方法。

3. 了解各种新的营销工具的现状和发展趋势。

【任务要求】

1. 收集五个网络营销的成功和失败的案例，了解导致其成功和失败的主要原因。

2. 将收集到的案例从以下几个方面进行对比：有哪些推广渠道和推广方法？目标客户定位是否准确？导致成功和失败的关键点在哪儿？对网络的反馈反应是否够快？分析要点包括但不限于以上几方面，也可以按照自己的想法进行设计。

任务二：企业竞品调研，以明确企业的营销“性格”

【任务目标】

1. 了解网络推广的渠道。

2. 明确网络推广的方式方法、适用情况。

3. 掌握调研报告的撰写。

【任务要求】

1. 至少选择同一行业的两个企业，对其所采用的网络营销方法进行调研。

2. 要求利用搜索引擎检索企业的品牌词，通过统计100条网页信息，分析和统计出企业的营销策略，并要求形成企业营销性格饼图。

第9章

电子商务物流

- 理解物流、电子商务物流的概念、分类、特点等相关基础知识
- 了解电子商务对物流的影响以及物流对电子商务的影响
- 重点掌握电子商务物流技术中的条码技术、射频识别技术、EDI技术等
- 重点掌握电子商务物流模式中的自建物流模式、第三方物流模式等
- 了解逆向物流的业务流程和战略价值

◆引例

UPS结盟阿里巴巴拓展电子商务物流市场

2010年5月5日，全球快递巨头美国UPS公司和阿里巴巴旗下全新的在线批发电子商务平台“全球速卖通”宣布结成战略联盟，旨在拓展规模庞大的中小企业电子商务物流市场。

与UPS建立战略联盟后，“全球速卖通”平台将整合UPS运输技术，让客户使用在线管理货运和追踪等服务，其中包括打印UPS货运标签、要求UPS上门取件等。

据了解，通过UPS的订单追踪功能，所有“全球速卖通”的买家和卖家都能够全程追踪、查询货件状态。相比其他需要手动输入和手写运单信息的方式，这些新功能可以帮助“全球速卖通”用户减少错误，节约时间和成本。“全球速卖通”的主要功能是帮助小企业客户根据自身特定需求下订单，并提供小批量订单、即时网上交易和保护买卖双方利益的第三方信用担保服务。很多在“全球速卖通”销售货品的供应商是阿里巴巴的长期会员，多年来通过网站与海外买家进行交易。该平台最初的供应商群体是来自中国内地的供应商，今后会向国际供应商开放。

UPS全球电子商务营销副总裁佐丹·克莱塔（Jordan Colletta）表示，通过与阿里巴巴结盟，希望能够成为中国小型企业的合作伙伴，在帮助它们简化物流流程的同时，也为它们在全球范围内接触到更多的买家和卖家提供协助。

（资料来源 http：//finance. Ifeng. com/roll/20100505/2146547. Shtml. ）

9.1 电子商务物流概述

9.1.1 电子商务物流的含义

电子商务物流就是在电子商务的条件下，依靠计算机技术、互联网技术、电子商务技术及信息技术等所进行的物流活动。电子商务物流的本质是实现物流的信息化和现代化。

电子商务的任何一笔交易都由信息流、商流、资金流和物流四个基本部分组成。其中，物流是指交易的商品或服务等物质实体的流动过程，具体包括商品的运输、储存、配送、装卸、保管、物流信息管理等各种活动。物流作为电子商务整个交易的最后一个环节，其执行情况的好坏对电子交易的成败有十分重要的影响。

9.1.2 电子商务物流管理及其特点

简单地说，电子商务物流管理就是研究并应用电子商务物流活动规律，对物流全过程、各环节、各方面进行计划、组织、指挥、协调、控制和决策，使电子商务下的各项物流活动实现最佳协调和配合。电子商务物流管理的特点有：

1. 物流管理信息化

电子商务时代，物流信息化是电子商务的必然要求。物流信息化表现为物流信息的商品化、物流信息收集的数据库化和代码化、物流信息处理的电子化和计算机化、物流信息传递的标准化和实时化、物流信息存储的数字化等。因此，条码技术、数据库技术、电子订货系统、电子数据交换、快速反应及有效客户反应、企业资源计划等技术与方法在物流领域必将发挥越来越重要的作用。

2. 物流管理自动化

自动化的基础是信息化，自动化的外在表现是无人化，自动化的效果是省力化，另外还可以提升物流作业能力、提高劳动生产率、减少物流作业差错等。物流自动化的设施非常多，如条码/语音/射频自动识别系统、自动分拣系统、自动存取系统、自动导向车、货物自动跟踪系统等。

3. 物流管理网络化

物流管理网络化的基础也是信息化。这里的网络化有两层含义：一是物流配送系统的计算机通信网络，包括物流配送中心与供应商或制造商的联系要通过计算机通信网络，另外与下游顾客之间的联系也要通过计算机通信网络；二是组织的网络化，即组织机构、设施和管理的网络化。物流网络化是物流信息化的必然，是电子商务下物流活动的主要特征之一。当今世界，Internet 等全球网络资源的可用性及网络技术的普及为物流网络化提供了良好的外部环境。

4. 物流管理智能化

这是物流自动化、信息化的一种高层次应用。物流作业过程大量的运筹和决策，如库存水平的确定、运输（搬运）路径的选择、自动导向车的运行轨迹和作业控制、自动分拣机的运行、物流配送中心经营管理的决策支持等问题，都需要借助大量的知识才能解决。在物流自动化的进程中，物流智能化是不可回避的技术难题，也已成为电子商务下物流发展的一个新趋势。

5. 物流管理柔性化

柔性化的产生源于“以顾客为中心”的理念。20世纪90年代，国际生产领域纷纷推出弹性制造系统（FMS）、计算机集成制造系统（CIMS）、制造资源计划（MRP）、企业资源计划（ERP）及供应链管理的概念和技术，这些概念和技术的实质是将生产、流通进行集成，根据需求端的需求组织生产，安排物流活动。因此，柔性化的物流正是适应生产、流通与消费的需求而发展起来的一种新型物流模式。这就要求物流配送中心要根据消费需求“多品种、小批量、多批次、短周期”的特色，灵活组织和实施物流作业。

9.1.3 电子商务物流的流程

电子商务交易的流程可以归纳为如下六个步骤：

（1）在网上寻找产品或服务的信息，发现需要的信息。

（2）对找到的各种信息进行各方面的比较。

（3）交易双方就交易的商品价格、交货方式和时间等进行洽谈。

（4）买方下订单、付款并得到卖方的确认信息。

（5）买卖双方完成商品的发货、仓储、运输、加工、配送、收货等活动。

（6）卖方对客户的售后服务和技术支持。

在上述步骤中，“商品的发货、仓储、运输、加工、配送、收货”实际上是电子商务中物流的过程，这一过程是实现电子商务的重要环节和基本保证。

9.1.4 电子商务对物流的影响

1. 电子商务改变人们传统的物流观念

电子商务作为一个新兴的商务活动，为物流创造了一个虚拟性的运动空间。在电子商务的状态下，人们在进行物流活动时，物流的各种职能及功能可以通过虚拟化的方式表现出来。在这种虚拟化的过程中，人们可以通过各种的组合方式，寻求物流的合理化，使商品实体在实际的运动过程中，实现效率最高、费用最省、距离最短、时间最少。

2. 电子商务改变物流的运作方式

首先，电子商务可使物流实现网络的实时控制。传统的物流活动在其运作过程中，不管其是以生产为中心，还是以成本或利润为中心，其实质都是以商流为中心，从属于商流活动，因而物流的运动方式是紧紧伴随着商流来运动（尽管其也能影响商流的运动）。而在电子商务下，物流的运作是以信息为中心的，信息不仅决定了物流的运动方向，而且也决定着物流的运作方式。在实际运作过程中，通过网络上的信息传递，可以有效地实现对物流的实施控制，实现物流的合理化。

其次，网络对物流的实时控制是以整体物流来进行的。在传统的物流活动中，虽然也有通过计算机对物流实时控制，但这种控制都是以单个的运作方式来进行的。例如，在实施计算机管理的物流中心或仓储企业中，所实施的计算机管理信息系统大都是以企业自身为中心来管理物流的。而在电子商务时代，网络全球化的特点可使物流在全球范围内实施整体的实时控制。

3. 电子商务改变物流企业的经营形态

首先，电子商务将改变物流企业对物流的组织和管理。在传统经济条件下，物流往往是由某一企业来进行组织和管理的，而电子商务则要求物流以社会的角度来实行系统的组织和管理，以打破传统物流的分散状态。这就要求企业在组织物流的过程中，不仅要考虑本企业的物流组织和管理，更重要的是要考虑全社会的整体系统。

其次，电子商务将改变物流企业的竞争状态。在传统经济活动中，物流企业之间存在激烈的竞争，这种竞争往往是依靠企业提供优质服务、降低物流费用等方面来进行的。在电子商务时代，这些竞争内容虽然依然存在，但有效性却大大降低了。原因在于电子商务需要一个全球性的物流系统来保证商品实体的合理流动，对于一个企业来说，即使它的规模再大，也难以达到这一要求。这就要求物流企业联合起来，在竞争中形成一种协同竞争的状态，在相互协同实现物流高效化、合理化、系统化的前提下，相互竞争。

4. 电子商务促进物流基础设施的改善及物流技术与管理水平的提高

首先，电子商务将促进物流基础设施的改善。电子商务高效率和全球性的特点，要求物流也必须达到这一目标。而物流要达到这一目标，良好的交通运输网络、通信网络等基础设施则是最基本的保证。

其次，电子商务将促进物流技术的进步。物流技术主要包括物流硬技术和软技术。物流硬技术是指在组织物流过程中所需的各种材料、机械和设施等；物流软技术是指组织高效物流所需的计划、管理、评价等方面的技术和管理方法。从物流环节来考察，物流技术包括运输技术、保管技术、装卸技术、包装技术等。物流技术水平的高低是决定物流效率高低的一个重要因素，要建立一个适应电子商务运作的高效率的物流系统，加快提高物流的技术水平有着重要的作用。

最后，电子商务将促进物流管理水平的提高。物流管理水平的高低直接决定和影响着物流效率的高低，也影响着电子商务高效率优势的实现问题。只有提高物流的管理水平，建立科学合理的管理制度，将科学的管理手段和方法应用于物流管理当中，才能确保物流的畅通，实现物流的合理化和高效化，促进电子商务的发展。

5. 电子商务对物流人才提出了更高的要求

电子商务不仅要求物流管理人员具有较高的物流管理水平，而且要求物流管理人员具有较多的电子商务知识，并在实际的运作过程中，能有效地将二者有机地结合在一起。

9.1.5　物流对电子商务的影响

1. 物流是电子商务的支点

如果电子商务能够成为21世纪的商务工具，它将像杠杆一样撬起传统产业和新兴产业，那么在这一过程中，现代物流产业就将成为这个杠杆的支点。

世界上最大的网上书店——亚马逊网站可谓是电子商务领域的先锋，然而它也隐约感到一个强有力对手的存在：零售业巨头沃尔玛也开始涉足网上销售。虽然沃尔玛只把它的网站当作信息浏览的窗口，并未大规模开展网上销售，但亚马逊已看到最大的挑战来自沃尔玛拥有遍布全球的由卫星通信连起的商品配送体系。尽管沃尔玛网上业务开展的时间比亚马逊晚了3年，然而沃尔玛网上商店的送货时间却比亚马逊早了许多。亚马逊一旦意识到这个对手的可怕，就立刻奋起直追，一改以零库存著称的商业作风，开始兴建大规模的储物仓库，并在全球分设配送中心，通过完善物流体系来为自己的网上销售锦上添花。正是信息技术的进步，才使人们更加意识到物流体系的重要，现代物流产业的发展也才被提上日程。

2. 物流现代化是电子商务的基础

电子商务通过快捷、高效的信息处理手段，可以比较容易地解决信息流（信息交换）、商流（所有权转移）和资金流（支付）的问题，而将商品及时地配送到用户手中，即完成商品的空间转移（物流）才标志着电子商务过程的结束，因此物流系统的效率高低是电子商务成功与否的关键，而物流效率的高低很大一部分取决于物流现代化的水平。

3. 物流是电子商务的重要组成部分

电子商务的任何一笔交易都由信息流、商流、资金流和物流四个基本部分组成：

信息流作为连接的纽带，贯穿于电子商务交易的整个过程，起着串联和监控的作用。商流是指商品所有权转移的运动过程，具体是指商品交易的一系列活动。资金流主要是指交易的资金转移过程，包括付款、转账等。物流是指交易的商品或服务等物质实体的流动过程，具体包括商品的运输、储存、配送、装卸、保管、物流信息管理等各种活动。

物流是电子商务不可或缺的一个环节，其完成程度对电子交易的成败起着十分重要的作用。

4. 物流是实施电子商务的重要保证

电子商务中，完全虚拟的交易只占很小一部分，实物交易通过网络订货，靠物流体系送货。电子商务是信息传送保证，物流是执行保证。物流是实现电子商务的重要环节和基本保证，没有物流，电子商务只能是一张空头支票。必须摒弃原有的“重视信息流、商流和资金流的电子化，而忽视物流电子化”的观念，大力发展现代化物流，以促进电子商务的繁荣。

5. 物流是实现电子商务中跨区域物流的重点

借助互联网，电子商务将整个世界联系在一起。电子商务的推广加快了世界经济的一体化，因为电子商务的跨时域性和跨区域性，使得物流活动必然呈现跨国性，国际物流在整个商务活动中越来越占有举足轻重的地位。随着电子商务发展日趋成熟，跨国、跨区域的物流日益重要，没有物流网络、物流设施和物流技术的支持，电子商务就会受到极大抑制；没有完善的物流系统，电子商务能够降低交易费用，却无法降低物流成本，电子商务所产生的效益将大打折扣。

9.2 电子商务物流模式

9.2.1 自营物流模式

1. 自营物流模式的概念

自营物流模式是指电子商务企业沿用旧有的物流系统或自行组建物流系统的模式。目前，采取自营模式的电子商务企业主要有两类：一是资金实力雄厚且业务规模较大的传统商务公司；二是传统的大型制造企业或批发企业经营的电子商务网站，由于其自身在长期的传统商务中已经建立起初具规模的营销网络和物流配送体系，在开展电子商务时，只需将其加以改进、完善，便可满足电子商务条件下对物流配送的要求。

从企业竞争战术的角度考虑，有两个最重要的决策变量：一是看能否提高企业运营效率；二是看能否降低企业运营成本。前提是社会物流企业的服务能否满足所要求的物流服务标准。

2. 自营物流模式的优势

自营物流可以使企业对供应链有较强的控制能力，容易与其他业务环节密切配合，全力、专门地服务于本企业的运营管理。如亚马逊、中国海尔物流等企业都取得了较好的物流业绩，因为自营物流可以使企业的供应链更好地保持协调、简洁与稳定。

（1）掌握控制权。通过自营物流，企业可以对物流系统运作的全过程进行有效控制。对于企业内部的采购、制造和销售活动的环节，原材料和产成品的性能、规格，供应商以及销售商的经营能力，企业自身能掌握最详尽的资料。企业自营物流，可以运用自身掌握的资料有效协调物流活动的各个环节，能以较快的速度解决物流活动管理过程中出现的任何问题，获得供应商、销售商以及最终顾客的第一手信息，以便随时调整自己的经营战略。

（2）盘活企业原有资产。目前的生产企业中，73%的企业拥有汽车车队，73%的企业拥有仓库，33%的企业拥有机械化装卸设备，3%的企业拥有铁路专用线。企业选择自营物流的模式，可以在改造企业经营管理结构和机制的基础上盘活原有物流资源，带动资金流转，为企业创造利润空间。

（3）降低交易成本。选择物流外包，由于信息的不对称性，企业无法完全掌握物流服务商完整、真实的资料。而企业通过内部行政权力控制原材料的采购和产成品的销售，可不必就相关的运输、仓储、配送和售后服务的佣金问题进行谈判，避免多次交易花费以及交易结果的不确定性，降低交易风险，减少交易费用。

（4）避免商业秘密的泄露。对于任何一个企业来说，其内部的运营情况都是处于相对封闭的环境下，这不仅是外界对企业运营了解渠道匮乏的原因，更重要的是企业为了保持正常的运营，特别是对某些特殊运营环节，如原材料的构成、生产工艺等，不得不采取保密手段。当企业将运营中的物流要素外包，特别是引入第三方来经营其生产环节中的内部物流时，其基本的运营情况就不可避免地要向第三方公开。而在某一行业专业化程度高、占有较大市场份额的第三方会拥有该行业的诸多客户，其正是企业的竞争对手，企业物流外包就可能会通过第三方将企业经营中的商业秘密泄露给竞争对手，冲击企业的竞争力。

（5）提高企业品牌价值。企业自建物流系统，就能够自主控制营销活动。一方面，可以亲自为顾客服务到家，使顾客以最近的距离了解企业、熟悉产品，提高企业在顾客群体中的亲和力，提升企业形象，让顾客切身体会到企业的人文关怀；另一方面，企业可以掌握最新的顾客信息和市场信息，从而根据顾客需求和市场发展动向调整战略方案，提高企业的竞争力。

自营物流可以有效地提高企业的核心竞争力。苏宁电器作为国家商务部重点培养的"全国15家大型商业企业集团"，物流是其核心竞争力之一。苏宁电器建立了区域配送中心、城市配送中心、转配点三级物流网络，相继在杭州、北京、南京等地开发建设了现代化物流基地，在上海、天津、沈阳、成都、长春、无锡、合肥、徐州、福州等地的物流基地建设也全面铺开，依托WMS、TMS等先进信息系统，实现了长途配送、短途调拨与零售配送到户一体化运作，平均配送半径为80～300km，日最大配送能力为17万台套，实现24小时送货到户。每个物流基地可以支持50亿～200亿元/年的商品销售规模，零售配送半径最大可达150km，并承担地区售后服务中心、地区呼叫中心、地区培训中心等功能，成为支撑公司连锁事业的大服务、大后方平台。因此，良好的自营物流队伍可以在激烈的竞争环境下提高产品质量，缩短交货期，减低库存水平，实现成本降低，最终追求的是以企业为核心节点的整个供应链上节点企业的共赢。

3. 自营物流模式的劣势

（1）规模与投入。电子商务公司自营物流所需的投入非常大，建成后对规模的要求很高，只有大规模才能降低成本，否则将会长期处于不盈利的境地，而且投资成本较大、时间较长，对企业柔性有不利影响。例如8848网站，在遗憾之余，让人深思。虽说8848网站沉没的原因众说纷纭，但是与其自营物流、自建庞大的物流体系，占用了大量的流动资金有密不可分的关系。又如E国网自建物流体系，推行的"E国一小时"物流计划也使其一直处于亏损的境地，运营前6个月共亏损1000万元，使得E国网步履维艰，难以维持。

（2）物流管理能力。对于一个庞大的物流体系，建成之后需要工作人员具有专业化的物流管理能力，否则只有硬件也是无法经营的。目前我国的物流理论与物流教育滞后，物流人才跟不上实践的需求。国内已建立起物流师的资格认证，但从事物流相关业务的工作人员也并不都能持证上岗。企业内部从事物流管理人员的综合素质也不高，对复杂多样的物流问题，经常是凭借经验或者主观考虑来解决问题的。

这些劣势是自营物流需要注意的，应在筹建物流系统之前给予足够的重视。

9.2.2 第三方物流模式

1. 第三方物流的概念

第三方物流是物流专业化的物流形式，是指物流活动和配送工作由商品供方和需方之外的第三方提供，第三方不参与商品的买卖，而是提供从生产到销售整个流通过程的物流服务，包括商品运输、储存、配送以及包装加工等一系列增值服务，这些服务建立在现代电子信息技术基础之上。第三方物流这一术语的表达常因人、地的不同而使其含义有很大的区别。此外，还有一些其他术语，如合同物流（Contract Logistics）、物流外包（Logistics Outsourcing）、全方位物流服务公司（Full-Service Distribution Company，FSDC）等，也基本能表达与第三方物流相同的概念。

该定义包含以下几方面的含义：

（1）第三方物流建立在现代电子信息技术基础之上。信息技术的发展是第三方物流出现的必要条件。信息技术实现了数据的快速、准确传递，提高了仓库管理、装卸运输、采购、订货、配送发运、订单处理的自动化水平，使订货、包装、保管、运输、流通、加工实现一体化，企业可以更方便地使用信息技术与物流企业进行交流和协作，企业之间的协调和合作有可能在短时间内迅速完成。同时，应用软件系统可以将混杂在其他业务中的物流活动的成本精确计算出来，有效管理物流渠道中的商流，这就使企业有可能把原来在内部完成的作业交由物流公司运作。常用于支撑第三方物流的信息技术包括实现信息快速交换的EDI技术、实现资金快速支付的EFT（Electronic Funds Transfer，电子资金转账）技术、实现信息快速输入的条码技术和实现网上交易的电子商务技术等。

（2）第三方物流是合同导向的一系列服务。第三方物流有别于传统的外包。传统外包只限于一项或一系列分散的物流功能，如运输公司提供运输服务、仓储公司提供仓储服务，而第三方物流则根据合同条款规定而不是根据临时需求，提供多功能甚至全方位的物流服务。

(3) 第三方物流是个性化物流服务。第三方物流服务的对象一般都比较少，服务时间却比较长，往往长达几年，有别于公共物流服务——“来者都是客”。这是因为需求方的业务流程各不一样，而物流、信息流是随价值流流动的，因而要求第三方物流服务按照客户的业务流程来定制。这也表明物流服务理念从“产品推销”阶段发展到了“市场营销”阶段。

(4) 企业之间是联盟关系。依靠现代电子信息技术，第三方物流企业与其客户企业之间充分共享信息，这就要求双方相互信任，才能达到比企业单独从事物流活动更好的效果。而且，从物流服务提供者的收费原则来看，它们之间共担风险、共享收益，再者，企业之间所发生的关系并非仅一两次的市场交易，而是在交易维持了一定时期之后，客户资源可以共享在行为上，各自不完全采取导致自身利益最大化的行为，也不完全采取导致共同利益最大化的行为，只是在物流方面通过契约结成优势相当、风险共担、要素双向或多向流动的中间组织。因此，企业之间是物流联盟关系。

(5) 第三方物流是一种交易方式。第三方物流是物流服务的一种交易方式，是指工商企业把部分或全部物流业务交由专业的物流企业运作的一种交易方式，从事这种交易方式的专业物流公司则称为第三方物流企业。一般情况下，人们常把第三方物流企业简称为第三方物流，但二者是两个不同的概念，有本质区别，一个是指企业的组织形式，另一个则是指物流服务的交易方式。

2. 第三方物流服务的特征

在第三方物流服务中，物流服务提供者需要为托运人的物流链提供服务，供求双方在协作中建立交易关系或长期合同关系，这两种关系之间还可以有多种不同的选择，如短期合同、部分整合或合资经营。物流服务供求双方的关系既可以只限于一种特定产品，如将汽车零部件配送给汽车经销商，也可以包括一组特定的物流活动，甚至还可以有更大的合作范围，如进出库运输、仓储、最终组装、包装、标价及管理。

第三方物流服务的特征主要表现为以下几个方面：

(1) 第三方物流企业是站在货主的立场上，以货主企业的物流合理化为设计物流运营的目标。它既不是货代公司，也不是单纯的快递公司，而是客户的战略同盟者，并且是一种具有长期契约性质的物流服务。其最终职能是保证客户物流体系的高效运作和不断优化供应链管理。

(2) 第三方物流企业不一定具备物流作业能力，可以不直接从事运输、仓储等作业活动，只是负责物流系统设计，并对物流系统运营承担责任。具体的作业活动可以采取对外委托的方式，由专业的运输、仓储等企业去完成。

(3) 第三方物流企业的经营效益直接同货主企业的物流效率、物流服务水平以及物流效果紧密联系在一起，这是它与传统物流企业的显著区别。

(4) 通过第三方物流企业提供的物流服务有助于促进货主企业物流效率的提高和物流的合理化。

(5) 第三方物流服务的利润来源不是运费、仓储费用等直接收入，不是以客户的成本性支出为代价，而是来源于与客户一起在物流领域创造的新价值。它为客户节约的物流成本越多，利润就越高，这是它与传统物流企业经营方式的本质区别。

(6) 第三方物流具有增值服务特性。除具有传统物流服务的一般特征外，第三方物流最明显的特征是根据顾客的不同需求，对货物进行一定的加工、包装、重组等工序，进行增值服务，扩展了传统物流的服务范围，给客户企业带来了更多利润。

3. 第三方物流服务的运作模式

第三方物流运作从初级到高级是分阶段发展的，但并没有统一的分类标准和固定的运作模式。在电子商务的新形势下，为了能够更好地提供物流服务，不同的企业完全可以根据自身的特点，进行优化组合，最大限度地发挥自身的优势，设计出适合自身服务优势的第三方运作模式。

依据第三方物流服务中所采用的技术、经济、组织等实际条件，可以将其划分为以下几种不同服务水平的运作模式：

(1) 以提高服务附加值为目标的基础物流服务。第三方物流的这种服务模式是指面向局部区域或有单项功能需求的用户所提供外部物流服务，如干线运输、仓储、包装等。但从具体实例中可以发现，在所签订的物流合同（包括口头约定）中，实际上已经包含了一些增值服务，如代交付、代收款、代结账等。由于这些工作很琐碎、不起眼，因而往往被人们忽视。但是，这些附加服务确实能给客户带来价值增值。这种模式的特点在于，第三方物流服务一般只具有单项或一系列分散的物流功能，如合同运输服务、合同仓储服务等。这些合同往往有客户的一些附带要求，如临时保管、装卸、配送、交付、收款等。第三方物流企业通过长期合同或非一次性交易，实现物流服务，兑现对客户要求的承诺。

(2) 以获取规模效益为目标的定制物流服务。这种模式的特点是物流业务量大，按客户要求提供定制化的物流服务，在第三方物流服务企业和客户企业之间有在长期合作合同基础上的战略联盟关系。大量定制服务模式的规模效益比较明显，所以，这种第三方物流服务模式的客户企业较少，甚至一家客户就足以维持物流企业的生存与发展。其一般为主要客户服务的时间较长，可长达几年，这一点明显不同于提供基础性物流服务的经营模式。因此，采用这种模式，把为客户服务的业务做精比争取新的客户业务更重要。在电子商务时代，这种定制化的物流服务模式可以被实力相对较强的企业所采用。该模式注重第三方物流的实力及其与客户企业长期关系的建立及维持，并可以通过增值服务、信息技术、信息共享等方式巩固与客户的长期关系，实现共赢。

(3) 以培育新的客户群为目标的个性化物流服务。第三方物流服务需求方对物流功能的需求具有多样性，特别是中小型企业，由于其自身的物流作业功能有限，对物流服务的需求更具有特殊性，因此，这是一个巨大的潜在的客户群。为这些中小企业提供包括运输、仓储、商务附加值在内的“量体裁衣”式的个体化物流服务，不但可以有效支持第三方物流自身的增长，更可以增加物流服务功能的附加收入。同时，按照社会专业分工的要求，第三方物流企业承担了中小型工商企业的物流作业功能，使中小企业能够集中于核心业务，在资源、财力、规模不足的条件下，也能享受高质量、低成本的物流服务，促进了中小企业的发展。这种第三方物流服务模式对第三方物流企业的要求不高，但由于我国中小型工商企业分布广泛，组织和产业结构不合理，存在低水平重复建设等，在相当多的行业内形成了产品结构性过剩的状态，产业关联度较低，缺乏社会化、专业化的分工合作，严重影响了第三方物流服务的发展。因此，第三方物流企业需要开展必要的宣传，强化自身的营销模式，建立较好的品牌效应，使广大中小企业认识到第三方物流可能给自身带来的效益。

9.2.3 物流联盟

1. 物流联盟的概念

物流联盟（Logistics Alliance）是介于自营和外包之间的物流模式，可降低前两种模式的风险。物流联盟是为了取得比单独从事物流活动更好的效果，企业之间形成的相互信任、共担风险、共享收益的物流伙伴关系。企业之间不完全采取导致自身利益最大化的行为，也不完全采取导致共同利益最大化的行为，只是在物流方面通过契约形成优势互补、要素双向或多向流动的中间组织。

联盟是动态的，只要合同结束，双方就会又变成追求自身利益最大化的单独个体。狭义的物流联盟存在于非物流企业之间，广义的物流联盟包括第三方物流。电子商务企业与物流企业物流联盟，一方面有助于电子商务企业降低经营风险、提高竞争力，还可从物流伙伴处获得物流技术和管理技巧；另一方面也使物流企业有了稳定的货源。当然，物流联盟的长期性和稳定性会使电子商务企业改变物流服务供应商的行为变得困难，电子商务企业必须对今后过度依赖物流伙伴的局面做周全考虑。是否组建物流联盟作为电子商务企业物流战略的决策之一，其重要性是不言而喻的。

2. 物流联盟的方式分类

物流联盟的方式可分为以下几种：

（1）纵向模式。纵向模式即垂直一体化，这种联盟方式是基于供应链一体管理的基础形成的，即从原材料到产品生产、销售、服务形成一条龙的合作关系。垂直一体化联盟能够按照最终客户的要求，在为其提供最大价值的同时，也使联盟总利润最大化。但这种联盟一般不太稳固，主要是在整个供应链上，不可能每个环节都能同时达到利益最大化，因此打击了一些企业的积极性，使其随时有退出联盟的可能。

（2）横向模式。横向模式即水平一体化，由处于平行位置的几个物流企业结成联盟，包括第三方物流企业。这种联盟能使分散物流获得规模经济和集约化运作，降低成本，并且能够减少社会重复劳动。但它也有不足之处，如必须有大量的商业企业加盟，并有大量的商品存在，才可发挥其整合作用和集约化的处理优势。此外，这些商品配送方式的集成化和标准化也不是一个可以简单解决的问题。

（3）混合模式。混合模式中，既有处于上下游位置的物流企业，也有处于平行位置的物流企业的加盟。

（4）以项目为管理的联盟模式。以项目为中心，由各个物流企业合作，形成一个联盟。这种联盟方式只限于一个具体的项目，联盟成员之间合作的范围不广泛，优势不太明显。

（5）基于Web的动态联盟。由于市场经济条件下竞争激烈，为了占据市场领导地位，联盟应成为一个动态的网络结构，以适应市场变化、柔性、速度、革新的需要。不能适应需求的企业将被淘汰，并从外部选择优秀的企业进入。但是，这种联盟方式缺乏稳定性。

3. 物流联盟的优势

大企业可以通过物流联盟迅速开拓全球市场，如罗兰·爱思（Laura Ashley）正式与联邦快递（Fedex）联盟，完成其全球物流配送，从而使业务在全球范围内展开。

长期供应链关系发展成为联盟形式，有助于降低企业的风险。单个企业的力量是有限的，其对一个领域的探索失败了损失会很大；如果几个企业联合起来，在不同的领域分头行动，就会降低风险。而且联盟企业在行动上也有一定协同性，因此对于突如其来的风险能够共同分担。这样便降低了各个企业的风险，提高了抵抗风险的能力。

企业，尤其是中小企业，通过物流服务提供商结成联盟，能有效地降低物流成本，提高企业竞争能力。通过联盟整合，可节约成本 10% ~25%。企业进行联盟能够在物流设备、技术、信息、管理、资金等方面互通有无、优势互补，减少重复劳动，降低成本，达到共同提高、逐步完善，从而使物流业朝着专业化、集约化方向发展，最终提高整个行业的竞争能力。此外，物流联盟也有助于物流合作伙伴之间在交易过程中减少相关交易成本。物流合作伙伴之间经常沟通与合作，互通信息，建立相互信任和承诺，降低履约风险。即使在服务过程中产生冲突，也可通过协商加以解决，从而避免无休止地讨价还价，甚至提出法律诉讼产生费用。

第三方物流公司通过联盟，有利于弥补在业务范围内服务能力的不足。例如，联邦快递公司发现自己在航空运输方面存在明显的不足，于是决定把一些不是自己核心竞争力的业务外包给 Fritz 公司，与 Fritz 公司联盟，让其成为联邦快递的第三方物流提供商。

9.3 电子商务物流技术

9.3.1 条码技术

条码技术最早出现于20世纪40年代，但是得到真正应用和迅速发展还是在近二十年。美国20世纪50年代就有关于铁路车辆采用条码的报道。1969年，美国电子现金收款机的问世加速了条码技术在商业领域中的应用和推广。

中国物品编码中心于1988年12月28日正式成立，于1991年4月19日正式加入国际物品编码协会。国际物品编码协会分配给中国的前缀码为690、691、692、693、694。

（1）一维条码：一维条码自问世以来，很快得到了普及并被广泛应用。但是，由于一维条码仅容纳13位数字，信息容量小，因此，更多的描述商品的信息只能依赖数据库的支持。离开了预先建立的数据库，一维条码也就成了无源之水。

（2）二维条码：简称二维码，除了具有一维条码的优点外，还具有信息容量大、可靠性高、保密防伪性强、易于制作、成本低等优点。它是实现证件以及卡片等大容量、高可靠性信息自动存储、携带并可用机器自动识别的理想手段。

（3）多维条码：20世纪80年代以来，人们围绕如何提高条码符号的信息密度进行了许多研究工作，多维条码成为研究、发展与应用的方向。

1. 一维条码

条码是一种信息代码，用特殊的图形来表示数字、字母信息和某些符号。一维条码是由一组宽度不同、反射率不同的条和空按规定的编码规则组合起来，用以表示一组数据的符号，如图9-1所示。

图9-1 一维条码结构

一个完整的一维条码符号由两侧静区、起始字符、数据字符、校验字符和终止字符组成。

(1) 静区：没有任何印刷符或条码信息，它通常是白的，位于条形码符号的两侧。静区的作用是提示阅读器准备扫描条码符号。

(2) 起始字符：条码符号的第一位字符是起始字符，它的特殊条空结构用于识别一个条形码的开始。阅读器首先确认此字符的存在，然后处理由扫描器获得的一系列脉冲。

(3) 数字字符：由条形码字符组成，用于代表一定的原始数据信息。

(4) 终止字符：条形码的最后一位字符是终止字符，它的特殊条、空结构用于识别一个条形码符号的结束。

(5) 校验字符：有些码制的校验字符是必需的，有些码制的校验字符是可选的。校验字符是通过对数据字符进行一种算术运算而确定的，并将结果与校验字符比较，若两者一致，说明读入的信息有效。

2. 二维码

二维码（2-Dimensional Bar Code）又称QR Code，QR全称Quick Response，它是用某种特定的几何图形按一定规律，在平面（二维方向上）分布的黑白相间的图形记录数据符号信息的一种编码方式。它比传统的一维条码能存储更多的信息，也能表示更多的数据类型。

二维码在代码编制上巧妙地利用构成计算机内部逻辑基础的“0”“1”比特流的概念，使用若干个与二进制相对应的几何图形来表示文字数值信息，通过图像输入设备或光电扫描设备自动识读，以实现信息自动处理。

二维码是一种比一维条码更高级的条码格式。一维条码只能在一个方向（一般是水平方向）上表达信息，而二维码在水平和垂直方向都可以存储信息。一维条码只能由数字和字母组成，而二维码能存储汉字、数字、图片、动画等多媒体信息，因此，二维码的应用领域要广泛得多。它容错能力强，具有纠错功能，这使得二维码因穿孔、污损等造成局部损坏时，仍可以被正确识读，即使损毁面积达50%仍可恢复信息。

3. 条码技术的优点

(1) 输入速度快。与键盘输入相比，条码输入的速度是键盘输入的5倍，并且能实现“即时数据输入”。

(2) 可靠性高。键盘输入数据出错率为1/300，利用光学字符识别技术出错率为万分之一，而采用条码技术的误码率则低于百万分之一。

(3) 采集信息量大。利用传统的一维条码一次可采集几十位字符的信息，二维条码更可以携带数千个字符的信息，并有一定的自动纠错能力。

(4) 灵活实用。条码标识既可以作为一种识别手段单独使用，也可以与有关识别设备组成一个系统实现自动化识别，还可以与其他控制设备连接起来实现自动化管理。

另外，条码标签易于制作，对设备和材料没有特殊要求，识别设备操作容易，不需要特殊培训，且设备也相对便宜。

4. 条码在物流信息系统中的作用

条码技术作为主要的自动识别技术，广泛应用于工业自动化控制和各类管理信息系统中。作为物流信息系统中的数据自动采集单元技术，能够实现计算机对物流信息的自动采集与传输。由于采用了条码，消费者从心理上对商品质量产生安全感，条码在识别伪劣产品、防假打假中也可起到重要作用。

无论在商品的入库、出库、上架还是顾客结算的过程，都要面对如何将数据量巨大的商品信息输入计算机中的问题。如果在单个商品的包装上印制条码符号，利用条码阅读器，就可以高速、准确、及时地掌握商品的品种（货号）、数量、单价、生产厂家、出厂日期等信息。这样不仅提高了效率，同时也吸引了更多的顾客，减少或消除了顾客购货后结算和付款时出现拥挤排除现象。

在物流领域，利用条码技术可以对企业的物流过程建立信息采集跟踪系统；在生产制造业，可在物料准备、制造、仓储运输、销售、售后服务等多方面开展应用；还可利用条码技术进行仓库管理，如货物单品管理、仓库库位管理、仓库业务管理等。

9.3.2 射频识别技术

射频识别技术在历史上的首次应用可追溯到第二次世界大战期间，当时用于分辨敌我方飞机，现在它已经被应用于门禁管制、牲畜管理及物流管理等多个领域，是目前自动识别领域最热门的技术。

射频识别（Radio Frequency Identification，RFID）技术是利用无线电波对记录媒体进行读写。射频识别的距离短到数毫米，长到几米，并且根据读写的方式，可以输入数千字节的信息，同时还具有很高的保密性，在自动识别技术领域有着广泛的应用。

1. 射频识别系统的分类

射频识别系统按标签的能量来源不同可分为有源系统和无源系统；按系统工作频率不同可分为高频系统、中频系统和低频系统；按工作方式不同可分为主动式系统和被动式系统；按工作距离远近可分为远程系统、近程系统和超近程系统。

2. 射频识别系统的组成

从射频识别系统的工作原理来看，射频识别系统一般都由射频卡、阅读器、天线几部分组成。

（1）射频卡（也称标签）。在RFID系统中，信号发射机为了不同的应用目的，会以不同的形式存在，典型的形式是电子标签。电子标签在自动或外力的作用下，把存储的信息主动发射出去。它由耦合元件及芯片组成，标签含有内置天线，用于和射频天线间进行通信。在实际应用中，电子标签附着在待识别物体的表面。

（2）阅读器。阅读器也称信号接收机，是用来读取标签信息的设备。其功能就是提供与标签进行数据传输的途径。它通过计算机及计算机网络，进一步实现对物体识别信息的采集、处理及远程传送等管理功能。

（3）天线。它是电子标签与阅读器之间传输数据的发射、接收装置。

3. 射频识别技术在物流管理中的应用

射频识别技术在物流配送中的应用可分为商品的入库、出库、存储、运输跟踪、配送等。它可以加快供应链的运转，提高物流管理的效率。

（1）商品出库与入库。物资配送中心所派车队进入仓储中心时通过门禁，阅读器读取到射频标签信息，并在仓储中心系统中显示此时车队所载物资为空。车队装载物资完毕离开发物仓库时再次通过门禁，物流系统将出库物资信息写入系统数据库中并上报给物资配送中心。这样就等于射频标签承载了其所运物资的相关信息，自动完成物资出库，此时运送物资的车辆和物资进入在途状态。运输车队到达收物仓库时再次通过门禁，阅读器读取到射频标签中的信息后传输给仓储中心系统，系统即显示待入库物资的相关信息并写入数据库，自动完成物资入库，并上报给物资配送中心，通知物流配送中心配送任务已经完成。

（2）存储与库存盘点。在仓库里，射频识别技术最广泛的应用是存取货物与库存盘点，它能用来实现自动化的商品登记、存货和取货等操作。在仓储管理中，将供应计划系统与射频识别技术相结合，能够高效地完成各种操作，可增强作业的准确性和快捷性，提高服务质量，降低成本，减少物流中由于偷窃、损害、出货错误等造成的损耗，实现快速供货，并最大限度地减少储存成本。

（3）运输跟踪。在运输管理中，通过在货物和车辆上贴 RFID 标签，完成设备的跟踪控制。接收装置收到 RFID 标签信息后，连同接收地的位置信息上传至通信卫星，再由卫星传送给运输调度中心，送入数据库中。利用射频识别技术，可准确、迅速地完成配送任务，并实现对在途物资的跟踪。在物资运输期间，物资配送中心根据发/收物仓储中心上报的数据，可知在途物资的名称、品种和数量等信息，实现在途物资的可见性。

（4）物流配送。在配送环节，采用射频识别技术，能大大加快配送的速度和提高拣选与分发过程的效率与准确率，并能减少人工、降低配送成本。到达中央配送中心的所有商品都贴有 RFID 标签，在进入中央配送中心时，托盘通过一个门阅读器，读取托盘上所有货箱上的标签内容。系统将这些信息与发货记录进行核对，以检测出可能的错误，然后将 RFID 标签更新为最新的商品存放地点和状态。这样就确保了精确的库存控制，甚至可以确切了解目前有多少货箱处于转运途中、转运的始发地和目的地，以及预期的到达时间等信息。

4. 射频识别技术在其他物流环节中的应用

（1）零售环节。RFID 可以改进零售商的库存管理，实现适时补货，有效跟踪运输与库存，提高效率，减少出错。同时，智能标签能对某些时效性强的商品的有效期限进行监控。商店还能利用 RFID 系统在付款台实现自动扫描和计费，从而取代人工收款。

RFID 标签在供应链终端的销售环节，特别是在超市中，免除了跟踪过程中的人工干预，并能够生成100%准确的业务数据，因而具有巨大的吸引力。

（2）生产环节。在生产制造环节应用 RFID 技术，可以完成自动化生产线运作，实现在整个生产线上对原材料、零部件、半成品和产成品的识别与跟踪，减少人工识别成本和出错率，提高效率和效益。特别是在采用 JIT（Just-in-Time，准时制生产方式）的流水线上，原材料与零部件必须准时送达到工位。采用了 RFID 技术之后，就能通过识别电子标签，快速从品类繁多的库存中准确地找出工位所需的原材料和零部件。RFID 技术还能帮助管理人员及时根据生产进度发出补货信息，实现流水线均衡、稳步生产，同时也加强了对质量的控制与追踪。

9.3.3 POS 系统

1. POS 系统的含义

POS 系统（Point of Sales，销售时点信息系统）是通过自动读取设备（如收银机）在销售商品时直接读取商品销售信息，如商品名、单价、销售数量、销售时间、销售店铺、购买客户等，并通过通信网络和计算机系统传至有关部门进行分析以提高经营效率的系统。

2. POS 系统的作用

利用 POS 系统，各相关企业都可以利用供应链上的需求数据。零售商可以将这些信息用在分析哪些是畅销品，哪些是滞销品，并进行最有效的卖场安排及提供最佳的商品储备方案上；批发商可以将这些信息用在为零售商提供最合适的商品补给上；制造商可以把这些信息用在制订生产计划，通过准确地把握过去的需求，进行今后需求的预测，以及根据预测提出适当的生产计划方案并加以实施，通过分析 POS 数据能防止因盲目生产而出现的产品库存损耗的发生；另外，这些信息还可以广泛用在促销效果测评和产品开发上等。

9.3.4 GPS

1. GPS 的定义和组成

GPS（Global Positioning System，全球定位系统）是美国从 20 世纪 70 年代开始研制，历时 20 年、耗资 200 亿美元，于 1994 年全面建成，具有海、陆、空全方位实时三维导航与定位能力的新一代卫星导航与定位系统。

GPS 是由空间星座、地面控制和用户设备三部分构成的。GPS 测量技术能够快速、高效、准确地提供点、线、面要素的精确三维坐标及其他相关信息，具有全天候、高精度、自动化、高效益等显著特点。它广泛应用于军事、民用交通（船舶、飞机、汽车等）导航、大地测量、摄影测量、野外考察探险、土地利用调查、精确农业以及日常生活（人员跟踪、休闲娱乐）等不同领域。现在 GPS 与现代通信技术相结合，使得测定地球表面三维坐标的方法从静态发展到动态，从数据后处理发展到实时定位与导航，极大地扩展了应用广度和深度。

GPS 包括三大部分：空间部分——GPS 卫星星座；地面控制部分——地面监控系统；用户设备部分——GPS 信号接收机。

2. GPS 在物流领域的应用

（1）用于汽车定位与跟踪调度。利用 GPS 的计算机管理信息系统，可以通过 GPS 和计算机网络实时收集全路汽车所运货物的动态信息，可实现汽车、货物追踪管理，也可及时进行汽车的调度管理。

（2）用于铁路列车及货物的追踪管理。利用 GPS 的计算机管理信息系统，可以通过 GPS 和计算机网络实时收集全路列车、机车、车辆、集装箱及所运货物的动态信息，可实现列车及货物的追踪管理。只要知道货车的车种、车型和车号，就可以立即从长度近 10 万 km 的铁路网中流动着的几十万辆货车里找到该货车，还能得知这辆货车现在何处运行或停在何处，以及所有的车载货物发货信息。

（3）用于军事物流。GPS 首先是因为军事目的而研制的，在军事物流中应用相当普遍，如后勤装备的保障等方面。通过 GPS 技术及系统，可以准确地掌握和了解各地驻军的数量和要求，无论在战时还是在平时都能及时地进行准确的后勤补给。

（4）网络 GPS。网络 GPS 是指在互联网上建立起来的一个公共 GPS 监控平台，它同时融合了卫星定位技术、GSM 数字移动通信技术以及国际互联网技术等多种目前世界上先进的科技成果。在共同 GPS 监控平台上，各物流运输企业可以充分运用自己的权限，进入网络 GPS 监控界面对车辆进行监控、调度、即时定位等多项操作，既能实现车辆实时动态信息的全程管理，又能够省去自己建 GPS 监控中心/基站所需的大量经费、时间、人力。

网络 GPS 的出现无论是对 GPS 供应商还是对物流运输企业来讲，都是一个真正的好消息。因为它直接引起投资费用的降低与信息显现的无地域性限制，最终的结果则是 GPS 的门槛降低及普及率提高，从而使更多的物流企业从中受益。

9.3.5 GIS

1. GIS 的含义

GIS（Geographical Information System，地理信息系统）技术是20世纪60年代开始兴起、近些年迅速发展起来的一门空间信息分析技术，是多学科交叉的产物。它以地理空间数据为基础，采用地理模型分析方法，适时提供多种地理信息，是一种为地理研究和地理决策服务的计算机技术。

GIS 由五个主要元素构成，包括硬件、软件、数据、人员和方法。其中，硬件主要是指GIS 操作所用的计算机和其他设备；软件主要提供所需的存储、分析和显示地理信息的计算机软件相关集合。

2. GIS 的功能

GIS 具有采集、管理、分析和输出多种地理空间信息的能力。它可以将表格型数据（无论它来自数据库、电子表格文件或直接在程序中输入）转换为地理图形显示，然后对显示结果浏览、操作和分析。其显示范围可以从洲际地图到非常详细的街区地图，现实对象包括人口、销售情况、运输线路及其他内容。

3. GIS 的特征

（1）具有采集、管理、分析和输出多种地理实际信息的能力，具有空间性和动态性。

（2）以地理研究和地理决策为目的，以地理模型方法为手段，具有区域空间分析、多要素综合分析和动态预测的能力，产生高层次的地理信息。

（3）由计算机系统支持进行空间地理数据管理，并由计算机程序模拟常规的或专门的地理分析方法，作用于空间数据，产生有用信息，完成人类难以完成的任务。

4. GIS 在物流分析中的模型应用

在电子商务环境下，供应商必须全面、准确、动态地掌握散布在全国各个中转仓库、经销商、零售商以及各种运输环节之中的产品流动状况，并以此制订生产和销售计划，及时调整市场策略。那么，把 GIS 技术融入物流配送的过程中，就能更容易地处理物流配送中货物的运输、仓储、装卸、送递等各个环节，并对其中涉及的问题，如运输路线的选择、仓库位置的选择、仓库的容量设置、制定装卸策略、运输车辆的调度和投递路线的选择等进行有效的管理和决策分析。这样才符合现代物流的要求，才有助于物流配送企业有效地利用现有资源，降低消耗，提高效率。

GIS 技术主要应用于物流分析，是指利用 GIS 强大的地理数据功能来完善物流分析技术。目前，一些国外公司已经开发出利用 GIS 为物流提供专门分析的工具软件。完整的 GIS 物流分析软件集成了车辆路线模型、最短路径模型、网络物流模型、分配集合模型和设施定位模型等。具体表现如下：

（1）车辆路线模型。主要用于解决一个起始点、多个终点的货物运输中，如何降低物流作业费用并保证服务质量的问题，包括决定使用多少辆车以及每辆车的路线等。

（2）最短路径模型。最短路径模型的主要功能是最短路径分析，是 GIS 中最基本的功能。

（3）网络物流模型。主要用于解决寻求最有效地分配货物路径问题，也就是物流网点布局问题。例如，将货物从 N 个仓库运往 M 个商店，每个商店都有固定的需求量，因此，需要确定由哪个仓库提货送给哪个商店，所耗的运输代价最小。

（4）分配集合模型。根据各个要素的相似点，把同一层上的所有或部分要素分为几个组，主要用于解决服务范围、销售市场范围等问题。例如，某一公司要设立多个分销点，要求这些分销点覆盖某一地区，而且要使每个分销点的顾客数目大致相等。

（5）设施定位模型。主要用于确定一个或多个物流设施的位置。在物流系统中，物流中心、仓库和运输线共同组成了物流网络，物流中心和仓库处于网络的节点上，节点决定着线路。如何根据供求的实际需要并结合经济效益等原则，在既定区域内设立多少个物流中心和仓库，每个物流中心和仓库的位置、规模以及物流中心和仓库之间的物流关系等，运用此模型均能很容易地得到解决。

9.4 电子商务物流配送

电子商务的出现刺激了物流配送的发展，物流配送的发展又促进了电子商务的发展，两者是一种相互促进的辩证关系。同时，物流配送的滞后阻碍了电子商务的发展。但是，不管电子商务如何发展，物流配送的发展趋势都是不可遏制的。

1. 电子商务物流配送的含义

电子商务物流配送是利用现代通信技术和计算机技术所进行的配送活动，它把现代信息技术应用于配送活动中。具体来讲，配送企业采用网络化的计算机技术和现代化的硬件设备、软件系统及先进的管理手段，针对社会需求，严格、守信用地按用户的订货要求，进行一系列分类、编配、整理、分工、配货等理货工作，定时、定点、定量地交给没有范围限制的各类用户，满足其对商品的需求。

2. 电子商务对传统物流配送的影响

电子商务物流配送能使商品流通相较传统的物流配送方式更容易实现信息化、自动化、现代化、社会化、智能化、合理化和简单化。电子商务环境下的物流配送，使货畅其流、物尽其用，既减少了生产企业库存，加速了资金周转，提高了物流效率，降低了物流成本，又刺激了社会需求，有利于整个社会的宏观调控，也提高了整个社会的经济效益，促进市场经济健康发展。

（1）给传统的物流配送观念带来了深刻的变革。传统的物流配送企业需要置备大面积的仓库，而电子商务系统网络化的虚拟企业将散置在各地、分属不同所有者的仓库通过网络系统连接起来，使之成为“虚拟仓库”，进行统一管理和调配使用，服务半径和货物集散空间扩大了。这样的企业在组织资源的速度、规模、效率和资源的合理配置方面都是传统的物流配送所不可比拟的，相应的物流配送观念也是全新的。

（2）网络对物流配送的实时控制代替了传统的物流配送管理程序。一个先进系统的使用会给一个企业带来全新的管理方法。传统的物流配送过程是由多个业务流程组成的，受人为因素和时间的影响很大。网络的应用可以实现整个过程的实时监控和实时决策。新型的物流配送业务流程都由网络系统连接，当系统的任何一个神经末端收到一个需求信息的时候，该系统都可以在极短的时间内做出反应，并拟订详细的配送计划，通知各环节开始工作。这一切工作都是由计算机根据人们事先设计好的程序自动完成的。

（3）网络缩短了物流配送的时间。电子商务环境下，客户对物流配送速度提出了更高的要求。在传统的物流配送管理中，由于信息交流的限制，完成一个配送过程的时间比较长，但这个时间随着网络系统的介入会变得越来越短，任何一个有关配送的信息和资源都会通过网络管理在极短的时间内传送到有关环节。

（4）网络系统的介入简化了物流配送过程。传统物流配送的整个环节极为烦琐，而网络化的新型物流配送中心可以大大缩短这一过程。

9.5 电子商务中的逆向物流

9.5.1 逆向物流的概念及内涵

大多数企业在设计自己的物流系统时，主要考虑的是正向物流系统。当商品到达消费者手中后，就基本上离开了企业的正向物流系统。例如，某些附件如包装物在商品送达消费者手中后，便完成了自己的使命，而商品在被使用一段时间后，也会结束其生命周期。但是，这些离开了正向物流系统的包装物或商品并非毫无用处，如果加以妥善利用，可以再次为企业带来经济效益。可见，在企业的运营过程中，仅有正向物流系统显然是不完善的，还必须管理好逆向物流。

《中华人民共和国国家标准物流术语》中将逆向物流分解为回收物流和废弃物物流两大类。如前所述，回收物流（Returned Logistics）是指不合格物品的返修、退货，以及周转使用的包装容器从需求方返回到供给方所形成的物品实体流动；而废弃物物流（Waste Material Logistics）是指将经济活动中失去原有使用价值的物品，根据实际需要进行收集、分类、加工、包装、搬运和储存，并分送到专门的处理场所时所形成的物品实体流动。

9.5.2 逆向物流的分类

电子商务中，逆向物流主要包括退货物流和回收物流两大部分。退货物流是指下游消费者将不符合订单要求的商品退回给上游供应商，其流向与常规商品流向正好相反。回收物流是指将最终消费者所持有的废旧物品回收到供应链上的各节点企业。

1. 退货物流的类型

退货物流又可以被区分为消费者投诉退货、终端使用退回、商业退回、维修退回、生产过程的废品和副品退回五大类别。

（1）消费者投诉退货。消费者投诉要求退回商品，说明该商品可能存在缺陷，或者该商品不能满足消费者的要求，抑或消费者不知道该如何正确使用该商品。但也有可能是消费者故意声称商品有缺陷，以达到退货的目的。

（2）终端使用退回。终端使用退回通常发生在商品出售之后较长时间，主要是指经完全使用后要处理的商品。终端退回一般是出于经济性的考虑，目的是最大限度地恢复资产。

（3）商业退回。商业退回的发生可能是因为商家购进过量的市场热销商品，却未能如预期般创下良好销售业绩，也可能是由于商品步入其生命周期的末期，或错过了其销售季节，还可能是由于商品在运输过程中受到破坏。

（4）维修退回。维修退回是指有缺陷或受到损坏的商品在被销售出去之后，根据售后服务承诺条款，退回生产商。维修退回通常发生在产品生命周期的中期，比较典型的商品包括有缺陷的家用电器、家具和手机等。

(5) 生产过程的废品和副品退回。一般来说，生产过程产生废品和副品是出于经济和法规条例的原因，发生周期较短，而且并不涉及其他组织。通过再循环和再生产，生产过程中产生的废品和副品可以重新进入生产环节，得到再次利用。生产过程产生废品和副品在药品行业和钢铁行业中较为普遍。

2. 回收物流的类型

按照逆向物流回流的物品特征和回流流程，回收物流可以分为以下三类：

(1) 低价值产品的物料回收。这种逆向物流的显著特征是，其回收市场和再使用市场通常是分离的。也就是说，低价值产品的物料回收后并不一定进入原来的生产环节，而是可以作为另外一种产品的原材料被投入另一个供应链环节中。例如，金属边角料的回收等。

(2) 高价值产品的零部件回收。为了降低成本和获取利润，生产商通常主动发起对价值增加空间较大的物品的回收。此类逆向物流与传统正向物流的结合最为紧密，可以利用原有物流网络进行物品回收，并通过再加工环节，将回收的物品送入原来的产品生产环节。例如，手机的回收等。

(3) 可直接再利用的产品回收。玻璃瓶、塑料包装、托盘等包装材料，通过检测和清洗处理环节的处理，便可以重新利用。此类逆向物流的管理重点在对物品供应的时点控制上。例如，通过标准化产品识别标识简化物品检测流程。此外，由于在此类逆向物流的物品回收阶段对管理和设备水平的要求并不高，因此可以形成由多个回收商分散管理，由原产品生产商对回收商进行统一管理的格局。

9.5.3 逆向物流的业务流程

为了方便比较，图9-2涵盖了正向物流、退货物流和回收物流。

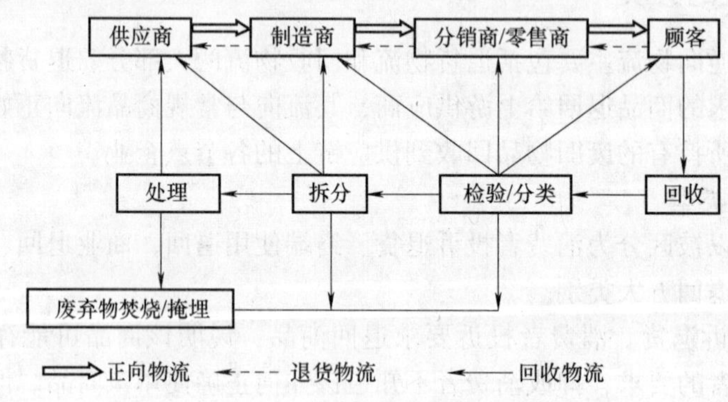

图9-2 逆向物流的业务流程

1. 回收

回收是指企业通过有偿或无偿的方式，收回顾客退回的商品或包装物，并行物理移动，将其移至某地等待进一步处理。这里所说的顾客可以是供应链下游的配送商、零售商，也可以是最终消费者。

2. 检验

检验是指确定回收的商品是否具有再次使用的可能性，以及应该如何加以使用的作业过程。根据商品的结构特点以及各零部件的性能，确定可行的处理方案，包括捐赠、直接再销售、重新制造、整修和报废处理等，然后对各方案进行成本效益分析，确定最优处理方案。

3. 整修

整修是指对已使用过或存在问题的回收商品进行修整、重新制造、拆卸和循环利用。其中，前两类涉及对商品的修理和升级；而拆卸只是将回收商品中的一部分可重复使用的部件进行拆除，加以恢复和整修；循环利用则是对回收商品中某些部件的再利用。

4. 再加工

再加工是指将可再使用的商品进行物理转移，返回潜在市场，把它们送到使用者手中的过程。如果回收的商品没有被使用过，可通过重新包装，作为新产品再次出售。

5. 报废处理

对已经没有经济价值或严重危害环境的回收商品，因不能再次使用，故要将其有计划地报废丢弃。例如，可以运送到指定地点，通过机械处理、地下掩埋或焚烧等方式，进行彻底销毁。

9.5.4 逆向物流的战略价值

当今许多企业都把逆向物流纳入企业的发展战略规划之中，使之成为新的降低成本、提高利润的途径，通过逆向供应链的规划和运作，带来可观的经济价值和环境效益。逆向物流的战略价值主要体现在以下几个方面：

1. 提高顾客价值，增强竞争优势

在当今买方市场的经济环境下，顾客价值是决定企业生存和发展的关键因素。许多企业通过逆向物流提高顾客对产品或服务的满意度，赢得顾客信任，增强企业的竞争优势。对于最终顾客来说，逆向物流的成功运作能够确保不符合订单要求的商品及时退货，以及保证有质量问题的商品能够被及时召回，有利于消除顾客的后顾之忧，增加顾客对企业的信任感、提高回购率，扩大企业市场份额。

传统供应链关系是“一对多”（One-to-More）的关系，即上游单个供应商面对下游数个顾客；而逆向供应链关系是“多对一”（More-to-One）的关系，即当出现退货和产品召回问题，从而发生逆向物流时，将是众多下游顾客面对单个上游供应商。如果上游企业采取宽松的退货和产品召回策略，就能够减少下游顾客的投诉意见，容易形成彼此之间的共鸣与合作，改善供需关系，促进企业间战略合作，强化整个供应链的竞争优势。特别是对于季节性风险比较大的产品，退货策略带来的竞争优势将更加明显。

2. 节约社会资源，降低物料成本，增加企业效益

随着社会经济的不断快速发展，资源短缺问题日益严重，资源的供需矛盾也日益突出，逆向物流因此越发凸显出其竞争优势。传统管理模式下的物料管理范围仅仅局限于企业内部物料，不重视对企业外部废旧物品及物料的有效利用，造成了大量可再用性资源的闲置和浪费。由于废旧物品的回购价格低、来源充足，若对这些物品进行回购加工，便可以大幅度降低企业的物料成本，增加企业的经济效益。

3. 改善环境行为，塑造企业形象

随着人们生活水平和文化素质的不断提高，环境保护意识日益增强，顾客对优质环境的期望越来越高，不仅考虑自己目前的生活状况和条件，而且开始密切关注人类后代的持续繁衍和发展。执行可持续发展战略，是企业向顾客和社会承诺和负责的表现。另外，由于不可再生资源的稀缺及环境污染程度的日益加重，各国都相继制定了许多环境保护法规，对企业的环境行为制定约束性标准，如德国的《包装废品废除法令》和英国的《垃圾掩埋税收法案》等。企业的环境保护业绩已经成为评价企业运营绩效的重要指标之一。由此看来，企业实施逆向物流战略，保持和改善环境质量，不仅是为了提升企业自身的形象，有时更是道德和法律的要求。

本章小结

本章在介绍了物流的概念、分类、要素及物流与供应链管理等物流基础知识的基础上，推出电子商务物流的概念、特点、作用等知识；阐述了电子商务对物流的影响及物流对电子商务的影响；着重介绍了电子商务物流技术中的条码技术、射频识别技术、POS、EDI技术，以及GPS技术与GIS技术；着重介绍了电子商务物流几种模式；介绍了电子商务配送及配送中心的设计；介绍了逆向物流的业务流程和战略价值。

相关术语

电子商务物流（Electronic Commerce Logistics）
自营物流（Self-run Logistics）
第三方物流（Third-Part Logistics，TPL）
物流联盟（Logistics Alliance）
条码（Bar Code）
射频识别技术（Radio Frequency Identification，RFID）
POS（Point of Sales，销售时点信息）系统
GPS（Global Positioning System，全球定位系统）
GIS（Geographical Information System，地理信息系统）
电子商务物流配送（Electronic Logistics Distribution）
逆向物流（Reverse Logistics）

思考与练习

一、名词解释

1. 第三方物流 2. 虚拟物流 3. 物流联盟 4. 逆向物流

二、判断题

1. 电子商务物流拓展了物流的时间和空间，但对物流的高效化影响不大。（ ）

2. 物流是保障企业生产经营连续性的前提条件。（ ）

3. 目前我国物流基础设施和设备不完善，公路通达度与衔接度明显不足，铁路网络结构薄弱，民航支线机场数量缺乏，应急物流还有待进一步发展。（ ）

4. 条码的前三位是国家标示符，随后四位是企业标识，后五位为商品标识，最后一位

是校验码。( )

三、选择题

1. 物流的基本功能包括运输、储存、( )、搬运与装卸、流通加工、配送、信息处理等。

A. 网上咨询　　B. 包装　　C. 合同签订　　D. 货到付款

2. 将物流分为正向物流和逆向物流属于（ ）分类。

A. 物流在供应链中的作用　　B. 物流的社会化作用

C. 货物的流向　　D. 物流的内容

3. 电子商务物流的特点是信息化、网络化、智能化、柔性化、整合和集成化及( )。

A. 自动化　　B. 机械化　　C. 规范化　　D. 移动化

4. 下列关于物流信息系统说法不正确的是（ ）。

A. 完善的物流信息系统应该为物流企业提供物流系统管理和运作的有关“平台”。

B. 按垂直方向分，物流信息系统可以划分为三个层次，即管理层、控制层和作业层。

C. 一个完善的物流信息系统应具有数据层、业务层、运用层、控制层和计划层。

D. 物流信息系统按系统的功能性质分可以分为操作型系统和单机系统。

5. 供应链是一个动态联盟，在制订生产计划时仍要体现其动态性，即要具有（ ）和灵活性。

A. 敏捷性　　B. 适应性　　C. 快速性　　D. 柔性

四、问答题

1. 简述电子商务与物流的关系。
2. 试述物流系统的功能要素有哪些。
3. 请说说供应链管理中物流管理的基本功能。
4. 什么是条码？条码技术有哪些优点？
5. 何为POS？其特征有哪些？
6. GPS是由哪几部分组成的？GPS在物流领域中的应用如何？
7. 什么是GIS？它具有哪些功能？
8. 无线射频识别系统是由哪几部分组成的？主要应用领域有哪些？

第 10 章

移动电子商务

- 了解移动电子商务的定义、特点、应用类型和发展趋势
- 了解移动电子商务的价值链的含义，掌握移动电子商务价值链的架构、价值链模型和商业模式
- 了解移动电子商务的应用

◆引例

移动二维码支付

如今在我国，移动支付已经成为一种普遍的存在。从星级酒店、连锁餐厅到路边饭馆甚至煎饼摊，几乎都能看到二维码或扫码机。就连上门收快递的快递员，也经常会问上一句："您是微信还是支付宝支付?"

信用卡在我国二十多年一直都没能走进大多数消费场所，手机支付却在两年时间里成为几乎与现金同样普及的支付工具。它们的普及离不开柜台上套着硬塑料的二维码，或者店员拿来扫手机上二维码的支付机器。支付宝、微信让人们把银行卡跟手机绑定在一起，但真正让手机支付成为日常的则是这些机器。这些设备大多来自哆啦宝、钱方、客来乐、卡拉卡等第三方支付服务商。它们基本都同时支持微信或者支付宝付款，不少也能从京东、QQ 钱包和百度糯米收到钱。

在移动支付市场初期，聚合支付的产生建立在第三方支付等支付工具繁荣多样的基础之上，尤其是移动支付时代的来临：大约两年前，由支付宝和微信支付燃起的"烧钱大战"，拉开了第三方支付抢夺用户的全面战役，随之而来的是，商户收银系统由原本的刷卡 POS 机演变为多种扫码设备和扫码台卡。然而，商家和消费者同时疲于应对各种账号申请、对账等手续，由此形成市场痛点。

商业银行、第三方支付公司、其他结算机构、消费金融公司等众多类型的机构，都在为商户提供网络（移动）支付解决方案。网络（移动）支付市场规模巨大且增长迅速，在商户和第三方支付渠道之间提供支付服务的第四方，可以满足有在线支付需求的、具有长尾效应的中小企业的需求。

（资料来源：今日头条．移动二维码支付 移动支付二维码前景，2017 年 3 月 13 日，http：//www. toutiao. com/a6396873942901244161/，作者略有删改。）

案例小结：

随着无线通信技术的发展、智能移动终端性能的提升，手机上网成为现代人们生活中一种重要的上网方式。移动电子商务应用领域不断拓展与创新，人们正逐渐利用手机等移动智能终端设备进行网上支付、网络购物，获取信息服务等。这种移动数据终端设备参与商业经营的移动电子商务正在迅速崛起，其发展前景广阔，并会对我国的经济产生深远的影响。

10.1　移动电子商务概述

近年来，移动互联网的快速普及为移动电子商务的发展奠定了基础。通过应用移动电子商务，消费者可以随时随地利用碎片时间进行网页浏览和消费，大大提高了交易的效率。随着智能手机的广泛应用，世界各地的用户开始更多地借助智能手机上网，提高了对移动购物的兴趣。同时，网络零售商为了丰富用户购物体验，不断增强移动渠道，如推出移动页面和应用。2012 年 3 月，工业和信息化部发布《电子商务“十二五”发展规划》，推进移动电子商务发展，同时要求推动移动支付标准制定。各地纷纷开展移动电子商务试点，推进区域移动电子商务建设，为移动电子商务的发展创造了良好条件。

移动电子商务（M-Commerce）是由电子商务（E-Commerce）的概念衍生而来，电子商务以计算机为主要界面，是“有线的电子商务”；而移动电子商务则是将手机、平板电脑等移动终端作为媒介开展的电子商务活动。

通过无线通信技术进行网上商务活动，移动通信网和 Internet 有机结合，突破了计算机网络的局限。移动商务充分运用其移动性消除了时间和地域的限制，为电子商务活动提供便捷、随时随地的信息传输和商业交易成为可能。相对于传统的电子商务而言，移动电子商务可以真正使任何人在任何时间、任何地点得到整个网络的信息和服务。按照最终的用户类型，移动商务可分为企业移动商务和个人用户移动商务。对于企业来说，移动商务为它们提供快速、便捷的信息服务，带来了更多的商业机会；从用户角度来看，个体消费者可以使用手机等移动通信设备，随时随地上网、查询信息、购买产品、预订服务，方便快捷。

10.1.1　移动电子商务的含义

移动电子商务是利用手机、平板电脑等无线终端进行的 B2B、B2C、C2C 或 O2O 的电子商务，通常也简称为移动商务。它将 Internet、移动通信技术、短距离通信技术及其他信息处理技术完美结合，使人们可以在任何时间、任何地点进行各种商贸活动，实现随时随地、线上线下的交易活动、商务活动、金融活动和相关的综合服务活动等。

1. 移动电子商务的概念

从广义上讲，移动电子商务是指基于移动通信网络，通过手机、平板电脑移动通信终端和设备所进行的交易、支付和认证等电子商务活动，涉及通信、娱乐、商业、旅游、紧急救助、农业、金融、教育等。这一概念，可看作是对应于 Electronic Business 的 Mobile Business。

从狭义上讲，移动电子商务是指以 PLMN（Public Land Mobile Network，公共陆地移动网络）和 Mobile Internet 网络和技术为依托，通过便携终端进行的在线交易和商务作业活动。这一概念中只涉及货币类交易的商务模式，可看作是对应于 Electronic Commerce 的 Mobile Commerce。

2. 移动电子商务与传统电子商务的区别

相对于传统的电子商务，移动电子商务多了移动性和终端的多样性。无线系统允许用户访问移动网络覆盖范围内任何地方的服务。尽管目前移动电子商务的开展还存在安全与带宽等很多问题，但是相比传统的电子商务方式，移动电子商务具有诸多优势，受到了世界各国的普遍重视，发展和普及速度很快。

（1）移动商务和传统电子商务所使用的终端设备不同。传统电子商务的主要设备是计算机与互联网的连接运用，移动电子商务以手机、个人数字助理以及笔记本电脑等移动终端结合无线通信技术的运用。它们所能带给人们的服务也不一样，但是都为电子商务这个大行业带来了便利。

（2）移动商务的特点体现在移动接入、身份鉴别、移动支付和信息安全等方面。传统电子商务不能实现在任何地方都可以进行网上购物（网络和硬件设施限制），而移动商务则摆脱了网线的束缚，同时，移动商务中 SIM 卡的唯一性也让它比传统电子商务的身份鉴别更安全可靠。

（3）移动商务较传统的电子商务更加灵活、简单、方便。

相比传统电子商务，移动电子商务的主要优点有：使商务活动的信息互动更高效、更及时；使商务活动的规模更大、机会更多，不限于坐在计算机前才能开展商务活动，随时随地都可以凭借智能手机来进行。基于固定网的电子商务与移动电子商务的比较如表 10-1 所示。

表 10-1 移动电子商务与传统电子商务的比较

区 别	移动电子商务	传统电子商务
网络基础设施	通信速度受无线电频谱的限制，带宽有限	强调的是无差别的服务
终端设备	移动通信设备屏幕小、内容少、处理器慢，输入不便，电池一次不能用太久	使用个人计算机，屏幕大、内存大、速度快，不用考虑电池问题
用户群	手机、移动设备用户多，潜在用户数量大	所有用户
移动性	因移动而产生更多商业机会，更能实现个性化服务	无法移动
时空约束	与空间、时间有关，更能实现个性化服务，更能满足用户同位置有关的需求	不受时间与空间的影响，都提供一样的服务
商业模式	更多地针对差异性提供差异化的个性化服务来盈利	强调低成本和无限的网络空间，消除信息不对称，提供无限的免费信息服务

10.1.2 移动电子商务的特点

电子商务较之传统的商业模式更加方便、灵活、高效，而移动电子商务的这些特点更加突出，在任何时间、任何地点，以任何的方式都可以完成交易。具体而言，移动电子商务具备以下特点：

1. 多样化和人性化

移动电子商务不仅能提供互联网用户的直接购物服务，还是一种全新的销售与促销渠道。它全面支持移动业务，可实现电信、信息、媒体和娱乐服务的电子支付。不仅如此，移动电子商务不同于目前的销售方式，它能完全根据消费者的个性化需求和爱好，提供更加人性化的服务。

2. 个性化

移动电子商务利用移动通信网的信息服务，服务对象是移动终端用户，移动终端携带了大量用户的个人信息，因此可以对每个用户提供高度个性化的服务内容。

3. 灵活的付费方式

现如今，丰富的移动支付方式已渗透社会生活的方方面面，除了传统电子商务的银行转账、第三方支付平台（如支付宝）支付，移动支付独有的扫码支付将其应用场景极大拓展。通过个人移动终端设备来进行可靠的电子交易被视为移动电子商务业务的一个重要方面。

4. 丰富的信息资源

由于无线互联网的信息来源于Internet，通过无线信息平台可以将现有Internet上的信息资源通过采集、整理，按照用户的特定要求提供给不同的用户。

5. 随时随地性

移动终端（如手机、平板电脑等）与固定终端相比，具有更加方便、易携带的特性。它实现了真正的以客户为中心，随时随地提供用户所需信息、服务等。

10.1.3 移动电子商务的应用类型

移动电子商务作为新兴的商务活动模式，将先进的移动通信工具和无线上网技术应用到传统的商务交易活动中。它真正实现了以客户为中心、以现代无线通信网络为手段，以更高效、更方便及更低廉的成本完成传统商务模式下的一系列交易活动。移动电子商务提供的服务主要应用于两个市场——纵向市场和横向市场。

纵向市场是指一些领域专用的服务以及为这些行业定制的应用。纵向市场中的移动电子商务解决方案能够使信息快速地在移动用户（员工或客户）和企业之间传送。这种解决方案能够帮助企业提高生产效率，增加利润率，提高客户满意度。移动电子商务的纵向市场有如下几种：运输、现场服务、现场销售、金融服务、房地产、旅游、资产跟踪、远程信息处理、医疗、通信、公共部门、零售业等。

横向市场是指以服务大众消费者为目的，各行业都能够使用的服务和应用。横向市场可细分为如下几类：基本通信语音和短信息、访问和共享数据与信息（个人的或商业的）、大众媒体和娱乐（视频和声音），以及商业交易（购买或销售）等。具体如图10-1所示。

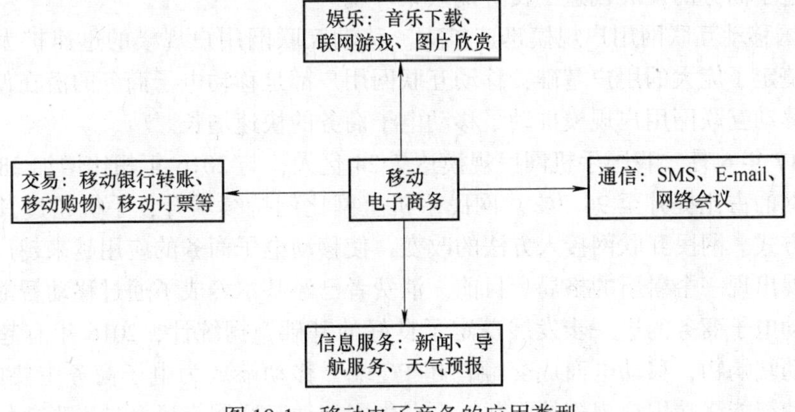

图10-1 移动电子商务的应用类型

10.1.4 我国移动电子商务的发展现状

1. 我国移动电子商务的发展历程

从广义上讲，在手机等移动终端上进行的消费都属于移动电子商务的范畴。如2000年12月中国移动正式推出的移动梦网和2004年3月3G门户上线后提供的移动服务，在广义上都有移动电子商务的影子。但狭义的移动电子商务在我国的发展较晚。2006年至今，我国移动电子商务市场的发展可分为以下几个阶段：

（1）移动电子商务的发展早期（2009年以前）。这一时期，消费者真正通过手机进行实物购物的比例非常少，手机对大多数人来说只是通话和短信的工具。相比PC端网购，手机网购的用户体验非常差。这一时期，虽然手机当当网、手机淘宝网和独立的移动电子商务网站买卖宝已经开通，但它们的交易规模非常小，几乎可以忽略不计。

（2）移动电子商务的加速发展期（2009—2012年上半年）。2009年1月，中国移动、中国电信和中国联通获得了3G牌照，我国正式进入了3G时代。3G时代的来临，加上智能终端的迅速普及，手机上网的用户体验日益提高，手机开始成为消费者不可或缺的一种工具，以手机网购为代表的移动电子商务开始得到消费者认可。

这一阶段，移动电子商务的发展速度非常快，各大电商网站纷纷开始布局移动电子商务。尽管如此，阻碍移动电子商务发展的因素依然很多：①3G上网资费依然较高，网速依然不快；②智能手机普及率依然不高；③消费者受安全性和支付便捷性影响，他们的移动电子商务消费习惯和尚未建立，信任度较低。

（3）移动电子商务发展的爆发期（2012年下半年以后）。这一时期，智能手机价格下降明显，千元以内的智能手机开始普及。同时，3G网络资费下调，网速上升。加上各大传统电商商家积极推动移动端的建设和培育用户移动端的消费习惯，消费者开始更加主动地尝试移动电子商务。

2. 我国移动电子商务发展的有利条件

移动电子商务的发展和政策支持、移动互联网用户规模、3G用户规模、智能手机普及等各方面的发展密切相关。在这些有利因素的支持下，我国移动电子商务得到快速发展。

（1）政策支持移动电子商务的发展。近年来，国家连续出台有利政策，加大对移动电子商务实施的支持力度。各地纷纷开展移动电子商务试点工程，推进区域移动电子商务的建设，为移动电子商务的发展创造了良好的政策环境。

（2）中国移动互联网用户规模迅速扩大。移动互联网用户规模的迅速扩大为移动电子商务的发展奠定了庞大的用户基础，移动互联网用户都是移动电子商务的潜在使用者和消费者。庞大的移动互联网用户规模推动了移动电子商务的快速增长。

截至2017年6月，我国手机网民规模达7.24亿人，与2016年相比增加2830万人，网民中手机上网的占比提升至96.3%。网民手机上网比例持续攀升，手机超过其他终端成为第一大上网方式。网民互联网接入方法的改变，使移动电子商务的应用越来越广泛，移动电子商务的发展出现一个崭新的格局。目前，消费者已经基本养成了通过移动智能终端上网的习惯，为移动电子商务的进一步发展奠定了良好的基础。据统计，2016年有超半数的手机网民曾在移动端购物，移动电商成交额首超PC端，移动端成为电子商务主要的交易渠道。随着中国移动智能终端用户规模的不断扩大，中国移动互联网市场已进入高速发展阶段，移动互联网用户已成为移动通信和互联网产业的主要消费人群。

(3) 移动电子商务应用连续创新。移动电子商务在当今社会已经被越来越多的人熟知并使用。随着4G的普及，运营商手机上网包月套餐的推出，手机终端功能的提升，以及相关政府部门的高度重视，均促进这一产业高速发展，移动电子商务的业务范围也逐渐扩大，移动应用出现创新热潮，涵盖了金融、信息、娱乐、旅游和个人信息管理等领域。

展望未来，不论是金融业、制造业、流通业还是服务业等，都在积极涉足移动电子商务。未来几年中，人们在移动信息和娱乐方面的需求都会快速成长。随着4G网络的高速发展，电子商务会逐渐进入优化阶段和扩容阶段，更多更新的增值业务也会随着人们的需求成熟起来。但由于受地域性和移动运营商策略调整的影响，据权威机构预测，移动商务发展将会呈现一个波浪式的上升轨迹。移动电子商务会因个性化的需求而向P2P（Person to Person）、P2B（Person to Business）的商务模式转变，用户能够充分体会移动电子商务对时间和位置的敏感性。

10.2 移动电子商务价值链及其商业模式

移动通信服务领域技术和应用的发展异常迅猛，由传统的语音服务发展到今天多元化的数据增值服务，这一进程广泛而深入地影响和改变着人们的消费、娱乐、生活和工作方式。与此同时，作为支撑的移动通信服务产业正发生急剧的变革，产业内的市场主体和商业模式都发生着显著而深刻的变化。从本质上讲，这一产业变革是要打破阻碍发展的垄断封闭的传统产业链，再造和优化新的价值创造与运作的机制与模式，从而构建起面向未来、开放合作与共生共荣的新的价值生态体系。

10.2.1 移动电子商务价值链的含义

移动电子商务价值链是从移动运营商开始，与终端制造商、平台提供商、内容提供商/服务提供商协调合作，最后连接到终端用户，共同创造价值的动态链条。从移动运营商经过一系列商务活动到消费者，形成了一个比较完善的移动增值服务运营模式和系统，这种模式打破了消费者原有的消费模式。移动电子商务价值链使不同类型的企业打破行业界限，使同处一条价值链中的企业之间不仅仅保持简单的买卖关系，还要保持良好的战略合作的关系。

一般来说，电信和移动通信行业价值链的形成方向是从消费者到运营商到制造商。而移动电子商务却有一个完全倒置的产业价值链（见图10-2），从移动网络运营商和服务提供商等开始发端，直到逐步形成一个完善的移动增值服务运营模式和体系，最后打通到消费者，从根本上影响和改变了消费者原有的消费模式。

移动电子商务各参与方为了最大限度地获取自己的商业利益，以移动用户的需求为中心，在开展电子商务的过程中担当着不同的商业角色。

整个价值链商业模型实际上都是以移动用户为中心的，整个价值链上的企业所获得的利润都来自移动用户。谁能够在用户间获得充分的影响力，谁能够为用户创造优秀的体验，谁就将占据未来移动电子商务运营市场的主动。

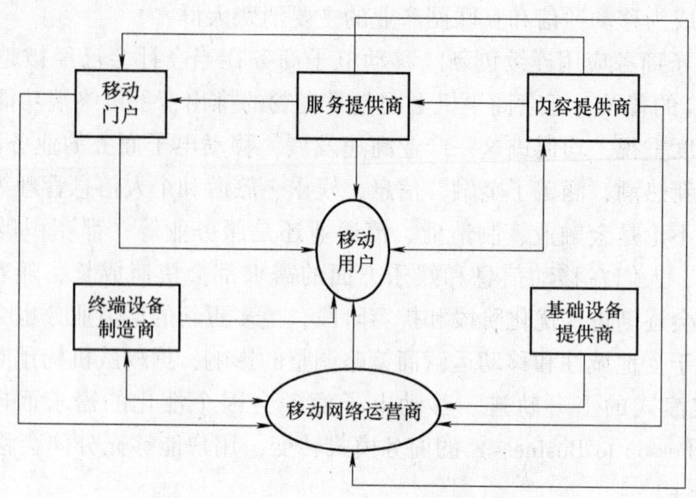

图 10-2 移动电子商务的产业价值链

10.2.2 移动电子商务价值链架构

移动电子商务各参与方为了最大限度地获取自己的商业利益，以移动用户的需求为中心，在开展电子商务的过程中担当着不同的商业角色。本书讨论的移动电子商务价值链的构成要素主要包括移动网络运营商、终端设备制造商、移动用户、内容提供商、服务提供商、支付服务机构、物流服务提供商、平台提供商、终端制造支持商、网络设备提供商、软件提供商、政府监管部门。表 10-2 是移动电子商务价值链构成的简单介绍。

表 10-2 移动电子商务价值链构成

参与方	功能描述	举例
移动网络运营商	为用户提供各种通信业务，实现对运营商网络（包括对其他运营商网络和互联网）的接入、定位、计费、客户管理	中国移动、中国联通、中国电信
平台提供商	自主开发、维护、运营移动电子商务平台，接入移动运营商网络，为移动电子商务交易活动提供交易平台	美国高通 BREW、淘宝平台
移动用户	使用移动电子商务服务的客户	个人用户、企业用户
软件提供商	开发应用软件，为移动运营商提供软件服务	腾讯、微软、金蝶
终端设备制造商	制造移动终端设备	三星、华为、苹果
终端制造支持商	终端零配件制造、终端程序开发、终端平台开发、芯片制造等	高通、微软、腾讯
网络设备提供商	为移动运营商提供移动电子商务所需的网络基础设备	华为、中兴
内容/服务提供商	集成整合内容和产品，并提供给移动用户	腾讯、新浪、搜狐
支付服务机构	为移动电子商务交易活动提供信息、资金的安全保障	工行、农行、建行
物流服务提供商	提供有形产品的物流配送	德邦、邮政、中铁
政府监管部门	为移动电子商务价值链上的所有商业交易活动制定相关政策，规范市场竞争	

（1）移动网络运营商。它是移动电子商务价值链最为关键的一环，也是移动电子商务价值链运作不可缺少的一环，它为移动用户提供各种通信业务，实现对运营商网络的接入，

也提供各种网络相关的业务。移动网络运营商介于内容服务提供商与移动用户之间，提供传输通道和相关个性化服务。目前，无论是中国移动还是中国联通、中国电信，都拥有一张覆盖全国的移动通信网络，在移动电子商务行业里处于绝对的主导地位。同时，移动网络运营商掌握着庞大的用户资源、完善的移动通信基础设施和手机业务门户，在移动电子商务行业中有着举足轻重的地位，在开展移动支付、选择服务提供商、SP 商家（内容提供商）等方面都起着主导作用。

（2）平台提供商。本书所指的是自主开发、维护、运营的移动电子商务平台提供商，联合内容/服务提供商、支付服务机构、物流服务提供商通过此平台进行商务交易活动。与移动网络运营商的移动电子商务平台所不同的是，平台提供商的移动电子商务平台是自主开发、自主运营的。

（3）移动用户。其最大特点是经常变换自己的位置，用户接收的商品或服务可能因为时间、地点以及其使用移动终端情况的不同而不同。移动用户是移动电子商务价值链的终端环节，他们通过移动电子商务交易平台获取自己所需要的需求和服务。

（4）软件提供商。它负责软件的开发及推广，为移动网络运营商提供应用软件。

（5）终端设备制造商。它主要负责开发、制造、推广移动用户终端设备（包括手机、平板电脑、笔记本电脑、POS 终端机等），保证移动用户能更好地进行移动电子商务活动。

（6）移动终端制造支持商。它为终端制造商提供其所需的零配件、终端平台、操作系统、应用程序、芯片等。

（7）网络设备提供商。它为移动运营商提供开展移动电子商务交易活动所需的网络基础设施。

（8）内容/服务提供商。他们拥有内容的版权，是信息创造的源头，提供相关的数据和信息产品（如新闻、音乐、位置信息）等，并通过移动网络进行实现分发，例如，新浪、网易等。

（9）支付服务机构。它为移动用户提供移动支付服务或移动支付平台，作为与用户信息关联的银行账户管理者，拥有一套完整、灵活的安全支付体系，以确保用户支付过程的安全和用户信息的安全。支付机构在资金流中起着举足轻重的作用，能确保资金安全、快速地流通。支付机构不仅拥有以现金、信用卡及支票为基础的支付系统，还拥有个人用户和商家资源。

（10）物流服务提供商。在移动电子商务价值链的交易活动中，它为需求方提供有形商品的配送。

（11）政府监管部门。政府监管部门为移动电子商务价值链上的所有商业交易活动制定相关政策，规范市场竞争。

10.3　移动电子商务应用

移动电子商务具有商务活动即时、身份认证便利、信息传递实时、移动支付便捷等特点。随着无线通信技术的发展，智能移动终端性能的提升，移动电子商务的应用领域不断拓展与创新，由最基本的移动购物和移动支付转向商务活动的各个环节。例如，用户可以直接利用移动设备进行网上身份认证、账单查询，开展网络银行业务，接受基于位置的服务，开展无线医疗等。

10.3.1 移动金融

随着移动互联网普及化，通信、支付技术的完善，移动社交、消费表现出常态化，金融作为大众经济生活必不可少的基础支撑，金融消费衍生出新的诉求。移动互联网对传统金融服务的影响不仅体现在渠道、产品等单一层面，移动银行、移动支付、移动证券、移动理财等移动金融服务俨然发展成为新的生态、新的蓝海。

1. 移动金融的内涵

移动互联网带来了前所未有的移动金融发展契机，金融业务的互动化、应用化将是21世纪银行业最强大的竞争力之一。移动互联网技术应用于金融领域，促成了移动金融的产生。移动金融给人们带来了便利和选择，提高了社会的整体效率，加速了金融行业的变革。近十年来，越来越多的学者开始对移动金融产业进行研究，移动金融的概念与内涵也不断丰富和发展，但至今尚未形成统一的定义。

本书采纳这样的定义：移动金融是连接移动终端用户和金融服务业经济价值的媒介，金融机构、移动网络运营商、第三方支付企业、移动终端设备商、内容/服务提供商等参与方直接或间接地通过移动金融服务进行价值创造、传递及分配，用户利用基于移动通信网络的移动终端设备来获取信息、产品和服务。

2. 移动金融的组成部分

从用户感知的角度，移动金融可以分为三个组成部分：移动信息、移动支付和移动应用。其中，移动支付环节是整个产业的核心，也是价值最高的环节。

（1）移动信息。移动信息是指用户通过移动终端获取、并且交互的金融信息。这些信息包括用户账户信息、信息化的商品和服务、金融资讯、广告宣传、网上预约及交易提示等。例如，手机银行是银行向用户提供的通过手机办理自助金融服务的电子银行业务，通过手机银行，用户可以获取账户管理、转账汇款、缴费、消费支付、理财投资等服务相关的各种信息。

（2）移动支付。移动支付是一种信息增值业务，用户的移动终端通过无线网络与金融机构连接，借助数据信息操作完成奖金划转。移动支付所使用的移动终端可以是智能手机、平板电脑、笔记本电脑、移动POS机等。通常按照交易方式的不同，移动支付可分为两种类型：远程支付和近场支付。远程支付是指用户不在交易现场，而是通过短信、WAP、USSD等信息通道来进行支付信息的传递。近场支付是指通过在手机或其他手机功能部件上集成相应的支付模块，现场进行电子交易信息的传递。近场支付的主要模式有RFID、蓝牙、红外等。

（3）移动应用。移动应用是金融机构或商户提供的，可以满足用户通过移动终端，借助手机银行或第三方支付渠道获取的移动增值服务，例如，手机话费充值、水电费等缴费、订餐、购票和游戏点卡充值等增值服务。

3. 移动金融的特征

移动金融作为移动互联网技术和金融行业融合的产物，其追求的是三“A”标准（Anytime、Anywhere、Anyhow），注重给用户带来随时随地多功能的应用体验，拓展了交易空间，节约了社会资源，使用户可以利用移动终端随时随地获取信息、达成交易、进行应用等。移动金融的特征可以归纳为以下几点：

(1) 数字化。数字化是信息化进程的一个重要标志，是移动金融的技术基础。它将现实中的金融服务转换成电子平台上的业务，提高了金融行业的效率，节约了金融机构的运营成本。

(2) 网络化。移动金融的业务流程是以移动互联网技术为基础的，因此，它也符合网络经济的发展规律，主要有边际收益递增规律、网络效应与外部性、规模经济性。例如，随着移动支付交易量的上升，其边际成本趋于无限低而实现了边际收益递增。网络效应在于网络价值随用户数增长而呈指数增长，产业的规模经济性又极大地提高了市场绩效。

(3) 横向跨越。

移动金融的发展需要多个参与主体，产业关联度强，不能孤立地认为移动金融是从电信业、金融业等传统行业中割裂出来的，而应将移动金融看作是这些行业价值链的高端部分，与传统行业相比，科技含量更高，产业附加值更大。

(4) 创新性。移动金融是科技与经济发展的产物，始终以用户多元化需求为中心，以提升用户体验为目标。移动金融的发展与社会生活息息相关，服务和应用的智能化、柔性化与技术创新同样重要，必须坚持以市场需求为导向，大力推进创新发展。

4. 移动金融产业的发展概况和发展趋势

移动金融的发展，使金融服务方式发生了革命性变化。在新兴市场，移动金融起着扩大金融覆盖范围的重要作用，作为新兴的银行服务渠道，成为商业银行渠道体系的重要组成部分，弥补了现有金融机构发展不足的缺陷；在发达市场，它将金融系统打造得更为便捷，提高了金融运行效率。

当前，互联网信息技术、可替代能源、可再生能源以及3D打印机技术预示了第三次工业革命的到来。第三次工业革命将对人类的生产组织产生深刻的影响，数字化、智能化成为人类生产组织的主导模式。经济决定金融，人类社会生产模式的深刻变化决定了这种基于移动信息技术和通信网络的新型模式将逐渐成为金融服务实体经济的主导方向。

10.3.2 移动医疗

移动医疗，即通过移动设备（主要指手机、定制的移动设备如平板电脑、其他移动设备如无线植入式器械和检测器及可穿戴医疗设备等）提供医疗或健康信息和服务。移动医疗应用包括远程患者监测、视频会诊、在线医疗与健康咨询、个人医疗护理、无线访问电子病例和处方等。

移动医疗被称为“王冠上的明珠”，是卫生部重点关注项目。除了专业的院内移动医疗系统外，时下流行的移动终端也在移动医疗领域崭露头角。4G移动通信技术日趋成熟，移动医疗产业越发受到卫生管理部门重视，更多企业和投资机构涌入移动医疗市场，移动运营商、医疗设备制造商、终端厂商、系统集成商、软件方案商等都是移动医疗产业中的重要环节。国内移动医疗处于起步阶段，各企业正积极布局，探索各种运作方式，盈利模式尚不清晰，运作要点主要体现在用户积累、持续营收等方面，大多数企业侧重于夯实用户基础，然后尝试变现。

1. 移动医疗发展现状

伴随着我国移动医疗行业的“线上+线下”积极布局推广，对用户使用习惯的培育和相关政策制度配套以及人们对移动医疗应用的认可度不断提高，未来几年内，我国移动医疗应用在手机网民中享有日益广阔的市场。艾媒咨询（iiMedia Research）数据显示，到2017年年底，中国移动医疗市场规模突破百亿元，达到125.3亿元。艾媒咨询分析师认为，面对我国医疗医院配置不均，“看病难、挂号难、排队难”，挂号、候诊、收费时间长，看病时间短等医疗服务乱象，移动医疗市场将迎来持续迅猛发展。

2. 我国移动医疗未来发展趋势

（1）与传统医疗机构融合，顺应政策风向。移动医疗的各种设备和服务必须通过与医生的对接才能真正发挥作用，其最终的目的是与传统医疗机构共赢，树立医生的个人品牌形象，通过移动医疗真正实现自身价值。同时，“互联网+医疗”的发展还需要政策的全面推动，切实发展惠及全民的健康信息服务及智慧医疗服务。

（2）医药电商或将迎来爆发式增长。随着处方药电子商务销售和监管模式的创新，及互联网延伸医嘱、电子处方等网络医疗健康服务的应用，处方药网售权限有望开放，医药企业也将更多地利用电子商务平台优化采购、分销体系，提升企业经营效率。医药电商的发展进一步推动了医药分离的实现，通过互联网有效降低药品销售对医院渠道的依赖性，从而打造完整的购药电商平台生态。

（3）资本关注精准医疗，医疗大数据价值提升。我国精准医疗尚处于起步阶段，在国家基因库组建、基因科普教育及基因数据安全等方面有待进一步提升。随着资本开始关注精准医疗，医疗大数据的价值有望进一步提升。

（4）个人健康监护更到位。随着互联网因素的渗透，医疗健康的发展将由临床向预防转变，由仅在医院就诊向健康全方位管理过渡。利用移动医疗让有限的资源惠及更多民众，将成为互联网经济的一片新蓝海。而通过医疗基础信息整合与共享，智能硬件、大数据等技术的充分应用，将有效实现对个人健康的全面监护。

（5）移动医疗越趋个性化。针对需求人群的个体差异，融合文化、技术、产品、服务等，将会衍生出多维度、多角度的服务形式和发展机会。健康医疗呈现垂直多元化，这也相应增加了产业的参与机会。同时，健康医疗将向更加注重患者参与的方向发展，并脱离传统医疗环境。这使得不管用户身在何处，家里、办公室、健身房或是车里，医疗与健康管理都能触手可及。

但鉴于当前国内的实际情况，移动医疗的春天还未到来，其发展面临着诸多实际困难：

1）医疗资源不足、配置不合理，看病难、贵等问题突出，医改尚未到位。

2）大部分公立医院的信息系统开放度低、标准化低、数据共享能力欠缺。

3）新兴移动医疗领域的政策风险和监管风险较大。

4）医疗机构的信息系统需要稳定和安全，而这正是移动互联网的软肋。

5）大部分移动医疗的用户数量少且活跃度低。

6）医务人员的使用意愿并不强烈。

7）目前的移动医疗类App并未给大多数普通消费者带来很好的消费体验。

10.3.3 移动旅游

移动互联网具有便于设备携带、随时随地、无处不在的天生优势，与旅游行业消费群体对即时信息、个性化产品和服务的需求有着基因上的高度匹配。随着人们互联网生活的重心逐渐从PC端转移到移动端，移动端旅游活跃用户量已经超过PC端，并有差距逐步拉大的趋势。用户对移动端的使用习惯已逐步成型，因此，在线旅游企业也在加大力度向移动端转移，以争取更多的客户资源。

1. 移动旅游电子商务的含义

旅游产品是一种特殊的商品，具有季节性、无形性、生产与消费的异地性等特点，因而也就决定了旅游产品生产与旅游消费需求之间不可避免地存在时间和空间上的差异。

在现代市场营销活动中，旅游产品营销渠道是否畅通，直接关系到旅游企业的生存与兴衰，是关系到企业发展的重大问题。旅游产品营销渠道是指将旅游产品从旅游生产企业向旅游消费者转移过程中所经历的各个中间环节连接起来而形成的通道，涉及旅游经营商、旅游代理商、顾客以及饭店、航空公司、酒店等。游客进行旅游活动的过程，也就是旅游产品的销售过程，在此过程中，游客随时有可能产生新的需求，如订餐、租车、改变旅游路线等。传统旅游电子商务活动很难满足游客的这种个性化要求，而移动旅游电子商务中，游客则可以利用自身携带的手机等移动设备，向相关旅游服务机构发出请求，接受无处不在的个性化、实时的贴心服务，解决以上诸多问题。

移动旅游电子商务是指旅游服务产品消费者利用移动终端设备，通过无线与有线相结合的网络，采用某种支付手段来完成和移动旅游提供者的交易活动。其功能具体可以概述为以下四个方面：旅游信息服务、各种旅游服务的查询和预订、旅游电子商务网站的个性化服务、为旅游爱好者提供自主性交流的平台。传统旅游电子商务与移动旅游电子商务的比较如表10-3所示。

表10-3 传统旅游电子商务与移动旅游电子商务的比较

比较项目	传统旅游电子商务	移动旅游电子商务
终端移动性	位置固定	可移动
地理身份	弱	可地理定位
沟通方式	一对一方式	多方对话，互动交流
支付服务传递	以信用卡为主	内建的支付机制
交换关系，服务传递	买卖过程由卖方控制	客户激发购买，需求多由买方控制
服务方式	公司完全服务	客户自助服务
服务实际	局限于旅游前与旅游后的服务	可以处理紧急情况
商业成本削减	减少了搜索、推广、交易等成本	提高了移动员工的效率

2. 移动旅游应用的发展趋势

携程与去哪儿是较早发力移动端的企业，借助网站业务积累了大量旅游用户，不断开拓新服务提升旅游用户体验，到目前几乎垄断了七成以上的旅游市场。同时，像穷游、旅游攻略（现马蜂窝自由行）等重点放在旅游攻略的App也越来越受到年轻群体的喜爱，占据了一定的市场份额。今后，移动旅游仍拥有较大的发展空间，各平台商家在行业竞争和用户需求的推动下，将保持高速增长。

（1）平台性综合服务旅游应用继续成长。平台性综合服务市场的集中度和进入门槛越来越高，新增用户和资本市场进一步向领先平台聚拢，如去哪儿和携程的协同组合，携程对途牛旅游、同程旅游和艺龙的资本运作等。未来，平台性综合服务或将更加符合市场需求。

（2）移动旅游在不断改变。在移动互联网发展趋势推动下，旅游行业在拥抱新环境的同时，更积极尝试多元化营业模式，既包括线上企业不断向线下拓展资源，也包括线下实体提升移动互联网服务及开拓线上渠道，线上与线下应用和服务的互动或将带来改变。

（3）分享住宿兴起。随着游客对文化沉浸式旅游体验的需求越来越高，以 Airbnb 等为代表的分享住宿逐渐受到关注，并且带动了相关创业热情，同时也提高了房东提供和游客选择分享空间的互动意愿。分享住宿开始成为旅游住宿的一种新消费形式。

（4）“机票+酒店”的配套服务市场逐渐完善。近年来中长线旅游需求的增长，不仅推动中国国航和春秋航空等航空公司在机票预订基础上增加了酒店预订等附加服务，而且促成了去哪儿、携程和艺龙等企业的资源组合和战略协同。未来，“机票+酒店”的配套服务市场或将快速发展。

（5）民航出行市场越来越活跃。近年来，航空公司不断优化航线，提升 App 服务水平，扩大机票直销渠道，民航类旅游应用的用户活跃度随之持续提升。随着航空公司信息化水平的提升，未来或将在与高铁等铁路客源的竞争中占据一定优势。

10.3.4 移动学习

移动技术和互联网技术飞速发展，移动设备人均拥有量和使用率大幅提升，人们可以在任何时间和地点获取信息，由此产生了新的学习方式——移动学习。移动学习具有移动性、无线性、便携性、资源共享性等优势，在很大程度上填补了传统学习的空白，满足了人们在课堂之外的其他地点，如办公室、公交车站、地铁、机场等随时学习的需求，使利用一切零碎时间学习成为可能。

2012 年在中国国际远程教育大会上，国内 25 家单位联合发起成立了“中国移动学习联盟”，以促进移动学习的发展、整合移动学习资源、推进技术应用。

1. 移动学习的内涵

对于移动学习的理解应该包括以下三方面：①把移动学习看作是远程学习的一种，它是在无线移动计算设备（如智能手机、平板电脑、笔记本电脑等）的帮助下进行的学习。在移动过程中，利用纸质书籍或电子词典等设备进行的学习并不能称为移动学习。②移动学习是数字化学习的分支和扩展。两者的学习内容基本相同，但是移动学习使学习者不必局限于特定的场所，而是可以随时随地进行不同目的、不同方式的学习。只要拥有通信网络和移动终端设备，无论在何处都可进行学习。③移动学习区别于数字学习和网络学习的关键是其移动性和互动性。学习者可以在任何情境下借助移动终端，与教师以及其他学生进行即时交互和资源共享。

2. 移动学习在我国的发展历程

移动学习在我国的发展主要经过了以下几个阶段：萌芽期、起步期、爆发期，如图 10-3 所示。

（1）萌芽期：2003—2006 年。在 2003 年左右，手机短信和 WAP 兴起，将这些技术用于促进学习，成为远程教育技术研究者所关心的话题。其主要形式是短信和 WAP 网站。由于信息量少、浏览速度慢等缺点，移动学习远没有形成用户规模。当时的移动终端设备还没有操作系统，智能手机的概念几乎不为人所知，移动学习处于萌芽期。

图 10-3　移动学习在我国的发展历程

（2）起步期：2006—2010 年。自 2006 年以后，智能手机首先在商务人群、白领、上班族中兴起。当时的智能手机操作系统非常繁多，主要是诺基亚的 Symbian、微软的 Windows Mobile 等，还有联发科的 MTK 平台。当智能手机设备小范围普及，用户在数千万级别时，对智能手机软件应用的需求自然增加了。此时有一部分企业开始研发移动学习软件，如碟中碟的移动英语通、诺基亚的行学一族等。

当时移动学习市场的需求以单机版下载为主，通过 PC 端安装至手机设备。Android 和 iOS 设备自 2008 年以后才开始兴起。

（3）爆发期：2010 年至今。自 Android、iOS 在我国迅速普及以来，移动学习的 App 爆发式增长，各类与学习有关的 App 的数量估计在 10 万款以上。移动学习进入爆发期。

大量的企业开始开发移动学习的 App，主要分布于幼儿应用、中小学、成人教育、职业培训等各个领域。

3. 移动学习自身的短板及克服办法

移动学习同网络学习相比，具有不可比拟的优势，但是其自身也存在一些短板，列举如下：

（1）文字输入不便。现有的移动终端基本都采用了触摸屏技术，而缺乏键盘输入装置，输入依赖于屏幕上的软键盘，这对需要输入文字时（如填空题）不太方便，制约了移动学习的应用。

关于输入不便的问题，可以通过以下方式解决：尽量减少大段文字的输入，将大段文字精简为短小的文字；将文本内容比较多的试题改为匹配题，这样就能减少用户的操作。

（2）屏幕尺寸较小。屏幕尺寸小是便携式设备固有的特点。对于需要大屏幕才能显示完整的内容，移动学习本身不太合适。目前手机的流行尺寸是 4～6in⊖，尤其是 5.5in⊖以上的大屏手机普及得非常快。

另外，折叠屏技术正在发展之中，预计几年后可上市。因此，屏幕尺寸的问题将随着硬

⊖ 1in = 0.0254m

件设备技术的不断升级而得到解决。

（3）网络带宽受限。移动设备在Wi-Fi环境下，能够获得较好的带宽，如2Mbps以上带宽，使得流畅播放视频不成问题。但是，若在3G/4G网络环境下，受运营商提供的带宽及同时接入用户数量多少的影响，往往不能获得足够的带宽。同样，移动设备经常在信号强度不同的地方漫游，在线下载的速度不稳定，不利于移动学习的用户体验。

关于这个问题，目前的解决方案有：①提供离线下载功能，用户可以将内容下载至本地；②随着4G的成熟及5G的部署，流量套餐的价格不断降低，带宽带来的消极影响会逐步消除。

4. 移动学习的适用范围

移动学习适合教育培训的各个细分领域，如高等教育、中小学、学前教育、职业教育等。

（1）高等教育。我国是一个学习大国，根据数据统计，截至2014年年底，各类高等教育在学学员总规模3559万人，还有上亿名在职人员，个人学习成为一种必然的需要。这类群体拥有极高的移动设备普及率，而且易于接受移动学习，因此是移动学习厂商的必争之地。

基于PC平台的学习虽然在屏幕大小、存储容量、易用性上要优于手机学习，但是不能随时随地学习，而且也容易迷航。而移动学习虽然有屏幕小的缺点，但是可随时随地学习，尤其是在各种闲暇时间，如候车及等候地铁、飞机等场合使用，是一种方便的学习方式。

当前绝大多数大学生都拥有智能手机，而此类人群以学习为主要生活状态，因此，高等教育的移动学习具有非常庞大的需求。很多大学生已经自主开始使用手机来提高学习效率，如背单词等。

（2）考试培训。中国有巨大的考试产业。在广大的教育培训市场中，其中有相当大的比例是应试类培训。典型的考试培训有以下几类：

1）外语考试类。在线外语培训是在线教育发展最早的领域之一，也是市场容量最大的领域之一。沪江网是目前我国最大的外语学习社区之一。新东方在线也做得不错，从原有的只有几百万元营收，到现在营收过亿元。

2）职业考试类。职业考试培训在我国占据了较大的培训市场，在在线教育领域也是如此，如考研、司法考试、公务员考试、医学考试等。考试教育作为“刚性需求”，其市场规模相当庞大。

3）企业培训。建立学习型组织，对现代企业来说非常重要。由于企业工作人员的时间少，很难聚到一起培训，而网络培训则可以解决部分问题。

如果企业采用一部分移动学习，成本就会大大降低。企业可以通过无线通信网将课程发送到员工的手机上，供员工学习。系统自动将学习的结果记录下来，发回系统服务器。这种方式对常期在外跑业务的销售人员来说颇为实用。

过去新员工往往需要花费几天阅读各种活页夹中的信息和研究不同的产品，很浪费时间而且效果不好。现在通过实时移动平台，员工可以在销售现场完成自己的培训。员工可以找到一种产品，通过手机扫描该产品的条码之后，系统就会提供该产品的相关信息给员工，从而让员工在该产品面前完成一次简短的学习培训。

企业不仅可以通过手机学习系统来培训内部工作人员，也可以通过手机来培训代理商、经销商的工作人员。例如，将销售手册的精华制作成手机版本，统一发送到基层销售人员的手机上，使销售人员可以通过学习手机中的课程内容，迅速掌握核心内容。另外，当遇到无法解决的问题时，销售人员就可以通过搜索手机中的信息，甚至可以远程连接服务器，迅速获得应有的支持。这样不仅大大节省了销售培训成本，而且提升了培训效果。

5. 我国移动学习市场现状

按产品形态，我国当前移动学习市场主要分为两大类：移动学习 App（应用软件产品）和专用移动学习设备（学习机、电子书包等硬件产品）。

(1) 移动学习 App。自 2011 年以来，移动学习类 App 迅速增多，在教育培训的各个领域均是如此，如中小学、成人培训、企业培训等，都有大量的 App 出现。大大小小与教育学习相关的 App 有 10 万款左右。这些 App 主要分布于以下领域：

1) 学前教育：面向学前儿童，运行载体以平板电脑为主，主要内容是各类启蒙、益智类的 App，其特点是生动活泼、多媒体。

2) 基础教育：面向中小学生用户，以中小学学科辅助为主。

3) 职业教育：面向成人群体，载体以手机和平板电脑为主。

4) 技能培训：包括各类外语、计算机等技能培训。

5) 企业培训：特别适合组织结构分布于各地的企业。

6) 政府机关人员培训：面向公务员群体，以手机为主，平板电脑为辅。

但是自 2012 年以来，App 的生存情况堪忧。“只要将品牌 App 上架，消费者就会自动下载”的黄金时期已经过去。一哄而上的 App 市场很快充斥了大量类似产品，消费者的选择急剧增多，少量学习类 App 开始盈利，但这个比例还不到 5%。

移动学习方便、快捷的特点，得到了庞大移动终端用户群体的认可，有用户主动寻找、下载、使用学习类 App，尤其是中小学生及大学生。但是，在学习者的整个学习行为中，移动学习尚未形成学习方式的主流。其原因主要是用户移动学习的意识还处于初级阶段，有一个培育的过程。另一部分原因是基于书本和面授培训班的学习方式还居于主流，尤其是基于书本的学习方式，在未来 10 年中仍将居于主要地位。但这并不意味着移动学习无所作为，恰恰说明移动学习是一个非常好的“边际应用”，在结合图书和面授培训方面，移动学习具有天然的优势。

在某些领域，移动学习将迅速超过 Web 学习。长期以来，基于 Web 浏览器的用户体验并不佳，这是长期阻碍数字化学习的一个重要因素。在某些特定领域，在线教育很快会被移动学习超越。如中小学生和家长群体更喜欢用移动设备，所以超过 Web 在线方式是非常可能的。

(2) 学习机。自 2005 年起，中小学学习机市场迅速成长，自 2010 年以来，以 iPad 等平板电脑为代表的智能移动终端迅速普及，原有学习机厂商也适应市场的需求，及时推出了基于 Android 操作系统的学习机、学生电脑等，原有的点读机市场逐步被平板电脑、学生电脑所替代。综合业界人士提供的信息，2013 年面向中小学生群体的学习机市场，销售额为 40 亿～50 亿元，年销售学习机、学习电脑约 200 万台。

(3) 电子书包。《国家中长期教育改革和发展规划纲要（2010—2020 年）》（以下简称

《纲要》）中明确指出："加快教育信息基础设施建设。信息技术对教育发展具有革命性影响，必须予以高度重视。把教育信息化纳入国家信息化发展整体战略，超前部署教育信息网络。到2020年，基本建成覆盖城乡各级各类学校的教育信息化体系，促进教育内容、教学手段和方法现代化。充分利用优质资源和先进技术，创新运行机制和管理模式，整合现有资源，构建先进、高效、实用的数字化教育基础设施。加快终端设施普及，推进数字化校园建设，实现多种方式接入互联网。重点加强农村学校信息基础建设，缩小城乡数字化差距。加快中国教育和科研计算机网、中国教育卫星宽带传输网升级换代。制定教育信息化基本标准，促进信息系统互联互通。"

"电子书包"即是迎合《纲要》中提出的信息化教学的"升级版"。目前"电子书包"在学校教育领域（主要是中小学）的主要形式是"平板电脑+教室场景+教学平台+学习资源"。

电子书包以B2B为主，要真正大面积推广和普及，最关键的问题还是利益关系。电子书包推广与版权、经费分摊等利益脱不了关系。电子书包教学资源这一块，各大电子书包项目企业不断侵蚀出版商的利益，纠纷不断，且上下游利益不平衡，制约产业健康发展。从目前情况来看，现有各地的试点项目依然以政府投入为主。但是，未来若要全面推广，费用将是一个庞大的数字。

本章小结

移动电子商务（M-Commerce）是指利用手机、平板电脑等无线终端进行的B2B、B2C、C2C或O2O的电子商务。移动电子商务作为新兴的商务活动模式，利用了移动无线网络的优点，是对传统电子商务的有益的补充。它将先进的移动通信工具和无线上网技术应用到传统的商务交易活动中，实现了以客户为中心，以现代无线通信网络为手段，以更高效、更方便及更低廉的成本完成传统商务模式下的一系列交易活动。

本章介绍了移动电子商务的定义、特点、应用类型及发展趋势，讨论了移动电子商务价值链的含义、架构、价值链模型及其发展模式，最后结合具体实际分析了移动金融、移动医疗、移动旅游、移动学习等移动电子商务的具体应用。

相关术语

移动电子商务（Mobile Electronic Commerce）
移动电子商务价值链（Mobile e-Commerce Value Chain）
移动支付（Mobile Payment）
移动金融（Mobile Finance）
移动旅游（Mobile Tourism）
移动医疗（Mobile Medical）
移动学习（Mobile Learning）

思考与练习

1. 什么是移动电子商务？移动电子商务的特点是什么？
2. 移动电子商务与传统电子商务的区别是什么？
3. 结合实际讨论移动电子商务的发展趋势。
4. 简述移动电子商务的价值链的架构。
5. 举例说明移动电子商务的主要商业模式。
6. 结合实际讨论移动电子商务的具体应用。

实践任务

任务：结合具体生活，体验移动电子商务的各项应用。

【任务目标】

1. 体验移动电子商务的各项具体应用。
2. 了解移动电子商务的各项具体应用操作方法及内容。
3. 通过具体操作，深入了解移动电子商务的商业模式及发展趋势。

【任务要求】

通过互联网、电话、手机 Wap、智能手机客户端（App）等多种方式体验手机银行、移动票务、移动购物、酒店预订、电影票预订、旅游景点的具体操作。

第11章

电子商务的行业应用

- 了解电子商务在一些典型行业中的应用现状
- 掌握电子商务行业应用的影响因素和本质
- 理解电子商务行业应用的主要特点
- 掌握电子商务行业应用中的应用进程和应用模式
- 了解电子商务行业应用可能存在的问题
- 了解电子商务行业应用的未来应用趋势

◆引例

网红经济

1. 网红及其诞生平台的演变

随着我国网络环境及互联网传播形式的演变，网红经历了几个阶段的演变（见图11-1）。

时间跨度	1997—2002年	2003—2009年	2010—2013年	2014年至今
传播形式	图文	图文	图文	富媒体（视频）
网红诞生平台	BBS、文学网站	BBS、博客	淘宝、微博	微博、微信、视频网站、直播平台
网红"吸粉"平台	BBS、文学网站	BBS、博客	微博、微信	微博、微信、视频网站、直播平台等
网红职业	网络写手	无特定职业	段子手、电商模特、某领域专家等	视频博主、游戏解说等
代表网红	安妮宝贝、今何在、唐家三少、天下霸唱、南派三叔等	芙蓉姐姐、天仙妹妹、西单女孩、奶茶妹妹、凤姐	段子手（天才小熊猫、谷大白话、留几手）；电商模特（赵大喜、张大奕、雪梨）；某领域专家（罗振宇、吴晓波）等	视频博主（papi酱、谷阿莫、艾克里里）、游戏解说（MISS、若风、小智）
走红方式	通过网络文学作品走红	因照片、文字或言论在网络走红，出现网络携手的炒作。在一段时间内成为热门网络话题	依靠有特色的图文内容在微博、微信公众号等平台聚集粉丝	依靠有特色的视频内容形成自媒体，通过各大社交、视频、直播平台吸引粉丝
变现模式	传统出版、作品改编权出售等	线下商演、进军演艺圈等	电商（多为开淘宝店）、广告、传统出版等	广告、电商、粉丝打赏、付费阅读、独立创业、转型艺人等

图11-1 网红及其诞生平台的演变（来源：易观2016）

2. 网红经济产业链解析

我国网红经济产业链如图 11-2 所示。

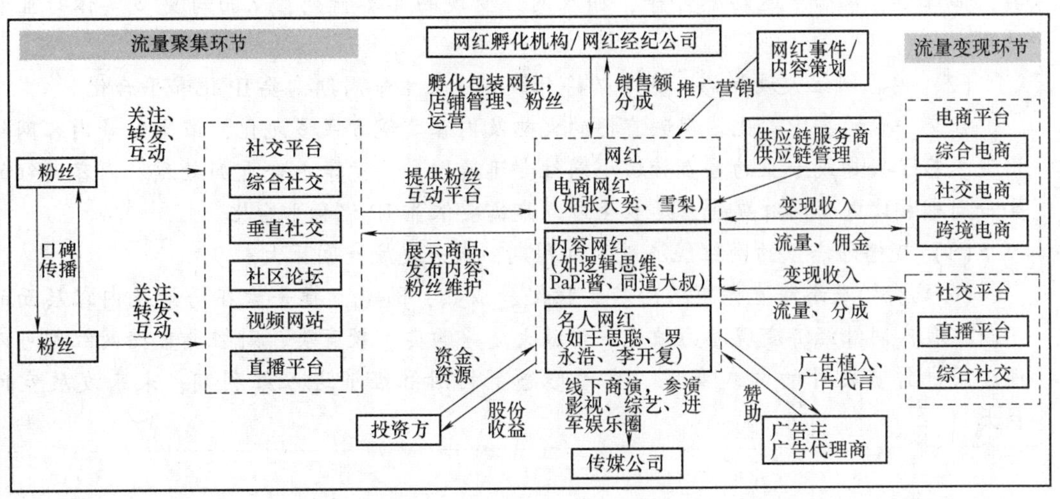

图 11-2　我国网红经济产业链

3. 网红经济模式“钱”景

网红经济的商业模式分类如图 11-3 所示。

商业模式	变现方式	网红类型
电商	将粉丝流量导入电商平台，通过商品售卖变现	电商网红、部分内容网红（如母婴、美食、旅游等垂直领域）
广告	内容网红通过贴片广告、品牌植入、软文等方式变现	内容网红、名人网红
打赏/虚拟礼物	粉丝直接为内容打赏付费，或通过直播平台给网红赠送虚拟礼物	内容网红（特别是秀场、游戏主播）、名人网红
平台签约	游戏主播与直播平台签约，获得签约费	游戏主播
艺人发展	条件优秀的网红进军娱乐圈，接拍影视作品，向艺人发展	电商网红、内容网红
IP品牌化	网红个人及其内容IP、品牌化，并在泛娱乐多领域进行延展运作，实现更大的商业价值	电商网红、内容网红

图 11-3　网红经济的商业模式（来源：易观 2016）

（资料来源：中商情报网 .2016 年上半年电商行业发展现状分析，2016 年 8 月，http://www.askci.com/news/hlw/20160826/16583257494_4.shtml，略有删改。）

案例点评：

（1）网红电商所覆盖品类将更为丰富，将与更多实体行业相结合。

目前网红电商的品类集中在女装及化妆品上。网红的人格化营销，正好迎合了中国网民日渐个性化的消费需求。随着其他垂直领域网红也尝试通过电商变现，会有更多品类，如母婴、家居、运动户外等，加入网红变现的品类行列，从而与更多实体行业相结合。

（2）内容网红大放异彩，竞争必将升级，延长生命周期需要IP化和平台化。

社交平台的去中心化、视频直播的火热及内容变现方式多元化，催生大量内容网红出现。基于兴趣或专业的垂直领域小网红会迅速增多，竞争也会更加激烈。内容网红的生命周期相比电商网红更短，延长生命周期需要依靠IP化和平台化。

（3）直播形态下的网红经济进入红利期，未来发展空间巨大。

PC端秀场及游戏直播市场已趋于稳定和成熟，随着直播平台在场景及内容层面的不断拓展，网红经济变现潜力被进一步放大。导购类、教育类、财经类直播网红都可以通过用户打赏之外的方式变现。直播形态下的网红经济进入红利期，未来发展空间巨大。

11.1 电子商务在农业中的应用

我国是一个农业大国，农业电子商务业已成为最引人关注的电子商务领域之一。各级政府、各类企业都开始着手介入农业电子商务，所建立的农业类网站既有农业信息类网站，也有农产品交易网站，还有期货、现货交易平台。其中有一部分电子商务平台发挥了其应有的作用，也有一些平台处于尝试阶段，还有一些具备超前的思想。

农业是典型的传统行业，具有地域性强、季节性强、产品标准化程度低、生产者分散且知识水平不高等特点，具有较大的自然风险和市场风险。电子商务是通过电子数据传输技术开展的商务活动，能够消除传统商务活动中信息传递与交流的时空障碍。发展农业电子商务，将有效地推动农业产业化的步伐，促进农村经济发展，最终实现“地球村”，改变传统的农业交易方式。

11.1.1 农业电子商务概述

所谓农业电子商务，就是指以农业生产为中心而发生的一系列的电子化的交易和服务活动，包括农业生产的管理、农产品的网络营销、电子支付、物流管理及客户关系管理（CRM）等。

农业电子商务把线下交易流程完全搬到网上，并根据多次实地考察和实践有效地降低交易成本，从而最终实现“地球村”的概念。

11.1.2 农业电子商务的作用

我国发展农业电子商务的作用，主要表现为以下五个方面：

1. 减少生产的盲目性

农业的市场风险在很大程度上是由农业信息传递速度缓慢、信息准确性差等多种因素引起的生产和经营的盲目性所造成的。农业电子商务能够减少乃至消除农业市场的信息不对称，为农户和企业及时提供全方位的市场信息，有利于企业和农户准确地把握市场需求，使农业的生产行为变得智能、快捷。

2. 降低成本，提高效率

在农业产业化中导入电子商务，农业企业和农户通过网络发布信息、处理订单、安排生产、分配资源，供应链中的所有组织几乎可以在“第一时间”从互联网上获得所需信息，减少了中间商环节，缩短了小农户与大市场之间的距离。与传统的营销手段相比，农业电子商务成本降低、环节减少，交易速度加快，从而节省了费用，提高了效率和效益。同时，电子商务畅通了信息的传输，既提高了信息传输的速度，又拓宽了信息的传输范围，便于买卖双方联系，降低了买卖双方的搜寻成本。

3. 打破区域和时间的限制

农业电子商务打破了传统交易中信息传递与交流的时空限制，依赖互联网的交易网络，使农业企业冲破条块分割的市场格局，摆脱区域性市场的限制，进入跨地区乃至跨国的网络销售，有利于形成统一有序的大市场，使交易双方的选择性扩展到最大。

4. 实现农产品流通的规模化

在农业电子商务中采用网络交易平台，能够将少量的、单独的农产品交易规模化、组织化。农民可能并不是以单个农户或合作社出现，而是将农产品委托给配送中心而由其统一组织销售。交易的一方是农民群体，另一方是企业，双方的地位平等，各自的利益都能够得到充分保证。配送中心对农产品进行统一的质检、分级，明码标价，保证了流通规模化过程中农产品的质量。

5. 方便对农民进行教育与培训

农业电子商务将使对农民的教育和培训变得更为快捷、方便，同时更具有针对性，能够让农户了解最新农业生产技术和社会发展动态，不断地提高农民的科学文化素质，有利于促进农业技术在农村的迅速传播和农业产业化的深入。

11.1.3　农业电子商务的发展进程

自1994年中国农业信息网和中国农业科技信息网相继开通以来，信息技术在农业领域的应用进入发展阶段。目前，信息技术在农业中的应用研究与推广取得了显著成效。例如，建立了部分农业综合数据库，并研制开发了各类应用系统，其中以粮、棉、油为主的信息技术成果约占1/3。农业农村部还利用网络协议、信息通信、数据库及查询等技术，建成了专业面涵盖较宽、信息存储及处理和发布能力较强、信息资源丰富以及更新量较大的中国农业信息网。

但从总体上看，我国农业信息化还处于人才缺乏、体系不健全的阶段。虽然一般县级以上的各级政府都有网站，但网站提供的信息时效性差，针对性不强，发布的内容以生产信息、实用科技信息居多，市场信息、供求信息和农村经济信息偏少，缺乏对主要农产品的生产、销售、储存、加工的动态分析、监测和预警预报等。

11.1.4　农业电子商务的应用模式

电子商务一般的交易过程大致可以分为交易前的准备、交易谈判和签订合同、办理交易前的手续以及交易合同的履行和售后四个阶段。我国农业电子商务活动领域中，电子商务的应用多处于初级阶段。商务活动的信息流已经较多地采用电子化的方式进行，而在物流和资金流方面的电子化应用还处在初级阶段。

按照交易的商品进行划分，我国农业电子商务可以划分为农业信息类电子商务和农产品交易类电子商务两大类。

1. 农业信息类电子商务

（1）信息联盟服务商务模式。农业信息具有季节性、地域性和综合性的特点。季节性是指农业生产具有较强的季节性，因此，信息服务必须要有时间观念；地域性是指由于我国各地气候、土壤等自然条件存在差异，农作物种植方式、品种分布均呈现地域性分布，因此，信息服务要具有地域性；综合性是指农业信息涉及许多方面、许多领域，包括政务信息（政策法规、政务通告等）、商务信息（价格信息、市场行情等）、文化生活信息、劳务信息、种子信息、化肥信息、农药信息、农机信息等，因此，信息服务要具有全面性。

在这样一个目前信息尚缺乏科学分类和标准的农业领域，任何一个企业开展电子商务都会感到束手无策。要解决这样的问题，只有依托现代信息技术的强大优势，在政府有关部门和单位支持下，科学分类、制定标准，建立农业网站信息服务联盟，构建农业领域综合信息平台，联合国内各区域、各部门的涉农网站，实现资源共享、信息互通、利益均沾、共同盈利。

（2）农民信息服务商务模式。这是投资建立农业电子商务网站最先想到的模式。农业电子商务网站的建立，在一定程度上满足了农民的信息需求，使得农民能够了解更多的市场信息，并利用网络来销售农产品。这给广大农民带来了销售机会，增加了农民的收入，受到农民的欢迎。如中国农产品信息网，可供农户发布蔬菜、水果、粮油、畜禽等各类农产品供给信息，对接相关企业。

（3）企业信息服务商务模式。按各类行业分类发布最新动态信息，会员还可以分类订阅最新信息，直接通过电子邮件接收。这些项目为用户提供了充满现代商业气息、丰富实用的信息，构成了农业网站商务的主体。其中又可以细分为以下两种模式：

1）农产品加工及贸易企业的信息服务商务模式。我国农产品加工及贸易企业绝大多数是中小企业，数量庞大，分布在城市边缘或广大的乡村。由于信息闭塞，无法及时掌握供求方面的信息，因此，企业渴望从网上获得农产品供求信息。我国农业生产存在规模小、销售渠道不畅，甚至有些地方的农产品存在卖不出去的问题。农业网站必须成为供需双方之间的一座信息桥梁，让农产品能够迅速找到买家，让农产品加工和贸易企业能够迅速找到所需的农产品，这样才能赢得企业、农民对农业网站市场信息的依赖，并在此基础上进一步发展网上贸易。

2）农用生产资料企业的信息服务商务模式。农业生产需要大量的生产资料，如化肥、农药、种子等。这些企业的产品面向广阔的农村市场，在市场推广、产品销售方面花费了大量的人力、物力，在电视、广播、报刊等发布了大量的广告，花费巨大，但效果往往不一定很好。农业网站可以利用多媒体信息技术，面向广大农民，为这类企业发布广告、由于农业网站的服务主体是农民，利用这种形式发布广告，直接面对需求者，具有非常强的针对性。

（4）综合服务商务模式。上述三种模式主要是提供服务，不涉及物流；而综合服务商务模式是以信息流为先导，结合物流的一种商务模式。任何一种商务模式，要么提供服务，要么提供产品，或者两者兼有。综合服务模式的核心内容是信息流和物流相结合，利用企业传统的物流系统，加上农业网站先进的信息流系统，组成商业联盟，为联盟成员提供综合服务。

2. 农产品交易类电子商务

农产品交易类电子商务，是指除了提供交易前需要的市场信息外，还提供农产品交易及支付手段，甚至物流的模式。由于农产品的供给和需求都比较分散，因此，这类电子商务模式多以平台性网站为依托，大致可以分为两类：一类是从农户到农产品加工企业或商业中介等聚焦于供应端的 C2B 网站，着力解决农产品如何卖出去的问题，如惠农网；另一类是以终端消费者为主要服务对象的农产品购买平台，多为 B2C 模式，如中粮我买网等。具体例子如下：

(1) 阿里巴巴农产品交易平台。阿里巴巴作为致力于全球企业间电子商务的公司，其提供的平台是目前全球最大的网络贸易市场之一。具体到农产品电子商务，从信息的发布、寻找相关客户以及相关贸易服务，如贸易通、诚信通，都提供了比较细致、到位的设计。

(2) 中粮我买网。中粮集团有限公司（COFCO）是我国领先的农产品、食品领域多元化产品和服务供应商。中粮我买网是由中粮集团于 2009 年投资创办的食品类 B2C 电子商务网站。中粮我买网坚持以“让更多的用户享受到更便捷的购物、吃上更放心的食品”为使命，致力于打造中国最大、最安全的食品购物网站。

11.1.5 农业电子商务的发展趋势

我国农业电子商务发展的中长期趋势如下：

1. 农业产业细分，农业电子商务将呈多元化和专业化的趋势

随着农业产业化进程的加速，农业结构调整逐渐展开，使得更多的特色产业、优势产业向专业化方向发展，将有更多的相关人才向这些农业产业转移，这也将加速农业电子商务的多元化发展和专业化发展趋势。

2. 农业电子商务与地区特色农业产业相结合的趋势

农业电子商务主要是服务地区农业发展的工具，地区农业的发展趋势是特色化和突出优势的发展方向，所以，农业电子商务的发展必须与地区特色农业产业结合起来，相互促进，密切协作，以信息服务提高特色农业的知名度，增加特色农业的吸引力。

3. 对农业、农产品的标准化要求越来越高的趋势

农业发展电子商务的最大问题在于农产品的标准化程度较低，对农产品进行网上交易的信誉度是重要的制约因素。在电子商务发展速度快、影响面广的今天，农业只有提高标准化程度以适应电子商务的发展，才能得以飞速发展，提高产业整体收入。

4. 农村土地流转与城镇化加剧农业电子商务需求的趋势

土地流转带来的农业产业化使土地利用率提高，产值增加，专业化程度提高，电子商务的需求也随之增加，电子商务的利用率也会得到相应的提高。城镇化则使更多农民向商人、工人等角色转变，而这些社会角色对电子商务的需求本身就比较高。所以，这种转变能够带来更多的电子商务需求。

11.2 电子商务在旅游业中的应用

我国是一个人口大国，并且旅游资源丰富，随着人们生活水平的不断提高，人们对旅游的需求也越来越多，这给旅游业的快速发展提供了基础条件。而旅游主要是信息流对旅游流的导引，在整个旅游的环节中，物流的作用被弱化，因此，在我国目前物流业不够发达的现状下，与其他行业相比旅游电子商务的发展受物流这一瓶颈的制约较小，具有先天优势。目前，我国旅游电子商务发展得已经较为成熟。各级政府、各类企业都已经开展网络业务，所建立的旅游类网站也很多。部分电子商务平台甚至形成了行业垄断地位，有的平台属于旅游行业链条的供应商，有的平台属于分销商，还有的平台是从消费者需求方的角度来开展旅游资源整合业务的。

11.2.1 旅游电子商务的意义和影响

随着电子商务的发展，已经有越来越多的传统电子商务网站开辟了旅游这一功能。例如，淘宝就有旅游同业者特约商家。而旅游类电子商务网站也逐步向多元化发展，已经不再是单一的订购门票和旅游线路了，旅游类网站逐渐开始走向出行一站式服务的路线，如酒店预订、租车服务、地方特产购买，甚至是电影院、KTV 等一些娱乐场所的优惠预订等。相信不久的将来，旅游类电子商务网站将为人们的出行、住宿、旅游等提供一系列完善且实惠的服务。

旅游电子商务对传统旅游业的影响非常广泛而深入，主要体现在以下三个方面：

1. 旅游电子商务对旅行社的冲击与改变

旅游电子商务从根本上改变了传统旅游业的经营模式。电子商务在旅游业的应用和普及，使旅游者可以直接通过网络进行旅游活动的信息查询、线路安排、票务与酒店预订等，足不出户即可获得关于旅游地的详细资料。这样一来，传统旅行社帮助游客设计线路、安排交通等职能在旅游电子商务中已非必需之物，旅行社将面临迷失于网络旅游营销中的困境。旅行社必须转化角色，由代表供应商利益向代表消费者利益转变。旅行社的分销商角色已经开始逐渐被旅游类网站所取代。

2. 改变旅游消费结构和方式，消费者的消费主动性增强，被动“挨宰”的格局逐渐改变

旅游电子商务可以增强旅游企业之间的信息沟通和业务联系，旅行社直接面对旅游目的地的企业和客源地的消费者，更有针对性地提供个性化、人性化的服务，从而提高服务水平和效率，变被动营销为主动营销。消费者对掌控的信息更多，降低了信息不对称的程度，使消费更加透明、理性。

3. 改变旅游市场格局

旅游电子商务使传统旅游市场格局发生了巨大的变化，它打破了地区垄断，扩大了旅游消费者的选择范围，开拓了新的旅游客源市场。市场格局的变化也使旅游业面临新的竞争：一方面，市场准入门槛低了、市场范围大了，竞争的层次和深度必然加大；另一方面，市场的开放性加强，要求合作的程度更高。因此，旅游电子商务将引发竞争中的合作与合作中的竞争，从而将传统旅游市场导入以网络为核心的旅游电子商务领域。

此外，旅游电子商务还具备以下作用：开拓出新的网上市场流通渠道，创造出新的产品销售平台与方法，降低旅游企业的各种经营成本，扩大规模经济性与范围经济性等。

11.2.2 旅游电子商务的特征

旅游电子商务展现和提升了“网络”和“旅游”的价值，具有营运成本低、用户范围广、无时空限制以及能同用户直接交流等特点，提供了更加个性化、人性化的服务。

旅游电子商务应用上的特征主要有：首先，产品和价格信息最受关注，消费者出游前最希望获取的信息主要是旅游核心产品及价格信息，包括旅游目的地与旅游线路、景区、住宿与交通价格的信息，也包括食、住、行、游、购、娱等旅游关联产业的信息和服务质量情况；其次，游客的散客化趋势进一步明晰，更多人选择自由行或自己组织团队的形式出行，通过单位组织出游的比例相对较低；最后，互联网已经成为当前绝大部分居民出游前了解相关信息的最主要渠道，亲朋好友对旅游目的地的评价也是居民出游的重要信息渠道。

从旅游业的特征出发，其与电子商务结合后，形成的旅游电子商务具备以下特征：

1. 聚合性

旅游产品是一个纷繁复杂、由多个部分组成的结构实体。旅游电子商务像一张大网，把众多的旅游供应商、旅游中介、旅游者联系在一起。景区、旅行社、饭店以及旅游相关行业（如租车业），可借助同一网站招来更多的顾客。新型的“网络旅游公司”即将成为旅游行业的多面手，它们将原来市场分散的利润点集中起来，提高了资源的利用效率。由此可见，旅游市场的规模将因导入电子商务而扩大。

2. 有形性

旅游产品具有无形性特点，旅游者在购买这一产品之前，无法亲自了解，只能从别人的经历或介绍中寻求了解。随着信息技术的发展，网络旅游提供了大量的旅游信息和虚拟旅游产品，网络多媒体给旅游产品提供了“身临其境”的展示机会。这种全新的旅游体验，使足不出户畅游天下的梦想成真，并且培养和壮大了潜在的客户群。因此，旅游电子商务使无形的旅游产品慢慢变得有形起来。

3. 服务性

旅游业是典型的服务型行业，旅游电子商务也以服务为本。据CNNIC报告，用户选择网络服务商（ISP）最主要的因素，第一位是连线速度（占43%），第二位就是服务质量（占24%）；用户认为一个成功网站须具备的最主要的因素，第一位就是信息量大、更新及时、有吸引人的服务（占63.35%）。因此，旅游网站如果希望具有较大的访问量，能够产生大量的交易，就必须能提供在线交易的平台，提供不同特色、多角度、多侧面、多种类、高质量的服务来吸引各种不同类型的消费者。

11.2.3 旅游电子商务的应用模式

旅游电子商务按照不同的标准，有多种应用模式，可以按照交易类型、交易终端类型、业务开展方身份、服务内容等进行分类。这里重点介绍按照旅游电子商务的交易类型和按照实现旅游电子商务使用的终端类型两种标准的分类。

1. 按照旅游电子商务的交易类型分类

按照旅游电子商务的交易类型划分，旅游业电子商务应用模式主要有以下几种模式：

（1）B2B交易形式。旅游业是一个由众多子行业构成、需要各子行业协调配合的综合性产业，食、宿、行、游、购、娱各类旅游企业之间存在复杂的代理、交易、合作关系，旅游B2B电子商务有很大的发展空间。旅游企业之间的电子商务又分为以下两种形式：

1）非特定企业之间的电子商务。它是在开放的网络中对每笔交易寻找最佳的合作伙伴。一些专业旅游网站的同业交易平台就提供了各类旅游企业之间查询、报价、询价直至交易的虚拟市场空间。

2）特定企业之间的电子商务。它是在过去一直有交易关系或者今后会继续交易的旅游企业之间，为了共同经济利益，共同进行设计、开发或全面进行市场和运营管理的合作。企业与交易伙伴间建立信息数据共享机制，进行信息交换和单证传输。例如，航空公司的计算机预订系统（CRS）就是一个旅游业内的机票分销系统，它连接航空公司与机票代理商（如航空售票处、旅行社、饭店代售处等）。机票代理商的服务器与航空公司的服务器是在线实时连接在一起的，机票的优惠和折扣信息会实时反映到代理商的数据库中。机票代理商每售出一张机票，航空公司数据库中的机票存量就会发生变化。B2B电子商务的实现大大提高了旅游企业之间的信息共享和对接运作效率，提高了整个旅游业的运作效率。

（2）B2E交易模式。B2E（Business to Enterprise）中的E，是指旅游企业与之有频繁业务联系，或为之提供商务旅行管理服务的非旅游类企业、机构、机关。大型企业经常需要处理大量的公务出差、会议展览、奖励旅游事务。它们常会选择与专业的旅行社合作，由旅行社提供专业的商务旅行预算和旅行方案咨询，开展商务旅行全程代理，从而节省时间和财务的成本。另一些企业则与特定机票代理商、旅游饭店保持比较固定的业务关系，由此享受优惠的价格。

旅游B2E电子商务较先进的解决方案是企业商务旅行管理系统（Travel Management System，TMS），它是一种安装在企业客户端的具有网络功能的应用软件系统，通过网络与旅行社电子商务系统相连。在客户端，企业差旅负责人可将企业特殊的出差政策、出差时间和目的地、结算方式、服务要求等输入TMS，系统将这些要求传送到旅行社。旅行社通过计算机自动匹配或人工操作为企业客户设计最优的出差行程方案，并为企业预订机票及酒店，并将预订结果反馈给企业客户。通过TMS与旅行社建立长期业务关系的企业客户能享受到旅行社提供的便利服务和众多优惠，节省差旅成本。同时，TMS还提供统计报表功能。用户企业的管理人员可以通过系统实时获得整个企业全面、详细的出差费用报告，并可以进行相应的财务分析，从而有效地控制成本，加强管理。

（3）B2C交易模式。B2C旅游电子商务交易模式，也就是电子旅游零售。交易时，旅游散客先通过网络获取旅游目的地信息，然后在网上自主设计旅游活动日程表，预订旅游饭店客房、车船机票等，或报名参加旅行团。对旅游业这样一个旅客地域高度分散的行业来说，旅游B2C电子商务方便旅游者远程搜寻、预订旅游产品，克服距离带来的信息不对称。通过旅游电子商务网站订房、订票，是当今世界应用最为广泛的电子商务形式之一。另外，旅游B2C电子商务还包括旅游企业对旅游者拍卖旅游产品，由旅游电子商务网站提供中介服务等。

（4）C2B交易模式。C2B交易模式是由旅游者提出需求，然后由企业通过竞争满足旅游者的需求，或者是由旅游者通过网络组成群体进行旅游团购，与旅游企业进行价格谈判。

旅游C2B电子商务主要通过电子中间商（专业旅游网站、门户网站旅游频道）进行。这类电子中间商提供了一个虚拟开放的网上中介市场，即提供了一个信息交互平台。上网的旅游者可以直接发布需求信息，旅游企业查询后，双方通过交流自愿达成交易。

旅游C2B电子商务利用了信息技术带来的信息沟通面广和成本低廉的特点，特别是网上成团的运作模式，使传统条件下难以兼顾的个性旅游需求满足与规模化低成本有了很好的契合点。旅游C2B电子商务是一种需求方主导型的交易模式，它体现了旅游者在市场交易中的主体地位，对帮助旅游企业更加准确和及时地了解客户的需求，对实现旅游业向产品丰富和个性满足的方向发展起到了促进作用。

2. 按照实现旅游电子商务使用的信息终端类型分类

旅游电子商务的网络信息系统中必须具备一些有交互功能的信息终端，使信息资源展现出来供人们使用，同时接收用户向电子商务体系反馈的信息。按信息终端类型划分的旅游电子商务包括网站电子商务（W-Commerce）、移动电子商务（Mobile-Commerce）和多媒体电子商务（Multimedia-Commerce）。

（1）网站电子商务。用户通过与网络相连的个人计算机访问网站实现电子商务，是一种最基础的形式。Internet 是一个全球性媒体，它是宣传旅游产品的理想媒介，集合了宣传册的鲜艳色彩、多媒体技术的动态效果、实时更新的信息效率和检索查询的交互功能。

我国旅游网站的建设最早可以追溯到 1996 年，经过多年的摸索和积累，国内已经有相当一批具有一定信息服务实力的旅游网站。这些网站可以提供比较全面的，涉及旅游中食、住、行、游、购、娱等方面的网上信息服务。

（2）移动电子商务。旅游者是流动的，因为这个特点，移动电子商务给旅游业带来了极大的好处。例如，移动电子商务独特的基于地理位置的服务：用户位于某一个位置点的时候，通过移动电子商务可以知道附近有什么景点，怎么买票，有什么美食，可以坐几点的航班等。这些完全是由移动性带来的，固定 Internet 服务不是这样的。

（3）多媒体电子商务。旅游企业一般在火车站、飞机场、饭店大厅、大型商场（购物中心）、重要的景区景点、旅游咨询中心等场所配置多媒体触摸屏计算机系统，根据不同场合咨询对象的需求来组织和定制应用系统。它以多媒体信息的方式，通过有图像与声音等简单而人性化的界面，生动地向旅游者提供范围广泛的旅游服务，包括城市旅游景区介绍、旅游设施和服务查询、电子地图、交通查询、天气预报等。有些多媒体电子商务终端还具有出售机票、车票、门票的功能，旅游者可通过信用卡、储值卡、IC 卡、借记卡等进行支付，得到打印输出的票据。

11.3　电子商务在国际贸易中的应用

11.3.1　电子商务对国际贸易的影响

我国是一个进出口贸易大国，电子商务对我国的国际贸易有着巨大的促进作用。因此，需要充分认识电子商务对国际贸易的促进作用，加快我国国际贸易领域电子商务的应用。

电子商务对国际贸易效率、效益与质量的影响主要表现在以下几个方面：

（1）降低国际贸易成本。电子商务使国际贸易企业不再需要维持一个大的办公场所，库存也维持在尽可能低的水平，减少制作单据、办理报关、结汇、商检、售后服务等非直接贸易环节所需要的人员，人力成本得以下降。电子商务环境下的产品目录不再需要用国际邮件寄送，而采用电子产品目录的形式发送。电子产品目录可以采用电子的方式进行查询，查询起来方便、省时。电子商务环境下的交易磋商、信息搜集、信息传递大多是通过 Internet 来开展的，与传统国际贸易中所用的电传、电话、传真等通信手段相比，这种通信手段的成本低、效率高。此外，网上交易还大大减少了商务旅行和商务谈判的开支等。这些都是电子商务快速发展并在国际贸易活动中迅速推广的根本原因。据估计，电子商务一般可以降低流通成本40%左右，对某些企业甚至可以达到70%。出口商和进口商能够共享这种成本节约带来的利益，并最终使消费者受惠，促进经济的发展，带来巨大的社会效益。

（2）提高国际贸易质量。传统国际贸易中需要制作大量烦琐的单据。在电子商务环境下，所有的单据制作都根据合同与信用证由电子商务系统快速、自动生成；这样生成的单据不仅能够保证在所有的单据之间实现单单一致、单证一致，生成的单据完整、整齐，而且可以通过计算机自动检查单据制作中的错误，减少输入的错误。

（3）提高国际贸易效率。由于电子商务能够高质量、高效率地生成国际贸易所需要的全套单据，实现商检、报关、结算的自动化，从而提高货物报关、银行单据处理的效率，节省国际贸易企业商检、通关、结汇的时间。此外，电子商务能够使企业随时随地与用户沟通，了解用户对产品和服务的要求，随时改变产品和服务，满足用户要求。

（4）增加国际贸易机会。电子商务能够减少出口商或出口产品生产企业和最终消费者之间的环节，企业不与传统的进口商、批发商、分销商打交道就可以直接销售产品，从而能以更低的价格销售产品，这样也就更容易进入目的市场。电子商务可以让企业随时随地与自己的客户取得联系，了解国际市场的需求以及用户的需求，从而根据市场行情的变化及时调整生产，获得更大的效益和更多的市场机会，同时减少不必要的损失。

（5）提供新的贸易手段。电子商务可以使企业跨越时间与空间的限制，向用户提供全天候的产品信息和服务，从而大大提高市场竞争力。利用电子商务，企业可以采用7×24小时的模式，接受订货，进行营销，增加商机。同时，电子商务使企业不受资本、规模的影响，平等地参与市场竞争。

综上所述，电子商务为国际贸易的发展提供了新的手段，提高了国际贸易的效率。电子商务也促使许多新的国际贸易形式产生，从而使国际贸易迅速发展。

11.3.2 电子商务在国际贸易中的具体运用

这里所讲的电子商务在国际贸易中的具体运用，主要是指在国际贸易的哪些环节可以运用电子商务来减轻业务人员的工作任务，降低贸易成本，提高贸易效率和服务质量，从而提高企业的综合竞争能力与企业获利能力，带动我国国民经济更快地发展。同时，也为企业开展国际电子商务提供参考。

1. 运用电子商务获取国际贸易信息

（1）在获取国际贸易信息方面的运用。在电子商务环境下，业务人员将从繁重的备货、安排运输、制作与办理有关单据等工作中解放出来，把主要的精力集中在搜集、整理、利用有关信息上来。互联网给搜集、利用国际贸易相关信息带来很大便利。利用电子商务系统，可以通过 Internet 查询有关的信息，还可以通过数据挖掘技术发现有用信息，用于决策。

（2）在贸易洽谈方面的运用。贸易洽谈是一个涉及多种因素、具有创造性与挑战性的复杂过程。在这一过程中，业务人员可以参考电子商务系统所提供的与该商品有关的信息，也可以利用电子商务系统提供的安全机制，通过 Internet 进行洽谈。这样既可以帮助业务人员在贸易洽谈中做出正确的决策，又可以保证信息的安全，提高贸易谈判的效率。

2. 运用电子商务进行国际贸易

（1）在备货方面的应用。假设一个服装贸易企业的业务人员与用户签订了一个衬衣买卖合同，如果合同中客户所需要的衬衣是由服装贸易企业自己生产再出口，那么电子商务系统就会据此计算出履行该合同所需的面料和辅料（扣子，衬，线，包装用的垫板、内盒、纸箱）的数量和交货时间，在数据库中查找这些面料和辅料的供应商，利用供应链管理系统，在极短的时间之内向有关供应商发出订货通知（包括数量、价格、质量、包装、交货日期），可以使交货日期的安排能够做到既不影响企业生产的正常进行，又不至于过早地收到货物而长时间占用资金与仓库，从而达到降低成本的效果。

如果合同中客户所需要的商品不是由卖方自己生产，而是从某处采购而来，那么电子商务系统就会对有生产经验且产品质量也有保证的生产企业进行比较，比较它们的质量、成本、交期、信誉等方面的优劣，然后选定一个或两个生产企业，向选定的生产企业下订单（包括详细的生产指示书、数量、规格、包装、交货日期、销售包装的印刷内容、运输标记、产品检验机构与检验证书要求等）。

（2）在商检方面的运用。电子商务在商检方面的运用主要是制作商检证书、商检质量报告，自动与检验检疫机构（进出口商品检验检疫局、商检公司或者国外的商检机构）进行数据交换，预约检验或检疫。

（3）在运输方面的运用。利用电子商务系统及时向轮船公司提供货物名称、数量、体积、重量、每件货物的包装尺寸和委托运输通知，以便向轮船公司租船订舱，并根据货物的情况安排国内部分的运输工具，合理利用运输能力，做好各种运输工具的衔接，降低运输成本。

（4）在办理保险与报关方面的运用。电子商务系统能够根据货物的生产情况、租船订舱的情况、合同规定的险别，以在线方式自动向保险公司预约保险或投保，并自动出具电子形式的保险单。自动与海关的报关系统接通，海关受理企业的报关申请，自动报关出口；在货物装上船后，自动向用户发出装船的通知。

（5）在办理出口许可证方面的运用。电子商务系统能够根据国家对商品的出口管理政策，自动向国际贸易管理机关提供有关资料，向国际贸易管理机关申请电子形式的出口配额与出口许可证。

（6）在出口退税方面的应用。在企业产品出口后，税务机关可以通过电子商务系统直接查询货物的实际出口情况，企业可以及时办理出口退税，从而减少企业的资金占用，降低经营成本。

（7）在制作出口单据方面的运用。在制作出口单据方面，电子商务系统能够根据出口合同与信用证的规定，自动制单，迅速而准确地生成出口所需要的所有单据的书面版本或者电子版本，并与银行的电子商务系统实现自动结汇。

本章小结

本章结合前面几章的内容，对农业、旅游业和国际贸易等行业开展的电子商务应用进行分析。通过本章学习，应当能了解电子商务在传统行业中的应用现状及应用模式，并了解各行业应用电子商务的发展趋势。

相关术语

CRM（Customer Relationship Management，客户关系管理）

电子数据交换技术（Electronic Data Interchange，EDI）

EOS（Electronic Ordering System，电子订货系统）

QR（Quick Response，快速反应）

ECR（Effective Customer Response，有效客户信息反馈）

ERP（Enterprise Resource Planning，企业资源计划）

TPL（third party logistics，物流代理）

ICP（Internet Content Provider，信息内容提供商）

ISP（Internet Service Provider，网络服务提供商）

CRS（Computer Reservation System，计算机预订系统）

增值网（Value Added Network，VAN）

TMS（Travel Management System，旅行管理系统）

POS（POINT OF SALES，销售点）

供应链管理（SCM，Supply Chain Management）

思考与练习

结合个人兴趣爱好和未来的职业生涯规划，选择一个行业，深入了解其电子商务应用。

1. 电子商务可以为该行业价值链的哪一个环节提供有效帮助？
2. 在这一行业之中，电子商务的应用模式是什么？特点是什么？优缺点是什么？
3. 这一行业的电子商务应用发展趋势如何？
4. 可以采取哪种创新形式发展该行业的电子商务应用模式？如何做？

实践任务

任务：收集某一行业中国内外电子商务网站的典型案例，不少于6个（国内外案例各自至少3个），并为网站分类，分析其特点、作用和市场地位，预测各类别的发展方向。

【任务目标】

1. 了解国内外该行业电子商务网站的基本情况和特点。
2. 了解该行业电子商务目前的市场地位及其对所在行业的影响。
3. 了解这一行业的电子商务发展趋势。

【任务要求】

1. 收集6个某行业电子商务网站案例，掌握这6个网站的基本情况。
2. 对6个网站进行深入分析，并绘制相关图表进行归纳总结和整理。
3. 对比方面应至少包括网站设立背景、网站服务目标人群、网站设计要素、网站在其行业中的地位、在该类网站中的地位、该类网站的发展趋势。

参考文献

[1] 邵兵家，杨霖华，何俊辉．电子商务概论［M］．3 版．北京：高等教育出版社，2011.
[2] 李维宇，王蔚，赵敏．电子商务概论［M］．北京：清华大学出版社，2016.
[3] 白东蕊，岳云康．电子商务概论［M］．北京：人民邮电出版社，2016.
[4] 韩全辉，陶世怀．电子商务概论［M］．5 版．大连：大连理工大学出版社，2014.
[5] 董志良，丁超，陆刚．电子商务概论［M］．北京：清华大学出版社，2014.
[6] 戴建中．电子商务概论［M］．3 版．北京：清华大学出版社，2016.
[7] 覃征．电子商务概论［M］．北京：高等教育出版社，2015.
[8] 樊坤，祝凌曦．电子商务概论［M］．北京：人民邮电出版社，2013.
[9] 闵庆飞．电子商务：新兴技术环境下的机遇与挑战［M］．北京：清华大学出版社，2013.
[10] 张伟．社会化商业变革在中国［M］．北京：机械工业出版社，2014.
[11] 崔保国．2012 年：中国传媒产业发展报告［M］．北京：社会科学文献出版社，2012.
[12] 李梓萌．iOS 8 应用开发从入门到精通［M］．北京：清华大学出版社，2016.
[13] 吴强．Web 前端设计——HTML + CSS + jQuery 技术教程［M］．北京：清华大学出版社，2016.
[14] 袁江．jQuery 开发从入门到精通［M］．北京：清华大学出版社，2013.
[15] 明日科技．Java 从入门到精通［M］．北京：清华大学出版社，2016.
[16] 管蕾．Android 应用开发学习手册［M］．北京：清华大学出版社，2015.
[17] 苏建明，张续红，胡庆夕．展望虚拟现实技术［J］．计算机仿真，2014（1）.
[18] 李敏，韩丰．虚拟现实技术综述［J］．软件导刊，2010（6）.
[19] 李乔，郑啸．云计算研究现状综述［J］．计算机科学，2011（4）.
[20] 刘森．云计算技术的价值创造及作用机理研究［M］．北京：经济科学出版社，2015.
[21] 涂燕燕．大数据技术对科学认识和社会伦理的影响［D］．南昌：江西财经大学，2015.
[22] 赵国栋．大数据时代的历史机遇［M］．北京：清华大学出版社，2013.
[23] 钱志鸿，王义君．物联网技术与应用研究［J］．电子学报，2012（5）.
[24] 黄迪．物联网的应用和发展研究［D］．北京：北京邮电大学，2011.
[25] 张楚．电子商务法［M］．北京：中国人民大学出版社，2016.
[26] 贺琼琼．电子商务法［M］．武汉：武汉大学出版社，2016.
[27] 韩颖梅．电子商务法规［M］．北京：中国铁道出版社，2016.
[28] 雷玲，王忠元．电子商务法规［M］．北京：中国人民大学出版社，2016.
[29] 罗佩华，孙勇，马平．电子商务法律法规［M］．北京：清华大学出版社，2016.
[30] 齐爱民，徐亮．电子商务法原理与实务［M］．武汉：武汉大学出版社，2009.
[31] 韩晓平．电子商务法［M］．北京：机械工业出版社，2015.
[32] 郭鹏．电子商务法［M］．北京：北京大学出版社，2017.
[33] 王波，陈锦科．电子商务概论［M］．南京：南京大学出版社，2016.
[34] 樊春利，刘德华．电子商务概论［M］．杭州：浙江工商大学出版社，2016.
[35] 范云芝．电子商务概论［M］．北京：机械工业出版社，2016.
[36] 朱少林．电子商务概论［M］．北京：清华大学出版社，2016.
[37] 吴芳．电子货币的发行主体与监管策略［J］．港澳经济，2016（1）：58-59.
[38] 邹艺，陶士贵．第三方支付与电子货币、电子支付的范畴研究［J］．商情，2017（21）.
[39] 白东蕊，岳云康．电子商务概论［M］．3 版．北京：人民邮电出版社，2016.

[40] 江礼坤. 网络营销推广实战宝典 [M]. 北京: 电子工业出版社, 2016.
[41] 陈晴光. 网络营销服务及案例分析 [M]. 北京: 北京大学出版社, 2016.
[42] 陶红亮. “互联网+” 网络营销推广实战宝典 [M]. 北京: 中国华侨出版社, 2016.
[43] 丁奕盛. 网络营销实战解析: 电子商务时代的掘金策略 [M]. 北京: 电子工业出版社, 2015.
[44] 吴健. 电子商务物流管理 [M]. 北京: 清华大学出版社, 2013.
[45] 王小宁. 电子商务物流管理 [M]. 北京: 北京大学出版社, 2015.
[46] 马龙龙, 祝合良. 物流学 [M]. 北京: 中国人民大学出版社, 2007.
[47] 刘胜春, 李严锋. 电子商务物流管理 [M]. 北京: 科学出版社, 2009.
[48] 魏修建. 电子商务物流管理 [M]. 重庆: 重庆大学出版社, 2015.
[49] 苏丽琴. 电子商务物流管理 [M]. 北京: 中国铁道出版社, 2008.
[50] 王之泰. 新编现代物流学. 3版. 北京: 首都经济贸易大学出版社, 2012.
[51] 墨菲, 伍德. 当代物流学 [M]. 陈荣秋, 等译. 北京: 中国人民大学出版社, 2009.
[52] 葛晓滨, 秦绪杰. 移动电子商务教程 [M]. 合肥: 中国科学技术大学出版社, 2014.
[53] 陈建忠, 赵世明. 移动电子商务基础与实务 [M]. 北京: 人民邮电出版社, 2016.
[54] 张昶. 移动电子商务 [M]. 北京: 北京邮电大学出版社, 2016.
[55] 吕廷杰. 移动电子商务教程 [M]. 北京: 电子工业出版社, 2011.
[56] 钟元生. 移动电子商务 [M]. 上海: 复旦大学出版社, 2012.
[57] 覃征, 等. 移动电子商务 [M]. 北京: 清华大学出版社, 2012.
[58] 姚永敬. 移动电子商务视域下新商业模式探讨 [J]. 商业时代, 2014 (18).
[59] 刘玉军, 杨晔. 我国移动电子商务运营模式分析与发展对策研究 [J]. 情报科学, 2014 (4).
[60] 龚秀芳. 移动电子商务的现状和发展前景分析 [J]. 电子商务, 2013 (11).
[61] 马倩. 4G环境下移动电子商务模式研究与创新 [J]. 商业经济研究, 2015 (12).
[62] 徐丹丹. 移动电子商务商业模式研究 [J]. 商场现代化, 2014 (23).
[63] 刘冬美. 基于4G无线网络环境下的移动电子商务发展研究 [J]. 中国商论, 2015 (28).
[64] 孔勇奇. 移动旅游电子商务平台的现状研究 [J]. 中国商论, 2015 (21).
[65] 戴建中. 电子商务概论 [M]. 3版. 北京: 清华大学出版社, 2016.